U0600335

DUZHE

 校园版

10 周年精华卷

（全4册）

读者杂志社　编

读者出版社

图书在版编目（CIP）数据

《读者》校园版10周年精华卷. 第1卷 / 读者杂志社编. -- 兰州 ：读者出版社，2023.5（2024.2重印）
ISBN 978-7-5527-0739-7

Ⅰ．①读… Ⅱ．①读… Ⅲ．①文摘－世界 Ⅳ.
①Z89

中国国家版本馆CIP数据核字（2023）第085649号

《读者》校园版10周年精华卷·第1卷

读者杂志社　编

责任编辑　漆晓勤
策划编辑　赵　静　王书哲
助理编辑　葛韶然
封面设计　李艳凌

出版发行　读者出版社
地　　址　兰州市城关区读者大道568号（730030）
邮　　箱　readerpress@163.com
电　　话　0931-2131529(编辑部)　0931-2131507(发行部)

印　　刷　北京盛通印刷股份有限公司
规　　格　787 毫米×1092 毫米　1/16
　　　　　印张 7.5　字数 132 千
版　　次　2023 年 5 月第 1 版
　　　　　2024 年 2 月第 4 次印刷
书　　号　ISBN 978-7-5527-0739-7
定　　价　100.00元（全4册）

如发现印装质量问题，影响阅读，请与出版社联系调换。

本书所有内容经作者同意授权，并许可使用。
未经同意，不得以任何形式复制。

目 录

老师在举手

小编絮语

我和橘猫的契约

作者　哈艺臻

我曾经养过一只猫，那是好几年前的事了。今天学习巴金的《小狗包弟》时，我又想起了那只橘黄色的猫。小狗包弟倘若能听到巴金的忏悔，我想我的橘猫也应该能感应到三年多来我的歉意和祝福。

小时候，我一直渴望有一只猫，乖巧伶俐，陪伴我左右。可是由于种种原因，一直未能如愿。在我上六年级的时候，也许是幸运之神眷顾，有一天，我在楼下遇到了一只小猫，一只彷徨的橘猫。这只猫像是刚出生不久，我蹲下来向它伸出手时，它竟然没有惊惧地跑开，而是盯着我看了一会儿，然后犹犹豫豫地伸出了一只爪子。当它爪子上冰凉的感觉传达给我时，我们两个的灵魂似乎在那一瞬间吸引在一起，我感觉它就是

来完成我和猫的那份契约的。我很激动地将它揽过来抱在怀里，自此我便有了一只猫。

橘猫的鼻尖和胸脯呈雪白色，是极漂亮的点缀，四爪踏雪，十分俊俏，实在讨人喜欢，我给它起名叫虎子。虎子有时卧在窗台上，出神地望着窗子外面，怅惘许久，不知所想；有时它弓起背坐在我的书桌上做沉思状，像一个高深莫测的哲学家；有时它跳上沙发，伸出前爪试图捕捉那嘤嘤嗡嗡的苍蝇；有时它把姥姥的毛线团藏到床底下，又踢出来，满地编织毛线网，顽皮至极。

也许是因为我马上要小升初了，每天忙于学业，与虎子嬉戏的时间渐少，怠慢了它；也许是因为爸爸常在家里做工作，我不在家时就由爸爸照看它，它

似乎更亲近爸爸。虎子有时趴在爸爸的腿上晒太阳，晚上总想蜷缩在爸爸的被窝边，赶也赶不走。有一次它竟然爬上爸爸的背，匍匐在爸爸肩颈处不下来，随爸爸身体的动弹而晃悠着，我简直要嫉妒死了。

我总想让这个可爱的小生灵与我亲近点，就省下零花钱为它买火腿肠和各种猫粮，给它洗澡，用爸爸买给我的牛角梳和桃木梳给它梳理毛发，给它吃旺旺雪饼……这么做，只想让虎子在我做作业时能卧在书桌旁陪伴我，能在我睡觉时也蜷缩在我的身边亲近我。可是，虎子像是与我很生疏，即使我硬把它抱在怀里，它安稳一会儿还是会逃开的。它饿了的时候，偶尔也会来蹭蹭我的腿，但吃饱就会离我而去。我感觉橘猫和我之间有一层厚障壁，使它终不能和我亲密无间。我百思不得其解，时常为此闷闷不乐。

春天来了，楼下树林间的小猫轮流地唱小夜曲，我家虎子也一天天地烦躁起来，对楼下的猫叫充满了顾盼，上蹿下跳，有时叫声凄厉。我只好充当月老，带着橘猫下楼约会。出了楼门，它先是缩头缩脑地、躲躲闪闪地藏在汽车底下，怎么叫也不出来。过上一会儿，它竟然从车底下蹿到旁边的垃圾箱上，纵身上树，跳上房顶后便不见了踪影。

我没找到它，沮丧地回家了，以为把它丢了，担心难过了一整夜。早晨听到抓门的声音，开门一看，虎子浑身脏兮兮地回来了，竟没有一丝愧疚。自那以后，家里便再也关不住它了，一有机会它便溜出家门，逃之夭夭。有时半天，有时一天。终于有一次，它一天一夜都没有回来。我不知道虎子是不愿回来还是出了什么意外，我找遍了楼前楼后的犄角旮旯，也找遍了小区的角角落落，终是没找到。

我宁可相信虎子是迷路找不到家了。我惶恐不安地想，虎子不会觅食，也不会保护自己，它不知道狗和车的可怕，也不知道外面的世界有多危险，它该怎么活下去。一周，一月，一年，我一直都没有放弃寻找它。我喂遍了楼下的野猫，幻想它能够混迹其中。有时也喃喃着请求这些野猫，若碰到我家虎子请善待它，可是它们既不像虎子当年那样亲近我，也不让我走近抚摸，更没有答应我什么，只是远远地吃饱后，留给我逃逸的背影，那背影冷漠而令人伤感。

来年春天，我见到了和我家橘猫极相似的一只猫。它在猫多的地方抢食，怯怯地，缩头缩脑地，神情像极了我家虎子，只是脸上有一大块疤痕。如果是虎子，它应该认得我。我径直向它走去，并轻轻地唤着它。那只猫直愣愣地兀立在那里，眼睛眯成了一条细缝，想跑又似乎有些迟疑。我以为它就是虎子，又上前一步，它却弓起了腰、龇着牙，护着刚抢来的鸡骨头，一副不容侵犯的样子。我不由得一愣，它趁我发愣之际，丢下骨头仓皇而逃，却又站在远处冷冷地看着我。

难过的同时，我深深地忏悔。我的橘猫，也许离家后的日子艰难，使你不忍回想以前的生活，也许是我疏忽了你，但我依旧想念你。如今，命运之神是不想让你再出现在我的生活中了，尽管你我属于不同的世界，但仍愿你在尘世里获得幸福。

我的橘猫，也许明天就会回来，也许永远不回来了。

选自《读者》校园版 2019 年第 2 期

青春是个染色缸

作者　张泽语

我躺在军训基地的操场上，和好友有一搭没一搭地聊着天，数着满天繁星。

"你说青春像什么呀？"好友问。

沉思良久，我不急不缓地吐出一句："像个染色缸。"

青绿色

进入初中学习的前一天晚上，我在床上兴奋地翻来覆去，怎么也睡不着。要知道，平时的我可是头一碰到枕头分分钟就能入睡的呀！就这样激动地数了大半夜的绵羊，直到第二天凌晨才昏昏睡去。

第二天，我坐在校车上左看看右望望，头扭个不停，心里还不停地感慨："初中的校车就是气派呀！"去学校的路上我也不安分，仗着自己坐在靠窗的位置，自以为跟车老师看不到自己，就肆意地把安全带解开再扣上，扣上又解开。事实上，这恼人的吧嗒吧嗒的声音与那安静的车厢格格不入，很快便引来了跟车老师，后面的事大家都应该猜得到吧。

但那又如何，这点小风小浪还能打垮我？我的心情依旧激动，甚至在下车的时候也不停地催促前面的同学走快一点，恨不得自己是第一个冲进学校的。看着前面的同学陆续下车，马上就轮到自己了，激动的心情里不知何时又掺了些许紧张。没想到，下车的时候我一脚踩了个空，崴了脚！有同学想过来扶我，被我一口谢绝，因为我想一个人气宇轩昂地跨进中学，拥抱新的生活。

当时的我进入青春期不久，就像一株破土而出的青竹，充满活力，阳光向上，觉得自己连"小升初"都熬过来了，还怕什么呢？面对新的局势、新的环境，脑海里竟没有一丝畏惧，有的全是美好与奇妙的联想。

那时的青春是满怀希望的，宛如染色缸里那一抹充满新意的青绿色。在时光的长河里荡漾着，挥之不去，最终变成美好的回忆。

淡粉色

初二那年，我情窦初开，特别喜欢躲在角落里或者窝在被子里，拿着手机看明星的照片。余淮的饰演者刘昊然、江辰的饰演者胡一天，都曾是我钟爱的校园男神。可是当他出现在我的世界里的时候，我才知道其他人都是过眼云烟。

他当时高二，是我们中学为数不多的提前进入高中学习的学生。他个子很高，瘦瘦的却很精干。他的长相不算出众，甚至脸上还有青春痘，可那份与生俱来的沉着冷静、阳光开朗以及淡淡的书香气息一下子就吸引了我的目光。

他的成绩很好，曾考过我们市的第一名。可当时我只是一个不起眼的小女生，成绩也处于中等水平，所以无论如何都不可能引起他的注意。这可怎么办？

我坐在窗台上翻阅了许多平日爱看的青春校园小说，想着借鉴某个桥段和他来一次美好邂逅，可结果不尽如人意。

那时的我突然明白一件事：我不是耿耿，不可能遇到余淮；也不是陈小希，更没有江辰来守护。我，就只是我。想要被他注意，能做的就只有变得和他一样优秀，不再仰视他。

从那时起，我就把手机里的照片全部删除，甚至到后来主动上交手机，因为我的心底一直有个声音——我要平视他！

回头想来，当时羞涩的感情也许只是单纯的崇拜。因为崇拜，所以想和他谈天说地，所以才会拼命努力地追赶他！

这大概就是冒着淡粉色气泡的青春教会我的吧！

咖啡色

备战中考的那段日子就像是喝咖啡，刚入口时苦涩难咽，可现在回味又别有一番风味。

"妈妈，家长会上老师和你说我可以上什么学校啊？"

"老师说，只要你稍微认真一点，二中肯定是可以考上的！"

于是《5年中考3年模拟》便频繁地出现在我的书桌上。

"妈妈，考前老师和你说我可以上什么学校啊？"

"老师说，你进步很大，再多努力一点，上省中是很有希望的！"

于是我的作息就调整为晚上 12 点睡觉，早晨 5 点起床；包里放的零食也越来越少，后来索性腾地儿放试卷了；那段时间我爱看的小说也被我狠心锁在抽屉里，手里捧的只有名著。

就这样，我一直坚持到中考前夕。那晚我躺在床上有些失眠，正昏昏欲睡时，一番对话传入耳中：

"丫头最近真的辛苦了。其实她的老师对她考市里的高中没抱多大希望，可我相信她一定行！"

"我也相信她！"

我用枕头捂着脸，不想让眼泪流下，但无济于事。备考的压力以及父母最殷切的期盼和那份浓浓的爱，让泪水一触即发，顺着脸颊滚落，滑入干涩的喉咙——苦苦的，涩涩的。

12 岁那年我以青绿色推开青春的大门，那般满怀希望；

13 岁那年我用淡粉色探索青春的秘密，如此可爱调皮；

14 岁那年我用咖啡色谱写青春的行迹，这样无所畏惧；

而今天，15 岁的我想用淡蓝色去打开高中的青春之旅，往后的日子都要冷静沉稳。

天上的星星依旧眨着眼，我们已经从北往南数了一大半了。

"那你说它们为什么都羡慕我们？"好友又问。

我答道："可能它们羡慕我们可以把生活染得五颜六色吧！"

选自《读者》校园版 2019 年第 21 期

见阳光就微笑

作者　周千钰

现在的微信"朋友圈"就是一个小小的世界，我喜欢那些总是发微信"朋友圈"的人。他们总是阳光、开朗。我的语文老师就是一个这样的人。

阳光灿烂时她会走进教室，轻拍前排几个同学的肩，说"天气那么好，总该晒晒太阳"。笑意弥漫在嘴角，温柔明媚，一如从窗外透进的几缕阳光。从题海中抬起头，走出门，便见她也站在走廊上，披着长发，微微伸个懒腰，全然"面朝大海，春暖花开"那般模样。她会微笑着和每一个路过的人或是看到她这副模样而微微诧异的人打招呼，笑靥如春风，绝不似平日上课时的严肃模样。

我们常常会调侃她。她其实不年轻，却有一颗爱美的心。随时随地拍照，拍自己，或是拍别人。一次到办公室帮她改试卷，中间抬头时见她拿着手机，找了个合适的角度准备拍我们。手机后是她的微笑："有时候就是想静静地坐着，喜欢看你们在我面前的模样。"

她经常发照片到"朋友圈"，配上一段诗意的文字。细细翻阅，每一张我都很喜欢。

她很喜欢旅行。她说："所有遥远的梦想啊，有一天一定要实现。"埋在学生的作业中时，她也会这样计划："下午去找朵花，亲近一下。"

我很喜欢她，因为我喜欢那种阳光下，松松散散又无比精致的时光。

"朋友圈"本身就是一种真实的记录。

有一部分热爱生活的人，他们发"朋友圈"是为了满足自己的内心需要。不为别人的点赞，不为别人的褒奖，纯粹地为了记录。

有人说，"朋友圈"的出现，让生活

中缺了点什么。到饭店吃饭前先要拍几张照，旅游时抵达宾馆要先拍一拍周边的环境，然后秀出来。许多东西于是不经意地遗失了。

可是"朋友圈"同时造福了一些人，他们深知每一刻的时光都是限量版。他们拍下偶尔下厨做的一盘番茄炒蛋，或是早上醒来时爬上床沿的阳光。他们向往远方，却也深知，最该珍惜的美好，是此刻漫在脚底的阳光，以及抬眼时，发自内心的微笑。

有一天天上的流云刚好是我喜欢的模样；有一天月朗星稀，我和清风撞了个满怀；有一天想低声哼唱某一首歌曲；有一天我读了一本书，书里的某个句子令人惊艳，触及我内心的某个部分。于是我有了发"朋友圈"的念头。

你记得那一刻时光稍稍停住的模样吗？它侧着脸，单手托腮，悄悄望着你。

时光的罅隙里洒满了细碎而温暖的美好，阳光和你的微笑不经意间渗透了进去，温暖明朗。点滴里泛着琥珀般的光芒。

我想告诉你，坐一会儿，喝一杯，或者看看风景，再发发"朋友圈"，然后就轻装前行吧。因为你最贵重的行李已经卸下。你的记忆，你的阳光，你的微笑，将融化成路上的足迹。一旦融化，便和蓝天白云不分彼此，如同书签，值得夹在时光的罅隙里，偶尔回头看看。

喜欢那些经常发"朋友圈"的人。

我在他们身上看到的，是潜在的连接，无限的分享，以及各种奇妙的生活可能。

他们都很不一样，却同样地，见到阳光就微笑。

选自《读者》校园版 2019 年第 24 期

风

作者　刘东兴

风与风之间是不同的。

夜风是清凉的，于漆黑之中透着幽蓝；清晨的风充满朝气和活力，于金黄中带点火红；中午的风该是柔和温暖的吧，可今日的午风不同寻常。

正午，万物在太阳的领导下有秩序地运行着，轻风柔和地推动着万物的生长，也造成了边缘地区植被的毁灭，但这些是自然生存的法则：物竞天择，优胜劣汰，适者生存。

到了下午，风突然变得猛烈起来。听！狂风肆虐，发出"呜呜"的低吼；门窗激烈地摇晃着，发出"砰砰"的声响；风猛烈地轰鸣着，犹如云后的雷蓄积了长时间的力量，一瞬间迸发出来的那么一股劲儿！犹如滚滚黄河在咆哮，万马在奔腾！看！大地上的草木被风猛烈地刮着，剧烈地摇晃着身子，仿佛要被连

根拔出，却被大地紧紧地攥住；大地似乎也快招架不住狂风的攻击，恍惚间看见它似乎也在晃动；数不清的树叶被风裹挟着吹上天，如同狂蜂乱舞。整个世界的注意力被这风吸引，只有它在发泄，只有它在不满，只有它在怒吼。

不一会儿，雨降临了。在狂风呼啸中，雨起先只是警示似的，"低声细语"地下起来。可狂风丝毫不听雨的劝告，更加肆意地挥舞着自己硕大的拳头。雨再次发出警告，它也把自己的拳头挥了过来。狂风依然故我，雨怒了，它召集全族之力，奋力地向不自量力的风倾盆而下，风瞬间伤了元气，分崩离析，四散逃窜。雨继续反击，硕大的雨点倾泻而下，形成一层雨幕，树木恢复了原来的样子，支持着雨；太阳又出来了，它

坚定地站在雨的后面。风渐渐停了，可还有几许残息，仿佛在嘲笑雨，雨不为所动，在雨的滋润下，世界慢慢恢复了原来的样子。夜降临了，雨渐渐退出了舞台，接下来掌权的是月亮和它周边的星星，雨仿佛化为北极星，为迷航的人们寻航，可风，却被世界遗忘在了某个角落……

选自《读者》校园版 2020 年第 15 期

疾风已去，樱桃花开

作者 罗 丹

在我的认知中，爸爸是真正意义上的好人，他勤劳、善良，肯吃苦，待人和气，是标准的好丈夫，自然也是典型的"猫爸"。

我的童年被他带来的欢笑填满，他教我说话，教我走路，教我认识这个世界。

他曾带我种下一棵樱桃树，我们一起等花开花谢，等果实累累。自此，四季的变化在我心中有了不同的含义。

爸爸性格温和，在我的记忆中，他几乎没怎么发过脾气，他不善于表达自己的感情，却是个十足的行动派。做丈夫，他体贴细致又不失安全感；做父亲，他宽容敦厚又不失威严。他几乎是一个完美的人。

但事情好到了极致，总会出现偏差。

我8岁那年，爸爸患了一场重感冒。

为了缓解感冒症状，爸爸输了几天液。然而从那几天开始，爸爸能安静待在床上的时间越来越少，他开始变得焦躁不安，忍不住地在病房里来回踱步，渐渐不能控制自己的脾气。

他的病情越来越严重。他时常神志不清，总在凌晨悄悄起床，做一锅米饭或熬一锅粥；或将椅子摆成一排，对着它们发呆。更严重时他不认得家人，甚至咬伤自己的舌头。

这时，樱桃树因无人照料开始衰败，未成熟的果实落了满地，尚在妈妈肚子里的妹妹即将出生。

我的家，在我8岁那年变得无比混乱。

爸爸的病情日渐严重，家里人不敢耽搁，终于在多方打听下，找到了张家口的一家医院，那里的医生可以治疗爸爸的病。于是爸爸在妹妹出生的第11天，被送到了那里。

走的那天，爸爸神志很清醒，他对我说："你好好待在家，等樱桃树再开花的时候我就回来了。"

我把这当成一个承诺，而爸爸迟迟未归。我看着樱桃树的花从含苞到盛放，又渐渐凋零，终于等来他要回家的消息。

他回家的那天我没去上学，穿着最漂亮的衣服在家等着他。我焦躁不安，紧张万分，如同一个临近考试但没复习的学生，心里的焦灼仿佛要溢出来。

我想好了无数种扑进他怀里的姿势，却在见到他的那一刻愣在了原地。仅仅半年时间，他就已经和我记忆中的爸爸相去甚远。

激素的作用使他整个人看起来浮肿了一大圈，病症和药物治疗的双重影响使他行动迟缓、目光呆滞，看起来像一个老人，又像一个对这个世界缺乏了解的孩子。

但他记得我，对我伸出手，然后说："过来啊。"

爸爸回来了，还带回了一箱药。这些药让爸爸的病情渐渐好转，他的精神一天比一天好，头脑一天比一天清醒。他的话多了，笑容也多了，又变回了我曾经的那个爸爸。

在爸爸痊愈的那年春节，我第一次从他口中得知了治疗过程中的细节。

他说，那家医院有4层楼，病人病情越轻，住的楼层越高。一开始，他就住在一楼。一楼的窗户用铁栏杆加固，一根根无比结实，外面的世界也因此变得异常狭小。

那时，他并不记得刚刚出生的妹妹，只是很想念我和我的堂弟。他曾透过狭窄的窗户看见过两个与我们年龄相仿的孩子，于是就隔着结实的铁栏杆大喊我们的名字。

他说了很多很多，一字一句仿佛密密的小刺，扎在我的心上，让我的心隐隐作痛。

我知道那半年他过得辛苦，却从未想过他也曾害怕被家人抛弃，是否担心会忘了这个世界，忘了家人，忘了曾经的时光。

那半年，他何止是辛苦。

时光流逝，14 年仿佛眨眼就过去了，儿时种下的那棵樱桃树已近 3 米高，妹妹也长成了亭亭玉立的大姑娘。春天来了，樱桃树又开了满树的花。

疾风已去，一切都来得刚刚好。

选自《读者》校园版 2020 年第 16 期

水

作者　刘思瑶

水，纯洁、温柔、善良。

水，汇聚成一片汪洋，波澜壮阔、无边无际。它伴着风的节拍翩跹，激起一波波潮汐，敲击金色的沙滩，奏出一支婉转灵动的曲调。它将此视若珍宝，小心翼翼地塞入海螺，希望能传递到很远很远的地方……它的怀抱孕育了不计其数的生灵。有摇曳的藻荇，绝不随波逐流，立足淤泥，却悠然自得；有活泼的鱼儿，竞相跃出水面，借着碧波，打量自己的倩影；有低飞的鸬鹚，盘旋于海面，寻觅珍馐，黄昏时栖息岸边。曾有诗云："百川东到海，何时复西归？"为什么大海能汇聚河川？为什么大海浩渺无边？因为它不争不抢，放低身段，甘处地势低处，以宽广的胸襟纳生灵、容万象。

水，凝结成一场细雨，淅淅沥沥，如针如丝。它密密的、斜斜的，织满天空，缀满大地，使世界蒙上一层薄纱，让人们披蓑戴笠。它将沁凉与湿润洒向大地，灌溉萎靡的植被，滋养口渴的鸟兽，补给干涸的江流。它以自己微小的身躯，一滴滴汇聚成一条条源源不断的生命之河，流遍世界的各个角落，冲刷泥泞，散播生机。杜甫曾曰："好雨知时节，当春乃发生。随风潜入夜，润物细无声。"为什么雨水澄澈明净？为什么雨水沁人心脾？正因其至善至纯，无怨无悔，不求回报地滋润万物，洗涤污秽。

水，化为道家的思想精要，顺应自然、守柔曰强。《道德经》中说："上善若水，水善利万物而不争，处众人之所恶，故几于道。""天下莫柔于水，而攻坚强者莫之能胜，以其无以易之。"为什么水情操高洁？为什么水能诠释道家思想？

因为它体现的是以柔克刚、淡泊明志的人生哲理。

林清玄曾说过："我们被外境的迁动就有如对着空中撒网，必然是空手而出，空手而回，只是感到人间徒然，空叹人心不古，世态炎凉罢了。"试想，水何时因唾骂而啜泣，因赞美而开怀？"宠辱不惊，闲看庭前花开花落；去留无意，漫随天外云卷云舒。"我们应当追求这如水般的人生境界。

水，无色、无味、无形。

它的身躯晶莹剔透，却能融万种色彩，含万般味道，秀万种神态。大音希声，大象无形。水之境界正在于以无胜有，因淡泊而通透……

选自《读者》校园版 2020 年第 22 期

时光很慢爱很长

作者　费纪茹

　　姐姐搀扶着外祖父，在下过雨的田间小道上极慢地走着。阳光泼在两双细细的脚腕和沾满尘土的鞋面上，影子洒在身后，拉得很长，仿佛时光也被拖慢了。

　　那日雨后午间，我终于可以放下手中的作业，跟着妈妈回到外祖母家。外祖母欢天喜地地翻出平时不舍得吃的饼干、点心，笑着笑着脸就皱了。她黝黑的双手上鼓着青筋，手指关节处的茧子贴着我的手，磨疼了我的心。

　　我从来都不是一个能安稳坐着的人，妈妈早看出了我想出去玩的心思，索性大手一挥，让我去找姐姐和外祖父。我揣着那包外祖母不知珍藏了多久的饼干，推门冲了出去。一场倦雨浥轻尘，浅色阳光碎满一路，当我找到姐姐和外祖父时，看见他们正慢悠悠地走在回家的路上。一阵风倏地吹过，有一瞬间我以为外祖父的身影变模糊了，后来才发觉那是因为他太瘦弱，衣服过于宽松，导致外祖父整个人都看起来像是一直在晃动。

　　风散了，树不颤了，我的心却乱了。

　　我着急地奔过去，喊了外祖父和姐姐，搀住了外祖父的一只胳膊。"你是……外孙女？"外祖父看了我半晌，犹豫地问道。我用力点头，大声地应着。"你放假啦？"他又问。尽管他的声音已经变得含糊，可我依旧听得清他说的每一句话。

　　我们三个人迎着夕阳与铺满天边的霞色，在潮湿的土地上留下浅浅的脚印。忽然，外祖父停在了一个小卖部门前。我和姐姐都以为外祖父要买烟，急忙一人一句扯着嗓子劝了起来。"不是买烟……"外祖父像小孩子一般委屈地嘟囔着，执意要往里迈步。拗不过外祖父的我和姐姐只得扶着他颤颤巍巍地走上台阶，推门进去。外祖父从兜里掏出一个小袋，认认真真地数出几张折了好几道的零钱，摆在桌子上，指着一种糖果的盒子，说道："要这个，外孙女爱吃这个。"

我突然哽咽，一丝声音也发不出。

时光都很慢，而我们却走得太快，只剩家人在背后默默守望。他们的时光早已慢到只够爱我们。他们的孤独余留叹息，他们的思念遥不可及，他们白了头后把所有的期冀与爱意全都给了我们。

蓦然回首才惊觉，那岁月里的慢时光中，爱很长。

选自《读者》校园版 2021 年第 01 期

木屑与野火

作者　张维安

他是一个木匠，一天到晚在地下室里捣鼓木工活儿。院子里的人，可以随时从他这儿拿几件花架、鞋架之类的复古的"简约风"家具，结实、耐用。

我们家也是，我妈经常派我去他那儿拎两把椅子，礼尚往来，妈妈会在逢年过节时给他送点烟酒。

夏天一到，他的花坛便开出许多鲜艳的花，栀子、茉莉、月季、大理菊……热闹俗艳。我每种都会"偷"一朵。他会时不时地从木头架子中抬起头来，但我猜他什么也没有看到。

爸妈嘱咐我去找他帮忙打磨家里用的菜刀、剪子，我会厚着脸皮去他家。看着他那因静脉曲张而凹凸不平的手背，向上延伸是枯树般的手臂，关节在干瘪的皮肤下，随着磨刀的节奏来回起伏，似乎随时都有可能戳破这层皮囊。

他的驼背也有节奏地耸动着，像是会呼吸起伏的山丘。他手下磨着刀，也消磨着一去不复返的时间。磨完后他没有立即交给我，而是在他的花坛中挑几朵刚开的花，用刚磨出锋利刃口的剪子剪下来送给我。又摘下几片叶子，揉烂了，在我打架时胳膊上留下的淤青处来回涂擦。

那时候，放野火玩儿是我主要的乐趣。

野火其实并不"野"，它只是一堆普通的火。有时候是刚烧完的一堆落叶，有时候是恰巧点燃的几根树枝，但这是属于我一个人的火，没人能打它的主意，所以我打起了木屑的主意——有时候我会去他那里抓一把木屑当燃料。作为一个木匠，他那里木屑多的是，只要我要，可随意拿取。可是从某一天起，我再也不打算放野火了。那次带着火星的木屑灰飘到我手上，烫伤了手背，我哭着抱着没有烧完的木屑给他，灰烬和眼泪糊了满手满脸。

"这木屑，我留着也没用。"他说，"你用它去点野火，活该烫着，小心烧着你家后院！"说罢又到花坛揪了几片叶子，揉烂抹在我的手背被烫伤的地方，然后埋头干活去了。我想想自己那副样子，估计回家也只能挨我妈一顿训，索性坐在他的木架子旁边，看他忙活。

我看着他弓起的背，汗珠从他的一个关节跳到另一个关节，顺着鼓起的动脉滚落，消失在黑汗衫或者水泥地里，木头很快变成方的、圆的……

这似乎是一项很不错的工作，顿时我眼前浮现出传送带载着一把把木椅，被加工包装又被骄傲地售出的模样。

"你看我也当木匠怎么样？"我满怀憧憬地问道。

"那不行，你回去读书吧，好好读书！"这话分明是从他口中说出来的，可我仿佛觉得这是他身上的皱纹说的。又或是他突出而高耸的脊梁骨说的，那天的事情我记不太清了，也许是我妈把我拎回去的时候说的。

总之，我再也不打架、不玩火了，后来我出去读书了，搬离了那个住着老木匠的院子。那些夏天的花、瘀青和烫伤的印子，都和记忆一起淡化了。

我最后一次见他，他已经被装进黑色的相框中，黑白灰的颜色让他的模样毫无记忆点，看不出他曾经是个木匠，是个驼背或者是个瘦小的老头。

他像是我记忆中的一片木屑，被烧成了灰，时间的风一吹，就无影无踪了。

选自《读者》校园版 2021 年第 01 期

在路上

作者　朱锦琰

周五放学，我坐上了回家的公交车。窗外是再熟悉不过的街景，一站又一站地来回颠簸着。耳机里循环播放的是早已烂熟于心的歌，简单又温暖，可以轻轻跟着哼唱很久。午后的阳光慵懒地洒进来，化作千丝万缕，自指尖传遍全身。耳畔依稀传来公交车报站的声音和发动机的轰鸣声，头顶是空调一阵一阵的凉风，脑子里随意想着本周的作文或是周末的小计划。车窗外一成不变的绿树、蓝天、楼房，在柔和的调子里显得格外明朗，色调与此刻的心情也搭配得刚刚好。

我特别喜欢在路上的感觉，比单纯地喜欢某个目的地或景点要强烈得多。

小时候，我一直很讨厌这种在旅途中无所事事的感觉，但不知为何在长大后，就一点也不讨厌了。

对如今的我而言，在路上，是一种忙里偷闲的静谧——正因为找不到什么正经事可干，才能明目张胆地发呆。我可以把上课时未曾来得及开的小差全都开上一遍，望着天空中有点像棉花糖又有点像花椰菜的云朵，抚摸着自己突然饿了的肚子，用意念将这些光影交错中的"漂泊者"拽下来尝一口——嗯，被夕阳染红的云，应该是草莓味的吧！若是下雨天，便又有了一种"无边丝雨细如愁"的意韵，看轻扬的雨丝隐隐飘过窗前，用水润般的烟波轻袅浅唱流年。用一段旅程的时间，可以看一部电影，可以听几首歌，可以通过上上下下乘客的表情来推断他们这一天的经历，可以思考一些没有答案的人生哲理，也可以彻底放空自己，什么都不去想。总之，在路上的时候，我能让自己来一个很大的

"深呼吸"，然后重新投入喧闹的人群和生活。

在路上，是一种狭路相逢的遇见。暑假里，与"一日不见，如隔三秋"的好友一同出行的起点，也便是在这个时候——在飞机场坐着两个大行李箱见面，在旅途中做一些奇奇怪怪的游戏，聊书聊电影，一直聊到另一座城市的深夜。不知道为什么，这是整场旅行中最令人欢愉的时光。有时候，坐在地铁或是公交车上，就会突然遇见小学同学，那是童年时期玩得很好的朋友。我们会很惊奇地认出彼此，然后在拥挤的车厢里聊上很久很久，就像隔着岁月的罅隙又一次拉住了彼此的手。在他下车后，我就会不由得感慨："这个世界，真的好小、好奇妙啊。在人生旅途中下车的人，说不定又会在某一站上来……"

在路上，更会与各种各样的陌生人偶然相拥。我记得有一次去西安玩，坐在飞机上，旁边是两个不认识的陌生叔叔，本以为这将是一趟略显无聊的旅程，但不一会儿靠近我的那位叔叔便和我聊了起来。他与我聊了中国的学习环境，讲了他在国外经商的经历。我们俩的聊天竟然毫不违和，就像一对认识有些时日的朋友，为这次的旅行添上了一抹别样的绚丽。有时在公交车上，邻座恰好会有个可爱的小孩子，朝他眨眨眼，他就学我眨眨眼，我一笑，他就害羞地往妈妈身上一扑，逗得阳光也忍不住挤进来想瞧瞧发生了什么。我在拥挤的车厢里看到过一只只传递着交通卡的陌生的手，连成一根线，一条龙，一条奔流不息的河流，只觉得路上的所有美好都在纷至沓来……

正因为这样的静谧、这样的偶遇、这样的来自陌生人的美好，我才发现路上所有的时光原来也是一副柔情蜜意的模样。

旅途中的每一帧画面，都是铭记在心的珍藏。

在路上，万物生。

选自《读者》校园版 2021 年第 04 期

奶奶的红豆

作者　王雄伟

"奶奶，我回来了。"我刚进家门就见到奶奶坐在木椅上做针线活，她的手一高一低，如一只蝴蝶在布上飞跃。我边从兜里掏出颗豆子，边念叨着自己带了颗"相思豆"回来。奶奶放下手中的活，拿着豆子端详了半天，对我说："不就是红豆吗？家里不缺这东西。"说罢，就匆匆去厨房熬红豆汤了。我走到阳台上，将豆子埋入土中，盼着有一天它能发芽。

酷暑的烈日炙烤着大地，奶奶坐在树荫下乘凉，手中依然忙活着。我看着电视机里一边唱歌一边翩翩起舞的演员，不禁挥舞双手学着里面咿呀咿呀地唱。奶奶叫着我的名字："伟儿啊，快过来穿线头，你那小手利索。"我有些抵触，但还是不情不愿地去了。

我一边捣鼓着线头，一边说："有

我爸妈照顾您，您为什么还让自己这么累？"她被我的问题激怒，生气地说："难道我是来这儿吃闲饭的吗？"她一把扯过我手中攥得起毛的线头。我只好悻悻地走开。透过玻璃，我清楚地看见奶奶拾起长势并不好的红豆藤，长叹一口气。她时而缝补，时而发呆。有一种东西在我心底发了芽，后来我才知道那叫付出。财富有用尽之时，唯有辛勤劳作才能创造价值。

红豆藤已爬上阳台的栅栏，显然茁壮了许多。它惬意地在秋风中轻轻摆动，而我也该去寄宿学校上课了。奶奶自然是家里最舍不得我的——我一周才回一次家，她拉着我的手，迟迟不愿放开。我从包中拿出一个透明的玻璃罐，里面装的是一颗颗饱满的红豆——从阳台上摘下来的。走之前，我把《相思》一字一句地背给她听，在一句"此物最相思"中，父母带我走出家门。奶奶又坐回木椅，戴着老花镜目送我和父母的身影消失在楼梯拐角处。

从那以后，周末我们家多了一道甜品——红豆羹。奶奶总习惯于买红豆，却舍不得摘一粒阳台上长着的豆子。我不想告诉她，虽然我喜欢羹汤的甘甜，但我不喜欢喝下去后那甜到发苦的酸涩后味。一周又一周，豆羹一碗接一碗，奶奶的脸色也愈发蜡黄与憔悴。一次，我蹑手蹑脚地走进厨房，奶奶正用碗盛水喝，但她突然发呆，不觉水从碗边溢出。见我出现在厨房，她的手触电般微颤一下，雪花般的白瓷碗在地上绽开来。家里常年只有她一人。那天下午，我和奶奶花了很长时间去收拾细碎的瓷片。

一天在我写作业时，她问我报纸上的一句话是什么意思，我头都没抬就埋怨她："好像您学会了就会有文化似的。"她无奈，又坐回木椅。我的心随即被什么戳中，隐隐作痛——父母留她在家，就连我也要抛弃她这个想要努力跟上时代步伐的人吗？我主动找话题，不出所料，奶奶有了兴趣。她从自己蹒跚学步讲起，我才知道她年轻时竟然还主动追过男孩子。原先的古板被鲜活所替代，我重新认识了奶奶。那天，她教导我："世上最治愈人的不是灵丹妙药，而是陪伴。"

几日后，奶奶就要回老家了。看着奶奶捣鼓着红豆，我不禁想到她穿针时的手指，似乎没有以前那么灵活了。她告诉我用几杯水、几杯红豆煮出的红豆羹最好喝，我却想对她说："我想留住的，是属于您的一份温情。"

选自《读者》校园版 2021 年第 06 期

人间烟火

作者　吴浚哲

世人所谓的人间烟火，不过是在繁华喧嚣的城市的某一个角落，反复播放着一个个令人感动的深情瞬间罢了。

走上街头，映入眼帘的就是自我记事起就在这里的一家毫不起眼的理发店。理发店坐落在青砖灰瓦之间，瓦垄间长满了绿绿的苔藓。从童年至今，我每次理发都会来这里。街坊邻居要有什么大事需要整理一下仪表，也会来这儿。穿着那早已褪色的黑色中山装的老板一如既往地左手拿着筷子，眼镜镜片因面前馄饨散发的雾气而显得朦朦胧胧。他眯起眼仔细辨认，看出是我后，眉头舒展，满脸皱纹似鲜花绽放般，笑着跟我打招呼："孩子，去吃早餐？"我微笑着点点头。每次清晨路过，老板都要费力辨认一番才能认出是我，每次他也都毫不做作地跟我打招呼。

人来人往的街头拐角，那棵大榕树下，清晨雾气氤氲。刚出锅的馄饨轻盈地从木漏勺中跳出，伴随着一阵水花，再撒上几粒清香扑鼻的葱花，绿色在熬制已久的高汤中起起伏伏，诱人食欲。伴随着的是老板娘爽朗的吆喝声："馄饨一碗！"我迫不及待地起身，端过香气扑鼻的馄饨，递过几张零钱，扭身伸手根据自己的喜好添加被整整齐齐摆放在一旁的酱料，坐在有些油渍的红木桌子旁，拆开一双木筷，享受着清晨的生气、活力与这面前的美食。身旁不时闪过几个晨跑的老人，步子不快，却异常坚定。他们日复一日、年复一年地坚持着。

走过馄饨摊，街道的尽头，是晨练完毕的老人们谈笑风生的场所。老人们穿着质朴，跑步后被汗水浸湿的衣物丝毫不影响他们在这儿侃大山、嗑瓜子。

瞧，那个精神抖擞、穿着黑色布鞋的老头，不正是理发店的老板吗？他快速地从面前的碟中拿起一颗又一颗瓜子送入口中，上下嘴唇频繁开合，依稀可见因抽烟而被染黄的两排牙齿；他的左手时不时抬起，视线瞄向那块用了十几年的老牌手表。每天这个时候，他都要送活泼可爱的留着双马尾的小孙女去幼儿园。他面前的石桌上，还摆着一碗打包好的热气腾腾的馄饨，这可是小孙女最喜欢吃的早餐，他当然不会忘记。

日复一日的美好。在快节奏的城市生活中，老人每天的温暖问候，一碗热气腾腾的馄饨，一份时刻挂念孙女的慈祥，我想：人间烟火，就该如此吧。

选自《读者》校园版 2021 年第 07 期

我丑归我丑

作者 魏 蕾

很小的时候，我就知道自己长得很丑，但真正让我为此感到难过的，是小学六年级时的一次经历。

那时候我有一个同桌小 A，有一天上午老师们开会，我们在上自习。当时我正在奋笔疾书，小 A 突然做了一个呕吐的动作。我们俩其实没怎么说过话，但我挺担心他的，就凑过去问他怎么了。他很夸张地说："我是被你丑吐的呀！世界上怎么会有你这么丑的人？！"全班同学哄堂大笑。

现在想一想，当时我年龄小，除了努力把这种事当成玩笑，下课偷偷哭一会儿之外，也没有更好的办法。

人生是一个不断重复的过程。初中的我，又一次经历了因为长相带来的羞辱。"羞辱"这个词现在看来可能言过其实了，但对于刚刚进入青春期，心思敏感的我来说，确实是一种羞辱。那是初二的一个星期天，我们班有一个群里没有老师的 QQ 小聊天群。当时刚刚公布会考成绩，大家相对比较放松，在群里聊得热火朝天。我因为考了双 A 的成绩，罕见地被父母允许玩了一次手机，就很快乐地加入了同学们的聊天。然而有个男生小 B，无论我发什么，他都会在后面跟着发一个"呵呵"。

就这样他跟了四五条消息后，我忍不住 @ 了小 B，问他是不是故意针对我。小 B 很坦荡，承认了。我很委婉地问他原因，想着如果是误会就解释清楚。结果小 B 说："因为你丑，碍我眼了。"然后同学们的"哈哈哈哈"开始刷屏。

不过当时的我已经不是只会哭的小女生，受了委屈就要重拳出击，骂回去。于是，在我一顿还击之下，小 B 败下阵来。但他的最后一句话，让我耿耿于怀到了今天，他说："你长得丑是事实啊，我只是在陈述事实。"

的确，我长得丑是客观事实，但是随便评论女生的外貌，把无礼当玩笑，就是教养问题了。我一点都不后悔当时在班级群里骂他。

后来，我考上了一所重点高中。当然，班上也会有几个男生说我长得不好看什么的，但我已经不在乎了，因为我知道自己想要的是什么，所以不会去在意。而且我明白，我想要的美到底是什么。

再后来，我因为选了文科，假期也就没有去补课，每天都跟着高考完的姐姐一起锻炼。假期过后，我瘦了很多。

为了迎接接下来的文科生生活，在姐姐的建议下，我去剪了新的发型。结果报名的时候，我总觉得自己在被人打量。我的同桌兼好友更是直接捧起我的脸说："仔细看看也没什么变化呀，但我就是觉得你变好看了很多！"

很多事情就是这么巧，以前我因为长相偷偷地哭，生气地跟人吵架，但是当我聚焦在如何提升成绩、充实内在的时候，却迎来了奇妙的变化。如果你恰巧和我有相似的经历，我建议你骄傲地对那些评论你的人说一句："我丑归我丑，关你什么事！"然后怀着少年特有的一腔热血，努力成为自己想成为的人。

选自《读者》校园版 2021 年第 08 期

如果可以逃进雨中

作者　张晨馨

对于初中，我印象最深的，便是学校至车站那一段有着黑色地砖的路。上学放学，我在那段路上，走了整整两年。

阴天时那段路是什么样的，晴天时那段路是什么样的，我都知道。但最神秘且最吸引我的，还是在雨天时走过那段路。

每当下雨，我便很期待上学，很期待走过那段路。早晨六点多的世界很美好，一切渐渐充满活力，唰唰唰的雨声掩盖了烦躁的喧闹，带来凉意与宁静，一切都刚刚好。我从车上下来，把伞撑开，但更多时候我不喜欢撑伞。除非雨特别大，我才会用伞把自己遮得严严实实。

我喜欢雨滴落在脸上冰凉的感觉，这是来自遥远天际的问候。似乎这样，我便可以感知天空的情绪。它虽然平和，却也有彷徨，也有烦心事。

雨大的时候我便撑开伞，躲在伞下，可以很清楚地听见雨滴在伞面跳动的"滴答"声，就这样听着，与周围的喧嚣和躁动隔绝，缩在伞下的小世界里。我低着头看着脚尖一步一步向前走着，黑色地砖路里的我也一步一步向前走着。因为雨的关系，周围的一切都可以清晰地倒映在黑色地砖上，那里面藏着另一个世界。这很奇妙，像两个世界因这一段黑色地砖路有了联系，而"下雨"便是那个特定的时间，即"钥匙"。我是偶然闯入此地的旅人，远远走来又远远走过，发生了什么，却又什么都没发生。

我常常为我的发现感到开心，是小时候得到了别人都没有的新零食的那种开心，但新零食只有分享给他人才会让我更开心。我想把这个想法分享给他人，可最终还是沉默于唰唰唰的雨声中。

初一时，我随父母来到这座陌生的城市生活；初二时，我转入这所中学学习。与过往朋友、同学的联系被不断切断，只留下一个个不再联系的联系方式。刚开始的新奇很快被陌生与孤独填满，周围的一切对我而言皆是漫无目的的空白。所以我渐渐沉默，怪异在孤僻里潜滋暗长。而每当看见黑色地砖路里的毫无表情的自己，我便会想：她也是一个孤独的人吗？她也像我一样向往纯粹的、永远的一段关系吗？她会处理现实和理想的矛盾吗？这些疑问，当然收不到任何回答，只有雨连绵不断地下着，顺着惆怅，将苦涩浇进心里。

看得久了，想得久了，常常会产生怀疑，恍惚感也油然而生。我所处的世界一定真实吗？它是否和雨天黑色地砖路里的世界没什么不同，我们只是在按部就班地生活？我越发想逃进雨中，顺着雨滴进入那个世界，甚至憧憬着那个世界是否有些规则与现实中的不一样，能完全符合我心中所想，洁白又温暖。

我就像躲在壳里闭着眼寻求庇护的幼鸟，壳碎了仍不愿出去。可逃避不管用，一味地逃避现实，只会让我更加脆弱。正如幼鸟终有一天得睁开眼看清这个世界，随着踏入学校、踏出学校的步伐，我也逐渐长大。只是每当下雨，我就会有这些强烈的意愿。

选自《读者》校园版 2021 年第 09 期

校服里的青春

作者 子 曦

"年少时的夏天才叫夏天，漫长得让人失去耐性的暑假，在蝉声里追剧，在凉快的房子里吃西瓜，跟玩得来的人相约到处乱跑，补课的时候趴在桌子上睡着。时光拖得跟树荫一样深远。而大人的七八月，只能是被叫作天很热的那些日子。"

1

盛夏，伴随着高考的结束，我的青春韶华也只剩下了小尾巴。

傍晚，行走在那条走了3年的林荫道上，没有了平日的来去匆匆，没有了时不时低下头看手表的紧张与急迫，这一次是去买上大学穿的衣服。第一次觉得，这条路还挺长，风景也不错。

十字路口，几个身穿校服，骑山地车的少年在我面前"呼啸而过"，消失在朦胧的夜色里，被风吹得更加宽大的校服，也遮挡不住他们挺拔笔直的身躯。晚风轻吹，夜色微凉，真好，还有校服可以穿，不用为买新衣服而发愁。那一刻，我忽然有些茫然若失，那件陪伴我整个中学时代的衣服，如今再也穿不了了，想想，还有点儿失去庇护的不安。

2

其实，我对校服还蛮有感情的。

初中时处在青春叛逆期，我很喜欢一些标新立异的衣服，追求如今看起来有些幼稚的个性。后来，学校强制"务必穿着一整套校服"，我才不再为打扮自己而烦恼，也与意见不合的父母少了一些争吵。同时，也将自己那颗焦躁不安、爱慕虚荣的心按捺下来。洁白的校服似乎给了我一把保护伞，保护我自卑敏感的心，我不再追求外形上的华丽，我的重心逐渐转移到如何去填补内心的空白。我的安全感不再是某件衣服，而是日益提升的分数和更加深刻的思想。那时，校服就是我心目中的"大白"。

彼时，宽松的校服里包裹了一个小小的我，让我在宽松温柔的环境下，积极乐观地成长。

3

高中时，我偷偷地将自己理想的大学写在校服的袖口处，也曾让同学们在衣服上留下他们的名字。那年太匆匆，我没来得及说"你不要洗掉哦"的潜台词其实是"你别忘了我呀"。

校服承载了我朴素的梦想和美好的情愫，也记录下我内心对于一切美好事物的向往。

毕业后，我将校服整整齐齐地叠好，放在专属的柜子里。或许有一天，它会被尘封，或许我今后再也没有穿上它们的机会。但我相信，中学时代的美好，都会在看到校服的那一刻重现。中学时代的友情，也如同那校服一样，经得起时光流转，岁月变迁。

宽松的校服里承载着许多少男少女的青春与梦想，它也见证着一代又一代朴素单纯的年轻人的成长。宝贵的青春时光因为这件洁白的校服，更加多姿多彩。

曾经以为，校服是约束，如今想来，那才是最无忧无虑的日子。彼时正年少，莫负好时光，就在这份庇护下，慢慢成长吧。

选自《读者》校园版 2021 年第 10 期

遇见阅读

作者　张馨元

初入高中时，中考胜利的喜悦还未散去，我很是松散；而各科知识陡然变得又多又难，我疲于应付、没有目标，选择了自我麻痹，一度迷失。

因为平时时间紧张，我的心态浮躁，一直以来陪伴我的阅读习惯不知不觉地丢了。睡前我不再想着翻两页书，而是绞尽脑汁背着父母玩手机游戏；考试考得不好时，我虽知应得如此成绩，但还是心烦意乱，然后陷入下一个恶性循环，完全忘了曾经自己可以在书中排解一切负面情绪。

浑浑噩噩地过完一个学期，返回家中。晚上我习惯性地拿起手机，突然瞥见书架上那些整整齐齐排列的小伙伴，便再难移开目光。它们中有些与我倾盖如故，也有些未曾深交。而在整面书柜上由书脊拼出的康衢烟月，那曾是令我醉心的游乐园。现在，那里在召唤我。

从陀思妥耶夫斯基笔下狭窄的地下室到安妮父亲公司小楼的隐藏隔间；从燕大校园中初来报到的韩新月和楚雁潮到北京军艺练功房中加时练习托举的刘峰和小曼；从埃德加·斯诺与周总理的访谈桌边到罗辑、程心、智子对饮的清茶中——熟悉的感觉在复苏，我玩得不亦乐乎。

再挦一次贾府雕梁画栋间的恩恩怨怨，再感受一遍唐顿庄园中的爱恨情仇，抑或随着抗战时中国北方大学的老师们一起南渡北归，也可展开尤瓦尔·赫拉利畅想信息时代的巅峰图景，开启新旅程。

模糊的细节一个个清晰起来，深藏的记忆与新的见闻和体验相遇。时空、虚实都无法阻挡一个读书人的脚步。当我轻启书页之时，我感受到更多维度的世界在我面前徐徐展开，触手可及。

随着阅读又一次渗入我的生活，我和父母之间的紧张关系开始缓和，我对电子产品的依赖减轻，我甚至都想拿起笔做几道并不得心应手的数学题。我曾经也惊叹自己的变化之大，但其实只是因为流浪在外的心回家了，定下来了，静下来了。

我想引用罗翔老师的一个精妙的比喻："读书就像吃饭。试问每次就餐后，你都记得自己吃了什么吗？你会特意去记自己的食谱吗？答案应是否定的，但我们都知道进餐的意义在于给机体补充能量和营养。"曾几何时，年幼的我将阅读看作作文素材和谈资的积累。但阅读的意义其实绝不仅仅在于读了些什么和有没有记住所读内容，而在于只要我们单纯地打开书，阅读这个行为本身就会无声无息地滋养我们的灵魂。

现在的我回看高一时的迷失，学习方面的不上进只是一个表征，内核其实是我在人生观、价值观迅速发展完善的年纪失去了思想上的指引和滋养，自己人格的成长没有与身体的成长同步。从小我就是为了他人的认可而学习，从来没有想清楚过上学、念书、考试这些事于我个人而言有什么意义，不知道自己的存在所依、所企为何。

阅读如何能让一个人变得深邃而有趣，有家国担当，有服务奉献社会的渴望，有坚定的信念和对生命的珍爱？这个问题我还无法回答，也可能我终究无法将其用语言完整、清晰地表达出来。但这次与书籍的重逢，让我不再为了别人去努力学习，而是有了自己的奋斗目标，向成为一个有社会责任感、有自我成长能力的人而努力。

选自《读者》校园版 2021 年第 12 期

意难平

作者　易昌菊
....

第一次遇见夏野是在夏天，我读高一那一年的夏天……

炎热的天气本就很让人烦躁，更何况还是足球赛结束。拥挤的楼梯间挤满了人，都是从球场退散往各自的班级走去的，我疲懒地走着，揪着衣领往里面吹气，一抬头，便看见了夏野。他背光站着，阳光从他身后射来，仿佛他全身都发着光。从此，他在我心里也一直发着光。

虽然他是 A 班选手，但身处 B 班的我还是觉得他很优秀，能把足球踢得那么好的男孩，就应该在我心里发着光。一想起他，我脑海里就会响起《菊次郎的夏天》里久石让作的主题曲 The Rain，他仿佛已经成为那时候我平淡生活里最值得一提的美好了。平凡的我便像青春文学里写的那样，更加努力了起来，因为

我觉得只要我变得足够优秀，他就会像我注意到他一样注意到我。在高中那些封闭又枯燥的日子里，每天只要遇见他，我就会快乐好久，所以我也开始制造一些偶遇，只是为了能够多看他几眼。

在学校里的海棠花盛开的时候，我在朋友的支持下，在同桌的陪伴下，来到了他们班门前。"你好，找一下你们班的夏野。"性格开朗的同桌将这句我在心里练习过上千遍的话轻松脱口而出，而我捏紧衣角，手心布满汗珠。"夏野，有人找你！"他从桌面上抬起头来，睡眼惺忪地揉揉脑袋朝门口走来，我那时真的紧张极了。我憋红脸铆足劲说了一句："你好。""你好。"他礼貌地回我。而不争气的我居然跑了！可就是因为这简简单单的两个字，没有人知道我居然激动到躲在厕所里哭了很久。而这简简单单

两个字的"你好",也是青春里我和他面对面仅有的一次交流。

后来,到了高三,生活节奏快了起来,大家都陷入了紧张又枯燥的背书与刷题的循环中。我没有那么多的时间再去制造"偶遇",也没有再在走廊上等着看他经过,我去专心复习了。但是,我也在以其他方式持续地关注着他。我研究着他成绩排名的起伏,看哪一科是他的弱项,对比着和他总分的差距。他物理最差,我就拼命地去学习物理,在近一个月里我有三分之一的时间都花在了物理上,我把五年来的物理高考真题做了两遍。还好,我的努力没有被辜负。在第一次全市统考中,我的物理单科成绩拿了全校第二名。我看着排名开心地笑了,因为我觉得那个单科第二的位置好显眼,他肯定注意到我了吧。在一次月考后,我在年级前五百名的榜上找了很多遍都没有看到他的名字,我焦急又小心翼翼地向他们班的女生打听他的排名情况。他居然滑到了年级一千名以外,我有点难过,但是我并没有颓废。我振作起来,更加努力。从此以后的每一天我几乎都是寝室最后一个睡的,也是早上第一个去开灯的……每当很累很累时我都会告诉自己,不变优秀怎么让他认识我。其实我知道,再怎么努力他也不会认识我,但我还是不想放弃,因为我知道自己还不够优秀,只能默默喜欢他。

身边的朋友都知道我喜欢他,但他自己却不知道。每次给他发消息,简简单单几个字,都是我想了好久好久,检查了好几遍才点的发送键,但他可能并不知道回他的消息时,我的心在颤抖。幻想了无数次我和他见面交流的场景,在草稿本上写了无数次他的名字,悄悄写了无数封送给他的信,可是,这些都成了我最后的遗憾。不是没有同学、朋友劝我说出自己的心意,可是我知道,他是不可能喜欢上我的。

时间过去很久,我也很久没有见到他了,我自己都以为忘记他了,不喜欢他了。直到昨天朋友给我发了一张他的照片,我的心突然痛了一下,心跳漏了半拍。发呆了好久我才回过神来,那时候我才知道,他没有成为我的过去式,而是我青春里永远的意难平。

选自《读者》校园版 2021 年第 13 期

就这样被感动

作者　贾依凝

长大后，你会发现所谓的岁月静好，不过是家中那碗热汤，和始终为你亮着的那盏灯。

——《傅雷家书》

也许感动，就是朱自清瞥见父亲越过站台买橘子时那佝偻背影后的黯然，就是史铁生坐在轮椅上去北海赏菊思母时的悔恨，就是《斑羚飞渡》中那为了保全种族而毅然跃下山崖的老斑羚的从容……而我的那份感动，来自母亲的牵肠挂肚和一汤一饭。

依稀记得那是一个雨天，天灰蒙蒙的，豆大的雨滴在我撑起的伞上跳跃，听着这样蹦跳的声音，想起糟糕的考试成绩，我有些烦躁。

回到家时，母亲正在做饭。我直接走进我的房间，不声不响地打开灯，在台灯微弱的光线下啜泣。母亲大概发觉了我的不对劲，轻轻地推开门，唤我吃饭。我哽咽着，只说了句"不吃了"，便没了后话。过了一会儿，母亲又走进我的房间，牵起我的手说："来，妈妈做了你最爱吃的鱼。"

她拉着我的手，走到餐桌旁，我的指尖传来一丝温暖。她将饭菜端回厨房重新加热，又打开了抽油烟机。我没说话，只是坐在椅子上，看着厨房里那个忙碌且稍显佝偻的身影，有些讪然。我们总抱怨周遭的环境阴冷压抑，却遗忘了最温暖、最无言的爱意就在身旁。

母亲做的鱼很香，可正如《金色的鱼钩》中写的那样，我觉得那碗有千斤重，怎么也送不到嘴边。

本以为打动我的会是爱情故事，但没有想到此刻真正打动我的，不是别的，而是一个平凡的母亲对女儿的温情付出，是一个平凡母亲成为女儿屏障后含蓄且深沉的爱。

母亲有自己的理想吗？一定有。那个微微佝偻着的身影，那个满头乌发渐渐被银色浸染的身影，也曾是一个幻想着星辰和大海的豆蔻少女。她为了儿女，与生活死磕，渐渐变得现实。我们总抱怨为什么家里的每一分钱都要精打细算，为什么父母一定要我们努力学习……但我们不明白，这是因为爱，因为现实，因为父母希望我们的未来体体面面、潇潇洒洒。

因为我，母亲舍弃了化妆品，买了我需要的辅导书；因为我，母亲省下了做美容护肤的钱，换成了我的一节节辅导课；因为我，父亲放下了心心念念想喝的酒，买了我最爱的鞋子。也许爱的意义就是，"我拥有的本不多，但因为爱你，因为深切地爱着你，我便愿意把我的一切都给你"。

我不止一次地告诉自己：你要努力，要努力学习，努力成为他们的骄傲，努力让他们为你感到自豪。努力到有一天，你就可以毫无顾忌地带着父母去看他们眼中的山川江海。爱本来就是互相付出、互相收获的事。

无关风月，那份虔诚的爱在子女心中越积越深。其实爱意，不过就是那盏为你亮着的灯，和那桌等你回家开吃的菜。我们在爱中成长，在爱中长大，在爱中越来越勇敢。

云彩尽头总有一份温暖与牵挂感动着我，它来自那永不衰竭的父母之情。

选自《读者》校园版 2021 年第 14 期

你是颜色不一样的烟火

作者　仲廷恩

古代的词人大多都有自己的颜色。柳永是白色的，苏轼是红色的，李清照是紫色的，陆游是灰色的。

而你，一袭青衣，独立于历史长河之中。浅浅的水流过了"重岩叠嶂，隐天遮日"的三峡；流过了"春风十里，尽荠麦青青"的扬州；流过了"烟笼寒水月笼沙"的秦淮。

更远处，是你携汉相通"茫茫碧落，天上人间情一诺"。身为八旗子弟的你，不愿让秦淮的粉黛染了自己，撑着一支长篙，向远离喧嚣世间的所在漫溯。

但是，这是一条回溯时间的河。

越想逃避，却越来越近。眼前是迷雾重重的深渊，人生若只如初见。

边塞的风，贺兰山的月，吹破了一帘幽梦。回忆那一抹惨淡的晚烟，荒芜了戍垒，想染红你那一身在长风中飘扬的青衣。你用心中的笔沾满了冷墨，写在回忆中那一张张乌丝阔纸上，全然不顾那已结成冰的心。刚健中带着几分娟秀的字体，浮出了岁月的眼帘——情在不能醒。

调转青春的镜头，你当花侧帽，"有个盈盈骑马过，薄妆浅黛亦风流"，洒脱自在，如风中摇曳的柳，冷暖自知的鱼。

多少夜晚，不复柳三变的"念去去，千里烟波"，孑然一身的青衣，等香篆燃尽，等锦书归来，等紫灰已冷，等月下西楼。

饮水词中的你，看了多少年的晓风残月，品了多少年的秋霜冬雪，听了多少年的春雷夏雨，凄凉，"人转迢迢路转长"。在夜空的帷幕中，绽放一簇又一簇的烟火，色彩缤纷，落入你仰着的秋水清眸，毅然化作一抹青色流光，穿过了蓝桥易乞，碧海难奔的故事。从此，上承李后主的白描，下启真情的流露，在夜空中纤尘不染。

"我是人间惆怅客，知君何事泪纵横，断肠声里忆平生。"纳兰性德，你是颜色不一样的烟火，值得我用丹青水墨，勾勒出青色的横波。

选自《读者》校园版 2021 年第 16 期

那个愿意等你穿鞋的朋友

作者　苏小糖

迅儿是个和我不一样的人。

我是学经济的，是"经济人假设"的坚定认同者。在经济人假设里，所有的人都是理性且自私的。但迅儿和我不一样。她是个"烂好人"，对所有人都掏心掏肺。

她人缘极好，和所有人都能聊得来；我更习惯独来独往，脸上总挂着"生人勿近"4个字。只因为是同桌，我们俩才渐渐熟起来。

每天晚自习后我习惯去操场上跑步，经常跑到近11点。陪我跑步的人不少，但迅儿是唯一一个高中3年一直陪我跑步的人。前两圈我们一般边跑边聊，到后面就喘得说不了话，只顾跑了。跑完步还要压腿。迅儿的柔韧性比我的好，其实她用不着压腿。但是她还是和我一起压腿。

后来不管在哪里跑步，我都会想起迅儿，想起我们一起跑步的日子，尽管已经不记得我们跑步的时候聊过什么。

文理分科的时候，迅儿选了文科，我选了理科。但我们还在同一栋教学楼上课，她在3楼，我在4楼。我们在上学路上常常能遇到，到了学校，她总是要多上一层楼，把我送到4楼，自己再下一层到3楼。

晚上我们依然一起回家，迅儿收拾得慢，我总是在3楼楼梯拐角处等她。

高中的作业多得写不完，晚上十点半下了晚自习依然有一堆第二天就要讲的作业要写。即便等迅儿几分钟，也使我心烦。

于是等了几次后，我便提出放学后各走各的。

我曾经听过一个假设：地震了，你

的朋友赤着脚，她坚持要穿了鞋再跑，你会等她一起跑吗？

我不会。可迅儿会吧。

我吃饭很慢，一顿饭至少要吃 40 分钟，但即便在争分夺秒的高三，迅儿先吃完后还是会等我。

我们依然玩得很好，课间 10 分钟怎么就那么长啊，迅儿还能上楼来陪我看漂亮的夕阳。

再后来，我渐渐地开始往楼下跑。每天早上要求 6 点进教室，5 点 59 分的时候我依然要进文科 12 班的教室往她的桌子里塞纸条。我渐渐被她同化了，话开始变多，更重要的是，我开始愿意为一些无关紧要的事付出时间。

我学会了等待。

接着就高考了。半夜出成绩的时候，我在熬夜看武侠小说，被突然响起的电话铃声吓了一跳。原来是迅儿。迅儿说她考得不好，可能要复读。她问我考得怎么样。我说我还没看成绩。我安慰她没关系，先报几个学校试试看。

9 月，她去复读了，我上了北京的一所大学。她经常打电话给我。大多时候是我听她讲，偶尔我会讲一些自己的事。

转眼一年过去了，迅儿要高考了。高考前我给她打电话，听得出来她的状态很好。我想跟她说加油，又担心她会因为期待而有压力。最后只叮嘱她保持好心态。我一直盼着她考好，毕竟她那么努力，值得任何美好的结果；我又希望她不要考那么好，因为我无数次希望她能来和我一起。我们可以一起逛胡同、看画展，假期还可以一起看海、看草原。生命的美好发生时，我想和她在一起。

我也想做那个愿意等她穿鞋的朋友。

选自《读者》校园版 2021 年第 16 期

一起走过的时光

作者　王誉儒

不曾想到，一年半的时间会过得这么快。你在哪里？你还好吗？

很多人都觉得，我是个外向的人。可没人知道，我其实一直躲在自己那个小小的世界里——那是由我们一起创造的世界。

"所有的结局都已写好，所有的泪水都已启程，却忽然忘了是怎样的一个开始。"

前些日子，我整理书柜，偶然翻到了那本同学录。纸页早已泛黄，只不过，你写的那一行字，仍熠熠生辉。思绪游走，回到二年级的那个夏天。那时，我生病住院躺在病床上，望着洁白的墙壁百无聊赖。是你，第一个打来电话，语气中满是焦急。我抓着床单一角，半天说不出一句话，是为了不让你听到我哽咽的声音。后来，我回到学校，娇小的

你抱来一个装满礼物的大箱子，微笑着说："欢迎回来！"

"在那个早已逝去的夏日，无论我如何去追索，年轻的你只如云影掠过，而你微笑的面容极浅极淡，逐渐隐没在日落后的群岚。"

我们两个，似乎天生就互补，当你搁笔，画面中央的那个人栩栩如生，我总会拿起笔，为它补上一幅完美的背景。同样，当我举起银色的笛子，笛声飞扬时，你那纤细的双手总会抚过钢琴的黑白键，两种声音交织，在记忆中回响。在大雨瓢泼的日子里，你走过来，递给我一首你有感而发写的小诗，我轻轻接过，如行云流水，对出了一首类似的诗。而在这些时候，我们总会相视一笑，一起感受这只属于我们的静谧时光。

"翻开那发黄的扉页，命运将它装订

得极为拙劣。"

一切美好，都随着升学的到来被打破，我被铺天盖地的卷子逼得焦头烂额，随之到来的猜忌、冷漠和不信任则把一向单纯的我挤进了一个怪圈，我茫然不知所措。那段时间，我觉得一切都是灰色的，你察觉出了我的异样，一口气把我拉上楼顶。远方的红日即将落下，万丈金光暖暖地洒向周围的一切，一切都如此美好，你拍了拍我的肩，轻轻地说："不要急躁，我会一直陪着你，直到你走出考场的那一刻。"我抬起头看着你，你眼中璀璨的光芒，直直地照亮了我的心底。从那天开始，你伴我走过每一条放学路。余晖斜斜地打在我们的身上，留下两个高挑的影子。

也许是从现在的环境中找到一个能真心相待的朋友太难了，我愈发怀念和你一起走过的点滴，我们互相搀扶，互相安慰。"深深的话我们浅浅地说，长长的路我们慢慢地走。"感谢命运，把两个黄毛丫头聚在了一起。

朋友，你若抵达天涯，看繁花满枝，我必停在海角，阅似水流年。静水流深，沧笙踏歌，三生阴晴圆缺，一朝悲欢离合。愿你成为我心头的那颗朱砂痣，经久难消，纪念我们一起走过的时光。

选自《读者》校园版 2021 年第 17 期

梦系潮剧

作者 林孜禧

时间的脚步渐缓，青藤盘绕瓦房，旧玻璃窗上倒映着零星的银光。四下蛙声，蝉聒随着月光滑落到老树的根下。我向着月光的方向踱步，寻觅被月亮照亮的时光。

至此时，方想起潮剧是我儿时的梦。

小时，和阿嬷住在古巷里的老厝。大清早，鸟儿还没醒来啼呢，阿嬷那台旧收音机里的潮剧就已唱起来了。

我那时还太小，不懂得欣赏潮剧。但这脑袋上长了根天线的新奇东西，里面竟会唱出戏曲，想必里边有一个能唱能跳的小人，也令我颇有兴趣。

每天早晨，阿嬷的收音机一响，我就如鸟儿一般从楼上飞下去，直扑在阿嬷怀里。我很喜欢阿嬷，她身上有一股很浓的"潮剧味"。晨曦渐现，她便抬把老藤椅，坐在门槛前的桂花树下，搂着我，听百听不厌的那几出戏。有时，她的兴致起了，还会跟着收音机里的小人，咿咿呀呀地唱。我觉着好玩，也跟着咿咿呀呀地唱。

我们这里地方小，有电视的人家不多。多数和阿嬷一个年纪的"老顽童"，只能人手一台收音机，只能这样听潮剧。但农历三月二十九那天，古巷拐角的将军庙那儿会支起影布，搁一台破旧的二手投影设备，播黑白的潮剧电影。

条件不好，但也不碍着老人家们的兴致。傍晚太阳一落山，鞭炮一响，也不管饭有没有吃完，撂了碗就急着占座去。没座了，到自己家去搬椅子；家里没椅子，就席地而坐。

"八仙贺寿"音乐一起，整条街都热闹了。我也总屁颠屁颠地跟着老人家们去凑热闹。夏天，坐在热度还未褪去的水泥地上，也不觉得太烫屁股，精力全被潮剧吸引去了。因为设备老旧，电影半路中断是经常的事。但无妨，老人家们总能找到乐子。喝泡茶，聊会天，摇着蒲扇，沐着月光，也挺乐呵。

黑白潮剧是老人们常盼的，却不是小孩子们盼的。孩子们盼的是正月里搭的戏台，搭在沙滩上，花花绿绿的，请的是本地著名的戏班子。

灯会结束后，幕布一拉，开始演起了潮剧。我是个怕鞭炮的，演出前人们却要放鞭炮。但我不知哪来的勇气，总硬拉着阿嬷去看。那鞭炮声，在潮剧面前也显得逊色了几分。

二弦奏起，台下，人们不约而同地安静了。角色上台，竟像从画里走出似的。"仙袂乍飘兮，闻麝兰之馥郁；荷衣欲动兮，听环佩之铿锵。"扬弦盈座，别有幽情；罗绮穿林，倍添韵致。银月盛了光，漫溢在舞台上，且问何人肯转睛？

我被深深吸引，竟生了有一日我也要上戏台的念头。回家后，我拿小木凳垫脚，从衣橱里把阿嬷的旧纱巾掏了出来，披在身上，学着台上角色抛袖的动作。阿嬷看了笑道："竟有几分像。"我听着，乱舞得更起劲。

似水流年，当初酷爱潮剧的"小顽童"在一幕幕戏中逐渐成长，成大姑娘了，心系学业。也因此，对潮剧淡了，记忆淡了，连"靥笑春桃，唇绽樱颗"的梦也淡了。对于上一次看潮剧，也不记得是何时何地了。

回家后，夜晚踱步古巷，看见一位老伯坐在门槛前，一旁摆着老收音机，竟播着咿咿呀呀的潮剧。我呆住了，像心被唤醒似的，站在墙边，痴迷地听着。

原来随着岁月的流转、时光的推移，这份纯粹得如诗如画的美好，依然在岁月的彼岸，却只能养在心里、藏在记忆之中了。

抬头，忽然发现天空中那弯上弦月，似乎被谁狠心地咬去了一块，半开着，不圆满。

如梦如梦，残月落，花烟重。

选自《读者》校园版 2021 年第 18 期

爸，这道题我不会

作者　纪瑜峰

我觉得这辈子，能因为我一句"想吃一碗热面皮"就清晨5点起床去买且不求回报的人，只有我爸了。

我还在刷牙，热腾腾的面皮已经拌好放在桌子上了，一时间我竟有点儿不知所措。我觉得我挺会说话的，可是到我爸这里我却什么都说不出来。

一直以来，我们的交流不算很多。

小时候我很怕他。他不让我看动画片，我就忍着眼泪边做作业边想象剧情。偶尔他也允许我看一会儿电视，但大部分时间是和他一起看当时我看不懂的《新闻联播》，国内新闻、国际快讯，我看得云里雾里。不仅如此，还要硬着头皮听他讲国内外发生的各种大事——我听不懂，但我还是在他说的时候重重地点头，假装听得很认真。

"听懂了吗？"他问我。

我说："听懂了。"

"对了，听你的班主任说你们考试了，成绩出来没有？"

"嗯，考了语文，92分。"

他皱起眉头，说："分数怎么这么低，不行的啊，连95分都没上。"

我很无语。那次考试，100分的试卷，全班90分以上的只有4个人。他的要求怎么这么高呢？

我没敢回嘴，我很怕他。在我眼里，他就像一个学识渊博但脾气略差的老师，我自然不敢顶撞老师。

不过，他更是个幽默风趣的老师。很多时候，家里的氛围都靠他带动。他的生活能力很强，我常常惊讶于他的心灵手巧——他很节俭，袜子破了一个洞，他就用针线仔细地缝上，缝得根本看不出针脚。除此之外，家里的灯泡坏了、水管堵了、洗衣机罢工，甚至小花园锄地松土，都是他一手包办。

在我的印象中，他是全能的。在他的手里，一次性筷子只需要胶水就能变废为宝组合成小房子；去广场放风筝，他放的风筝是全场飞得最高的；最重要的是，他能教我做数学题。

我的印象很深刻，曾经有一道在有刻度的水杯里倒水的数学题，他给我讲了4遍，到最后我都不好意思说自己还没听懂。他问我："懂了吗？不懂就要说，我再给你讲。"

不知道从什么时候开始，他慢慢地不再给我讲数学题了。他开始说他也不会了，他说他记性变差了，已经忘了数学公式怎么运用了。

其实，这是我最不愿意听到的话。

我的裤子又短了，鞋子也新买了两双。我身边的东西都慢慢更替着，时间也在慢慢流逝，而他眼角的皱纹越来越多了。与我的数学题难度一同增长的，还有他两鬓的白发。

一个冬日的早晨，他对着镜子看自己的鬓角，说："老啦，鬓角一白就老得很快了。"

我在一旁刷牙，听到这话，抬起头看了看他。一时间，我有很多想说的话，却不知道从何说起。

有一年父亲节，我心血来潮地为他写了一首诗，他把诗发到微信朋友圈里，并对我妈说他很喜欢。但他只对我说了声"谢谢"，没有更多地表露自己——他也觉得我们之间，是不适合煽情的。

所以，在我的成长过程中，他一直用行动来体现对我的爱。我小时候用的东西总是最好的；夏天我放学前，他会提前开好空调等我回家；为了让我在冬天的早上多睡一会儿，他会早早地出门去买我喜欢吃的灌汤包；我说教室里很热，他就立即给我买了桌面小风扇。

爸爸，您耳边的白发是您的负担，也是压在我心上的石头——您明明还不到长白发的年纪呀。在您面前我不善言辞，您脸上的皱纹仿佛是我说不出口的话语。我说不出好听的话，但我会用行动去证明，我会努力成为一个优秀的儿子。

时间的流逝，您的衰老——这道难题我不会解答，但是，您不用担心那些您也不会做的数学题。您的儿子长大了，面对将来的任何一道难题，都会踏踏实实用心解答。

选自《读者》校园版 2021 年第 21 期

少年

作者　张　乐

什么是少年？我时常想。长辈们常说："少年啊，他们是纯真的，像一张张白纸，等待着岁月为他们添上一笔浓墨。"但当你问起同学，他们或许说："少年？意气风发的我们不就是少年吗？"然后，老师又突然说："少年嘛，不怕艰难与困苦，会向着未来努力奋斗。"所以，我所听到的少年的样子常常带着一些形容词。但在我的理解中，少年，你可以形容他们，却无法定义他们。不论年龄大小，也不论阅历深浅，只要你能在他们的眼中看到星辰，他们就是"少年"。

并不华丽甚至有些简陋的房子里，少年漫不经心地将胳膊搭在阳台的栏杆上，手里拿着一罐刚打开的汽水，气泡发出"嗞嗞"的声音，发出的声音虽然微小，但也为生活添上一瞬的绚烂。

少年望向窗外，街上充满烟火气。电线杆上停着几只麻雀，不时用喙梳理着羽毛，伴随它们的是岁月静好。忽然，夹杂着蝉鸣的暖风吹过，惊飞了鸟儿。阳台边垂下的绿萝、被随意摆放在书桌上的书本，调皮的风将它们拨弄，想要窥探少年的岁月。

"喂——夏天到了！"

少年的思绪被一阵呼喊声打断，他顺着声音探去，楼下，熟悉的伙伴正在向他招手，手里还抱着篮球，球上的磨痕记录着他们共同的青春。少年会心一笑，将空了的汽水瓶投进垃圾桶。

"来了！"

如此轻快的一句话，却是少年们能许下的、最重的承诺。

十几岁的少年就像自由的飞鸟，展开白羽，于海面上飞翔。他们可能时常思考未来，思考梦想，思考自己要去哪里。青春的他们总是勇敢无畏，仿佛只要向着骄阳奔跑，就总能寻到自己的归处。黄昏为少年们的发丝镀上一层温柔，身旁骄阳与蝉鸣为伴，散发着轻狂与肆意。他们依着梧桐树，将晚风拥入怀中，用手捕捉阳光。他们挽起衣袖，挥洒汗水，奔向心之所向的梦想。

青春，就像从作业本上随意撕下一张纸就可以轻易折成的纸飞机，满载着少年的憧憬与向往。

天边的晚霞揉碎了回忆，粗糙的手想要将其擦净，却越擦越模糊，最后只能看见仅有的一丝微风和一片被遗忘在盛夏的梧桐叶。少年突然止住向前的脚步，轻轻弯下腰，拾起那片被时光留下的叶子。仔细看，叶子脉络分明，像一条拥有着无数条小道的大路，未来充满无限的可能。

热烈的风扰乱心弦，撩动着发丝，少年顺着风吹过的方向望去，那里是昨日梦中的晴空与骄阳。

少年突然被打动，泪珠在眼眶里打转儿，在太阳的照耀下闪着亮光。这是一个属于他的盛夏，青春、热爱都在。

十一岁、十二岁……十八岁，漫长的岁月轻而易举地被几个数字一笔带过，少年将青春留在那个盛夏，继续飞翔在茫茫大海之上。

后来的后来，少年已不再年少，但心底依旧有一个肆意奔跑的少年，满怀一颗赤子之心。

当年的承诺是最嘹亮的蝉鸣，那份骄傲是最耀眼的骄阳，在天地间熠熠生辉。

（本刊原创稿件，指导老师：李天瑾）

选自《读者》校园版 2022 年第 09 期

有许配兰在的青春

作者　童祝礼

上了中学后，也许是处于青春期的缘故，我常常感到疲惫。并不是与同学的沟通无法为我带来轻松，而是经过一天的学习生活回到冷色调的家，看到父母严肃的表情时，我会感到无奈、心累，甚至哀伤。

这样的日子压抑又乏味。我理想中的生活，是拥有好的学习成绩和一个知心朋友。这看上去不难，可当我那么努力，成绩排名仍起伏不定时；当我尽力把自己塑造成知性文静的样子，却还是找不到知心好友时，我便悲伤又疑惑，觉得生活黯淡无光。看见夕阳拉长了身影，我开始痛恨它为什么不分一些光亮在我身上。

"青春疼痛文学？"偶然听见我发牢骚，邻居一边笑着，一边塞了一本书给我，"言情小说之类的文学作品看多了

吧，少女，看点正常的书吧。"我随意扫了一眼书名：《我在惊悚游戏里封神》。

我说："好正常。"

"咳咳。"邻居迅速抽回那本书，干笑着，"什么书其实不重要啦，你不是缺朋友嘛，我们来交个朋友吧！你叫什么名字？"

我说："呃，我叫童祝礼。"

"许配兰。"他伸出手，望着我的眼睛。

记得当时，夕阳把影子拉得很长，天色还不是很暗，但万家灯火已亮起。他眼角微弯，摇晃着手，时间在这一刻定格。对于初次见面的他，我只说了一句话："你是'社牛'吧！"

许配兰笑容凝固。我随即哈哈大笑，紧紧握住他的手，就像握住了我注定无法吟诵风花雪月、独自伤感的青春。我

说："你的那本书，倒是可以看看。"

从此，我的青春便充满了欢乐。我开始喜欢上了这种平凡欢愉的生活。许配兰和我不同校，但我们所上的学校相隔不算远。放学后，我会在小区楼下的固定位置等他，与他分享校园里的趣事——不是不和他倾诉伤感的事情，而是和他相识后，这种事情仿佛都蒙上了一层美好的色彩。用他的话来说就是："你看，你已经会用笑容掩饰悲伤了，多好。"

因为情绪的改善，我的成绩排名稳定在一个不错的水平，与父母的关系也缓和了很多。许配兰的成绩非常好，可是这与他的言行不太相符：有一天晚上十一点半，手机铃声把我吵醒了。我迷迷糊糊听了一会儿感觉不太对劲，这不是奥特曼系列大电影中的音乐吗？没等我反应过来，许配兰略带神秘的声音就从手机那头传来："童祝礼……""啊！"我吓得一激灵，"干什么？"

他大声而严肃地问："你，相信光吗？"

"砰！"我的手一抖，手机摔到了地上，心中立刻涌上怒火。

他似乎知晓了我这边的情况，马上温和地问："你没事吧？"还没等我回复，他就迅速说道："我们去买冰淇淋吧，楼下便利店二十四小时营业，今天是周五，明天你可以晚点起床！"

"行。"我不知道怀着怎样的心情到了便利店门口，从他手中接过我最爱吃的抹茶冰淇淋。我看了一眼时间，大叫："十二点了！"

"是啊。"他突然握住了我的手腕，眼里满是笑意，唇角勾起，说，"童祝礼，生日快乐。"

我愣了愣，心里涌出一股暖流："谢谢……"没等我说完，他突然抓着我的手往我的脸上抹去，只听"噗"的一声，我的脸上就被糊了一层抹茶。许配兰则大笑着跑远了。

……

我的生活中充满了省略号，这是对许配兰一次次无语的结晶。但罕见的是，我没有生气，还笑了笑，因为从他的举动中，我感受到了真诚的心意。

快乐需要悲伤的衬托，我们也许注定要别离。

一天午后，在我吃完第三个冰淇淋的时候，许配兰和我说："童祝礼，我的学习成绩很好，你是知道的，所以我要去更好的城市上学了，羡慕死你。呃，有事我们微信或者电话联系。再见。"就这样，他用这样漏洞百出的话搪塞了我，第二天便去了别的地方。

一天打开微信，我看到备注为"中二晚期"的空白头像，给我发了一条信息："童祝礼，你要不把我删了吧，我不再回来了。"当时我生气于他的突然离去，所以回复："好。"然后大哭了一场。

但我们谁都没有删除对方的微信。

后来我得知，许配兰是因在外地工作的父亲出了意外，才不得已立即离开。

再后来，我努力上进，又找到了很好的朋友，也变得更成熟稳重。

有时，我也会忘了许配兰。但不管怎样，我永远感谢他，感谢这个让我拥有过温暖生活的少年。

是他教会了我成长，也让我明白了成长的代价。

选自《读者》校园版 2023 年第 01 期

父亲的菜园

作者　毛西牧

因为工作太忙、生活不规律，几年前，父亲被确诊胃癌中晚期。经过手术、化疗等治疗后，家人终于熬过了那段难挨的时光。之后，父亲忽然宣布要在房山租一块地，自己种菜。母亲让他别那么辛苦，先养身体，父亲却说，种菜就是养身体。

顺着导航，父亲开车找到了自己租的地。两侧是黄土堆形成的分割菜地的墙，中间平坦的土地上长满了杂草，左边是露天的，右边的铁架子上稀稀拉拉地搭着几块破烂的塑料皮，那是"大棚"。这座大棚只有半边，另一边靠着高高的黄土堆。土堆上长着一棵高大的榆树，很有辨识度。

父亲在一片荒芜里，一锄头一锄头地翻地。烈日照着他布满汗珠的脸庞，他甩着脸上的汗滴，咕咚咕咚喝着水，

却不敢脱下长衣长裤——虽是春天，但地里已满是嗡嗡作响的凶猛蚊子，驱蚊水对它们完全没有作用。它们袭击着他，钻进他的裤脚、脖领，占领每一块已露出或可能露出的"领地"。

干了整整一个周末，父亲才翻出小小的两三分地来。接着，他又干了几个周末，眼见荒芜有了规整的样子，有了田垄，有了支架，有了真正的大棚……

父亲灿烂地笑出白牙，带我来一起播种。他指点着——这里打算种黄瓜，那里打算种西红柿，茄子、玉米也统统要尝试一下，还有母亲最爱吃的丝瓜，也要种上。"你妈妈肯定会特别高兴。"那得意的样子，就像他是这片地里的王。

种子一粒粒种下，一周又一周，转眼到了夏天。我再次走进父亲的菜园，映入眼帘的是已经及肩高的玉米，郁郁

葱葱，长势喜人。它们喧宾夺主，几乎挡住了种在后面的所有蔬菜。走过玉米地，就会发现菜园里另有乾坤。只见黄瓜、丝瓜、南瓜和茄子安心地长着，它们的藤蔓已经攀附着小竹竿爬上生锈的铁架，在棚上开出一朵朵黄色或紫色的花。花瓣凋谢时，你千万不要为此感到难过，花的凋谢代表果的诞生，那朵蜷缩的花蒂下说不定就藏着一根小黄瓜呢！

暑假里我没少往菜园跑。我如果去菜园，一定会带上我家的猫，于是父亲就在玉米地前的田埂上种了一排猫薄荷。八月时黄瓜已经有二十厘米长，这时的黄瓜最嫩，带着它特有的清甜，在超市是买不到的。我们在榆树的树荫下吃着脆嫩的黄瓜，看着一大一小两只猫在猫薄荷旁打着滚。有时大猫玩累了，躺在土堆旁休息，小猫却怎么也闲不住，非要爬到土堆上。看着它因脚滑而摔进松软的草丛，我们会哈哈大笑；有时，我们又因它爬上土堆展露雄姿而惊叹不已。

秋风吹起，菜园的架子上已结满了绿色的南瓜、长长的丝瓜、紫色的架豆。它们一个个在棚子上面吊着，很是可爱。沉甸甸的南瓜慵懒地半躺在泥土里，沾着泥香，让人忍不住想上前捏一把它们圆滚滚的肚子。丝瓜和架豆则躲在瓜叶下边，漾着笑脸，跟我们玩捉迷藏。大大的瓜叶像一个个碧绿的手掌，掌心向上，向阳而生。

我本以为最难打理的是白菜和韭菜，没想到真正不好种的却是萝卜。萝卜不像其他蔬菜，它深埋在地下，不拔出来永远不知道长得怎么样。萝卜的根系不太发达，所以萝卜秧的旁边总是长着很多杂草。有时候，我甚至分不清萝卜和杂草，不小心砍掉了它的叶，要心疼好久。精心照料，却不一定有好结果。有的萝卜长了很大的叶子，拔出来的根却只有拇指大。父亲告诉我："不能惯着它，如果拔掉这些与它争夺营养的杂草，那它就会安于现状，不去争夺更深处的营养，永远也长不大。"

父亲在菜园里结交了一群朋友。有的是像他一样热爱自然的人，有的是当地热情的村民。蔬菜收获后，一半留着我们自己吃，另一半父亲统统送给他的朋友们。朋友们也用自己种的菜作为回礼。他跟我说："所谓交情便是建立在一次次的相互帮助以及相互给予上的，这就是礼尚往来。"

父亲是个随性的人，他从来不给蔬菜施肥，也不会刻意驱虫打药，平常也就是浇浇水，除除草，一两周去一次菜园。因此菜园里的菜几乎是"靠天吃饭"，往往虫吃雀啄，叶片上都是小洞。我有时笑他懒，他却一本正经地说起了大道理——像他这样租地只用来给家人种菜吃的"农民"，不需要非常精心地照顾这些蔬菜。照顾得固然不精细，但整个菜园都是自家的，随时都可以再种，这才叫真实的盈满。父亲说的这些，我懂。他曾讲，他生长于乡间，求学、工作奔波在城里，现在离开故乡几十年了，原以为不会再有机会干这些农活，没想到，一场病让他下决心为家人、为自己重寻那一份真实自在。

父亲的菜园，没有一处空着，奇怪的是，就在这狭小的一亩地上，密密麻麻，挨挨挤挤，架豆、玉米、韭菜、茄子却各自安好，生长旺盛。

父亲的菜园，种满了各种各样的蔬菜，也充满了我们的欢声笑语。这些蔬菜点缀着我们的园子，丰富了我们家的餐桌，为我们传递了父亲深沉的爱，也带父亲跳出喧嚣，沉淀出淡然，让他心有所寄。

选自《读者》校园版 2023 年第 04 期

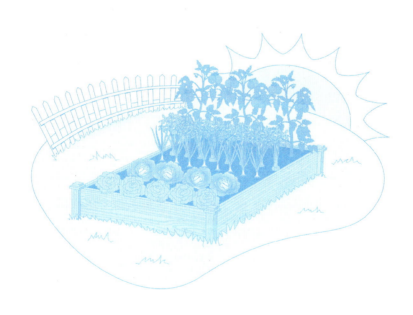

老师在举手

新教师受挫记

作者　詹　丹

我从小就喜欢校园的环境，希望我的人生大部分是在校园度过。

不知是谁说的：要想待在学校，最好在大学毕业后选择当教师。于是，我报考了师范院校。毕业后，我来到郊区刚创办的一所初级中学，当了初一语文教师兼班主任。

学校是新的，学生是新的，我也是新的。

我读书时，念几本书后有些微心得，就不自量力地在大学校园里给同学开过文学欣赏的系列讲座，受到过大家好评，所以毕业后教初一语文，总觉得会游刃有余。

办初中的校长当时已是名满天下的语文特级教师，还曾教过我。或许是他对我有信心，或许是学校正处于草创阶段，人手实在不够，所以第一年的实习期没有给我指派带教者，问我行不行，我自信满满地说不需要。结果一年下来，我失误不断，让我重新认识了自己。

可能是刚从学校毕业，角色还没完全转变，所以我的言行比较随意，既不懂拿捏分寸，一些该管的事也没有管好。

我所任教的班级是年级尖子班，学生能力很强。记得有一次学生要在主题班会上搞戏剧节，四个小组每组排一个短剧。演出时，邀请任课教师和其他班的学生代表来观看。想不到有一组同学把各科教师上课讲错的内容梳理后，串联成讽刺剧排演出来，引得大家哈哈大笑。除了我被挖苦外，其中一位教地理的教师被挖苦得最厉害。我当时看得很是尴尬，心情还没平复，又被地理老师埋怨一通，说我没有尽到当班主任的责任，主题班会的内容，居然不加预审就让学生公演了。但学生把这样的内容搬上舞台，也确实出乎我的意料，由此我才知道，让学生搞大型活动，班主任必须做预审的工作。

不过，有时候，我也会自作聪明地向学生承诺一些并无能力完成的事。有个学生，父母闹离婚，她有次放学碰到我，没头没脑说了一句"为什么大人说话都不算数？"我觉得奇怪，问她怎么了，她说，她的父母答应看在她的份儿上不再闹离婚了，但最近她母亲又闹起这个事，"这不是大人说话不算数吗？"我看着她很想不通、很伤心的样子，就安慰她说，几天后去家访，我会好好劝劝她母亲。她脸上一下子晴朗了许多，好像对我的承诺抱有很大的期待。但她不知道，我刚说出这话就后悔了。年轻如我，对这类事其实毫无经验可言，和她母亲也只见过一两次面，实在不知道该说些什么。几天后我去家访，东拉西扯了半天，就是没好意思提及此事。后来很长

一段时间，面对这个学生，我都感到惭愧，觉得她一定认为我也是一个说话不算数的人。

对于如何应付调皮的学生，我也明显经验不足。记得一次做广播操，一个男生动作懒散无力，我让他留下来重做，这个学生却理直气壮地说："老师，你这是在体罚我，体罚学生证明了老师的无能。"说完，他还向我眨眨眼。我一时愣在那里，不知道接下来该怎么办。正好隔壁班的一位老师听到，就过来义正词严地说："老师看你广播操没做好，就陪你一起锻炼。你怎么连锻炼和体罚的概念都分不清呢？看来你不但体育不好，语文也没学好！"短短数语，让我茅塞顿开。

这位老师虽然替我解了围，但让我从心底里觉得，这又何尝不是在说我语文没学好？当一名合格的教师，要学的东西可真多，我当初怎么会觉得自己不需要带教者呢？

选自《读者》校园版 2020 年第 03 期

角落里洒满阳光

作者　陈振林

那是一个冬日。这座城市的冬天，像春天一般，到处洒满阳光。

偌大的报告厅里，坐满了听众，他们正在观摩主席台上的师生上课。这是一堂语文课，内容是分析贾平凹先生的散文《一棵小桃树》。老师是个40多岁戴眼镜的男老师，学生是七年级的孩子们。

课已经接近尾声。按照一般上课的惯例，应该是老师给课堂做个小结的时候了。老师抛出了一个问题给孩子们："如果贾平凹先生只能给小桃树写一个字，你们觉得是哪一个字？"孩子们听得很认真，学了文

章之后自然就有了自己的见解，不断有孩子站起来发言。

"我觉得是敬畏的'敬'字。因为小桃树在风雨中终于挺了过来。"一个女生说。

"我确定是怀念的'念'字。作者是借小桃树怀念自己的奶奶。"一个男生说。

"我选一个梦想的'梦'字。写小桃树，作者也是在写自己的梦想呢。"又一个女生说。

……

孩子们说出的答案有七八个了，答案中包含着不同的见解。举手的孩子还是很多。

突然，老师将目光投向了最后排右边角落里的一个女生："来，请你说一说，你觉得是哪一个字？"

"我……我没有想好。"小女生低着头，小声地说。大家以为老师会让她坐下，然后让其他学生继续回答。在一些教室的角落里，常会坐着两三个小女生或者小男生，他们也许是在学习中有困难的学生。他们不会主动举手发言，也极少被老师点名发言。

"这样，你就从你刚才说出的'我没有想好'这几个字中找一找，也许有你想要的答案哦。"出乎意料地，老师走近小女生，小声地提醒她。

"那……我就选择这个'好'字。"小女生的声音提高了一些。那个"好"字，发音清脆。听课的人们发出了善意的笑声。小女生接着解释："小桃树有很多困难，都挺过去了，那就是好的。"

"是的，我们走过风雨——好！我们战胜脆弱——好！我们选择面对——好！生活路上阴晴不定，但我们要勇敢去面对……"老师接过了小女生的话，开始发表自己的感慨。40 多岁的男老师站在学生中间，明亮而刚健。他的嘴里，慢慢地吐出自己的看法。那一个个句子，像清澈的小溪在缓缓流淌。

小女生坐下了，她的眼里，晶莹闪亮。她知道，多年以后，她可能会忘记很多事，但她不会忘记今天这堂课。

窗外，阳光正好，穿透窗子，投在这角落里，一地温暖。

选自《读者》校园版 2020 年第 04 期

当你感到困扰时，不妨聊聊天散散步

作者 王祖远

这是几年前的一件往事。那天，我指导的两个学生突然说想跟我聊聊。她们很优秀，资质好又积极主动，看起来已经适应了新的学校生活，现在却跟我说她们很困扰，让我很疑惑。

"总觉得时间不够用，要学的课程、想学的东西很多，天天熬夜上网，学这学那，常常忙到半夜三更甚至天亮，不知道如何兼顾……"她们说，要应付课业，又很想学习新的知识，觉得很累、很焦虑，身体快撑不住了。

原来是这样！

"确实，现在信息科技的发展日新月异，虚拟实境、机器人、无人机，还有人工智能、深度学习，以及区块链，以后还有自动驾驶，真的怎么学都学不完！"学生点头如捣蒜。

"所以，你们上一次散步是什么时候？最近看了哪部电影？有没有和同学约一约，晚上去哪里吃夜宵？"

两个人面面相觑，觉得奇怪，不是在讨论她们学习的困扰吗，怎么问起了休闲玩乐的事？

"你们的大脑，快要窒息了！"我直接指出她们问题的症结。

事实上，人的大脑拥有很强的学习能力，而大脑在学习的时候，需要能量和时间进行反复的充电和放电，经由电流、大脑神经突触和学习记忆的交互作用，人才会真正"学"到东西。如果一直学，却没有给大脑一个"喘息的机会"，那么，那个反复充放电，加强记忆和理解的过程，没有机会发生，就无法真正学起来，而且还会出现大脑"大塞车"的状况。

如何让大脑喘息呢？

就是聊天、看电影、阅读、散步、吹风，做一些能够让你轻松、快乐的事。

想想看，历史上的哪个重大发明，是坐在书桌前不断看书、不断计算，就能想到的？据说，爱因斯坦是在某个下午散步回家时灵机一动，想到"相对论"最重要的道理；另一位获得诺贝尔物理学奖的大师，也是在刚帮女儿换完尿布时，突然想明白一直参不透的量子物理学的新理论。

"停下脚步，看看书、聊聊天，去看场电影，做自己喜欢做的事。给自己放假，去走一走、吹吹风，会发现头脑突然清醒起来，困扰消失，学习的效率也更快，"大脑塞车"处疏通了，一切将顺畅得不得了！"我提供给她们处方笺。

学习、消化、吸收，每个过程都非常重要，这些过程全部畅通才能引导创意的泉源和活水流过；无尽的休息，或无尽的学习，都只会让大脑高速公路变成一片无人之地或拥堵的车阵。训练自己能如呼吸般自在休息、全心学习，在二者的交替之间，保持良好节奏，才能让创意之神在名为创新的高速路上为你奔驰！

两个学生如梦初醒，连声道谢，走出实验室。下一次再看到她们的消息，是在社交网站上，两个人各上传了一张电玩游戏的截图画面，"我们不只好好休息，还通关了最新的玛莉欧电玩游戏，更找到了想做的事！谢谢老师。"

这下，我总算放下心来，不再替她们感到烦忧，上课去。

选自《读者》校园版 2020 年第 10 期

你后悔举手吗

作者　孙　晓

每个教师都有自己的教学方式和教学习惯，而我的习惯就是没事的时候喜欢坐在班里。我并不是要监督其他老师上课或督促学生学习，只是单纯地坐在后面做一些自己喜欢的事，比如读读书、写写东西。

一次，我又像往常一样坐在后面看书，刚好班里正在上数学课。数学老师让几个学生分别在讲台上给大家讲例题，他们讲得很生动，下面的同学听得也很认真。最后老师进行总结，顺便又习惯性地问了一句："听懂了吗？"

这是许多教师的口头禅，这样问有时也不是真的要弄清所有学生是不是真的听懂了，只是为了能顺利地进行下一步。

"听懂了！"学生们几乎异口同声地回答，这群聪明的家伙很清楚老师想听到什么答案。这时，数学老师提高嗓门又问了一遍："确定听懂了吗？听懂的同学请举手。"

听到这一句，我惊讶地抬起头。只见前排的学生像往常一样齐刷刷地举起手，正当我满意地要低头继续看书时，有个学生的手引起了我的注意。只见最后一排那个上课从来没举过手的宝乐也举起手来。虽然他举手的高度足以被人忽略，但我不知道他是真的会了，还是为了迎合老师而举手。

果然，数学老师也发现了举手的宝乐，兴奋地说："同学们，我发现今天有个同学和平时的表现不一样，在我的课上他可是第一次举手。宝乐，我看见你举手了，请问你真的会了吗？"

大家齐刷刷地把目光移到宝乐身上，我也瞪大眼睛等着他回答。

"会了。"他低头小声地说。

"那你能上来给大家讲一遍吗？"

他的头埋得更低了。过了几秒，他慢慢抬起头，挣扎着站了起来。快走到讲台时，他小声嘀咕了一句："真后悔刚才举手啊。"全班学生哈哈大笑，似乎都在等着看他笑话。

只见宝乐怯怯地站在讲台上开始讲题，起初声音很小，身体也背对着大家，但随着讲题的深入，他的声音也越来越大，身体也慢慢地转向了大家。他讲得很精彩，充分证明他是真的会了。教室里掌声雷动，我在后面也跟着鼓起了掌。讲完题后，他微笑、自信地走回了自己的座位。

快到座位时，数学老师问："宝乐，你现在还后悔举手吗？"

"不后悔！"他斩钉截铁地回答，全班又是掌声一片。

看到此情此景，我被深深地感动了，感动于数学老师的执着，更感动于宝乐对自我的突破。下课后，我把宝乐叫到身边，拍拍他的肩膀，对他在课堂上的行为大加赞赏，并鼓励他以后继续努力。他使劲地点点头，毫不掩饰自己内心的喜悦。

这次数学老师的举动让我对教育有了新的认识。在平时的课堂上，我们总是在结束了一个阶段的教学后，习惯性地问问学生是否学会了，这更像是一种仪式性的提问，大多数学生为了取悦老师会大声附和，老师也会对这个问题一带而过。

但是作为教育者，在教育学生时，我们是不是应该多一些锲而不舍的精神？举手的学生就是真的会了吗？我们要不要偶尔找个机会来验证一下？

我们是不是还要有一双善于发现的眼睛？善于捕捉课堂上的点点滴滴。后排学生举起的手有没有引起过我们的关注？我们有没有关心过最需要引导的孩子？

那些在课堂上保持沉默的学生，虽然他们偶尔举手需要多大的勇气我并不了解，但我知道，作为教育者，我们应该找准时机，给他们一个机会去证明自己，点燃他们内心的星星之火，给予他们更多的肯定和鼓励，让他们不害怕举手，不后悔举手，让他们从内心变得自信，变得热爱学习。

我坚信，那些还没有举起手的学生在我们的肯定和鼓励下，以后会高高举起手来，就像宝乐最后那句大声的"不后悔"一样坚定。

选自《读者》校园版 2020 年第 15 期

跟学生打赌，我输了

作者　李　平

下午是学校艺术节初三学生专场演出，小山提前几天就和我打了招呼，让我去看他的表演，还说要给我个惊喜。

小山的节目是第五个，他们演的小品《昨天，今天，明天》真是给了我一个大惊喜，小山竟然男扮女装演白云。人还未出场，爽朗的笑声先响起。只见他拄着拐杖一步一晃地走了上来，不知从哪儿弄来的灰白假发打着卷戴在头上，脸上画着一道道皱纹，笑起来故意把脸揪到一起，像一朵绽开的菊花。下嘴唇包着上嘴唇，不时把眼睛眯成一条缝，两腿一盘坐在长椅上，活灵活现的一个农村老太太。他那夸张的动作、满嘴的东北话，把小剧场的气氛推向了高潮。我笑得眼泪都流了下来，真是太精彩了！

演出结束，不出所料，小山已经在剧场的出口等我。他一看见我，就冲过来大声说："李老师，怎么样，让您大吃一惊吧！"这孩子总是充满自信。我由衷地赞叹道："好，真是太好了！"他听了得意极了，手舞足蹈。

为了祝贺小山演出成功，我请他去必胜客吃大餐。望着这个脸上充满青春光彩的孩子，我打心眼里喜欢，也为他的每一次进步而高兴。我对小山说："你今天的表现可以用'惊艳'来形容，我没想到你这么帅气的男孩子能把农村老太太演得那么好。所以我说嘛，没有你小山做不好的事，我还是很会看人的。""那当然，李老师是谁呀！"这个孩子吃东西时也不忘拍马屁。我话锋一转，问小山："你还记得我们俩第一次打赌的事吗？""当然记得，我赢了，您输了。"说完，小山笑了，我也笑了。

和小山打赌的事发生在六年级下学期。一天快下班时，我接到小山妈妈的电话，她说小山最近迷上了玩游戏，拜托我好好说说他。我答应小山妈妈一定想办法。放下电话前，她突然说了一句："李老师，这孩子除了长得还可以，我真不知道您喜欢他哪一点。"我笑着回答："喜欢一个人还需要理由吗？"

说实话，小山不是老师眼中传统意义上的好学生，人虽然聪明，但不踏实，学习成绩不好不坏，思维活跃，天马行空，又特别有表现欲，在课堂上经常偏离正常轨道，有时候甚至让老师下不来台。可我很喜欢这个帅气的男孩子，他心地纯净善良，与人交往非常大气，从不斤斤计较。我很快和小山成了好朋友，他觉得我看得起他，信任他，他也要对我够意思。想到这里，我有了主意。

第二天下午自习课，我坐在讲桌前，故意"唉唉"长叹了两声，满脸愁容。

"李老师，怎么了？愁眉苦脸的。""李老师，有什么事让您不开心了？"

"怎么说呢，"我缓缓地抬起头来，"有点不好意思说。"

"有什么不好意思的，您说出来，我们才能帮您。"这是小山的声音，看来鱼要上钩了。我故意难为情地说："好吧，是这样的，昨天晚上心血来潮，把以前的衣服拿出来几件，没想到要么穿不上，要么勉强穿上了，也绷得紧紧的，特别难看。唉！我真想减肥，可减肥真不是一件容易的事，你们帮我想想办法吧！"

"管住嘴，迈开腿。""晚上不吃饭。"……

"你们说的方法都很好，可有什么办法让我坚持下去呢？"

"李老师，我和您打赌吧！"小山终于站了起来。等的就是你，我心里暗自高兴。我忙问："你和我赌什么？""我不玩游戏，您每天锻炼，晚上少吃，谁每天坚持了加一分，没坚持就减一分。""好，就这么定了！"我大声说，"你们都是见证人！"全班同学都兴奋了起来。

放学后，我把小山留下，对他说："为了我，你连最喜欢的游戏都准备不玩了，够意思。刚才还有同学怕你耍赖，可我对他们讲，小山是谁呀，他可是我们班最讲信用、最讲情义的人，他答应我的事就一定能做到！我这么说没错吧？"他点点头。

第二天一早，有个同学竟然设计了一张图表——"李老师和小山打赌表"，把它贴在教室后面的黑板上。从那以后，我和小山早上来到教室后第一件事就是在上面写自己的分数。

有一天，小山在上面给自己减了一分，他有些沮丧。我看在眼里，没说什么。过了两天，我给自己也减了一分。同学们很诧异，我不好意思地说："我姐姐来我家，做的馅饼特别好吃，我没忍住，吃多了。"接下来的日子，我又故意给自己减了一分，同样的原因。我对孩子们说："在美食诱惑面前，我没忍住，我做得不对，但我会努力改正。"我在用行动告诉孩子们，也告诉小山，老师也有出错的时候，只要能从错误中吸取教训，犯错并不可怕。一个月到了，小山因为只扣了一分获得了胜利，而我的体重也减了四斤多。

"老师，这个虾球不错，您尝尝。"小山的话打断了我的思绪。我看着吃得津津有味的他，说："小山，上次打赌你赢了，今天我想和你再打一次赌。""行啊！怎么打？"他想都没想就答应了。"听说你有喜欢的女生？""一定是我妈跟您说的，别听她瞎说。"我忙说："你妈妈也是怕你分心，你已经读初三了，到了非常关键的时候，不要说你妈妈，连我都担心你的学习会受影响。""不会的，李老师，您放心。""光说不行，你要拿出行动来。我想和你再打一次赌，如果你期末考试从现在的第80名前进到第60名，那就证明你没受影响，我就不再过问这件事了，你看怎么样？""没问题，一言为定。"

期末很快到了，成绩一公布，小山马上向我报喜，说他考了年级第46名。我忙向他表示祝贺，并说我会信守承诺，不再管他找女朋友的事。他一听，笑了："李老师，已经分手了，一个努力学习的人和一个不爱学习的人没有共同语言啊！"我们不约而同地笑了。

放下电话，我想，不仅是对小山，也对所有我教过的孩子们，我都希望在和他们的打赌中，我永远是输的一方。

选自《读者》校园版 2020 年第 18 期

娇养

作者　王东梅

看着眼前这位我曾经的学生，黝黑、阳光且面带笑容的年轻爸爸，我忍不住问了这些年一直让我深感自责的一个问题："高中那三年，你都在哪里打针？"

他轻描淡写地说："厕所啊！"

我终于说出了在心里积压已久的话："对不起，老师那时什么都不懂，没为你做些什么。"他仍带着笑意说："老师，你不要这么想，同学们不知道我每天要自己打针，我也不想和别人不一样。"

他是我第一次当班主任时的学生，当时他的基本资料卡上备注着"1 型糖尿病"。初入社会、充满热忱的我当然想对他特别关照，我知道糖尿病人不能吃甜东西，所以每次我在请学生喝饮料时，会特别为他准备鲜奶，自以为这就是体贴入微了。

直到 5 年后，我又遇到了第二位患"1 型糖尿病"的学生。这次是个女生，家境优渥，皮肤白嫩得似乎要滴出水来，是个不折不扣的美丽女孩。她发病晚，这种病通常在小学时就发病，她却在上高一时有一天突然晕倒，被紧急送往医院后才发现潜伏在身体里的先天病根。不仅本人无法接受，她妈妈更是彻底崩溃，她只好暂时休学，我遇到她时正是她复学的那一年。

穿着时尚靓丽的妈妈因女儿的病而憔悴不堪，她掀起女儿的制服上衣，露出肚皮的一小截，上面布满了针孔。她要求学校安排一个有床的私人房间让女儿能每天去打针，体力不堪负荷时能休息，迟到、缺课的标准要特别宽，她甚至说自己要去教育部，认为这样的特殊生升学方面也应该要有一定的保障，因为她女儿根本不能每天来上学。

这个妈妈心疼女儿，我们都理解。后来，她带着女儿四处求医问药，始终不能接受现状。母女两人都长期失眠，女孩后来因为缺课过多而没能拿到高中毕业证书。

从那之后我才知道当年我什么都不懂，连那个男孩每天需要自己扎针都不知道。因此我常常愧疚，后悔自己做得太少。

这男孩看起来和别人没有什么不同地长大了，成天笑嘻嘻的，念完大学想做面包师，自己创业，做得有声有色。他开的店是我们这儿网络热搜第二名的"网红"店铺。他还是和以前一样喜欢打棒球和讲笑话，人缘极佳，但没有人是因为同情他生病才和他做朋友的。他的老婆生了两个孩子，他还是喜欢和老婆嬉嬉闹闹的。

这一天，他主动召集同学开了个小型同学会，十几个人到他家吃烤肉。我看到他的日常生活，才知道"因为他坚持正常生活，所以他得到了正常的幸福"。如果他没请我去吃烤肉，我会一直觉得有愧于他。

婆婆来我家顶楼赏兰花。她自家的兰花悉心呵护却总长不好，她看着懒惰的我，放养兰花，一周浇一次水，土壤流失，根须外露，疑惑这兰花怎么年年盛开。她一边叨念我不用心，一边给了我一包极肥沃的培养土，要我好好给兰花一个舒适的环境。

我凝视着那包土，想着婆婆那些好土好水养着却濒死的兰花。想着想着，我决定还是让它艰苦一点好了，或许这样，它的根部才能好好呼吸。

选自《读者》校园版 2020 年第 21 期

即使你是半角

作者　王秋珍

和半角的斗智斗勇，几乎让我筋疲力尽。

半角长着棱角分明的脸，才七年级，就有 1.8 米的个头。初看他，没有谁不觉得帅气。可是，他语文考试最高得分，是 5 分。120 分的语文，随便怎么写，也不可能只得 5 分呀。

从此，他有了一个新的名字——半角。他的同桌送了他这个外号后，再也不愿做他的同桌了。半角一个人待在角落，拥有了一个自在的空间。

我上课时，同学们听得入神，经常哈哈大笑，而半角不笑。讲到精彩处，同学们在唰唰唰埋头记录，半角不记。

"郭明，请记录。"半角听到我的指令，埋头翻抽屉。他把东西一件件取出来，又放回去，再取出来，再放回去。

我知道，他的意思是他在努力找笔。

"向同学借吧。"半角不理会，继续翻找。

不知什么时候，半角拿出一个光碟，白亮亮的。他把光碟立在书前，眼睛眨巴眨巴的。那里面，一定映出了他帅气的脸。他以为我不再注意他，又用两手同时梳理头发。他的头发是五五开的，用他前同桌的话说，像极了电视里的汉奸头。但他觉得非常酷，有事没事最爱沿着中分线从上往下捋几下，然后往左甩一下头。此时，他的眼眸里，仿佛有了一汪水。

但是，这汪水没几分钟就干了。

半角的眼神通常是茫然的，他看东西好像没有什么焦点。我很难确定他的视线落在了哪里。

半角写过课堂作业。自从我送了他一盒水笔，他就送了我几次作业，那字完全是缠绕形的。

半角从来不做家庭作业。"忘在家里了。""找不到了。"半角会搬出很多理由。有时，他并不回答我，只顾埋头翻抽屉。他把东西一件件取出来，又放回去，再取出来，再放回去，一直折腾到我从他身边走开。

我联系上了半角的母亲。她母亲说："老师，他说他不会写。我也没办法呀。我说他这么没责任心，干脆就不要读了。可他又要去学校。"

听到这般无奈的言语时，学校里正乱哄哄的。

我的一位同事让一名女生拿出家庭作业给她检查，这女生不知为何，二话不说，就冲向栏杆，想往下跳。

那可是四楼啊！

最终女生被老师死命拉住了，但我的心情很久很久都无法平复。

不管学生吧，对不起自己的良心；管吧，实在不知人家下一步会出什么狠招。

好在半角的情绪一直比较稳定。

期中考试前，我写了一篇文章，交给半角。

半角从来都没有写过作文，这次我希望他有一个全新的改变。

"郭明，你把它看熟，考试的时候，照样子写下来。老师觉得你能刷新自己。

加油！"同时，我送给半角一本书，里面都是关于成长的鸡汤文。

也许，他觉得我一直没有放弃他，内心是有好感的；也许，"鸡汤"的营养确实不错。反正，期中考成绩一出来，我惊得下巴咚的一声掉在了地上：语文85分！

一开始，我不相信自己的眼睛。再看，我确定了。

我们学校批阅试卷，都是年级调换的。我们看到的是电脑上登记的分数，而不是试卷。

我赶紧找半角的试卷。我发现自己的手在颤抖。一个曾经最高才考5分的孩子，突然考了85分，不是奇迹是什么？

看到试卷的时候，我的手抖得更厉害了。

半角的试卷上，赫然写着35分！

半角确实写了作文，但他填空题和阅读题有大片的空白。肯定是录分的老师看错了分数。

"这次郭明同学进步非常大，我们给他鼓掌。"半角睁大眼睛看着我，嘴角慢慢绽开了笑容。

我偷偷地把半角的试卷撕了。我只想让他得到鼓舞，即使它是不真实的。我希望半角永远不知道真相。

期中考试后，学校要召开一次家长会，还要求学生给家长写一封信。当全班学生都唰唰唰动笔的时候，半角还没有写一个字。

信的格式和内容，我已经讲过。我又单独为半角讲了两遍。半角终于动笔了："亲爱的老妈，您好！老妈，您要注意身体，千万不要熬夜。干什么事都要冷静，一定要冷静。"

一笔一画工工整整，尤其是"老妈，您要注意身体"这几个字。我拍下它们，在全班学生面前转了一圈。"郭明的字，简直是从字帖里走出来的。结构不错，居然还写出了笔锋。"我骄傲地说着，同学们被感染，纷纷伸长脖子欣赏，然后噼里啪啦鼓掌。我听见半角羞涩的声音："没写好，没写好。"

一节多课后，半角写了 600 多字。

这对他来说，绝对是抵达了一个高峰。我偷偷瞟了一眼，发现他还写到了我："阿秋老师可神奇了！这次语文我有了大进步！都是老师的功劳！我们班的同学作文发表可多了！我们的语文课可好玩了！阿秋老师还让我们玩角色扮演！可好笑了！可好玩了！"

满篇都是感叹号。从那稚嫩的文字下，我看见了一颗正在变得热情和美好的心。

后来，半角的妈妈告诉我，她看了信，忍不住哭了。半角的爸爸几年前因为冲动进了监狱，半角就再也没有人管得住了。现在，她终于看到了希望。

我，也看到了希望。

选自《读者》校园版 2020 年第 23 期

让他成为一个被需要的人

作者　孙　晓

他是分班后第一个跟我提出要退学的学生。

或许初三生活对他来说太乏味，无穷无尽的家庭作业，忙碌的学校生活，还有时不时来自老师的"善意"警告。看他蔫头耷脑地坐在座位上，我拍拍肩膀提醒他，谁知下课后他竟跑到办公室跟我说他不想上学了。我很诧异，毕竟初三才刚刚开始，问及原因，他一直低头不语。

第二天，他果然没来。我拨通他母亲的电话，电话那头传来的是抱怨："这个孩子太不让人省心了，说上学太没意思。"挂了电话，我心里对这个个头不高的男生有了不好的印象——懒惰，怕吃苦，叛逆……一个个贬义词出现在我的脑海，我感到失落又气愤。

他来收拾书包时，我把他叫到办公室跟他聊了很久。劝他再等等，等到技校报名时看看有没有感兴趣的专业，毕竟走向社会还是需要有一技之长。他听从了我的话，拿着书包回到座位上，往后的几周依旧蔫头耷脑，但再没提过退学。

有一天，我发现他的座位上没人，难道他又萌生了退学的念头？这时，坐在他前面的同学仿佛看穿了我的疑惑，跑过来对我说，他被教体育的林老师叫走了，好像练武术去了。武术？我竟不知道这个瘦瘦小小的男孩竟然还有这个特长。我拨通体育老师的电话才得知，近期有个山东省校园武术大赛，他之前练过两年武术，底子比较好，所以被选去作为参赛选手。

往后的那几周，他除了上课就是去练武术，忙得不亦乐乎。但每次去找体育老师前，他都会跑过来跟我汇报一声。我也一次次地鼓励他好好加油，注意休息。那天是周五，他跑过来跟我说："老师，我今天上午要和体育老师去济南参加武术大赛，下午不能上课了。""去吧，好好加油，在外注意安全。"我拍拍他的肩膀告诉他。他高兴得一蹦一跳地走开了。

周六在家休息时，学校群里时不时传来比赛的好消息。我也一直期待着他的好消息。最终，他获得了"山东省校园武术大赛二等奖"，我喜极而泣。"他是练得最努力的孩子，可惜没拿到一等奖。"体育老师偷偷告诉我。但在我看来，能够在全省的武术比赛中拿到二等奖，对于他来说已经很厉害了。至少，他的努力获得了回报。

周一升旗仪式，他的名字在大屏幕上不断地滚动。"你太厉害了，我长这么大，名字都还没上过大屏幕呢！"我冲他笑着说。他挠着头笑而不语。班会课上，

我对他给予了肯定和表扬，他也自然而然成了那周的"感动班级人物"。

之后的他，像变了一个人，开始积极参与班级事务。元旦那天，他邀请七、八年级的学弟一起为我们表演。看到他矫健的身姿，我的自豪感油然而生。表演结束后，他主动邀请学弟们一起吃饺子。在一旁默默观看的我，突然觉得这个小家伙竟然如此惹人喜爱。

我问他："你的梦想是什么？"

"我想成为一名武术教练。"

"有梦想就去坚持，只要努力，梦想终究会照进现实。"

他努力地点点头，眼里充满了对美好未来的憧憬。从那之后，他再也没有跟我提过退学，我知道他绝对不会再提。因为，在这个小小的班级里，他终于找到了自己，成了一个被需要的人。

选自《读者》校园版 2021 年第 05 期

何必是狗尾巴草

作者 王秋珍

跟着他来到我们班的，是又硬又冷的风。

风里，夹杂着一粒又一粒灰尘，把我的眼睛吹成了冒冒失失的柳芽。

听说，他是由他的小姨照看的。他一次次拿小姨的钱，被发现后，留下一封信，消失了。

小姨请人抽干了家附近的所有池塘，求亲友四处寻找，终于在杭州找回了蓬头垢面的他。

从小姨那儿拿的钱，都被他送给同学了。他去杭州的路费，是妈妈给的零花钱。他不情不愿地回到了爸爸妈妈身边，也因此转了学。

以我的经验，学年读一半，中途转学的主儿，能有几个是善茬呢？可他看起来是那么温良，白白净净的脸，高高瘦瘦的身材，戴着一副镶了一圈白边的眼镜，怎么看都是一个"读书人"。他的名字——何必，更是带了"文化"。

"何必，何必呢——"同学们爱拖腔拉调地笑他。

"何必呢？"这次问话的是我。

"阿秋老师，他跑了。科学老师说了他，他就跑了。"坐在何必前桌的同学回答。

"跑就让他跑去。"我装出漫不经心的样子，心里却像窜进了一股邪风，吹得我东摇西晃。初春的校园，有一股凛冽的气息。我不知道自己是在欣赏树枝上挂着的清冷，还是自己成了一片风中的树叶。

出校园要过门卫师傅这一关，没有我开的条子，何必不可能出去。

抱着这块名叫"放心"的石头，我的心在自我安慰和茫然不安中七上八下。

终于等到了何必的出现。他坐在自己的座位上，歪着脑袋，一副天塌了我也不怕的表情。我走到他身边，静静地站着。

在何必来到我们班的第一周，就有人告诉我，他在原来的学校喜欢和老师躲猫猫，一言不合就玩失踪。有一次，老师和同学找了他半天，他却从树上扔小纸条，上面写着："即将进入第三关。"

这样的学生，渴望刷存在感。他想以这种方式引起他人的注意，如果他发现这样做很管用，就会频频出招。

我当作什么都没有发生，走开了。

此后，我经常会喊："何必，帮老师拿一下本子。""何必，帮忙贴一下奖状。""何必，你有橡皮吗？"

何必坐在教室的最后一排，离讲台远。我的声音像窗外广玉兰树上的鸟儿，从一棵树飞到另一棵树，一起一落之间，引得许多"树叶"睁大了眼睛。

在一次作文课上，我让同学们用一个比喻句形容自己。小雪说："我是一只蝴蝶，喜欢穿着漂亮的衣服飞来飞去。"阿东说："我是一条小溪，有时胖，有时瘦，但一直唱着自己的歌。"月月说："我是一颗成熟的石榴，整天乐呵呵的。"

"何必，你说说看。"

"我是一株狗尾巴草——"何必的声音，比秋天的风硬，比冬天的风冷。这风才刮出嘴角，就被一股热浪吞没了。

周末，我去了何必的家。何必的妈妈有着瘦瘦的脸庞和看起来有点笨重的腰身，走起路来慢慢的。她看出我眼神里的疑问，说："跑了杭州的医院好几趟，才怀上的。为这事，何必可有情绪了。"

走出何必的家，我看到门口有一大丛狗尾巴草。我仿佛看见何必把狗尾巴草斜斜地叼在嘴里，斜斜地看着天空。一两朵神情忧伤的白云，正看着他，就像水看着鱼儿。

教室的西北角，有一个鱼缸。不久前，成了空鱼缸。原先的两条金鱼，不知什么原因翻了肚皮。水，变得忧伤、寂寞。

我用儿子的小鱼网，在乡下的池塘一角捞了三条小鱼，把它们养到了鱼缸里。同学们都没有注意。那鱼，实在是太小了，最长的不过两厘米。家乡人叫它们"白眼伶仃"。它们经常一群群地聚集在水面。水微微地笑着，仿佛被风儿轻轻搔了痒。

"鱼，有鱼。"阿东看见何必愣在鱼缸前，凑近看了看，发现了水里的秘密。鱼的出现，让水有了生机，也让何必有了事干。一到下课，他就爱盯着鱼儿。那么小的鱼缸，那么小的鱼儿，他一点也看不腻，仿佛那是一个无比丰富的世界。

"何必，这几条白眼伶仃就交给你了。你可要把它们照顾好啊。"我很认真地说。何必的眼珠子微微一转，视线在空中划出一道抛物线，然后落在左侧的鱼缸上。他没有回答，下嘴唇与上嘴唇相互使了一点劲，表示了他的决心。

风儿暖融融、花儿闹腾腾的一个午后，何必突然招呼我："阿秋老师，快来！"我三步并作两步冲到鱼缸前。只见鱼缸里多出了一条很小很小的鱼儿。

"鱼妈妈在生孩子。"何必的声音低低的，生怕惊动了鱼儿。

过了一会儿，在鱼儿的尾部，出现了一条小小的鱼尾巴，慢慢地，尾巴变长了一点，可到了头那儿就停住了。过了很久，小小鱼终于生出来了。十几秒后，小鱼又要生了。这次小小鱼头先出来，尾巴马上就跟了出来，两秒钟都不到就成功了。三条小小鱼跟着小鱼游来游去，身体的颜色慢慢地变浅。那剔透的模样，仿佛和水融在了一起。

何必的眼睛里，落满了鱼儿。他的眉毛，也像鱼儿一样游动起来。

此后，何必的身体和灵魂，仿佛被分解成一颗颗原子，又重新组合成一个新人。他不再孤僻。除了看鱼，他开始和同学们一起玩了，和爸爸妈妈的关系也解冻了。

之前家访那天，何必的妈妈曾告诉我，何必从小就爱捉鱼养鱼。我固执地相信，一个爱鱼的孩子，一个热爱生命的孩子，内心一定是柔软的。

"何必，你是好样的。"

"阿秋老师，我是一株狗尾巴草——"何必的话，把我带回到那天的课堂。虽然同学们哄堂大笑，但我分明听见了尾音："很平凡，也很可怜。"

我不安地看向何必，发现阳光正落在他的脸上，那么青春，那么蓬勃。何必迎着我的目光说："很坚强，也很幸运。"我笑了。何必也笑了。

人不是慢慢长大的。只是一瞬间，我的学生何必，就长大了。

选自《读者》校园版 2021 年第 08 期

优秀是"设计"出来的

作者 李 华

2019 年夏天，当史诺一以陕西省美术专业课第二名的成绩顺利拿到清华大学美术学院的录取通知书时，她是兴奋的，我是幸福的。作为她的初中班主任，我曾经参与、引领了她的人生成长规划。

"李老师，我想学画画！我的目标是清华大学美术学院。"2013 年 9 月，开学的第一天，在众多新生中，一个甜美可爱的小女生站在我面前，郑重其事地跟我说。这个女孩就是史诺一。

"既然你想考清华大学，有没有琢磨过怎样去实现？"我问道。

"我会抽时间多画、多练习，不断提高水平。"她说。

"那你有没有想过成为一名清华大学美术学院的学生，除了专业课优秀，文化课也要达到很高的要求？"

"这个我还没想过……"她眨了眨眼睛。

接下来的日子，我建议她认真了解清华美院的相关要求和报考条件，做到目标清晰、准确，才能更好地前进。"老师希望你能将目标要求落实在每一天的学习生活中。有梦想就要去奋斗，老师看好你！"我鼓励她。

不久，史诺一告诉我："我要努力做到既画好画又学好文化知识。只有这样，我才有希望考入清华大学。"于是，我们一起对 6 年的中学生活进行了规划，明确了初中 3 年的阶段性目标。

有了规划，接下来的学习生活就顺利了很多。虽然难免磕磕碰碰，但我们一直在努力。随着学习任务的加重，特别是有一次考试成绩退步较大，史诺一担心自己难以在文化课和专业课之间做好平衡，开始动摇，甚至焦虑。我又与她进行了深度沟通，帮助她进行科学的时间管理，鼓励她直面困难，坚定目标，最终她挺过了那段焦虑期。

为了让史诺一全面发展，我鼓励她参加学校的街舞社团。她后来代表学校参加了西安市的街舞大赛，并取得了优异成绩。她的父母从来没想过她还可以跳街舞。就这样，史诺一越来越自信，发展也越发全面。

2016年中考，史诺一以西安市莲湖区第三名的成绩考入西安市高新一中。升入高中后，虽然我们不能经常见面，但联系一直未曾间断，每每遇到困难，她都会找我一起解决。

2019年，史诺一高分考入清华大学美术学院，圆了自己的梦。史诺一的成长，也让我重新认识了班主任的工作，发现了目标引领的重要性。在后来的工作中，我特别注重职业生涯规划教育，引领学生共同寻找目标、发现理想，继而帮助、引导他们分解目标、规划学习、主动奋斗。

很多时候，优秀就是这样"设计"出来的。

选自《读者》校园版 2021 年第 09 期

他们有自己的二维码

作者 丁 菡

如果问我，当一个老师最高兴的事是什么，我的回答一定会是：感受到学生对这个世界有全新的感知方式。一届又一届的学生，他们的思维和情感带给我太多的快乐和惊喜。

我记得初一下学期的一个冬天，我让学生们做语言表达练习：描述一个有关生物多样性的会议标志。但很可惜，他们似乎都忽略了一个细节，那就是标志的右下角有一个印章的图案。我说："同学们，如果你们仔细一点儿发现了这个印章，你们就能联想到这个会标还和中国传统文化紧密相关。"说完，我就看见有几个学生立即露出恍然大悟的表情，他们还嘟嘟囔囔地说着什么。我觉得奇怪，就走到坐在最前排的洋洋身边，问她在小声说什么。她有些不好意思地站

起来回答我："老师，其实我发现了它，但我没想到它是一个印章。"这话让我更迷惑了："那你以为它是什么呢？"她嘿嘿一笑说："我以为这是一个二维码！"

她这样一说，不敢说话的同学也勇敢起来："哎呀，我也觉得像二维码……"正好下课铃响起，我说下节课接着讲。课间休息，我回办公室拿水杯，就和其他同事聊起这道题的"二维码"解读，大家都笑了。他们开玩笑说："这确实是现在的中学生才能给出的答案！"不过，我并不认为现在的学生因为科技的迅猛发展，失去了与传统文化亲近的机会，只是随着社会发展，他们感知和理解事物的方式与我们大不一样罢了。

第二节课时，我并没有批评学生的"错误"。我先告诉同学们如何辨认印章，

然后对他们说："其实同学们的感觉都特别敏锐，印章的图案很像大家熟悉的二维码，扫一扫就能知道很多信息。古人也能通过字画上的印章了解很多信息，比如作者、朝代乃至这件物品的经历。这可以说是咱们中国文化中特殊的'二维码'！"说到这里，我看到很多同学都张着嘴发出"哦"的声音，洋洋也笑着说："现在我就能记得很清楚啦。"

这节课在愉快的气氛中结束了。后来我还惊喜地发现许多同学开始对印章产生兴趣。课间休息时围在一起研究小篆和流行图案的特点，在视频网站学习雕刻橡皮章，他们也想制作一些传统又现代的"二维码"！

初二下学期，我给学生们布置了一个阅读训练任务，阅读张洁《捡麦穗》的节选文段。我本想这样一篇充满童趣和温情的散文，会带给他们许多灵感和语言方面的启发。可当完成练习后，我问起大家的感受，他们却并没有显得兴致勃勃。班上的学霸欣欣怯生生地对我说："老师，我都不知道麦穗长什么样……"她的同桌小陈同学也撇撇嘴说："我也是！我待在农村的时间都不超过3天！"他后排的几个高个子男同学更是开玩笑说："老师，我没有捡过麦穗。我捡过钱，还捡过游戏装备！"说完教室就热闹起

来了。

其实这已经不让人惊讶了，在城镇化快速发展的今天，别说中学生，多少大人都好久没见到地里的庄稼了。但我相信，这并不妨碍学生们用自己的方式，去感知童真和温馨。

上课铃响起，教室里安静下来，我把饱满的麦穗图片投影到大屏幕上，课堂立刻活跃起来。我听见班里有一些嘀咕的声音："哦，原来这就是麦穗，我在电视上见过！"我让学生们齐声朗读了选段的第一句话："当我刚能歪歪咧咧提着一个篮子跑路的时候，我就跟在大姐姐身后捡麦穗了。"学生的读书声刚落，我就问："同学们猜猜'歪歪咧咧走路的时候'，是什么时候？"学生立即抢答："小时候，很小的时候！"我点点头说："聪明！那有没有同学可以告诉我，这个'很小'大概是几岁？""5岁吧！"坐后排的小雅站起来，说得不太确定。"3岁就能走路了，我弟弟3岁就会走路了！"最后一排的童童很激动地说。我走到他身边追问："很好，那你弟弟3岁都在干什么呢？"童童噌地站起来，扽了3个手指说："吃饭、睡觉、抢我的玩具手办！"

我拍拍肩膀让童童坐下，问大家："那同学们看看文中这个'我'，又在干什么？""捡麦穗！"他们的声音清脆又

自信。"那说明了什么？你感觉到了什么？"我的话音刚落，大家的手就迅速举起来了，洋洋说："我感觉到文中的'我'家境应该不好，所以这么小就要出来捡麦穗了……""家里人都很忙，所以小孩子也要想办法贴补家用！"……渐渐地，大家进入了状态。

"我看不见田里的麦穗，却总是看见蚂蚱和蝴蝶。"读到这里，我感觉他们不太有共鸣。我把书放下问："同学们，如果地上有一个玻璃球，还有一张百元大钞，你们会捡哪一个？""当然会捡百元大钞啊！"学生们不假思索地抢答，小陈同学还举高了手说："我两个都要！"

我笑着说："你们都长大了！来，我们回过头看看文中的'我'呢？"

"哦！她都不去捡可以吃，也可以贴补家用的麦穗，她去抓蚂蚱和蝴蝶！"馨馨第一个感受到我的用意，举手说出了自己的想法。我说："对呀，在她心里，蚂蚱和蝴蝶可比麦穗重要多了，就像她觉得一个漂亮的玻璃球比百元大钞还有价值。"班里的学生纷纷点头说："那还真的是个小朋友！"

"作者张洁并没有直接写自己的年龄、家庭和性格特点，但是我们都能够从文中读出来。虽然大家都没有捡过麦穗，没有在田里捉过蚂蚱和蝴蝶，但只要结合自己的亲身经历，还是可以理解和体会文字背后传达出来的信息和情感。"

接下来我布置了作文，周一放学的时候，齐齐把作业本抱了过来，小姑娘突然塞给我一个柑橘就高兴地跑开了。我以为这只是个小零食，结果改到齐齐的作文时，才发现她写了自己回老家，和爷爷奶奶摘柑橘的经历。她说爷爷奶奶把摘柑橘当作平常事，但是对她来说，却是了解家人生活的好办法……

我又拿起了那个圆滚滚的小柑橘，我知道这是学生送给我最棒的新学期礼物。就像他们制作印章，像他们通过弟弟来感受童真，也通过摘柑橘了解自己的家，现在的学生有他们自己了解世界的二维码。

选自《读者》校园版 2021 年第 10 期

我不是怪小孩

作者　王悦微

1

小马是个奇怪的小孩。比如，他讨厌吃饭，经常在吃午饭的时候溜走。他总是丢三落四，今天忘了带作业本，明天忘了带书。他很爱生气，他做错了事，你不可以说他，如果老师说他，他就会生气，要逃走；如果同学说他，他会发怒，和同学打架。

我做了很多尝试，但都以失败告终，其他科目的老师也经常向我投诉，说他上课不配合，很难沟通。总之，教小马很难。从一年级到二年级，和小马不断过招，屡战屡败，又屡败屡战。我渐渐也怀疑起自己：我这十几年的教学经验，是不是在小马这里完全失灵了？

一天下午，我照常巡视课堂的时候，发现小马正在课桌底下偷偷翻看着什么。

我叫他把抽屉里的东西拿出来。他把手里的书翻到封面：《魔戒》！一个二年级的小孩竟然正津津有味地看这么厚的书。

我的爱才之心油然而生，声音也柔和了："你喜欢看《魔戒》呀？"他点点头："整个系列我都看完了，电影也都看过了。"我马上有了主意："好，下周的班会课，由你来讲，主题就是《魔戒》。"小马的脸上露出不可思议的神情，他瞪大了眼睛，点了点头。

到了下一周的班会课，小马迈着沉稳的步子走上讲台，屏幕上投映出他制作的PPT，"魔戒"两个大字仿佛在熠熠闪光，旁边还有霍比特人、精灵王子的剧照。台下的学生发出"哇"的惊叹声，这么"高大上"的主题，距离二年级的孩子太遥远了。

小马深呼吸一下，开始讲课了。他的表情严肃而郑重，讲得有些结巴，小拳头捏得紧紧的。对不善言辞的他来说，这的确是很大的挑战。但台下学生的情绪并没有受此影响，他们听得很着迷，看小马的眼神中充满崇拜。

小马 20 分钟的课讲完了，台下报以热烈的掌声。我特地为小马做了一张讲课证明，并合影留念。

那一天，是我和小马关系的转折点。在那天以前，我们经常大眼瞪小眼，我批评他，他不服我；在那天以后，他再没有怒气冲冲地反抗我。

2

一堂班会课，让我得以重新认识这个小孩。我发现他在语言上很有天分，字里行间充满了淡淡的忧伤，还有与年龄不相匹配的老成。

有一天上课时，外面突然下起暴雨，雨点打得玻璃窗啪啪响。学生们无心上课，纷纷看向窗外。我干脆停了课，让他们用自己喜欢的方式去赏雨，并请他们写一个小片段，主题就是"雨"。

小马的结尾是这样写的："我真希望这场雨一直持续呀！这样我就可以一直享受下雨带给我的美好了！可是，雨还是渐渐小了起来。我望着最后的雨

滴，不禁热泪盈眶。我好想为这些雨叹息啊！"

我试图去接近他，一层层打开他的心扉，也渐渐明白了他的心结所在：孤独的童年。很多孩子从幼儿园开始就被送进各个培训班，在那里学习各种技能，唯独没有与人交往的课程。

小马是个高度自尊的孩子，他渴望获得别人的认同，渴望收获赞美，当他做不好的时候，他就用抵触的情绪来表达自己的不在乎。我单独叫他到身边，注视着他的眼睛，很郑重地说："小马，你是个很有才华的小孩，也是个孤独的小孩。"他的眼睛里迅速涌上了泪水。

"你哭了？"我问。他梗着脖子说："才没有呢！"我笑着说："没什么，容易流泪的人都有一颗温柔而敏锐的心。哭，不丢脸。"他挂着眼泪笑了。

3

成长是一个漫长的过程。这一天，小马又被人告状了。学生跑过来告诉我，小马在黑板上乱涂乱画。我来到教室一看，黑板上写着一行很大很大的字："你们为什么不让我看！"我对小马说："你有了愤怒，没有打人，而是写字，有进步！"

小马和其他学生没想到我会夸他，

都愣了。我转头对全班说："现在，我们让小马自己来说说，他为什么会写下这样的字。"

小马努力克制着情绪，用尽可能平静的声音说："班长说我纪律不好，把我的名字写在黑板上。我想看一下，大家都挡着我，拦着我，不让我看。"我把目光转向其他学生："是这样吗？"学生们说"是"。

"我知道，"我说，"很多同学觉得小马调皮捣蛋，但一码归一码。他不遵守纪律，是要批评的，但你们拥上来拦着他不让他看，对吗？他就算犯了错，也有权问个明白，看个清楚吧？"学生们说"是"。"我理解小马的愤怒，但他这次很有进步，没有和别人吵架，没有打人，而是写下自己的抗议。他在努力管理自己的情绪。让我们为小马的进步鼓掌！"

学生们为小马鼓起掌来。小马睁着亮晶晶的眼睛望着我，我知道，他这回彻底接纳我了。

因为我经常在班里朗读小马的文章，夸他写得好，渐渐地，他在同学中的人气也高了起来。每次上完写作课，要开始点评的时候，台下总有人心急地嘟囔："读小马的作文，读小马的作文！"

有一次，单元写作的主题是人物，选一个自己身边感兴趣的人物来写，然后让别人来猜猜写的是谁。有好几个学生选择写小马，在对他的特点进行描述时，无一例外地写道："幽默，有才！"

小马在座位上不住地发出怪叫，声音不大，但足够清晰。我知道，这是他在表达他的喜悦。他是那么渴望被看到，被承认，因为得不到，所以一直对这个世界拳打脚踢，一直让自己伤痕累累。现在，他终于做到了，让大家看到了他的存在。这怎能不让他狂喜呢？

我对他说："你那么高兴，就出去跑两圈，大声地笑出来吧！"他笑了，飞快地跑了出去，教室外响起了他的声音。这真是无比美好的一刻，连我手中的红笔都显得特别可爱。

选自《读者》校园版 2021 年第 15 期

我们为什么对"平凡"深怀恐惧

作者　潜海龙

"他上了二级平台，沿着铁路线急速地向东走去。他远远地看见，头上包着红纱巾的惠英，胸前飘着红领巾的明明，以及脖项里响着铃铛的小狗，正向他飞奔而来……"这是路遥《平凡的世界》的结尾，孙少平出院后，只身一人悄然离开省城，回到久别的大牙湾煤矿，去拥抱他那"平凡的世界"。

我和学生共读路遥《平凡的世界》后，不少学生对这个结尾提出疑问：孙少平是一个有理想、有抱负的青年，他应该选择留在省城发展，为什么还要回到偏僻的大牙湾煤矿呢？

是呀，人往高处走，水往低处流。当下很多人挤破脑袋想进城去，不就是对"平凡"深怀恐惧吗？我们不仅对"平凡"深怀恐惧，而且还带着偏见看待那些平凡的职业。

于是，我引导孩子们去思考《平凡的世界》这个书名的内涵。说真的，这个书名也太平凡了，似乎没有什么深刻的意蕴，可是换成别的书名似乎都不行，唯有这五个字最能涵盖这部百万字的长篇小说。

多年前，我在报纸上看到过这样一则短文：

"我刚到德国留学时，邻居是一个下水道工人。当得知我来自中国，他便睁大眼睛向我提问：'先生，我们国家有许多哲学家认为老子是世界上最伟大的哲学家之一，而我敬重的一个人则更推崇庄子，您能告诉我他们之间的区别吗？'我只能凭着对教科书的模糊记忆乱答一通。当我好奇地反问他为何如此喜欢哲学的时候，他彬彬有礼地回答：'先生，当我在黑暗的下水道里工作时，回味着昨晚看过的黑格尔著作，连污水都变得美好起来。'"

我把这篇短文推荐给学生，让他们思考德国下水道工人和《平凡的世界》结尾处的孙少平有没有相同之处。孩子们说，一个是下水道工人，一个是煤矿工人，他们的职业都是平凡的。然而，他们又都有各自不平凡的地方，德国下水道工人精通哲学，让我们感到无比惊讶；《平凡的世界》里的孙少平从省城回大牙湾煤矿时，专门去新华书店买了几本书，其中他最喜欢的一本书是《一些原材料对人类未来的影响》。

那天，我还给孩子们讲了几则新闻：

杭州湖墅南路一家银行有个"保安哥"，每年下雪天，他都会用雪堆成一个个栩栩如生的小动物，引来很多市民观赏拍照。这是一个热爱生活的保安，他被网友称作最有才的"雪人保安"。

杭州西湖白堤保洁员里有个书法达人，白天在西湖边打扫卫生，晚上回家练字。有一天，他带着一幅裱好的书法作品来白堤上班，吸引了不少路过的游客，大家很好奇，一个保洁员为什么带着这么大一幅字？原来，这幅字是那个保洁员自己写的，打算送朋友，就带出来了……仔细一看，上面写的是《沁园春·雪》，笔力饱满，游客赞不绝口。

海盐县城有个三轮车夫，每天带着摄像机上班，看到马路上有什么新鲜事就拍摄下来，晚上回家给孩子和老婆播放他制作的视频，后来好多家电视台都找上门去，想采用他拍摄的鲜活的新闻素材。

讲完故事，有个孩子急不可待地帮我小结："老师，银行的'保安哥'、西湖白堤的保洁员和海盐的三轮车夫，他们虽然岗位平凡，但是他们热爱生活，追求情趣，他们不只有平凡的生活，还有诗和远方。"

他说得真好，路遥《平凡的世界》不就是告诉我们这个道理吗？

眼睛向下，情趣向上，拥抱平凡的世界！

选自《读者》校园版 2021 年第 20 期

老师受罚记

作者　王悦微

我这样粗心大意的人，做起老师来也是丢三落四。比如教学时使用的PPT，常常会被学生挑出错来。有时认真对照着书本原文来回检查了好几遍，上课时还是会出岔子。

次数多了，自己也觉得说不过去，于是有一天，我在课堂上郑重宣布："以后如果再让你们找出PPT中的错误来，每错一处，老师就罚自己抄课文一遍！"

接下来的几天，念及自己发的誓，我像得了强迫症似的，每次做完课件，都要翻来覆去检查好几遍，也就没出错。

我心里不免得意起来，看来我这粗心的毛病还是有救的嘛！

一得意就要坏事。这天备课到很晚，我困得哈欠连天，做完课件就睡了，心想第二天再检查。谁想第二天有事耽误了，只好带着U盘直接去上课。

那节课要讲的是唐代诗人王维的《九月九日忆山东兄弟》。课件刚打开，台下就有学生举手。我只好请他起来。他大声说："老师，第一句诗后面应该是逗号，你写成句号了。"

我尴尬地一笑："是老师疏忽了，我

马上改过来。"

在全班学生的注视下，我有些狼狈地在课件上修改起来。学生们在兴奋地窃窃私语："老师要罚抄课文啦！"

突然学生骚动起来，竞相高高地举起手。我心里一惊：什么！又出错了吗？

我硬着头皮，强挤出一个微笑："有什么问题吗？"

站起来的学生，响亮地答道："老师，你把'独在异乡为异客'写成'人在异乡为异客'了！"

啊，居然又出错了！

心里实在懊恼，也实在难堪，又想挽回一点面子，我不假思索地为自己辩解起来："呃，这个啊，'人在异乡为异客'，我记得也有这个版本。古代的文章流传到现在，往往有多个版本啦。"

学生半信半疑地坐下了，课堂得以继续。我飞快地、不动声色地把那个"人"字改成了"独"字。

下课了，抱着作业本回到办公室，我还在回想着学生坐下去时的那个眼神，天真、明澈，也有困惑。我觉得很汗颜，也很懊悔，为了自己那点面子，竟然这样欺骗学生，真是太不应该了。

趁空课的时候，我认真抄了3遍古诗，交给课代表。我把我的红笔递给他："以后，老师的罚抄作业，由你来批改。"

然后，我郑重地对学生们说："你们提得没错，'独在异乡为异客'，我确实把这一句写错了。今天，我还写错了一个标点。以上一共是罚抄两遍。我把错字辩解为版本问题，这是不对的，所以我愿意再主动加罚一遍。我向大家保证，以后会更加仔细地检查自己的PPT，争取不再出错。"

学生们为我鼓起掌来。小孩子是那么纯真、那么善良、那么宽容！在他们面前，我们作为大人的那点私心，那点自以为是的小聪明，真是让人很惭愧呢。

选自《读者》校园版2021年第21期

长在树上的名字

作者　庞余亮

教室后小操场上的五排水杉是我教的上一届学生栽的。现在我又接了一届，不同的学生有不同的脾气，其中影响力强的学生还会带来不同的班风。比如班上有两个好打闹的，那班上其他同学也好打闹，下课动不动就抱在一起，在地上滚个不停。待上课铃响了，两个人又站起来，掸掸灰，往往还没掸干净就坐到教室里，其实他们脸上的灰尘早就把他们动手打架的事出卖给我啦。

水杉仍站在那儿，像一群站着整齐队伍等待老师喊解散的学生。老师不喊解散，它们就这么认认真真地站着，站得笔直，站得英俊。我每次从水杉林走过去都忍不住回过头来看它们，它们长得多快啊，这么高了！我甚至能认出哪一棵是谁栽的。

水杉的叶子是对称生长的，像一对翅膀。风一吹，那些绿翅膀就颤抖个不停。学生们知道我喜欢在教室里看水杉，他们肯定以为有鸟巢什么的，所以下了课也喜欢到水杉林里寻些什么。

我在课堂上问学生们："水杉像什么？"

有的学生说："水杉像翡翠宝塔。"

有的学生说："水杉像一支绿羽毛笔。"

有的学生说："水杉像一个个站岗的解放军。"这么一说还真有点像呢。穿绿军装的解放军笔直地站着，为我们站岗。

有的学生说："水杉像一束束火把。"这是指秋天的水杉叶由绿变红，真的像一束束火把呢。

学生们说到最后，反过来问我："先生你说说看，水杉像什么？"

我笑了，其实水杉最像水杉，它们

遵守纪律；水杉也很认真，所以它们长得快，长得高。我没有说这些，而是反过来问了个问题："水杉可以长多高？"

一个学生说："水杉可以长得比泡桐树高。"

有的学生说长得比山高。一个小个子的女生说："它们可以长到天上去。"

我正为他们的想象和抒情而高兴，准备让他们写下来。一位男生瓮声瓮气地告诉我："先生，你知不知道水杉上有你的名字？"

我当时就愣住了，这个我之前并未发现。我抬头时学生们都看着我，我估计学生们都听到了，我怎么没发现呢？学生们肯定都看见了。我好不容易等到放学，去了小操场的水杉林，找了很多树，终于在一棵水杉的树干上看到了我的名字。

我的名字是用铅笔刀刻在树干上的，已经长得比我高了，还结了疤，疤迹向外凸，看样子不是这一届学生刻的。我想了想当年那一届学生们的笔迹，都像，都不像，有些搞不清了。不过我想象得出，那个刻我名字的学生，他曾经低着头（额头上说不定还有一处课间打架留下的泥灰），站在我面前，抿住嘴唇，心里在偷笑，但他肯定在尽力控制，坚决不让自己在我的办公桌前笑出来。

选自《读者》校园版 2022 年第 01 期

想让世界看到我

作者　艾　润

一

微信收到一条好友申请，申请理由只有一句话："老师，我是小石头。"

我愣了一下，脑海里闪过一张模糊的脸，是他吗？那个小小的男孩。

我记得他。

大四那年，学校给我们布置了一门功课，每个教育专业的准毕业生，都要在毕业前去中小学实习。就这样，我成了一名实习老师。

学校安排的实习学校比我想象中的还要偏远，是一所村小，我被安排接替三年级班主任的工作，教语文课。第一节课，我站在讲台上环顾四周，教室的白墙上有一些擦不掉的涂鸦之作。讲台下面黑压压的小脑袋全部仰起来望着我，

脸上充满了好奇。他们不知道，故作镇定的我，其实心里惴惴不安。

我用了一周的时间才摸清每个学生的基本情况，发现班里三分之二的学生都是留守儿童。老人年纪大了，很难看顾周全。于是，经常可以看到一些学生没洗干净的脸、脏兮兮的衣服，还有乱七八糟的作业。我不知道自己该怎么融入这群孩子，只知道他们并不惧怕我。

比如我讲课的时候，有一个坐在第一排的男孩总是捣乱。我想让他安静下来，可他一遍遍地做鬼脸，引得学生哄堂大笑。有一次，我正讲到一首古诗，又被他打断。我顺手拿起讲桌上的三角板敲击桌面，试图拿出老师的威严。可惜并不奏效，男孩伸出手要抓我的三角

板，恰好被落下的三角板打到了手。

那一下应该很疼，他猛地缩回手，瞬间就有了眼泪，纵使我忙不迭道歉，他还是把头压得很低很低。我学过教育心理学，知道有些孩子就是喜欢通过调皮捣蛋的行为来吸引老师的注意力。老师需要正确地引导、了解学生的想法，而我却用三角板打碎了他对我的好奇。

为了弥补过失，我把他过往的作文翻看了一遍，字里行间能感受到这是一个敏感的小孩。我在作文批注里给他写了长长的道歉信，希望得到他的原谅。

二

我试着了解班里的每一个孩子，他们没有丰富多彩的课外生活，下课后就是在校园里你追我赶地疯跑，可他们天性乐观、善良可爱，非常渴望被关注……

我在办公室里准备了一个大水壶，告诉他们，口渴可以随时过来接水。于是，课间休息时，总有学生跑来喝水，哪怕他们并不口渴，只是从窗口小心翼翼地探探脑袋，想看看我在干什么。

周末没课的时候，我会坐在小河边看书，他们会从家里跑来找我，就待在我身边，絮絮叨叨个没完。有时候他们会从家里带一颗糖或者一个橘子给我，

然后不停地问我："老师，好吃吗？好吃的话，我明天还给你带。"

"老师，老师，老师……"他们一遍遍地呼唤我。

就在这样的日常里，我和这些孩子建立起了亲密的师生关系。有学生在作文里写："我长大后要做老师，像艾老师那样的好老师。"这句话太珍贵了，珍贵到我只希望自己能做得更好，才不辜负这些孩子的信任。

可是没想到，一次突如其来的事件，彻底击碎了我的心理防线。

有一天放学后，我和当天的值日生一起做黑板报，有个女孩主动留下来帮忙。那是个有点胆怯、害羞的小女孩，平时她很少主动找我说话。她说她会画荷花，我就在一旁看着她画。有一个瞬间，我被这个瘦小的女孩打动了，她踮着脚尖认真作画的姿态竟让人觉得虔诚。

偶尔，小女孩会跟我说句话。

她说："老师，你吃过莲子吗？莲子就是荷花的种子。"

我还没来得及回答她，就看到一位婆婆冲进来，一只手抓住她的胳膊，嘴里念叨着，"放学了也不知道回家做家务，就知道在学校玩"，另一只手上拿着的小棍子就打了上去。我一把揽过女孩，棍子打在了我的身上。

那是她的奶奶，因为没来过学校，并不认得我。知道我是新来的老师后，女孩的奶奶向我道歉。我解释："是我主动让这孩子帮助我办板报的，您别怪她，也别打孩子。"

黑板报上的荷花终究没有画完，刚有了亭亭的样子，花苞却只画了寥寥几笔。

我突然有点想哭，不知道为什么。

我喜欢这里的孩子，他们天真、善良。我亲眼见到几个学生在田边救助一只受伤的小猫；我喜欢这里的小河，浅浅的水流，总有鸭子游来游去；我也喜欢这里的夜晚，村子里悄无人烟，头顶的星星仿佛在说话……我以为我了解他们。可就在棍子落在身上的那一瞬间，我突然意识到自己的浅薄。我能做得太少了。

三

那天的值日生是小石头，他是个成绩很好，也有点早熟的男孩。他仿佛看出了我的诧异和失态，似乎为了安慰我才特意解释道："老师，没事的，她的爸爸妈妈、叔叔伯伯都出去打工了，家里孩子都给奶奶带，所以有时候她得帮忙干活。我们平时在家都会做家务的。"

我冲他挤出勉强的笑容："老师知道，你也早点回家吧。"

那件事之后，我一度和自己做心理抗争，为自己没有能力改变他们的生活而失落。我把我的困惑通过邮件发给我的老师，他说："做好你能做的。老师能带给学生的，是潜移默化的力量。也许你自己看不到，但你的学生未必感受不到。"

直到十年后的今天，当小石头在微信里告诉我这么多年都没有忘记我的时候，我一下子理解了老师当年所说的"潜移默化的力量"。

小石头说："老师，我初中毕业后考上了县城最好的高中，我还会努力考一所好大学。老师，我始终记得你当年告诉我们的话，要好好学习，走出去。"

他依旧一声声唤我老师，虽然毕业后我并没有踏上讲台。

我翻看他的微信朋友圈，个性签名是："想让世界看到我。"

我想问问他，那个会画荷花的女孩怎么样了？那个爱在课堂上调皮捣蛋的男孩考上好学校了吗？还有其他的学生，他们都还好吗，有好好上学吗？我当时用我像素不高的手机拍下的每个学生的照片，都还存在电脑硬盘里。

可我什么都没问，只在心里坚定地想，他们一定都被世界看到了。

选自《读者》校园版 2022 年第 09 期

我知道，你们需要一个树洞

作者　刘小念

一

周一早上，班上一个叫郭雪的女生迟到了，她捂着头站在教室门口，声音微弱地喊："报告。"

我赶紧让她进来上课。

结果，就听有同学小声问她："郭雪，你剪头发啦？"万万没想到的是，郭雪竟然当堂大哭，说自己再也没法见人了。我当时就觉得有点夸张了，不就是换了个发型吗？我甚至都没看出这个发型跟她之前的发型有什么区别。

学生们的反应却比我强烈。课间，郭雪的几个好朋友走到她身边说："别伤心了，很快就会长长的。""你想想我被扔掉的那些海报，心情会不会好点儿？"

郭雪的伤心和难堪丝毫未减，一整

天都神情恍惚。尽管我几次悄悄地提醒她注意听讲，她全部的心思仍然在发型上。我仔细观察了一下她的发型，也就是头发比从前短了，发尾参差不齐，但并不影响整体形象，她依然是一个好看的小姑娘。

我忍不住问她："郭雪，老师想知道，剪个头发而已，你怎么反应这么大？"

结果，她再次哭了："老师，这是我昨晚睡着后，我妈拿剪刀偷偷给我剪的。天天穿校服，发型和鞋子是我们唯一能做主的地方了，可是，连这一点自由她也不给我。"

二

谁承想，郭雪刚开了个头，呼啦啦

围上来一圈孩子："郭雪，你妈这算啥，我妈不仅偷看我的日记，还在下面写评语……""老师，你看我这鞋子，爸妈为了防止我臭美，一模一样的鞋子直接给我买了 3 双。""就因为我说想矫正牙齿，我妈死活认定我早恋了，'审'了我一个晚上。"……

一时间，场面失控了。

我刚想批评他们，却无意间看到，其中一个男生在说到他爸爸把他的手办全部送人时，气愤地掰断了手里的铅笔。那断掉的铅笔，和郭雪一整天低迷的状态提醒我，也许我应该倾听这些孩子的心声。于是，我临时将那节自习变成了班会，关起门来，给他们开一次"吐槽父母大会"。此举获得了学生们欢天喜地的掌声。但很快，气氛就没那么欢乐了。

那天，最伤心的郭雪优先获得发言权："从小我妈就反对我留长发。昨天晚上吃饭时她心情不好，又气急败坏地数落我披头散发像'鬼'一样。趁我睡着，她居然拿剪刀把我的头发剪短了。早晨起来我跟她理论，她居然说：'你一个初中生天天想着怎么臭美，学习能好吗？'我就不明白了，留个长发就伤天害理了吗？我就不能保留点自己的审美吗？"

一口气说完这些话，郭雪再一次委屈得满眼是泪。

这时，一个男生站起来说："你这算啥，就因为我洗脸时多照了一会儿镜子，我爸妈审问了我两个小时，怀疑我早恋。"

"无论是日常小考还是大考，只要我没达到 90 分，我妈就摔坏一个我的拼装玩具。后来还摔上瘾了，只要我做错点事，她就会拿着玩具威胁我。前两天，就因为我打球时多玩了半个小时，一进家门，她不分青红皂白，拿起玩具就摔。"

"这算啥，就在昨晚，我做完作业玩了一会儿电话手表，我妈就把手表摔了，幸亏现在还能用。"

……

那天的"吐槽大会"，是家长们的"大型翻车现场"，就连那些我印象里平时很注重教育方法的"模范爸妈"也没能幸免。

父母都是学霸的周娜说，她爸妈每次在亲戚朋友面前说起她时，都会加一句："我闺女是正宗的'学渣'。"

那场班会进行了一小时。接下来是自习，教室里前所未有的安静，孩子们个个都在埋头写作业，就连那些平时不守纪律的孩子也格外自律。

我眼角微湿，心生感慨：孩子最怕的或许不是误解和冲突，而是不被看见与不被理解。他们十几岁的生命也会有不能承受之重，也需要倾诉与被倾听。

作为老师，我应该给他们提供一个"树洞"。

三

打那之后，我在班级门口放了一个小信箱，就叫树洞。

我告诉孩子们，如果心里有什么不痛快，就写成小字条，每天早晨来学校时丢进树洞里。我会在早自习时打开信箱，然后给他们送去一个安慰的眼神。

是的，有时候，一个被看见的眼神就够了。

那些字条相当有意思——"因为一张卷子错了5道题，被罚做了两张卷子，深夜一点才睡，终于有'吐槽'的事情了，可以往树洞里丢小字条了。""又挨揍了，其实一点都不疼，明显感觉他力气没以前那么大了，心里也不再怕他了，反而觉得他挺可怜的，打已经不好使了，还能用啥招？""本来挺生气的，拿起笔来写这件事时，突然就消气了。老师，就跟您'皮'一下。"

大人每天被各种情绪左右，孩子又何尝不是？

渐渐地，树洞里不仅有孩子们对父母的"吐槽"，还有他们各种各样的烦恼。我也借此了解到他们真实的内心世界。

郭雪后来去理了一个齐肩短发，上学时她开心地对我说："老师，感觉头轻了不少，解题思路都清晰了呢。"

我问她："妈妈看了是什么反应？"她嘿嘿一笑："我妈都哭了，跟我爸说，孩子长大了，懂事了。她真是太夸张了。"她抓了抓自己的短发，又说："老师，以后我再也不为这样的事跟爸妈较劲了，犯不上。"

这些话，我一字不差地转达给了郭雪妈妈。那么严肃、干练的一个职场女性，听完后红了眼眶。我也很感慨。父母之于子女的爱，总是有时差的，要做到换位思考，是何其困难的事情。

孩子们正处在青春期的关口，他们常常会把父母、老师当成假想敌。所以，我要为他们情绪的子弹找一个靶心。树洞，就成了最好的去处。

渐渐地，我发现这些孩子因为被理解、被看见而变得平和、开朗了。我和他们之间的相处，也发生了变化，用他们的话说就是："变得丝滑了许多。"

四

有一天早上，我进教室时，将一张字条塞进树洞。

孩子们敏锐地发现了，纷纷问我："老师，你怎么也有不开心的事啊？"我看着他们说："当然啦，老师也是人啊。"

他们特别好奇，想知道到底是什么样的事能让老师找树洞倾诉。

于是，我打开信箱，拿出自己的字条，开始念："被儿子气冒烟了，要不是碍于自己老师的身份，真想以武力解决问题。太生气了，我决定至少一天不理他。"

听我读完字条，孩子们脸上写满了同情与关心，纷纷劝慰我："老师，您今晚下班回去，他就会跟你道歉的。""老师，连最难对付的我们您都能应付，弟弟自然不在话下。""老师，您可千万别对他动手啊……"

看着那一双双关切的眼睛，我将所有的烦恼都抛到了九霄云外，内心充满了温暖与感激。确实，当我们的烦恼被别人了解且共情时，我们终将夺回对自己情绪的掌控权。

那一刻，我感谢这个神奇树洞的存在。因为我深信，未来，当这些孩子走出校门，走向社会，无论他们过上怎样的生活，至少他们学会了一种本领，那就是安放自己的不开心，做自己情绪的主人。

选自《读者》校园版 2022 年第 10 期

如果你的一生已经注定

作者 周广挥

大年初二的晚上，我宅在家，看中央电视台的《经典咏流传》节目，被经典传唱人冯家妹和陈果毅（果果）合唱的一首《草》深深吸引。"离离原上草，一岁一枯荣。野火烧不尽，春风吹又生。"白居易的这首《赋得古原草送别》，很多人都耳熟能详，但被他们改编演唱出来后，又有了一股让人意想不到的力量。

这首歌传达了生命的能量，更包含了传唱人和作词人的生命故事。用主持人撒贝宁的话说："果果打的是一套组合拳，不仅打了我，把我们所有人的内心都打了一拳。"

果果今年9岁，出场时，坐在轮椅上，冯家妹推着他缓缓走出。他身穿一件火红的T恤，眼神中透露着果敢和坚毅，声音清澈动人。从舞台表现很难看

出，这是一名SMA患者。SMA全称是脊髓性肌萎缩症，是一种非常严重的罕见疾病，患病者基本都是孩子，孩子患病后，全身的肌肉会慢慢地萎缩，患者会肌无力，包括他们的行走、站立，或者坐与爬，甚至以后的呼吸和吞咽都会受到影响，直到慢慢地呼吸衰竭，威胁生命。

果果在16个月大的时候被确诊为SMA，他的肺活量仅为正常孩子的五分之一，但他从来没有放弃过唱歌。对他来说，唱歌不仅能够锻炼呼吸，更能带给他快乐和希望，只有音乐才能表达他心中的理想。他从很小的时候就开始呼吸困难，每天早上起床，他的脸色都会因为缺氧而变成青紫色，常人很难想象，为了发出这样美妙的声音，坐在轮椅上

的他，究竟付出了多少努力。

冯家妹的大女儿在 5 个月大时就被确诊为 SMA，病魔夺走了她女儿幼小的生命。为了让更多人了解并帮助 SMA 群体，她创立了"美儿 SMA 关爱中心"，一直致力于帮助 SMA 群体，并从他们身上收获更多力量，其中一直给予她力量的正是这首《草》的作词人包珍妮。

包珍妮也是一位 SMA 患者。她在 1 岁时就被确诊，医生告诉她的父母，她可能活不过 4 岁，但包珍妮奇迹般地活过了 18 个春秋，尽管她现在必须完全依赖一台呼吸机才能呼吸，全身上下只有右手大拇指能活动，但是她从未停止过学习和写作，在不到 5 年的时间里，写下了 40 多首诗歌和歌词，其中一些歌词被很多歌手演唱过，而且她出版了自己的第一本诗歌集《予生：包珍妮的诗与歌》。曾经，包珍妮说自己永远会是一棵树，如今她觉得"草"才是她当下最真实的状态。因为狂风可以摧毁一棵大树，但不能摧毁一株小草。

对于果果和包珍妮而言，现实是残酷的，音乐和诗歌是他们对这个世界发出的全部的呐喊。正如本期作者黄菲在《火种少年》一文中所说："然而残酷中有一种治愈的力量，因为它塑造了两个真正充满生命元气的少年——即使身处阴沟，也要仰望星空，也要坚守美好，也要奔赴光明。"正是因为生活中不乏这样的少年，才会有"春风吹又生"的希望。

王尔德说："爱自己，是一生浪漫的开始。"不管我们是一株小草，还是一棵大树，我们都要学着接受自己本来的样子，然后爱自己。

节目伊始，包珍妮的那段独白，在我心中久久回响——

"如果你的一生已经注定，那么你还会努力生活吗？"

"我的回答是，我会更加努力地生活下去。"

选自《读者》校园版 2020 年第 06 期

你好，不完美小孩

作者　赵　静

"一事无成大红袍""减肥失败奥利奥"——这是我跟朋友在一家饮品店喝到的奶茶的名字，很"丧"的名字。

去饮品店，我懒得选，说了句"随便"，朋友便很实诚地给我要了一杯"一事无成大红袍"。看到奶茶标签上的名字时，我顿时觉得手里拿着的是一杯满满的"恶意"。我正要"发威"，却发现她手中正捧着一杯"减肥失败奥利奥"，不禁笑出了某种家畜的声音。原来这里的奶茶都这么"毒舌"啊。我们俩不禁边喝奶茶边互相调侃起来，被失败人设标签后的我们竟然无比开心。

原来放下社会、家庭对自己的期许，放下内心给自己套上的"偶像包袱"，承认自己不那么优秀和完美，是一件很轻松的事情。

而这样的轻松一刻并不常有，我们总是希望自己更成功：考更高的分，上更好的大学，挣更多的钱，培养更优秀的孩子……所以我们总是不开心，因为在我们的眼里"没有最好，只有更好"。而"更好"是一个无限远的目标，是永远也达不到的彼岸。

前不久上映的美国动画电影《心灵奇旅》就抛出了这样一个问题：生命的意义是追求成功吗？如果是，成功应该是什么样的？究竟是什么塑造了真正的你？

一个是梦想成为爵士钢琴家却意外死亡的男主角乔伊·高纳的灵魂，一个是对所有"成功"都不感兴趣、厌世的灵魂22。他们的灵魂偶然相遇，携手返回现实世界。在现实世界，乔伊·高纳的灵魂落在了猫的肉体里，而22的灵魂披上了乔伊的肉体。乔伊作为旁观者看到了22不按常理出牌后，自己以前没有见过的世界——那个出色的理发师，真正的兴趣并不在理发，理发不过是谋生手段；母亲爱他，不取决于他是钢琴老师还是钢琴家。而 22 发现自己并不是真的厌世，她只是讨厌"导师"对她的塑造，其实，简单的美食、人与人之间的温暖，甚至一片秋天的落叶，就足以让她爱上这个世界。

无独有偶，正在上映的贺岁片《你好，李焕英》在让观众哭得稀里哗啦的同时，也让人思考：我们的爱是建立在成功上的吗？不优秀的孩子值不值得被父母爱？

女主角是个从小体重超标、学习却总也不达标，上了小学还"拉裤兜"、上了高中还很幼稚的"熊孩子"。她的妈妈在跟同事比孩子的环节总是占不了上风，好不容易以为她考上了一个好大学、开庆功宴时，却发现录取通知书是假的。这个母亲实在是太难了！生气归生气，伤心归伤心，母亲依然对女儿和颜悦色，因为她知道，女儿只是太希望让她为自己骄傲一回，太希望看到她开心的样子了。母亲出了车祸，女儿在梦里穿越到母亲年轻的时候。为了让母亲过得更开心一点，女儿动了很多小心思，甚至不惜冒着自己在未来消失的危险，改变母亲的命运，希望她有一个完美的未来和女儿。而同时穿越、洞悉一切的母亲，坚定地对女儿表示："你这样的女孩就挺好的，你让我开心！"

现代人终于认识到，在现实世界里，不可能每个人都是聚光灯下的主角，更多人会是平凡的人，长得不漂亮，学习不突出，甚至没有什么拿得出手的才艺。这样的自己值得骄傲吗？这样的人生值得去好好过吗？

有一句格言，我十分赞同："成功不是用你所做的来与别人所做的进行比较，而是用上天赋予你的能力来衡量你所做的。用你所拥有的做到最好就是了。"如果最终还是一事无成，至少人间还有清香扑鼻的大红袍等着我们去品尝。

选自《读者》校园版 2021 年第 07 期

盛夏还会如期而至

作者 李弘毅

十二岁的夏天，我认识了老乔。

上初中前，英语对我来说还是一块难啃的硬骨头。没有任何启蒙，每天对着标满拼音和汉字注音的课本昏昏欲睡。自己念出来的句子连自己都嫌弃，满满的一股"土味儿"。那时，枯燥的英语课可以说是我的一个大敌。

转机出现在我上初中后，老乔成为我的英语老师。

老乔极具个人魅力，上课时激情四射，神采飞扬。每一个知识点经他一讲，真的变得容易起来。讲解单词、造例句时，他会拿某位同学做主语来造句，为了让我们更容易吃透语意，深刻掌握，还常拿自己举例，我们也慢慢学会了举一反三。课堂上总是传出一阵接着一阵笑声。英语对我来说变得越来越有意思，我也不再惧怕它，成绩稳步提升，土味

儿口语也变得洋气起来。

当然，我们也有被老乔支配的恐惧。每节课都有例行的随堂测试，批改结束，老乔会公布成绩。一次不达标口头警告，两次三次就要被约去谈话了。

有一段时间，我有些懈怠，成绩不太稳定。老乔察觉到这个问题，一次课间把我叫去了办公室。老乔说得很直白，他觉得我在"吃老本"，自以为英语成绩不错就不再认真对待，这样下去很危险。老乔认为，优势科目就应该保持住优势，在此基础上再努力提升弱势科目。他及时点醒了我，我也及时收了心。

老乔为了提高我们的口头表达能力，改变光写不说的现状，会让我们进行角色扮演——把课文对话以情景剧的方式表演出来。每个人都逃不掉，只能硬着头皮上。现在想想，正是这样的"社死"

现场让我们跳出了舒适区，在成绩提升的同时表达能力也得到了锻炼。

老乔为了缓解大家的学习压力，还组织过联欢晚会，请来专业的舞蹈老师和歌唱老师为大家排演节目。那段时间，在上课之余大家就专心准备晚会。所有人沉浸其中，无所谓是否专业，大家都玩儿得很开心。

老乔不仅教授我们知识，还潜移默化地引导我们以正确的态度面对生活。他一直灌输给我们的观念之一就是要享受学习、享受生活。在知识的传授之外，他更像一位人生导师。他能细微地洞察每一位学生的思想状态，愿意和每个人聊天，他办公室的门随时为我们敞开。

因为老乔，同学之间相处得也都格外好，大家结下了深厚的友谊。

初三临近毕业，老乔也要送我们走了。直到现在我都记得那个下午，我们上完了最后一节英语课，大家热闹地交换着同学录，忙着合影。最后拍完大合照后，老乔站在教室门口，与大家一一拥抱道别，给每个人送上祝福。那一刻，满满的仪式感仿佛在告诉我，我可以隆重地与初中生活说再见了。

盛夏开场，盛夏退场，盛夏还会如期而至。比星星还耀眼的老乔和那段珍贵的时光定格在那个夏天，永远闪耀。

选自《读者》校园版 2022 年第 08 期

我怕来不及

作者　周　才

"三年后，父亲去世了，我还是没有陪他一起去横滨看足球赛，和他一直争吵不休的母亲不久也随他去了，最终她也没有坐上我买的小汽车。"

《步履不停》是一部气息平淡的电影，没有波澜迭起的矛盾，没有曲折生动的情节，115分钟，一直在展现一个家庭一天中发生的家长里短。这也是导演是枝裕和拍摄它的初衷，但电影快结束时的这句台词，不仅让我感慨良久，也让我的伤感迟迟难以疏解。

长子纯平15周年忌日这天，横山家的次子良多一家三口和女儿千奈美一家四口，赶回老宅与父母团聚，一起追怀去世的大哥纯平。横山家的老宅在海边小城的山上，是日天朗气清、景色怡人，一家人聚在一起吃饭、闲聊、扫墓。电影像一泓清泉一样静静流淌，而在这普通的日常之下，却弥漫着说不尽的伤感。剧情主要围绕父亲、母亲、长子、次子和女儿缓慢推进，在聊天中，家庭主要成员背后的故事得以浮现。

父亲横山恭平是一位私人诊所的退休医生，强势、专制，认为世界上最好的职业是医生，在他看来，只有按照自己的意愿发展，这个家才能保住现有的稳定局面；母亲敏子是一个家庭主妇，贤良、隐忍，为了维持家庭表面的和谐，会默默吞下所有的苦水，哪怕是丈夫对自己的不忠；长子纯平一直是"别人家的孩子"，按照父母所期待的样子成长，成绩优秀、能力出众，成年后继承了父亲的衣钵，但在15年前，他为搭救一名落水儿童，不幸身亡；次子良多从小到大都活在大哥的光环带给自己的阴影之下，因为远离家庭从事绘画修复工作，又娶了寡妇由香里为妻，而一直被父亲嫌弃，但他宁愿失业、吃软饭，也不愿成为第二个纯平，他是家庭秩序的反抗者，同时也是故事的讲述者；女儿千奈美明知父母重男轻女，但毫无办法。总之，一家人的性格各有缺陷，他们都是不完美的普通人，都想按照自己的意愿生活。

这样的故事不仅发生在横山一家，也几乎发生在我们每一个人的家庭里：父母一味指责孩子没有按照自己规划的路线成长，对孩子自己做出的选择总是不满意；孩子总是埋怨父母的思想传统过时，对父母"我们这么做都是为你好"的做法强烈反抗。尽管无法忍受对方的行为，但双方总是不能开诚布公地谈心。所以，亲子关系中的无数鸡毛蒜皮积累起来，慢慢变成让人头痛的矛盾，直至形成心灵上不可磨灭的伤痕。我们明明是血浓于水的一家人，却总是在诸如横山一家人的故事中，爱着对方的同时又彼此伤害。

网上有人说，在看这部电影的过程中，自己常常会产生"怎么能这样说话"或是"把心里话说出来不就好了吗"的想法。但随着剧情的推进、演变，又不禁发出"这不就是我家的情况吗"的感慨。

好在电影的最后，不完美的大家为这个家，都做了妥协：父亲接受了良多的工作和婚姻，母亲对丈夫多年前的不忠释怀，良多理解了父亲对医学的热爱，千奈美决定以后继续照顾父母，毕竟"大哥纯平的灵魂可不会照顾老人"。

回忆离世的亲人，我们总觉得曾在他们身上犯下了后来不管付出多少代价，都无法挽回的过错，而当我们真正领悟这一点的时候，却为时已晚。

路明在《再见，总有一天》一文中，截取身边朋友在成长路上的点滴，讲述了主人公与父亲、去世的母亲一家三口多年来的互爱、斗争与遗憾。尽管故事带有虚构性质，但读毕我颇为感慨。文章结尾处，路明写道："为什么主人公叫姗姗？因为我们的爱，总来得太迟。"对此，我深以为然。

选自《读者》校园版 2021 年第 08 期

人真的有天赋吗

作者 杨 洁

小的时候我去学小提琴，老师拉起我的手，仔细观察我的手指，然后说："手指挺长的，可以学。"这句话就像一张入场券，我获准可以拿起琴弓。但拉琴这件事，我没能坚持太久。若干年后，我又一次被人仔细端详手指，这次是一位钢琴爱好者，她说："你的手指虽然算长，但是指蹼也长，间隙太短，这样音调跨度大的曲子对你的手来说就很有难度，你不一定适合拉琴和弹琴。"

知道自己的手指也许并不适合学乐器后，跟人聊起放弃学习乐器的原因，我就开始说"我的手指不适合，没法学"。直到有一次，我又用这个借口的时候，对方说了一句："确实听说过指蹼长的人不适合弹钢琴，但是很适合游泳，你游泳会比别人占优势喔。"

我一时语塞。我的游泳是自学的，没有接受过专业训练，水平止步于"沉不下去"。我从来没有系统地学习和练习过游泳，也从没有觉得自己在游泳这项运动上有什么优势。所以，在游泳这项技能上，指蹼的长与短，对我来说没有丝毫影响。

同样的，在拉琴这件事上，指蹼的长与短，也不该是决定性的因素。

人到底有没有天赋呢？我相信，是有的。从小到大，我们见到过许多非常聪明的人，他们学东西飞快，记忆力也很好；还有一些人跑步很快、投篮极准；我们一定还见过认人又快又准、能在很短的时间内记住新名字的人；还有一些方向感极强，陌生的路走一遍就记住的人……

可天赋真的重要吗？

日本推理小说家东野圭吾在《确认实

验不可能》这篇文章中，说自己上学时语文学得很烂——一位知名小说家说自己语文差，从这点来看，他在写作上似乎是没什么天赋的。但东野圭吾热爱写作，上学的时候他就小打小闹地创作过一些推理小说。27 岁那年，东野圭吾凭借一本下班后挤时间写成的小说《放学后》站上日本推理小说界的最高荣誉之一——"江户川乱步奖"的颁奖台。那之后，东野圭吾辞去工作，一心投入写作。没想到，此后近 10 年，他写的小说都不温不火，卖出过 10 万册《放学后》的他竟然像昙花一现，在滞销与落选的泥沼之中挣扎。不过他一直没放弃，勤勤恳恳地坚持写作。最终，《名侦探的守则》一书问世，销量打破《放学后》创下的纪录，从此他的创作一路高歌猛进，他也成为既叫好又叫座的推理大家。

每个人，都有点儿与众不同的长处，这些技能是天生的，不需要练习，就能掌握得很好。创立彩虹合唱团的金承志，对情绪的敏感与生俱来——在幼儿园和小学时期就有自我探索的意识了。他用自己感知情绪的敏感和探知事物的敏锐写出很多让人耳目一新的歌曲，展露出自己独特的才华。

这样想想，人生其实没有什么起跑线，因为我们根本就是捏着不一样的入场券，进入不同的赛场，要达成不同的目标。但对事物的坚持和热爱让我们知道，其实每个人都有属于自己的起跑线。如果你并没有在热爱的领域展现出天赋，也不要紧。就像热爱电竞的杨运，被教练下了"不适合电竞"的判断，但他不甘心，最终通过自己的坚持和努力取得进步，得到了家人的理解和支持。

有人说，天赋就是可以持续的热爱。确实，如果不是在热爱的领域，天赋似乎失去了意义。那些顶尖的高手，哪一个不是对自己所坚持的事物充满热爱？在热爱中，坚信自己一定能做到。先相信自己，并努力寻找自己"可以持续的热爱"，你终将看见优秀的自己。

选自《读者》校园版 2019 年第 24 期

这是一件美好的事情

作者　王廷鹏

早些年，我在中学当班主任的时候，遇到过一个很"难缠"的学生。他每天都没精打采，上课铃一响就睡着了，下课铃响过就醒来。偶尔有"失眠"的时候，他就在课堂上跟老师抬杠，时不时会因为得罪任课老师，被拎到我这里来。

批评教育什么的，对他没用，他油盐不进。最后，我只好祭出一个大招——让他看小说。

我让他找来一部《射雕英雄传》，给他布置了作业：每天看20页，看完才许回家。听了这个作业，他挺开心——不就是看小说吗？行！

刚开始他挺得意，上课也不睡觉了，"奉旨"读小说啊！可没翻几页，他就烦了。他看惯了漫画，要读这么多文字，不舒服。但他还是挺自觉的，知道我这样对他已经是仁至义尽了，也不好再得寸进尺。我当时还是个"菜鸟"老师，教育学生没什么经验，但是我相信一点，一个好故事，一定有它的吸引力。

一周以后，我等到了变化。他跑来找我，指着书上的一段话，问我是什么意思。我看了看，那段是丘处机写给"江南七怪"的信："二载之后，江南花盛草长之日，当与诸公置酒高会醉仙楼头也。人生如露，大梦一十八年，天下豪杰岂不笑我辈痴绝耶？"

我问他："这部书好看吗？"他说："开头不好看，后面慢慢就好看了。"想了想，他又说："其实开头也挺好看的。"我点了点头，告诉他："好看就继续看。"

这不是一个有奇迹发生的故事。他后来继续看这部小说，上课也还是会睡觉，但骚扰任课老师的事确实少了，因为醒着的时候，他还要抽空看几页小说。

唯一的进步是写作，他写作文的时候，终于有话可说了。

大概花了一个学期的时间，他终于看完了这部《射雕英雄传》。来跟我汇报"战果"时，他拉拉杂杂地说了不少话，其中有句话很好玩，他说："老王，我从来没想过，自己能读完这么厚的一部小说。读完一整部书的感觉跟读一篇文章的感觉完全不一样，很爽！"

这个学生，我已经有十几年没见过了，估计也该成家了。他后来读书并没有多大的长进，读完这部小说，算是他高一一年里最大的收获了。

这期杂志，刊登了我们编辑部花了小半年时间征集、整理出的"2015 中学生阅读风云榜"，其中"老师推荐书目"的最后一部书，是《射雕英雄传》。这让我想起了这个被我硬逼着读武侠小说的学生。他说的那句话，我一直记得，"读一本书，跟读一篇文章，感觉是不一样的"，那是一种成就感。一个阅读的人，在一本书里经历了另一个人几乎一生的悲欢，书里的人在你面前成长。这里面有一个人的理智与情感，有一个人内心的美好和罪恶，有一个故事本身的逻辑，有足够多生命的空白可以让我们发挥想象。这种经历，会悄悄地丰富这个读书人的生命。这是一件美好的事情。

我们的"阅读风云榜"里，推荐了20 本书，那是 20 个世界，每个世界都充满乐趣，不知道大家有没有兴趣，在假期里找出这些书，翻翻看。这将是一件有趣的事情。

选自《读者》校园版 2016 年第 03 期

记忆里的花叶与泥土

作者 温 彬

蒋勋先生是近年来文艺界的热门人物。他画画，写美学文章和各类散文，讲美术史，谈唐宋诗词，还解读《红楼梦》。其实，在写作的世界里，蒋勋也是一名诗人。

关于孤独，关于生活，关于人与艺术，关于人类凡俗的情感，蒋勋已说过很多很多。他曾经写过这样一个比喻，令我读过多时仍记忆颇深："每一种笑容必然是在仓皇的纷乱中消逝，好像夏日的花叶消逝于泥土。"

说来有趣，令我"记忆颇深"的这句话，本身说的就是记忆。人们总是不能放过记忆，或者说记忆放不过人们。于是，文人墨客纷纷咏叹了记忆中的人事物，留下许多隽永的篇章。

智慧而忧郁的先民一唱四叹："昔我往矣，杨柳依依。今我来思，雨雪霏霏。"

崔护在无限的怅惋中吟咏："人面不知何处去，桃花依旧笑春风。"

李商隐在淡淡的哀愁中一针见血："此情可待成追忆，只是当时已惘然。"

纳兰容若倚着剪剪西风悲苦地说："沉思往事立残阳，当时只道是寻常。"

多少日月既已往，几番历历不复道。只要有记忆发生，或者说，哪怕是曾经美好的事物在脑海中呈现，我们无非是在不确定中在努力寻找一些确定——那可以被证明的存在或者不能被证明的存在，都只好在记忆里活着，以声音，以形状，以色彩，以影像。

"不能把握的，喜悦、哀伤、爱或恨的种种。"蒋勋如此描述他理解的记忆。而我在少年时代也曾写下以"记忆"为题的诗——

很久了没有那个关于月亮的记忆

很久了我在纯洁的诗歌中踽踽独行

又是这样的一个冷静的冬天

无数的往事在月光下复活

窗含西岭是最古典的童话

锦书难托是最传奇的悲歌

那个时候的我，其实能有什么深刻的记忆呢？不过是在强说青春里似有似无的一点青涩的愁味罢了。喜悦、哀伤略略有几分，爱与恨则与我无缘。但我是那么执着地在追随缪斯的路上独行如懵懂"骚年"，只是因为对从小埋于心底的文学梦，我始终痴痴未改。在编选本期杂志时，《诗歌与少年》这篇文章，勾起我自己在成长的道路上对诗歌的一些记忆。细细回想起来，从十三四岁到现在，我竟然一直没有放弃"写诗"这件事。

这样的始终如一，在记忆中不断强化、巩固和确定，反而恰恰是在无数的不确定中逐渐形成的。我想起简媜写过的一段话："为了你，我吃过不少苦，这些都不提。我太清楚存在于我们之间的困难，遂不敢有所等待，几次相忘于世，总在山穷水尽处又悄然相见，算来即是一种不舍。我知道，我是无法成为你的伴侣，与你同行。在我们眼所能见耳所能听的这个世界，上帝不会将我的手置于你的手中。这些，我都已经答应过了。"

是啊，当生命从凡俗的情感里跳脱出来，记忆里不完全是夏日的花叶消逝于泥土。就算花叶消逝了，但她对泥土的眷恋与生俱来，并早已一遍遍答应过他了。

选自《读者》校园版 2020 年第 02 期

不要轻信"过来人"

作者　王玉柱

女儿初一时，数学成了她学习中最大的障碍，每次考试数学都会拖后腿。看她学得费劲，数学老师也于心不忍，每次见面都会跟她开玩笑、送安慰，有时还会大打感情牌："宝贝啊，看你也是个机灵姑娘，怎么数学学得这么费劲呢？放轻松，只要跟着姐认真学，不是多大的事儿。"

说实话，对女儿的数学，我以前从未担心过。遥想当年我最拿手的就是数学，女儿上小学时是数学满分榜的常客，我还常夸她遗传了我的数学基因。但在初一结束后，我彻底慌了，数学确实成了女儿学习上的短板。那个暑假，我在网上搜罗各种数学解题方法，试听各平台的数学网课，然后把觉得有用的推荐给女儿。

然而我这样的操作，让女儿产生了抵触心理，她觉得我真是烦透了。有一天，她对我说："老爸，我的数学你不用管了，我觉得我自己可以赶上。"在确定了她诚恳的态度和坚定的决心后，我选择了放手。

初二的第一次月考，女儿的数学真的进步了。成绩出来后，数学老师及时送上了鼓励："宝贝啊，最近的这个学习状态就对了，我看你学得比上学期轻松多了。就这样继续加油，听姐的没错，数学没你想象的那么难。"

晚上回家的路上，女儿一脸兴奋地与我分享她的喜悦："老爸，我发现只要我静下心来钻研，数学也没想象中那么难。"我问她："为什么以前你会把数学想象得那么难呢？"她说："我们小饭桌的学长都说初中的数学很难，尤其是对女生来说。他们说，小学的数学女学霸，到了初中都会在数学上败下阵来。所以，我一直都很害怕数学，一上数学课就紧张，老觉得自己学不好。"我告诉她："你不要轻易被他人影响，学不学得好只有自己认真试过才知道。"

女儿说的这种"过来人"，我上高中的时候，也遇到过。

在学习上，我一直是全力以赴的状态，一心想考上大学。所以中学期间，我生活的全部内容就是学习。我知道自己并非天资聪颖，于是只能下苦功，抓紧一切时间认真学习。

我认真到了什么程度呢？初中加高中总共 6 年，我都是住校的，每天还要自己做饭。中午放学后回到宿舍，一放下书包我就赶快擀面，边擀面边回顾早上所学的内容，面擀好后开始洗菜切菜，等到菜炒到锅里，早上所学的内容也就复习完了。等水开下面的时间，我就能完成一项作业。

好在天道酬勤，我的学习成绩从来没有辜负过我的努力，顺利把我送进了高中的大门，在高三时又让我成了文科应届班的种子选手。各科老师都对我寄予厚望，认为我一定能考一所好大学。

这时，我身边出现了几个"过来人"，他们都是复读班的学长，与我同住一个宿舍。他们劝告我："你这么认真也没什么用，顶多也就考个专科，咱们学校到现在还没有应届生就考上本科的，放轻松些，准备复读再考吧。"尽管我心里有些不以为然，但一直以来的那股拼劲还是弱了下来。

后来，我虽然以高分考上了本科学校，但心里还是有些遗憾，如果当初完全不理会"过来人"的"忠告"，也许我能考上更好的大学。

前段时间，女儿对我说："老爸，我觉得我的物理成绩已经达到极限了。尽管我很努力了，但还是无法超越排在我前面的三个男生。不过我也很满意了，女生本身就不擅长学理科嘛。"我反问她："谁告诉你女生就不擅长理科？居里夫人是不是女的？王承书、何泽慧是不是女的？"她说："我们学校好多学姐都这样说。"

我郑重地告诉她，以后再不要轻信这些"过来人"的经验，远处的风景如何，只有自己看过才知道。

选自《读者》校园版 2021 年第 09 期

回到起点

作者　李永康

你曾在冬日里期盼春风吹过发梢，我在一个月色如水的夜里，走过被花瓣铺满的小道。我们回溯被雨水淋湿的记忆，秋风来了，吹落了叶子，吹得大地染上了金黄。我挑了一枚红叶夹在书里，好像这样就留住了一个季节。然而，一切都像不曾改变，每一次抵达终点，就会回到起点。

学校的粉和纯粹的时光让你念念不忘，飘落的叶子像一个个舞者用飞舞的方式拥抱自己的一生。高尚的灵魂是永不凋零的玫瑰，散发的芳香会让你想起那年迟到的心动，远远望着落日余晖下那一群排球少年走向远方。抬头看着星空，那里诉说着一代代人听过的故事，当你数到一百颗星星的时候，是否会有逝去的亲人眨着眼睛、对你微笑。人生中总有苦难，有些人将它慢慢熔炼成金，

一锤又一锤铸造人生辉煌；有些人一锤又一锤将它制成一张面具，让别人再也看不到他的喜怒哀乐。

谦卑的人忘掉自我时，他已与世界合而为一。起初，只想拥有一本作文书的少女，慢慢写起了文章，梦里棉花和绵羊的故事在笔尖流淌。当我们聊起"躺平"的时候，我们是为了站起来立得更稳，好拥抱科幻电影中的未来职业。你不是等待王子的灰姑娘，你要成为高飞的鹰，飞出童话中柔软的世界；你要成为海泳的鲸鱼，阅读的浮力让你不惧怕风浪和海盗。

我们为什么对"平凡"深怀恐惧？好学校，是不是好选择？当我们谈起大学的时候又在谈什么？一个个问号都等待着你在成长中寻找答案，因为你的答案里有最独特的自己。你看过体育课上的

风景,喊过"早安,'迷死杨'!";你翻过一座座阻拦你前行的山,回首才发现你从远方来,走过许多座桥,走了那样远的路;你学过手语,想为弱势群体出一点儿力……当然,你也会忧愁,在夜里辗转反侧,就像鲁迅先生也会哭泣。

然而,这一切终将过去,你会看到寒风中的父爱,你会为别人写下你的青春,你也会彻底放下,把他放回旧照片中去。一切好像又回到了起点,但是你已经变得成熟了,时间让我们获益良多又留有遗憾。

我端详着达利的画《时间的永恒》,回想起一个多月前的一件事。一名读者打来电话,想要购买一本老杂志,一本大概二十年前的《读者》。他说这一期杂志对他很重要,他女儿是在那一年出生的,那一期封面的内容与他女儿的名字相合。他希望购买这一期杂志或者只要封面的图片。因为年代久远,那一期杂志很难找到,数据库里封面图片的分辨率很低几乎无法看清。抱着试试看的想法,我翻阅着书页泛黄的合订本,突然那一期的封面出现在我眼前。封面的大致内容跟那位读者的描述相符,有意思的是,他口中的"白鹤"可能是"白鹳"。

我拜托几位老师帮忙扫描,奈何合订本太厚,结果不尽如人意,我只能仔细地拍了几张照片。我加了那位读者的微信,向他原原本本解释了这件事。他告诉我,他正在为女儿制作成长纪念册,记录女儿成长的点点滴滴。我将图片发了过去,应该可以用相纸打印出来,所有的对话就此结束。那张照片应该已经贴在成长纪念册中,我没有再问,那位读者也没有再提。至于封面上是白鹤还是白鹳,已经变得不那么重要了。那位读者曾发来他书写的成长纪念册的内文,我看后明白了他女儿名字的由来和这个父亲对女儿美好的祝愿,这一刻记忆的真实比客观的真实更重要。就像达利的梦境和画笔下的软表,那里能看到时间流动,也能看到人为让时间凝固的可能。

沈周难眠的三个夜晚,他将心灵的杯盏腾空,装上天地间的大美。我希望你保持一颗童心,虽然有时候会被人说"你还没有长大",但换一种表述方式是"你永远没有老去"。就像《小王子》写道:"如果星星发光,是不是每个人有一天都能找到自己的星球。"我希望你能回到最初的美好,在起点遇到崭新的自己。

选自《读者》校园版 2021 年第 20 期

DUZHE

读者 校园版

10周年精华卷

（全4册）

读者杂志社　编

读者出版社

图书在版编目（CIP）数据

《读者》校园版10周年精华卷. 第2卷 / 读者杂志社
编. -- 兰州 ：读者出版社，2023.5（2024.2重印）
ISBN 978-7-5527-0739-7

Ⅰ．①读… Ⅱ．①读… Ⅲ．①文摘－世界 Ⅳ．
①Z89

中国国家版本馆CIP数据核字（2023）第085647号

《读者》校园版10周年精华卷·第2卷

读者杂志社　编

责任编辑　漆晓勤
策划编辑　赵　静　王书哲
助理编辑　葛韶然
封面设计　李艳凌

出版发行　读者出版社
地　　址　兰州市城关区读者大道568号（730030）
邮　　箱　readerpress@163.com
电　　话　0931-2131529（编辑部）　0931-2131507（发行部）

印　　刷　北京盛通印刷股份有限公司
规　　格　787毫米×1092毫米　1/16
　　　　　印张7.5　字数132千
版　　次　2023年5月第1版
　　　　　2024年2月第4次印刷
书　　号　ISBN 978-7-5527-0739-7
定　　价　100.00元（全4册）

如发现印装质量问题，影响阅读，请与出版社联系调换。

本书所有内容经作者同意授权，并许可使用。
未经同意，不得以任何形式复制。

目　录

子弹的威力到底有多大

作者 萧梁

子弹的威力到底有多大？相信绝大多数人对子弹的认识来自电影。可是，在现实中它是否真如电影里的桥段那么神奇呢？

1. 胳膊中枪，还能开枪

电影中常有这样的镜头：演员中近距离中枪后还生龙活虎，挨了3枪还到处晃悠，然后干掉了一位同样挨了两枪的罪犯。

真实的情况是，若挨这么一枪，胳膊肯定被打没了。不迅速将其送到医院，命就保不住。在200米这样的中近距离内，以AK-47为例，即使穿防弹衣也会被击穿。子弹从前面进是一个很小的弹孔，但在后方会造成碗口大小的创洞。

不过也有特例，就是日本的38大盖。38大盖因为过于追求射程，子弹设计又不合理，所以被这种子弹打一枪，如果不是要害部位，伤口一般都会很小。

2. 防弹衣能防弹吗

电影中常有这样的镜头：A同志卧底被拆穿，同伙B马上给他一枪；A同志假装倒地，同伙B继续"无间"。

现实情况不可能是这样的。防弹衣更多的是用来防止弹片和流弹。高速步枪子弹的冲力很大，即使现在最先进的防弹衣也不能防中近距离的步枪子弹。而在200米外，防弹衣即使能防护子弹，也不能很好地保护战斗人员。

曾经有一位美国士兵被子弹打中防弹衣，虽然没有击穿防弹衣，但震碎了他的5根肋骨，肋骨碎片插进心脏马上死亡。

3.头盔

很遗憾，头盔在中近距离下也不能防弹，在狙击步枪射程内也起不到作用。

也许有人会说那把头盔做厚点，但中近距离内的步枪子弹冲力极大，如果正面被击中，即使没打穿头盔，也会震断你的颈椎骨。

4.重炮轰击，大家躲在阵地上或掩体里

电影中常有这样的镜头：炮弹飞来大家卧倒，炮弹就在身边爆炸，然后拍拍土，继续战斗。这样的情景在战斗中基本不可能。

事实上，在战场上相当一部分人不是被炮弹片直接击中而死，而是被冲击波震死。以二战的 105 口径榴弹炮为例，一颗炮弹落地，大半个足球场的人不可能生还，不管你是躲在掩体后还是躺在地上。

选自《读者》校园版 2012 年第 1 期

历史上的"零分作文"

作者 罗 强

每年高考之后，便会有各种"高考零分作文"出炉，读来令人啼笑皆非，又不得不赞叹其"绝妙"的构思。其实，让人捧腹的零分作文可不是今时今日所独创的，在科举考试的历史中，也不乏此类文章。

明朝有一次考试，以《杀鸡》为题，有个考生在承题中写道："为雄鸡，为雌鸡，不雄不雌为阉鸡，姑勿论也，杀之而已。为红鸡，为白鸡，不红不白为花鸡，姑勿论也，杀之而已矣……"

清代有一年乡试，命题为《昧昧我思之》，这是语出《周书·秦誓》中的一句话，"昧昧"的意思是暗暗、静静，原意是让人们深潜而静思。不巧，这么深邃的含义和高远的意境，却被考场上的一位秀才误读，他把"昧昧"解成了妹妹，搜肠刮肚地将妹妹可能吃的、穿的、戴的、用的词汇悉数用尽，通篇全是如何如何思念。就这样，一篇洋洋洒洒的《妹妹我思之》横空出世，结果定是名落孙山，更好玩的是考官阅卷后，哑然失笑，提笔批道："哥哥你错也。"

清末，某省选拔人才，考试题目是：《日本宪法与英国宪法比较论》。"冠军卷"答道："宪法有两种：一曰日本法，一曰英国法。日本法为东洋人所作，英国法为西洋人所作。日本法用埃、伊、阿、哀等字母，英国法用哀、皮、西、提等字母。日本法文系竖行，英国法文系横行。日本法其条文系七十九条，英国法其条文共六十三条……"阅卷者评曰："考据详明。日英两国宪法条文，能列举其数，足证于东西洋政治学研究有素。"考生糊涂，考官愚蠢，难得还碰到一块儿了。

阎锡山主政山西时，曾邀康有为主持山西省的县长考试。康有为出的题目是《廉吏民表》，该题取意于宋朝包拯的《乞不用脏吏》奏疏中的"廉者，民之表也；贪者，民之贼也"。一考生写道："盛矣哉，世界之表多也，有摄氏表，有华氏表，如今又有廉吏民表……"考官批道："题为廉吏民表，尔却扯及摄氏表、华氏表。今若题为《阎锡山论》，尔必曰：盛矣哉，山西之山多也，有五台山，有中条山，如今又有阎锡山也……"此表非彼表啊，这作文，怎么也得不了几分吧？

上面几个例子，是因为考生曲解、误会或者愚蠢。不过也有故意的，还是个大名人。明末清初文坛奇才金圣叹，为人诙谐幽默，学问渊博，作文不拘一格，自称："以吾之才，入学如取芥耳。"但因为他恃才傲物，在试卷上嬉笑怒骂，所以每次考试都是名落孙山。

他第一次参加考试时，试题为《吾岂匏瓜也哉，焉能击而不食》。他答题时在试卷上绘了一个光头和尚，一把剃刀。主考官问他这是什么缘故，他回答说："此亦匏瓜之意形也。"主考官大怒，其结果可想而知。

第二次参加科考时，题目为《吾四十而不动心》。金圣叹在试卷上连写了39个"动心"。主考官追问原因，他的回答令人忍俊不禁："孟子曰四十不动心，则三十九岁之前必动心矣。"又因此被除名，此文与《试论80后》有异曲同工之妙，严重怀疑后者抄袭前人。

又一次应试，有《西子》题目，金圣叹提笔写道："出其东门，西子不来；出其南门，西子不来；出其北门，西子不来；出其西门，西子来乎？西子来乎？"金圣叹就这样在考试时嬉笑怒骂，以成文章，故总是名落孙山，估计当时若要出一本《零分作文集》，他老先生的文章得收录好几篇。

选自《读者》校园版 2012 年第 15 期

树木生长，风说了算

作者 海 生

一棵树长到一定高度就开始分叉，长出几根枝丫来，每根枝丫又继续分叉成几条小枝丫，小枝丫上又长出小树枝，最后直到每根小树枝上都挂满了一片片叶子……树木的这种倒锥形生长方式对于我们每个人来说都不陌生，但恐怕很少有人注意到：一棵树在任何一个高度，其所有树枝的截面积之和是不变的。这一现象是15世纪意大利画家达·芬奇首先观察到的，但一直没有人解释为什么树木要这样生长，直到最近科学家才给出一个解答。

几乎所有种类的树木都遵从这一生长规律，后来一些计算机图形学家甚至利用这一点来绘制通过计算机自动生成的树。这条规律也相当于告诉我们，一棵树不论其上部枝丫如何多、如何复杂，但其在任何一个高度，它实际的粗细总保持不变。这就带来一个便利，当估算一棵树实际占有的体积时，我们只要在树的根部量出它的截面积，再乘以它的高度就可以了。

倘若用数学的语言来表达，这条规律可以这样来表述：在某个分叉点，假设一根主干分叉出 n 条枝来，主干的直径是 D，各枝的直径是 d_i（$i = 1, 2, \cdots\cdots n$），那么，D^2 等于所有 d_i^2 之和。不过，对于现实中的树来说，指数并不始终都是 2，根据不同树种的几何形状，一般在 1.8 到 2.3 之间浮动。经过这样的修正，这个达·芬奇公式对几乎所有的树种都适用。

植物学家原先猜测达·芬奇所观察到的这一现象可能跟植物把水分从根部抽吸到高处的树叶这一过程有关，也许从下到上，只有运输水分的纤维管截面

积相等，才能保证水分能浇灌到每一片叶子。

但最近一位法国流体力学专家对这一解释起了怀疑，他认为这跟水分的运输没关系，而是跟风力对树叶的作用有关。

他的这一解释理解起来可没有那么直观，因为他是通过计算机模拟得到的。让我们来看看他是如何得出这一结论的。

他先遵循分形的原则通过计算机生成一棵虚拟的树，所谓"分形原则"就是：始终让树的每一个细节与整体保持相似，比如说在第一个分叉点上有三个分枝，三个分枝相对主干有三个伸展角度，那么以后在任何分叉点上都只有三个分枝，而且相对主干的伸展角度与原先的保持一致。

然后他在计算机上模拟风吹树叶，看看这些树枝在何种条件下最不容易被风刮断。他发现，当把树的主干和分枝之间的关系调整到符合达·芬奇公式时，这些树枝是最不容易被刮断的。

选自《读者》校园版 2012 年第 17 期

天气啥味道

作者　叶　琳

一些嗅觉比较灵敏的人有一种独特的判断天气的方式——闻一闻天气的味道！在他们的感受中，不同的天气味道不同！真是想象力丰富，天气还会有什么味道呢？

且听听他们的描述，你就会觉得有理了。

例如他们说：下雨前后，有雨的味道。这雨的味道，据他们的描述就像我们说的泥土的气息。他们还说：下雨之前，花香是最浓的。那意思就是，对于同一朵茉莉花，在将要下雨的时候，是最香的。他们还说：当池塘的味道钻进鼻子的时候，暴风雨就要来了。他们又说：打雷下雨的时候，有闪电的味道，据他们描述，闪电的味道有点类似鱼腥味……

对于他们说的这些，如果仔细分析的话，我们没法否认，天气确实有味道。

他们说的雨的味道，我们称之为"泥土的气息"，那味道据分析是土壤中的真菌孢子的味道，也就是雨滴砸到土壤中，让细小的孢子弹跳出来，就像石头砸到水中会溅起水花一样。花粉般那么细小的孢子随空气飘散很远，于是我们就闻到了泥土的气息，或者闻到了雨的味道。那么为什么鼻子灵敏的人在下雨之前也能闻到泥土的气息呢？这是因为雨滴往往在附近已经落下了，泥土的气息也就传过来了。

下雨之前，花香是最浓的吗？经分析，首先，温暖潮湿的空气会增强人的嗅觉，尤其是在潮湿的环境中，我们的鼻子最灵敏。其次，温暖的天气会让有味道的物质挥发得更快。同时湿气会加强分子的味道，因为很多分子与水分子

结合后才会有味道。从另一方面来说，下雨之前，气压较低，有气味的物质会随着上升的气流飘散到很远的距离。于是还真是在下雨之前，花香更香，有心的读者可以留意闻一闻。

至于池塘的味道钻进鼻子，与雨前花香的味道更浓是一个道理，也是因为暴风雨之前，人的鼻子更灵敏，同时池塘的味道飘散得更远的原因。

而闪电的味道又是怎么回事？那鱼腥味还真是闪电造成的，闪电放电时，巨大的能量释放和很强的电场会导致氧气变成臭氧，臭氧正是鱼腥味的气体，弥散在空气中，于是闪电的味道就出来了。

说了这么多，都没有说到晴天的味道是什么样的。在他们感觉中，晴天的味道就是花香淡雅，难闻的气味少。不过处于不同环境中，味道不同。而寒冷干燥的冬季在他们闻来是接近无味的。因为寒冷季节，很多有气味的物质不容易挥发，同时冷空气密度大，会下沉，导致有气味的物质尽量贴近地面，不易散发出去，因此空气比较干净，也就没什么味道了。

分析了这么多，原来天气的味道都是某种天气下出现的气体分子的味道。说得确实有道理，只是鼻子不太灵敏的人，还是无法用气味来判断天气。

选自《读者》校园版 2012 年第 21 期

打屁股的经济学

作者 秋 谨

【家庭收入决定打屁股的频率】

在世界很多地方，淘气点的小男孩几乎都被父母打过屁股。如果你以为打屁股完全是由于孩子淘气而导致的，那可就大错特错了。事实上，孩子被打屁股的频率与孩子所在的家庭收入有着分不开的关系。美国一家研究机构几年前通过一项调查发现，那些人均年收入高于1.7万美元的家庭里，孩子被打的次数大约为每4个月一次；而那些人均年收入低于6000美元的家庭里，孩子每6周就要被打一次屁股。

其实这是由于家长用打屁股来替代物质惩罚而造成的。我们可以想象一下，在中高收入的家庭当中，孩子从父母那里可以得到的物质奖励非常多，孩子的经济来源完全掌握在父母手中。如果孩子做了错事，父母想要惩罚一下他的话，只需要控制物质供给就可以了。

但是在低收入家庭里，孩子本来就缺少物质奖励，如果父母再减少孩子的零用钱，孩子很可能在学校吃不饱饭。因此，从经济上来惩罚孩子明显是不现实的，打屁股自然就成了惩罚孩子最简单有效的方法了。

【最少的成本，最大的收益】

那么，父母为何要打孩子的屁股而不打其他部位呢？最开始，发明打屁股的人应当是一位母亲。母亲的想法都是单纯的，就算自己的孩子犯了再大的错那也是个宝，虽然他们淘气时会让人恨得牙痒痒，但是怎么也不能打得太过分。于是，人身体上肉最厚的部位——屁股便成了最佳选择。屁股打起来"啪啪"作响，实际上却不会造成太大的伤害，既可以起到警告作用，又没有后顾之忧，简直就是"屁股不是天生就用来打的，但用来打的地方天生就是屁股"。

在中国，打屁股的种种好处居然也被皇帝发现了，"廷杖"之刑正是打屁股的延伸。他们把打屁股的经济学原理运用到廷杖中，用最小的成本换取最大的收益。

说到廷杖的成本，那可真是低廉得可以。执刑用的木杖可以反复使用，绿色环保无污染，又非常省钱；执刑的人员也不用另找，普通的衙役不打人也是那点工资，打人也是那点工资，相当于根本没有人力成本的支出。

与低廉成本形成鲜明对比的，是极高的收益。由于廷杖主要是针对朝中官员的一种惩罚手段，从生理上讲，皇帝让那些不听自己话的大臣们受了皮肉之苦，与此同时，更是让他们在同事面前丢了极大的面子，对其心理造成的打击更是其他刑罚无法比拟的。用最小的成本换取最大的收益，难怪廷杖会受到众多帝王的推崇。

选自《读者》校园版 2013 年第 9 期

economist

纬度决定了你什么

作者　础　德

身高与纬度

科学家发现，在相同的经济条件下，不同的地区，纬度越低，身高越低，而湿热地区是身高最低的地区。比如，世界上最矮小的民族主要分布在赤道非洲和东南亚等地区，其次分布在中美洲和中国广东、浙江、四川等湿热地区。随着纬度由高到低过渡，人的身高也相应由高到低变化，这是世界各地的共同规律。居住在北欧的芬兰人、瑞典人、挪威人和丹麦人，大多身材高大魁梧，男性平均身高可达178厘米；但往南到了西班牙、葡萄牙、意大利南部和希腊南部的地中海地区，人的身高便变矮了，男性平均身高170厘米。

气候为什么会影响人的身高呢？这是因为气候会影响人体生长的速度和人体发育的时间。如果气候比较暖，人体新陈代谢就快，身体发育早，则骨骼生长的时间相对来讲就会缩短，骨骺线闭合就早，骨骼生长就会停止，人体就不容易长高。如果气候比较冷，人体的新陈代谢就慢，身体发育迟，则骨骼生长的时间相对来讲就会延长，骨骺线闭合就迟，骨骼生长时间就会延长，人体就容易长高。

肤色与纬度

人的肤色也有明显的纬度地带性，即纬度越低肤色越深。黑种人分布于干热、低纬度的高原大陆，即非洲；棕色人种主要分布在湿热多雨的热带岛屿上；黄种人主要分布在温热带；白种人则分布于寒温带。即使同一肤色的人种，肤色的深浅亦随纬度的变化而有差异：如南欧人比北欧人肤色深；蒙古国南部的人比西伯利亚的人肤色深。这种肤色的差异，是由黑色素的浓度变化造成的，黑色素含量的多少决定着皮肤颜色的深浅。而日光中的紫外线，可以加速和促进人体中的酪氨酸变为黑色素这一化学反应的速度，继而提高了黑色素的浓度，皮肤颜色就变黑了。

脑、眼睛与纬度

英国牛津大学的科学家研究发现，居住地离赤道越远，人类的眼睛和脑袋就越大。来自地球北端的人脑袋和眼睛比较大，因为他们要适应黑暗的冬天和暗淡的天空。

科学家对全世界 12 个不同居住地的 55 个人的头颅进行了研究，发现离赤道越远，人的脑袋越大。研究人员说，测量脑腔的结果表明，脑袋最大的是在欧洲斯堪的纳维亚居住的人，最小的是居住在大洋洲的密克罗尼西亚人。

但这并不意味着离赤道越远的人越聪明——他们并不是更聪明，而是因为生活在高纬度地区，光线较暗，大脑需要有更大的视觉区。随着人离赤道越来越远，所见的光线也越来越少，人也随之进化为眼睛越来越大，大脑也更大，才能够适应视觉的需要。

鼻子与纬度

人的鼻子与纬度有什么关系呢？科学研究发现，在低纬度地区，人的鼻子较扁宽；在高纬度地区，人的鼻子又高又长，而且往往是鹰钩鼻。

这是为什么呢？在欧亚大陆，生活在热带地区的人类，由于光照强烈，气温又高，他们鼻子较宽，是为了及时交换热量，这是典型的生物学特征。

而在高纬度地区的寒带、温带，太阳不能直射，光照强度常年较弱，气温很低。为了抵御严寒，他们往往生有一个更弯曲的鼻子，鼻梁较高，鼻内孔道较长。这是因为处于高纬度，天气寒冷，人的鼻子需要把冷空气预热一下，否则空气进入肺部会不舒服，鼻子带点弯度可以适量地进行预热。

性格与纬度

纬度在一定程度上决定民族性格。越趋于寒带，民族性格越严谨、缜密；反之，越是温暖、晴朗、阳光普照的地区，其居民的性格就越是任性、浪漫。

相比之下，生活在高纬度地区的人比生活在低纬度地区的人要面对更多因为寒冷所造成的不利，这迫使他们在文明化的过程中更为理性，例如因纽特人就被称为"永不发怒的民族"。

选自《读者》校园版 2013 年第 9 期

网络有多重

作者 汪 去

网络有多重？这个问题乍一听，也许感觉有点难以理解，但是在英国一个名叫沃克的中学生的脑袋里，就装着这个古怪的问题。

沃克年龄不大，却是一个资深电脑迷，他经常和一些有着同样爱好的同学互发邮件，探讨一些电脑知识方面的难题。沃克是他们中间最喜欢钻研的一个，他也因此被大家当作这个圈子里的 No.1。

一个平时对他不服气的同学在邮件里说："沃克，你能称出因特网有多重吗？如果你能，我就服你。"

这本来是一句玩笑话，但是一向喜欢探索的沃克却开始苦苦思索：到底用什么方法，才能称出网络的重量呢？

这时候，他想起那个著名的称量灵魂的实验。20 世纪初，有人让一位濒死的人躺在一个秤上，然后测量他死后体重的变化，结果发现，人在死后体重立即减少了 21 克。这个实验给了沃克一些启发，但是，问题也随之而来，他该把网络上的什么东西放在秤上？

很快，这个借鉴称量灵魂的方法来达到目的的想法就被沃克否决了。沃克称量网络的计划也一度搁浅，不过事情很快就出现了转机，一个全新的思路展现在沃克面前。

沃克在使用谷歌搜索查找资料时，无意中看到谷歌公司首席执行官埃里克·施密特的一句话："整个互联网有大约 500 万 TB 字节信息，而谷歌只占 0.04%。"这本来是施密特用来激励自己公司的员工努力工作的一句话，但正是这句话，打开了沃克思维的闸门。

沃克想，计算机用一串串二进制的"1"和"0"来表示信息，每个"1"或者"0"就是计算机的最小数据单位——比特，而每比特的数据都是客观存在、有质量的，1 字节有 8 比特。在他一筹莫展的时候，他的物理老师也给他提供了一个思路：一个电子的重量为 2×10^{-30} 磅，如果他能测试出一封电子邮件的重量，那么称量整个网络的重量也不成问题。

有了老师的指导，沃克满怀信心地开始了计算工作。他想，一封电子邮件的大小为 50K 字节，也就相当于包含 409600 比特，其中，大约有一半的比特是"1"，另一半是"0"，所以有 204800 个"1"的信息需要电容器来存储，于是总共需要大约 80 亿个电子，由此可以推算出，一封 50K 电子邮件的重量大约为 1.6×10^{-20} 磅。

计算出了一封电子邮件的重量，整个网络的重量也就一目了然了。最终，沃克通过全球的服务器台数和所需电力的总量，成功地计算出整个互联网的重量。这个来之不易的数据仅是 50 克，这是一个什么样的概念呢？也就是说，整个互联网的重量相当于一颗草莓的重量，而网络所包含的实际信息的重量却只有一粒沙子那么重。

沃克的这个发现，让那个起初不服气的同学目瞪口呆，叹服不已。而不久之后，一封来自英国当地最权威的科学杂志的信函，证明了沃克的这个发现并不是异想天开，而是一个对互联网和科学界来说都十分了不起的贡献。

选自《读者》校园版 2013 年第 10 期

越嘈杂越容易做好梦

作者　刘阿娜

人们一直认为安静的环境才有助于睡眠，但据英国一项新研究发现，汽车喇叭、鸣笛声等嘈杂的交通噪声，反而有助于人们做个好梦。

科学家选取了8000名受试者，对他们的梦境进行了分析。在他们睡觉时，用手机随机播放了一些音乐，包括带有鸟鸣声音的田园音乐、繁忙的城市噪声、谈话声。当他们醒来后，研究者要求他们详细记录自己梦境的内容。结果非常出人意料：与没有听到任何声音的受试者相比，听到鸟鸣声的人，出现消极梦境的可能性高出了20％；听了城市中嘈杂声音的人，感到情绪积极和精神抖擞的可能性高出了30％。

专家认为，人们在睡眠过程中，似乎不愿意待在一个过于安静的环境中，对来自城市的嘈杂声音更为熟悉和适应。抑郁症患者、存在睡眠障碍的人群，会经常做噩梦，如果在睡觉时播放一些周围熟悉的声音，有助于在醒来时，保持积极、乐观的情绪。

选自《读者》校园版2014年第3期

一分钟，世界发生多少事

作者　马由缰

一分钟是一个有趣的时间单位：长到足够你读完这篇文章，又短到你哪儿也去不了。有一句老话说："一年不过是 50 多万个一分钟加在一起。"

美国《大西洋月刊》做了调查和统计，看看在秒针转一圈的时间内，把全人类的轨迹相加，世界将变得怎样难以置信和充满生机。

25 个美国人拿到了护照。数据来自美国国务院。

58 个航班从世界各地起飞。数据来自国际航空运输协会。

116 对新人结婚。数据来自联合国等。

144 人搬进新家。数据来自民意调查公司盖洛普。

11319 个包裹被 UPS 快递公司送到收件人手里。数据来自 UPS。

24.3 万张照片被上传至脸谱网。数据来自脸谱网。

246.8 千克垃圾被制造出来。数据来自世界银行。

620.6 千克燃烧化石燃料造成的二氧化碳被排进大气层。数据来自《CIA 世界各国概况》。

71.5 亿人的心脏在跳动。数据来自美国人口普查局。

5005 亿次心跳，由这 71.5 亿个身体产生。数据来自美国心脏协会。

858282240 亿个红细胞产生。数据来自美国国立卫生研究院。

选自《读者》校园版 2014 年第 13 期

后出手者为何总是会赢

作者 岑 嵘

我的少年时代是在录像厅里看武侠电影度过的。那些无比狗血的剧情，在当时我却看得津津有味。假如今天再看，我一定会大笑，比如大侠接最后一支镖一定是用嘴；如果出现了女侠，那么一定有一个男侠暗中保护；倘若两个重要角色决斗，后拔剑的那位一定会赢。

关于最后一点，我后来发现西部牛仔电影也是这个套路。在酒馆门口，好人和坏人开始决斗，这个时候，一定是坏蛋先拔出了枪，只听一声枪响，两个人都屹立不动，酒馆里的人伸长了脖子，忽然，"扑通"一声，坏人倒在了地上。

当男主角轻松地吹着枪口上的轻烟时，我开始考虑这么晚回家，如何找个理由躲过老爸一顿打。而有些人则不一样，他们要问一个为什么。

诺贝尔物理学奖得主尼尔斯·玻尔就曾经安排过一个模拟决斗，来测试这种电影情节的合理性。玻尔的同事乔治·伽莫夫扮演了先出招的反派角色，在一系列的模拟决斗中，后出招的玻尔每一次都赢了。这位物理学家的结论是：大脑对危险做出回应的速度比执行一个有意的动机更快。

英国布里斯托尔大学的心理学家安德鲁·威尔士曼在 2010 年也研究了这个决斗问题，他想揭示大脑对危险做出回应的方式。他的团队在实验室组织了模拟的"枪战"，两人一组的志愿者在计算机前展开"决斗"。他们发现，后出手的志愿者平均花费的时间比前者少 9%。威尔士曼推测，在立即回应至关重要而且值得担当错误风险的情况下，这种快速的、有点不太准确的反应系统可能可以帮助人类处置危险。"大脑拥有一个比基于决策系统快一点的反应系统是合情合理的。"威尔士曼说。

"后出手制胜这种现象也普遍存在于商业领域中。"普林斯顿大学经济学教授阿维纳什·迪克西特说，"跟在别人后面采取行动有两种好处，一种是看出别人的策略，你立即模仿，比如宝洁作为尿布行业的老大，当金佰利发明了可再贴尿布粘合带，他们立刻模仿，保持了行业统治地位。"

另一种是再等等，直到这个策略被证明成功或者失败再说。在商界，等得越久越有利，这是因为商界和体育比赛不同，这里的竞争者通常不会出现赢家通吃的局面。结果是只有市场上的领头羊们对新生企业选择的航向同样充满信心时，他们才会跟随这些企业的步伐。

话说回来，当年那些编剧可没想这么多，不过他们这么编排其实也是一种后发制人的跟随策略——前面的狗血剧情也是这么编的，票房似乎还不错嘛。

20 世纪 80 年代的"侠士们"在大街上被人追杀，尽管有很多事要做，但他们知道，弄翻两旁的小摊是最重要的，因为前人也是这么干的。

选自《读者》校园版 2014 年第 16 期

动物也要找工作

作者 杨 硕

鸽子搜救员

美国海岸警卫队驯养的鸽子，能在茫茫大海里搜寻遇难的飞行人员。鸽子发现遇难人员的准确率高达96%，而人类仅达35%。

动物医生

生活在南美洲玻利维亚茂密热带丛林中的土著印第安人，外出活动、狩猎时，常会被野兽、毒蛇咬伤，或因其他意外而受伤流血。此时，他们首先要找的不是医生，而是一种名叫"波克"（意即神医）的猪。这种猪有一种奇技，只要让它用舌头舔舔流血的伤口，不一会儿伤口便会自动止血、去毒、消肿，而且伤口无论有多么严重，几个小时后便会结痂，比用药还灵验。因此，当地每户人家都要养一头"波克"猪，以防不测。

墨西哥有一种狗，具有一种不可思议的魔力。凡患有哮喘病的人只要将它抱在怀里几分钟，吸进狗身上的特殊气味，病人很快就会呼吸畅通，痛苦顿消。

在德国，患秃头症的人很多，但至今仍无有效的方法和药物治愈。有趣的是，德国巴伐利亚地区一名牧场主和几位保健专家在进行一次合作实验时发现，用受过专门训练的奶牛舔秃头症患者的头部，竟能治愈秃头症，使患者重生头发。后来，这个富有经济头脑的牧场主开了一家"奶牛诊所"，求治者蜂拥而至，络绎不绝。

鸵鸟牧羊员

南非一个牧场利用一只鸵鸟当"牧羊

人"。这只鸵鸟身强力壮，抬腿一脚的功夫，就令盗贼望而生畏。3 年来，它每天牧羊数百只，从未丢失过一只。

猴子护林员

每年 5 月至 11 月，美国森林管理局总要招聘数以千计的守林员监视森林火灾。由于这项工作枯燥单调，应聘人员寥寥无几。美国动物学家李杰经过一年的努力，成功地将 4 只性情温顺的金毛猴训练成出色的"守林者"。这些守林猴在高塔上眼观六路、耳听八方，警惕地看着林中升起的每一缕可疑烟雾。如遇火灾，它们就会马上跑去拉响设在塔上的无线电报警器。

母猪救生员

美国一头名叫普里斯希拉的母猪，不久前因救活一个溺水的男孩而获得勋章。当时，这个小男孩紧紧抓住这头猪，猪从容不迫地把小男孩从湖中心拖到岸边。

巨蛇摆渡员

在非洲桑给巴尔西部地区的内河口，有一种乌黑发亮的巨蛇，它们体力惊人，专门负责拉动一艘载有几十人的渡船。它们性情温顺，从不伤害人畜或拉翻渡船。

老鼠侦探

美国警方训练出一种老鼠侦探，它们对爆炸物品有特别灵敏的嗅觉。把它们放在海关桌子上的小铁笼内，当旅客过关时，如有人携带爆炸物品，它们会不停地跳跃，发出警报。把它们放到飞机、汽车和轮船上，它们会在货物的缝隙里，寻找恐怖分子放的易爆品和定时炸弹。

选自《读者》校园版 2014 年第 21 期

不生病，中国历史或许会不一样

作者　周　峰

赤壁之战击败曹操的，不是火攻是血吸虫

首先，历史上的曹操确实在赤壁之战中被烧了舰队，但这不是让他决心撤兵的真正原因。在《三国志》的记载中，来自北方的曹操军队一到赤壁就开始生病。面对疾病造成的严重减员，曹操只能撤兵。

史书中并没有说明曹军患的是哪种疾病，但在医学经典《伤寒杂病论》里，张仲景详细介绍了当时南阳一带发生的疫情，而曹军当时恰好经过那里。根据张仲景的描述，后人考证，曹军患上的很有可能是南方常见的血吸虫病。

瘟疫"帮"道教扩大势力范围

东汉末年的连年瘟疫让道教有了民众基础。比如黄巾军起义领袖张角，原本就是行走江湖的道士。

当时，疾病在底层民众的心里就是神鬼作怪，道教治病救人的方法自然也是以作法驱鬼为主。到了魏晋之后，民间乱七八糟的妖魔鬼怪已经被道教"收集"了一大堆，怎样把这些传说梳理得有条理，好让道教理论显得更有权威性，成了更重要的事。

于是在南北朝的时候，从"治病"经验中总结出来的各色神魔，连同中国历史人物一同被陶弘景编进了道教的鬼神谱，而且各司其职。作为本土宗教的道教，开始有了今天的样子。

修建大明宫，就是为了躲疟疾

唐朝的首都长安没有设计好，因为

太注重都城的礼仪功能，城市布局没有考虑低洼地势对居民健康的影响。隋唐时期北方气候湿润，长安城中的低洼地带非常容易滋生蚊虫，疟疾也经常流行。

比如唐朝的皇宫最初位于城内的两个土坡之间，唐高宗就深受"风痹"困扰。武则天主持扩建的大明宫，地势比旧宫要高，修建的初衷也是给唐高宗养病。

而在城内，地势较低的城西因为"西方为尊"，在隋代建城时是人口密度最大的地方。但到了唐朝，人口反而向东转移，原因就是怕生病。

大军得了醉氧病，吐蕃攻陷长安又撤退

670 年，唐朝大将薛仁贵率军远征吐蕃，目标直指拉萨，但在出兵之后不久，就因为"冷瘴"遭遇大败。8 年之后，唐朝又派出 18 万大军反击吐蕃的侵扰，但这支由"关内、河东及诸州骁勇"组成的部队，到了青藏高原照样歇菜，最后止步于青海湖附近。

习惯了高原的稀薄空气对吐蕃人来说也不全是好事。763 年，吐蕃军队攻陷长安之后，因为平原的充足氧气产生了头痛、乏力、胸闷、腹泻的"醉氧反应"，不到半个月，就把军队撤回到了甘肃一带。

蒙古大汗的痢疾，让南宋灭亡的时间推迟了 17 年

1259 年，蒙古大汗蒙哥率军亲征南宋，结果死在了四川的钓鱼城。民间传说蒙哥亲自攻城时中了一箭，死在了前线。你没看错，《神雕侠侣》里就是这么写的，蒙哥被杨过用飞石击毙在城下。

但在正史中，只记载了蒙哥是因病去世，而波斯历史学家考证发现，蒙古军围攻钓鱼城时，因为水土不服染上了痢疾，蒙哥也是因为得痢疾暴毙的。

蒙哥死后，蒙古帝国陷入分裂，直到 1276 年，忽必烈才率军消灭南宋。蒙哥不论死于哪种原因，南宋的历史都因此至少延长了 17 年。

鼠疫结束得晚一点，吴三桂没准就是大功臣

明末李自成围攻京师的时候，北京正在闹鼠疫。在历史记载里，原本拱卫首都的 15 万明军精锐，灾疫过后能守城的只剩下了五六万老弱病残。最后，多次被蒙古、后金围攻但从未失守的北京城，只撑了 3 天就向李自成敞开了城门。

在这个背景下，吴三桂降清的故事也有了新解释。农民起义军进驻北京

之后，也受到了鼠疫的困扰。引清兵入关驱赶李自成，再利用清兵染病的机会消灭他们，或许是吴三桂心中更绝妙的计划。

让吴三桂万万没想到的是，清兵入关之后，鼠疫疫情已经过了高峰期，而满汉分治的政策也阻断了瘟疫的继续蔓延。整个中国就这样在一场疫病的来去间，完成了改朝换代。

选自《读者》校园版 2015 年第 2 期

真正的李世民是个爱哭鬼

作者　糕员外

李世民是一代明主，但这丝毫不影响他的感性。在史书里，他动不动就哭，心疼他的同时有一种莫名其妙的"萌"感。不知那些紧随其后的史官们是如何记下这些瞬间的。

杜如晦去世，李世民悲恸不已，三天都没办法正常上朝。这三天想必他都蒙在被窝里，眼泪浸湿被单。后来有天他送了一条黄金带给房玄龄，送的时候又哭了，说以前我可以送给你和老杜两个人，如今只有你一个人可以送了。于是又给了房玄龄一条黄金带，让他送到杜如晦家里去。

长孙皇后去世后葬在昭陵，李世民因为过度思念，在太极宫里建造层观，几乎每天都登上去眺望昭陵。他还经常叫来大臣和自己一同悼念，某天不小心叫来了魏征。李世民问他能否看清昭陵，

魏征装傻说没看见。李世民急了，说怎么可能没看见。魏征这才正色道："我以为皇帝陛下看的是献陵（李渊陵），原来看的是昭陵啊。"意为提醒皇帝不要只顾着怀念妻子，还要怀念父亲。

然后，李世民又哭了，哭着下令把层观给拆了。后来魏征去世了，李世民五天没办法正常上朝。不必说，在被窝里哭呢。出殡时"登苑西楼，望丧而哭"，后来和臣下们谈起魏征，表述自己对他的想念，又涕泪横流。

类似的事件还有，张公谨过世，李世民说着说着就哭了。身边的官员当时提醒他，辰日不能哭。他就把这条规定给废除了，照哭不误。以及征高丽受挫，他亲立祭坛悼念牺牲的将士，哭。再往前，有玄武门之变后的哭，太原起兵时的哭。

哭着哭着，命运就变了；再哭着哭着，就越来越孤单了。当亲人一个个离去，股肱之臣渐离身侧，李世民该有多孤独？所以才让画师绘了"凌烟阁二十四忠臣像"，既然见不到这些人了，那就看着画像，自己细细地想吧。

唐朝是一个疏朗的朝代，没那么文气拘谨，豪放任性得厉害。这样的盛世是从李世民开始的，现代人拍唐朝戏最有唐风的当属《贞观之治》了，一板一眼，有如穿越，亦如场景再现。比如每次看到房玄龄和杜如晦穿着紫色朝服、在金色阳光下呵呵笑的场景，我老是想起章怀太子墓里的那幅壁画，壁画上的两个官员正在议事，满脸都是心思。后面则跟着新罗还有别国的使臣。

还有，唐俭乐呵呵地就出使突厥了，坐在地上说喝酒就喝酒，说啃羊腿就啃羊腿，笑得一脸无所谓。打猎也不在话下。插播一则八卦：有一次唐俭和李世民下棋，不长眼地狠狠赢了李世民。李世民不高兴了，要杀他，还拉了尉迟敬德作证。结果第二天在朝臣面前，振振有词地问为啥杀唐俭，问到尉迟敬德那里，结果尉迟敬德死活不认账："啊？没

有啊，不知道啊。"李世民不怒反乐，重赏了尉迟敬德和唐俭。

我猜唐俭当时也一脸无所谓，心里在说："唉，你就任性你就闹吧！"

那时候皇帝和臣子还可以紧紧地坐在一起，喝酒聊天，议论国事。哪怕当面指出错误他也不以为意，为什么贞观时期良臣特别多？还不是因为李世民心特别大。你说我不对？哦，那我错了，对不起啊。心胸宽广，事业心又强，身边又有一个很强大的团队，文有文的睿智，武有武的谋略。能不强吗？

这样一个帝王，后来有些为人诟病的细节。我想和他的痛哭一样，还是因为寂寞吧。"记得那时年纪小，你爱谈天我爱笑"——那种智力上的匹配感，那种战场上所向披靡、威风八面，可以开怀大笑、可以携手共创一个盛世的感觉，而这些人离他而去了。当时有多痛快，失去之后就有多颓唐。

不管别人原谅不原谅李世民，反正我是原谅他了。

选自《读者》校园版 2015 年第 10 期

流浪的孤星

作者　陈钰鹏

　　黑暗的宇宙中，一颗行星在飞驰，它是一颗孤苦伶仃的流浪星，没有母星（恒星）可以让它围着转，也得不到母亲的温暖（没有太阳在加热它），没有光亮。

　　这颗行星是 2012 年底由法国格勒诺布尔行星和天体物理研究所的以天文学家菲利普·德洛姆为首的研究小组发现的，离观察点约 130 光年。这颗行星看来相当年轻，但根据其亮度判断，应该是 5000 万年至 1.2 亿年前形成的；它和过去 20 年内所发现的外行星（河外星系）都不一样，它是一颗脱离了母星的行星，这种行星被称为"孤星"，因为它们没有可绕行的母星，人们必须用现代高分辨率的望远镜直接观察，所以直至 2012 年底，这颗被太阳抛弃了的孤星才被发现，并被命名为"CFBDSIR2149"。

　　这颗孤星的大小为地球的 60 倍，估计质量为木星的 4～7 倍，表面温度约 430℃。天文学家推测宇宙空间有无数这样的孤星在飞驰。美国天文学家的最新研究结果是：每个恒星平均有 1.8 个孤星，这意味着银河系应该有 4000 亿个孤星，以往只是限于条件而没有被发现。

　　有人会问，我们的地球会不会有朝一日也变成孤星？如果会，人类还能活下去吗？科学家们用数学模型进行了模拟，并详细研究了太阳系行星的运行轨道，结论是：地球在今后的 4000 万年内是安全的。再往后木星有可能会影响水星的运行轨道，并将其引至金星的运行轨道附近。一旦两条轨道交叉，即发生宇宙大灾难，导致行星的擦肩而过、互相撞击，甚至将其中一颗行星甩出运行轨道，使其成为孤星。遭殃最严重的是质量小的水星或火星，但我们的地球也会成为牺牲品。

尽管如此，造成上述灾难的概率还是相当小的，在绝大多数情况下，太阳系的行星还能正常运行 50 亿年，也就是直至太阳慢慢终结。其间万一发生什么情况，那么可能由于木星的影响，地球的运行轨道变得更加椭圆，夏天变得很短、很热，冬天则很冷、很长；四季越来越极端化，农业遭到破坏，人类文明崩溃；直至有一天，木星把地球抛出轨道，最后使地球离太阳越来越远，在地球上看，太阳显得越来越小，提供的能量越来越少，地球越来越冷。其变冷的速率远远大于 CFBDSIR2149，因后者本身就具高温。植物因缺少阳光而停止光合作用，停止生产氧气。但这一点不会导致人类的死亡，地球的大气中含有 1.2 千兆吨氧气，还能供人类很长时间的呼吸之用。树木在没有光合作用的情况下，同样也能维持好几年生命，因为它们可从储存在树干中的糖分获得能量。经过 10 ~ 20 年，大气中的气体皆结冰，或降雪，气温降至约零下 240℃，地球上不再有生命。但这并不意味着地球的终结，生命还可以在地下继续；像冰岛或美国的黄石国家公园，将成为人类"溃散部队"的最后避难所，在那里，地球内部的地热在均匀地保持地球表面的温度，当年（45 ~ 46 亿年前）地球形成时，有 40% 的热能成为残余热量留在了地球内部。

总之，科学家认为，地球成为孤星属于很远很远的将来时，届时发生的概率很小很小，即使发生了，说不定也会有一个陌生的星系捕捉地球、解冻地球，让地球复活。

选自《读者》校园版 2015 年第 10 期

你会说"废话"吗

作者　雷　蒙

说废话在生活中也是很有必要的。当别人的怒火毫无保留地倾泻下来的时候，也许你会受到伤害，会感到疼痛，会觉得尖锐得无法接受。而这时，废话就能起到一个润滑的作用。

除了能充当润滑剂平息你的不满外，废话还是个探测器。它能够帮助你探测对方的情绪有没有到达最终的爆发点，忍受力还有多少，然后你再根据探测的结果选择安抚或是更加深入地解决眼前的问题。同时，废话也是一盏探照灯，它能帮你准确定位接下来需要谈论

的话题和对方感兴趣的事情，让对方发现你们有共同的话题从而对你产生亲近感，从而愿意给你更多的机会和时间。

有心理学家做过统计：说的话90%以上是废话的人充满快乐感，低于50%的人则快乐感不足。

"今天天气真好！"这就是一句废话，还是一句连国家元首都会说的废话。每个人活在这个空间里，都知道今天天气好不好，可是为什么还会有人说出来呢？其实说这句话的目的就是要引申出其他更多的意思，包括心情好不好、想不想活动、支持不支持我，等等。

废话的意思并不明确，可是必不可少！它既可以沟通思想，促进感情交流，还可以摸清对方的喜好、性格特征和对自己观点的态度。

一些人之所以会患心理疾病，就是因为他们废话太少，交不到朋友，没有地方可以宣泄感情。在他们的心中，失礼是最大的事，因为怕讲错话失礼，所以就尽量不讲话，更不愿意讲废话。其实人们交流的过程，就是靠废话来联系的。

所以，生活中，废话多的人总能让人感觉到亲切，让人感受到他们的开心、快乐和幸福。因此，要想成为一个快乐幸福的人，一定要学会多讲"废话。

选自《读者》校园版 2015 年第 14 期

眼泪为你保守密码

作者 余 壮

简单的数字密码，是大多数个人保护隐私的最常见方式，但越来越多的泄密事件使人们意识到，传统的数字密码存在很大的漏洞。据一家国际机构统计，在所有银行卡的欺诈损失中，通过盗取密码等途径制造的伪卡，给持卡人带来的损失占 68.94%，而遗失卡被盗用造成的损失仅占 9.57%。为此，科学家开始寻找新的途径，来破解泄密这一世界性的难题，并把目光瞄准了眼泪。

眼泪可以作为密码？乍听起来，似乎有些不可思议：印象中，泪水只会暴露我们内心最私密的感情，它怎么能成为保护我们最私密信息的得力工具呢？

澳大利亚科学家的试验已经证实，使用光学技术扫描人类的眼角膜上的泪水，是可以作为密码的。对此，科学家做出了进一步解释：首先，人类的角膜需要透过泪水获得养分，而每个人的角膜都有自己独特的图像，并且随着眨眼运动，每一次使用光学扫描仪对眼角膜上的泪水进行扫描时，都会获得不同的图像数据。这些数据间的差异虽极为微小，却又是实时变化的。所以，黑客很难复制与追踪它。如有不死心者，尝试使用某人上次登录的数据，机器则会认为其无效，因为机器能够"懂得"每次扫描的结果都应该有细微的变化。换句话说，这种眼泪密码是一种一次性的生物密码。

眼泪密码有着广阔的应用前景，如智能手机、处理支付、收发电子邮件、公司在线机密文件等，甚至还可以运用于自动取款机或进入机密区域的大门。届时，我们只需轻松地眨眨眼，而完全不必担心密码被盗，因为眼泪会永远为你保守秘密。

选自《读者》校园版 2015 年第 15 期

哪种知识最可靠

作者　万维钢

《基度山伯爵》中有一个情节，读来真是让人无比神往。

主人公爱德蒙·唐泰斯被人陷害关进伊夫堡监狱，万念俱灰时，遇到一位世外高人——神甫亚伯·法利亚。唐泰斯立即被神甫的博学所折服，而神甫闲着也是闲着，竟决定用两年的时间，把自己的平生所学都传授给唐泰斯。

神甫的学问包括数学、物理和三四种当代语言。从唐泰斯出狱后算无遗策的表现来看，也许他还跟神甫学到了商业、法律、历史和政治。这些知识比中国武侠小说中的武功秘籍厉害得多，让唐泰斯脱胎换骨，简直凡是有用的知识他都会了。

谁不想拥有这样的学问？

可惜真实世界不是小说。就算现在有一本书，其中包括了人类目前所知的所有有用的知识，并且你真的能在两年的时间内把这本书中的知识融会贯通、运用自如，你出山后也会遇到麻烦。

你会发现原来书中的有些知识竟然不好使。原来吃大蒜不能降低胆固醇，维生素E不能预防冠心病，全球变暖并未导致巨大的灾难，金融危机却还是发生了。

人类所掌握的知识非常有限，哪怕是最好的学者花了很多钱进行了很深入的研究，结论也可能是错的。科学的最大价值并不在于固定的知识，而在于获得这些知识的方法。

话虽如此，我们总不能把什么知识都自己研究验证一番。那么面对"专家"说的各种知识，我们到底应该信什么，怀疑什么呢？

任何数学知识都绝对正确，不容置

疑。这是因为数学研究的并不是我们生活的这个真实世界，而是一个纯粹由逻辑构成的、抽象的世界。在数学的世界里只要你定义清楚，只要你明确指出你承认哪些公理，只要你的推导过程符合规则，那么你证明了的定理就很难被推翻。我们甚至可以进一步说，凡是出发点正确而又是用逻辑推导出来的知识，就必定是正确的。

物理学的某些知识有可能是错的。这是因为物理学理论并非完全是逻辑推导和数学计算出来的，而是建立在实验的基础之上。我们手里没有这个世界的

设计蓝图，一切只能摸索，猜错了非常正常。

虽然如此，现代物理学已经非常完备，它所需要的外部输入已经极其有限，剩下的都可以直接推算出来，所以物理学相当可靠。比如任何物理理论都要求所有东西的速度不能超过光速，然而前几年物理学家差点"发现"中微子的速度可以超光速！结果事后证明是个乌龙事件。如果一个非物理学的学者敢说他发现了一个物理学的错误，那几乎可以肯定是他错了。

化学、电子工程和机械工程等，虽

然本质上都是建立在数学和物理学的基础之上，但是涉及的因素非常复杂且很难做直接的计算，需要更多的实验以获得参数。某些参数可能适用于这种环境而不适用于那种环境，这会给工程知识带来一些不确定性，不过仍然比较可靠。

到了生物和医学领域，因为整个系统变得越来越复杂，用数学推导已经变得不可能，我们只能几乎完全依赖实验。而面对这么复杂的系统，任何实验本质上都是盲人摸象。有些实验方法，比如说针对医药的大规模随机实验，得出的结论可能更可信。但总体而言，这些领域的知识的可靠程度跟物理、化学不可同日而语。

等到进入经济学、心理学和政治学这些领域，那可靠性就更低了。大多数经济学模型已经简化到几乎没用的程度，相当多的心理学研究论文根本无法重复。

至于政治学，在很多问题上学者们连起码的共识都没有。

然而这些最不可靠的知识也是我们在日常生活中最有用的知识。到底该买哪只股票？小孩不听话怎么办？明知专家的建议不一定好使，还是得硬着头皮听。

但是作为聪明人，我们至少可以做到两点：

第一，既然专家的建议不一定好使，我们就千万不要执着于使用某一个特定的理论去做事，最好抱着都试试看的态度，这个理论不行就换另一个理论。

第二，如果有人像个神甫一样，充满自信地说他掌握宇宙真理般的理论，最好别理他。

选自《读者》校园版 2015 年第 22 期

写一封信需要几只羊

作者 石 年

在中世纪的欧洲，羊儿们恨死了作家，每当作家有新作问世，就意味着成百上千只可怜的羊要见上帝。是因为作家们喜欢一边啃羊腿一边写作吗？我能想象你脑海里浮现的画面，但那不是事实，真正的原因是：那时的书都写在羊皮纸上。

中世纪的羊皮纸，其实和纸没有半毛钱的关系，而是真正的羊皮。人们挑选皮肤光洁的绵羊或山羊，将它们的皮用化学溶液浸泡，去除羊毛和脂肪，耐心鞣制，然后用木框绷起来，温柔的阳光与和煦的微风将完成接下来的工序。当一切工序都结束之后，人们就有了挺括、半透明、可以双面书写的羊皮纸了。

制造羊皮纸是个很脏很累的活儿，"探索频道"曾推出一档节目叫《肮脏工作》，其中有一期就是讲怎样制造羊皮纸。羊皮纸的制造过程如此繁复，价格当然不便宜。当年一本普通的羊皮纸书与一座房屋等价，而一本羊皮纸的《圣经》，是中世纪的"土豪"才能拥有的财产，相当于一座葡萄园的价格。知道了书如此昂贵，你还为中世纪一大半欧洲人是文盲而惊奇吗？

让我们来看看其中的一座葡萄园吧——《温彻斯特圣经》。这本手抄于12世纪的英格兰《圣经》，是羊皮纸《圣经》中最奢华的一本，共用了468张羊皮纸。天哪！一只羊、两只羊……清点一下为此献身的羊，就能治愈一大群失眠者。一位字迹曼妙的抄写者，花了4年时间，虔诚地完成了所有文字部分的抄写，瞧这细心劲儿，那时候可没有修正液。至少有6位艺术家负责绘制书中的装饰图案，虽然他们夜以继日地工作了好多年，这本《圣经》仍有大量绘图没有完成。

谁发明了羊皮纸？这事可说不清。所有始于古代又说不清的事情，都算到古埃及人的头上好了，反正他们也没法揭开布条为自己辩解。古埃及人从公元前3000多年起，就开始在兽皮上书写重要文献，羊皮是其中一种。羊皮纸真正兴盛则是在公元前2世纪，这是个很长的故事，要花10秒钟才能讲完：

始创于公元前4世纪的埃及亚历山大图书馆，是当时世界上最大的图书馆。公元前2世纪，小亚细亚的帕加马王国进入欧迈尼斯二世统治时期。这位国王想扩大本国图书馆的规模，发誓要与亚历山大图书馆抗衡，还企图挖来对方的图书馆馆长。埃及人真的不开心了，便禁止"莎草纸"出口到帕加马王国。"莎草纸"可不是上厕所用的，而是当时最主要的书写用纸，没有了书写纸，就无法誊写书籍。为了对抗这种封锁，帕加马王国开始大力发展羊皮纸，羊皮纸迎来了蓬勃发展的春天。

羊皮纸在欧洲流行了几百年，如果阿拉伯人厚道一点儿，这个时间会大大缩短。中国人很早就教会了阿拉伯人用植物纤维造纸的技术，阿拉伯人包着头巾露出憨厚的笑容，然后把这一"神技"隐藏了300年。欧洲人直到12～13世纪才学会造纸术，知识的传播从此变得轻便又廉价。

15世纪末，欧洲人基本停止了使用羊皮纸，羊儿们喜悦得泪流满面。但直到18世纪，欧美人还是习惯把重要文献写在羊皮纸上。1776年的《美国独立宣言》、1789年的《美国利坚合众宪法》、1791年的《权利法案》这三大奠定美国政治基础的历史文献，都是写在羊皮纸上的。我知道你想说什么，是的，羊对历史的贡献远不只烤羊排。

就算在今天，你依然可以找到真正的羊皮纸。听说日本就有卖的，一张A4尺寸的羊皮纸售价大约160元人民币，又是一种买了舍不得用的书写用品。如果你真心喜欢一个女孩子，就买一张给她写情书吧，中世纪的骑士就是这么干的。

选自《读者》校园版2015年第22期

调皮的孩子有 "CEO 基因"

作者 玉 琳

有研究表明，成绩不好的学生长大后往往比较有成就，这些学生通常不按常理出牌，并且喜欢不断尝试，都是有勇气面对失败的人。为什么这些人会有这些行为呢？科学家根据研究指出，其实他们的基因在本质上就与众不同！调皮、爱跷课的孩子具有 "CEO 基因"。所以，家有淘气的孩子，先别头疼，他长大后可能是下一个比尔·盖茨呢！

一项最新的研究指出，那些在学校期间比较顽皮的学生，通常具有 "CEO 基因"。这种特殊的基因排序会与他们 "不守规矩" 的行为产生关联，而此基因也会使他们在未来展现出领袖特质，在职场上有更突出的表现。

研究同时也敲响警钟，即便具有特殊基因的学生，还是有可能因家庭教养、学校教育而有不同的表现。另外，这种 "不守规矩" 的行为依旧会因环境而有所偏差，导致 "CEO 基因" 的拥有者往后的职场发展不顺。

这份研究报告是堪萨斯州立大学心理学教授李文东通过对 1.3 万名成人的调查得来的，他发现负责大脑的感觉和兴奋等情绪的神经传导物质——多巴胺当中的 "DAT1 基因" 是关键。

李文东教授指出，这种温和的违规行为，包括像跷课这类的行为，不会严重到做出犯罪那种离经叛道的事情。他相信具有 "DAT1 基因" 的人，往往不会将自己限制在某种范围内，他们善于挑战自己，将视野拓展得更宽广。

李文东教授说："温和的违规行为，其实与人们在成年期时成为领导者具有正相关性，它提供给人们一种优势，促使成年人不断地探索和学习新的事物。

也就是说，那些有一点点小叛逆性格的人更容易成为领导者。"

不过"DAT1 基因"另一方面，也可能导致性格上的飘忽不定，前后不一致，甚至自私。同时，因他们不怎么规范自身的行为，也不会积极地改变，而这些是一个领导者不该有的特质。

从这项研究中可以知道，想成为一名领导者涉及两项主要因素：基因和环境。基因对于领导者的养成有正面和负面的影响；在环境因素中，若有双亲的支持培养和他人的合作，那么顽皮的孩子确实有较大的可能走向领导者之路。

选自《读者》校园版 2015 年第 23 期

"恐惧"基因

作者　蒋晓飞

生物学家发现，幼鼠哪怕从未见过猫，但它们一嗅到猫的气味或者远远听到猫叫，就会迅速逃跑，这意味着老鼠天生怕猫。老鼠为何天生怕猫？美国西北大学一项关于嗅觉受体的研究表明，造成"老鼠怕猫"行为的关键，是一种名为 TAAR 的基因，这种基因使老鼠具有本能地避开捕食者气味的能力。科学家培育出了缺少全部 14 个 TAAR 基因的老鼠，这些老鼠和正常老鼠在行为上有很大的不同——它们见到猫不再惧怕，甚至毫无反应，像见到同类一样与之亲密接触。

研究人员还发现，在所有的哺乳动物中都存在类似 TAAR 这样的"恐惧"基因，人类也一样。绝大多数人天生怕蛇，科学家认为这可能与人类早期的穴居有关，穴居的人类极易遭到毒蛇的攻击，有"恐惧"基因的人会本能地躲开毒蛇的伤害。这意味着有"恐惧"基因的人生存能力更强。

如果动物缺乏"恐惧"基因，它们就会无所畏惧，但这绝不是一件好事！没有畏惧，就没有保护自我的逃避行为；没有逃避，就极易成为天敌的口中之物，这样的物种极容易灭绝。看来，"恐惧"并不一定是坏事，它让动物保持了一份必要的警惕；"逃避"也并不全是懦弱，它有时是一种生存策略。

选自《读者》校园版 2015 年第 24 期

会下"钻石雨"的星球

作者　方湘玲

某年某月的某天，天阴沉沉的，空中乌云密布，远处雷声轰鸣，一场猛烈的暴风雨即将来临。突然，一道闪电划破天空，巨大的雷声震耳欲聋，顿时狂风大作，豆大的雨点铺天盖地地落下来。请你先闭目聆听，雨点落在地上怎么还能发出那么大的响声？然后，请你睁开双眼，出现在你眼前的雨点为何那么晶莹夺目，天地之间被它们的光芒照射得五彩缤纷？原来，这是一场亮晶晶的"钻石雨"！

多么激动人心的时刻，多么让人向往的场景！相信所有人都想身临其境，与亲爱的钻石亲密接触。然而，科学家告诉我们，想在地球上见到"钻石雨"，是不可能的！但是，在木星和土星上，下"钻石雨"却是最平常不过的了。更让人为之振奋的是，在这两个星球上，"钻石雨"的"降雨量"巨大，仅就土星而言，年"降雨量"可达上千吨，很多单颗钻石"雨滴"的直径甚至超过1厘米。

土星和木星都是气态巨行星，它们的直径分别约为12万公里和14万公里。两颗行星上的主要气体都是氢气，它们都有着至少上万公里厚的大气层，其中参与制造"钻石雨"的是最外层的大气。在这层大气中，存在着含量不超过0.5%的甲烷，它们就是"钻石雨"的原料。当然，仅仅有甲烷是不够的，"钻石雨"的形成少不了另外一位举足轻重的"功臣"，它就是两个行星上的强闪电，据称，这种闪电的强度是地球上闪电的100倍。

在强闪电的作用下，甲烷被电流击穿，瞬间变成了碳黑，碳黑在不断下降的过程中，又因为气压的增加，变成了石墨。石墨继续一路下降，直至降了大约 6400 公里后，在愈来愈大的压力作用下，石墨终于华丽变身，升级成了晶莹璀璨的钻石。我们不妨试想一下，这种下"钻石雨"的场面该有多么令人心醉！但是，美丽而壮观的"钻石雨"并不会因为自己的唯美而停止快速下降。等到下降了 3 万公里左右之后，它们终于为自己如飞蛾扑火般的不顾一切付出了代价，一场令人心动的钻石雨在极高的压力和温度的共同破坏下，最终又变成了由一片液态碳组成的汪洋大海。"钻石雨"就这样昙花一现般结束了自己璀璨的行程，当然，这并非意味着结束，因为，新一轮的"钻石雨"已在酝酿之中。

对那些钻石心动的地球人，科学家遗憾地表示：人类暂时还不具备收集这两个星球上的钻石的科学技术。要实现此项技术，可能还需等待 100 年左右。

选自《读者》校园版 2016 年第 5 期

动物凶猛，一眼便知

作者　彭　文

即便不了解动物的习性，人们见到山羊时都会认为它很温顺，而见到野猫时就会觉得它很凶残，这是为什么呢？原来秘密在于动物的瞳孔：山羊、兔子等较为温顺的动物，瞳孔是呈水平状的；响尾蛇、野猫等较为凶残的动物，瞳孔却是垂直的窄缝。

动物的瞳孔形态为什么不同呢？一项针对200多个物种的研究显示，瞳孔的不同形态与动物的生存方式密切相关。竖条状瞳孔和圆形状瞳孔有助于一些肉食动物捕猎；而水平状的瞳孔有助于一些物种从远处发现捕猎者，以便及时逃脱。

选自《读者》校园版2016年第11期

回眸一笑，请看左脸

作者 苏 心

　　每个人，不论男女，都会有对着镜子左瞅瞅右瞧瞧的时候，那你到底是喜欢自己的左脸还是右脸呢？在这个只要是地球人就会自拍的时代，你觉得自己面朝哪个方向更上镜呢？

　　科学家已经替我们证实了很多人不约而同的感受，那就是"左脸原则"。

　　什么是"左脸原则"？说得通俗一点，就是"露左脸比露右脸好看"。现在请脑补一下，你印象最深的影视明星头像，甚至那些领袖伟人的头像，露左脸多还是露右脸多？比如奥黛丽·赫本，比如诸多革命领袖，答案就是"左脸"。达·芬奇著名的《蒙娜丽莎》给我们展示了一个标准的左脸原则范本。研究显示，并不只有蒙娜丽莎，西欧的大部分肖像画都是这样。也就是说，艺术家们更倾向于将人物的左脸呈现给大众。

　　照片或者绘画里左脸为什么会显得更好看？对此曾经有三种猜想：

　　一是右撇子画家更容易画左脸。现实中的右撇子占据了人群中的绝大多数，右撇子画家都是右手拿画笔，这样容易将人物的左脸画出来。但心理学家发现，以拉斐尔为代表的左撇子画家也喜欢画左脸。

　　二是观看者普遍存在左侧视野偏好。人们似乎更喜欢看左侧视野的东西，但问题来了，我们为什么会更喜欢看左侧视野的东西呢？因为人的右半球大脑在对情绪信息的感知上具有优势，根据左右交叉原理，右半球大脑掌管着左侧视野，所以，我们更容易感知左侧脸的情绪信息。

　　三是肖像画中的人偏好展现其左脸。这个猜想本身就是一个值得探索的问题，为什么画中人喜欢展现左脸，莫非是一种集体无意识？最好的解释是"心灵驱使"，即趋利避害。因为感到自己的左脸比右脸示人更觉得舒服，所以才有了这种偏好。

心理学家布莱克本和斯基里洛2012年发表于《实验大脑研究》中的一篇文章进一步说明了人们对左脸的偏好。该研究采用的实验材料是10个男性和10个女性微笑的侧面头像照，每个人既有左脸的头像，也有右脸的头像。为了弄清楚到底是长相问题还是方向问题，研究人员还给出了对应的镜像反转头像，然后，让37名大学生观看这些图片，每看完一张，请他们对照片审美的愉悦度从1至9打分，评分越高就表示越偏好这张图片；此外，还要记录大学生观看每张图片时瞳孔直径的大小，因为看到感兴趣的东西时瞳孔会放大。结果发现，不管是原始图片还是镜像反转的图片，不管头像是男还是女，大学生对左侧脸照片的愉悦度评分都会更高。也就是说，即使原始左侧脸在镜子中反转后位于右边，被测试者也会更喜欢它。

布莱克本和斯基里洛认为，这个研究结果支持了大脑右半球情绪优势假说，即上文中的猜想二。因为大脑右半球控制的左脸有着更强烈的情绪，不管左脸是向左还是向右，我们都可能认为它更美。因为当你喜欢一张冷酷的脸时，左脸会比右脸看起来更冷酷；当你喜欢一张充满笑容的脸时，左脸也会比右脸看起来笑容更多。所以，你现在应该知道自拍的秘密了吧：把自己的左脸秀出来，你会更美。

选自《读者》校园版2016年第13期

在凡·高的画里住上一晚

作者　王新芳

在画里睡上一晚怎么样？在与艺术大师的卧室一模一样的房间里住一天，会不会离他更近一点？

为了弘扬凡·高的艺术精神，掀起研究、学习凡·高绘画艺术的热潮，近日，芝加哥艺术馆准备举办一场画展，名字叫"凡·高的卧室"。画展主要展出印象派大师凡·高的 3 幅画作《阿尔勒的卧室》和其余 36 幅作品。对于凡·高而言，阿尔勒是个重要的地方。1888 年，凡·高搬到法国小城阿尔勒，他被那里的和煦阳光和美丽田野所吸引。虽然他在那里只居住了 15 个月，却创作了 200 幅画作。创作进入高峰期的凡·高，在小城的广场边租下一座"黄房子"，打算建立"画家之家"。

为了画展能成功举办，主办方进行了精心的准备，筹备资金、打扫场地、设定主题、整理展出的作品、制作海报等，每一个细节都不敢马虎。可是，距离画展的截止日期一天天临近，参观者却寥寥无几。除了少数一些凡·高迷之外，普通民众对凡·高并不感兴趣。

主办方倍感困扰，他们不想看到画展冷冷清清、无人问津的局面，就找到了广澳公司的设计师李奥贝纳，希望他能解决这一棘手的问题。李奥贝纳苦思冥想，设计了很多宣传营销的方案，然后又彻底推翻。在一个苦闷的夜晚，他随手翻阅一本中国的神话故事集，忽然从《画中人》这个故事里得到了灵感。既然姑娘能够从画中走出来给心爱的人做饭，那么，现代人肯定愿意住进画中去体验一晚。

这是一个大胆的想法，李奥贝纳为自己的发现兴奋不已。接下来，他开始把想法变成现实。按照《阿尔勒的卧室》中的场景将整个屋子复原，卧室里所有的家具和墙面的颜色、物件布置与原作几乎一模一样。甚至门背后的毛巾、床头的挂钩和上面的挂件，都还原了画中场景。整间卧室和画中一样简朴，只有一张床、两把椅子和一张小桌子。尤其是颜色，墙壁是紫罗兰色的，地板是红色的瓷砖，木质的床和椅子是新鲜黄油的颜色，床单和枕头是柠檬般的淡绿色，这些物件带来的，是一场休憩，或者说是梦。唯一的不同之处是卧室里的床比画中的稍大一点。

随后，李奥贝纳把根据凡·高的画复原而成的房源挂在 Airbnb 上。租这套房子一天只要 10 美元，还送两张展览票。在房源所在的街区，住一晚普通宾馆大概要 150 美元。而在芝加哥市范围内，宾馆的平均日租价也在 129 美元上下。设定这样低的价格，李奥贝纳只有一个想法，降低热爱艺术的门槛，帮助人们在真正身临其境地体验之后，了解凡·高充满人性的一面。

这个营销活动一经推出，就获得空前的成功。大批的参观者来到芝加哥艺术馆，向凡·高的作品致敬。还有更多的人在忙着预订凡·高曾经住过的房间。只要花上 10 美元，就能提着行李住进去体验一把，感受一下大画家凡·高的卧室，这是何等新鲜的事情？目前，2022 年之前该房间的预约已经全满。也就是说，除非有人中途退出，否则你起码需要等待 6 年的时间，才能入住这个房间。

记者曾经采访过一个成功预订了凡·高卧室的人，问他为什么想要住进这个房间，他的回答代表了广大预订者的心声。他说："我很想知道，住在画里是一种什么感受。想想从那个大门出来，我还能发个'朋友圈'。我可是从画里走出来的人呢！这种感觉太棒了。"

复原凡·高画作里的房间，让人们住进画里去，这个小小的创意营销，就改变了一场画展的命运。从冷清到火爆，只有别出心裁的人才能做到这一点。

选自《读者》校园版 2016 年第 15 期

太空动物园

作者　缪国平

目前，在太空动物园里旅居的，都是中小型动物，如青蛙、兔子、猫、狗、猴、鸡和鱼类、蜂类等。苍蝇和老鼠虽为人类所憎恶，但作为研究的良好对象，也成为太空动物园的座上客。而在地球上的动物园里被尊为贵客的大型动物——狮、虎、象等，由于运载上天所需的成本太大，尚需等待时机。

重力场影响繁殖

现在，让我们来了解一下动物在太空生活的情况吧！

科学家把几百只果蝇分开放在太空动物园的3个角落里，这3个角落的重力场各不相同，一个模拟地面，一个2倍于地面，还有一个5倍于地面。结果发现，果蝇们都喜欢到模拟地面重力的那个角落去产卵生殖；在2倍于地面重力场的地方，果蝇都萎靡不振，表现出病态；而在5倍于地面重力场处的果蝇，都很快地死去了。此外，飞船在失重状态下飞行时，果蝇们虽也会产卵，但不能受精，不能繁殖后代。科研人员由此得出结论：重力场与繁殖后代、保障生存有很大的关系。

太空动物园里还装有6对老鼠和60只独身的雄鼠，分别让它们在模拟地面和2倍、4倍于地面重力场的环境中生活。结果发现：老鼠的抵抗力大于果蝇，在这3种环境下的老鼠都没有死亡。不过，生活在大于地面重力环境里的老鼠都显得躁动不安，并且在7天以后，它们的肌肉萎缩，呈现很严重的病态。回到地面后经解剖检查得知，它们的肌肉中黏多糖成分下降，胃壁细胞中的细胞质密度变小，胃中酸性磷酸酶的活性增大。而在模拟地面重力环境下的老鼠，不但健康如常，而且有两对在太空中成功交配，雌鼠也成功怀孕和分娩，生下的小老鼠在回到地面后仍能健康地活着，而生活于其他太空环境下的老鼠都没有生育。

动物越高等，适应力越强

太空动物园里还养了一群黄蜂。在模拟地面重力场中生活的黄蜂，筑巢和地面上基本一致，但在2倍于地面重力场下的黄蜂筑巢就与前者明显不同——沿着重力加大的方向巢壁加厚——以对抗重力加大产生的影响。这说明，像黄蜂这样的低等动物，也会在太空特定环境中做出反应，以求生存。另外，在1.5倍于地面重力时，黄蜂的筑巢速度最快。

在太空动物园2倍于地面重力的区域里，还生活着一群小鸡。它们在那儿生活了18个星期后，回到地面时体重普遍下降，膝盖骨明显变形，肌肉出现拉伤。

两只小兔子从太空"旅游"回来后，都得了白内障，原因是兔眼受不了太空的辐射线，宇宙中的重离子损伤了兔眼的视网膜。但关在同一区域的猫却没有患白内障。看来猫眼对太空辐射的抵抗力比兔眼要好。

此外，太空动物园中的猫、狗、猴的抵抗力都较好，猴子可以安全返回而不得什么"太空病"；狗也基本健康而归，相比之下，猫的身体状况欠佳。可以认为，动物越高等，自动调节适应太空变异环境的能力越强。

水生动物更耐失重

在有鱼类和青蛙参加的太空失重状态实验中发现，鱼的耐失重能力比青蛙好，青蛙的耐失重能力比猴子好。这说明水生动物的耐失重能力一般比陆生动物好，而两栖纲动物居中，其中的原因尚待研究。科研人员想，可能是水生动物的细胞组织结构较疏松，对重力变化的敏感度也小些。

在太空动物园里生活，可以改变动物的遗传性能。比如：在太空孵化出的鳃足虫，到第3代大都寿命不长。但草履虫的繁殖率却提高了4倍。据研究，是太空辐射使遗传物质中的染色体发生了变异的缘故。由于宇宙环境可以改变遗传能力，一些国家现在已开始建立太空遗传学这门新学科。

随着科学技术的不断发展，人类旅居"天堂"的日子将不会很遥远。

选自《读者》校园版2016年第16期

《清明上河图》里的秘密

作者　安　畅

北宋诞生了中国最早的灯箱广告

《清明上河图》中有一家"正店"，相当于现在的五星级酒店，在北宋是名副其实的酒店。开封城像这样的"正店"共有 72 家。"十千脚店"比"正店"差一档，门口的方柱标牌到晚上时可以在箱内点上蜡烛，这可能是最早的灯箱广告了。为了满足市民对夜生活的需求，原先坊市制下长期实行的"夜禁"也自然而然地被取消，开封城里出现了"夜市""早市"和"鬼市"。"灯箱广告牌"印证了夜市的繁华。

宋代小夫妻逛街买花"秀恩爱"

在"孙羊正店"大门前，有一对小夫妻正在买花。小娇妻亲昵地将她的胳膊搭到丈夫的肩膀上。从旁边经过的一顶轿子，轿夫的眼睛盯着这对小夫妻看，结果路都走偏了。

历史上，宋代女词人李清照就曾和丈夫赵明诚一起穿街过巷，搜求金石和书画。不同的是，作为贵族女眷，李清照需要女扮男装。此外，宋朝市民以买花、插花为生活时尚，很像今天我们常说的"小资"生活。

北宋科举考生热衷算命

在卷尾有一个情景，"解"字招牌下围着一群人。有人认为这是说书的地方，不过有书画专家认为，其实这是解命之地，就是算命的地方。理由是如果是说书的地方，说书人周围会有不同年龄、各种身份的听客，还会有小孩混在里面。而画中周围的人大都儒生打扮，年龄也差不多，集中在这儿，看来他们有共同关心的问题，那只能是科举考试。在清明节过后两三个星期，要举行全国性的科举考试。当时北宋专门给考生算命的人就有好几千。在考试之前请人算一卦，是很重要的考前一"课"。

宋人以喝饮料为时尚

在一个路边摊，挂着一个招牌，上面写着"香饮子"。"香饮子"是什么？其实就是饮料。宋人以喝饮料为时尚，市场上当然就有各种饮料出售。天热时还有冷饮消暑。据《东京梦华录》记载，六月时节，汴梁的"巷陌路口、桥门市进"都有人叫卖"冰雪凉水、荔枝膏"，"皆用青布伞，当街列床凳堆垛"。

女性被排除在公共空间之外

《清明上河图》中的主体人物共有500余位，但细数之下，其中的女性仅有20位。绝大多数女性被排除在公共空间之外，这无疑暗示了那个时代的社会观念。

宋代实行男女隔离的政策，特别是贵族女性更应足不出户，守闺持家。她们很少能接触到家庭成员以外的男性，缠足的风俗也是从这个时候开始盛行的。

另一方面，《清明上河图》中出现的女性又大多与孩子或家务紧密联系在一起。在儒家思想里，母子关系是家庭和谐安宁的基础，相夫教子则是值得尊崇的礼仪。只有因孩子需要，女性与陌生人接触才被看作是合理的。

北宋末年就有精细的医学分科

"赵太丞家"医铺是北宋医馆的典型代表，招牌上写着"专治肠胃病"，由此可以看出，在北宋末年医学分科就已经十分精细。"赵太丞家"医馆其实是药铺和诊室的组合，医铺面积不大，对街而设，门脸儿没有过多装饰，但显示出非凡的风雅和品质。店的前面两侧有3扇可以移动的巨幅落地招牌广告，西面为"治酒所仿真方集香丸""赵太丞号理男妇儿科"，东面为"太医出丸医肠胃药"，店门正中书"赵太丞家"，门侧对联只有下联"五劳七伤调理科"，这种牌匾以广告的形式，介绍了商铺具体的诊疗范围，对后世商铺门脸儿的装饰影响很大。

宋代首都已有外卖服务

《清明上河图》中有个酒店伙计，不知正往谁家送外卖。原来早在宋朝时就有外卖服务了！当时的饮食店已经开始提供"逐时施行索唤""咄嗟可办"的快餐、叫餐服务了。汴京餐饮业极为发达，"市井经纪之家，往往只于市店旋买饮食，不置家蔬"。宋代都市的小白领、小商人，跟今天城市里的办公室白领一样，都不习惯在家做饭，而是下馆子或叫外卖。

"脚店"不是今天的洗脚店，而是酒馆

桥畔的"脚店"并不是今天的洗脚店，而是远处"正店"的分店，指自己无权酿酒的酒肆。《清明上河图》中画有两家酒店，一家是"孙羊正店"，另一家是"十千脚店"。正店跟脚店的区别并不在大小，而在酒水的进货渠道。在北宋开封，朝廷为了便于征税，抓大放小，准许某些酒店自己酿酒，前提是它们酿酒用的酒曲必须从官方处购买。能酿酒的酒店毕竟只占少数，所以，宋朝政府让其他酒店从国营酒厂买酒，或者从那些可以酿酒的"正店"买酒。从国营酒厂买酒的叫作"拍户"，从"正店"买酒的就是脚店。

宋朝人的"座驾"是马而非轿子

《清明上河图》中，乘驴、乘马的人明显比乘坐轿子的要多。宋人出行习惯骑马，不习惯乘轿。租马很方便，北宋人以乘轿为耻，因为他们认为，轿子"以人代畜"是对人的侮辱。他们不允许自己将他人当成牲口来使用。由此可见，宋人的价值观极富人道主义精神。

选自《读者》校园版 2016 年第 17 期

别拿熊猫不当猛兽

作者　花千芳

我们经常在各种宣传画面里看到熊猫戴着"大墨镜"，露着一片柔软的大白肚皮，优哉游哉地啃着竹子，要多"呆萌"有多"呆萌"，要多可爱有多可爱。不仅中国政府将熊猫定为国宝，代表国家形象，就连联合国的动物保护组织，也都选择熊猫作为形象大使。

那么，熊猫就真的只是"呆萌"可爱吗？不要忘记，它首先是熊，然后才是猫。熊科动物，一向都处于食物链的最顶端。熊猫虽然看起来很可爱，可实际上它跟大名鼎鼎的北极熊是堂兄弟，真的发起威来，一巴掌打死一头水牛根本不成问题！

就算不用熊巴掌，大家对着啃，能够啃赢大熊猫的动物，全世界也只有4种，分别是老虎、狮子、棕熊和北极熊。也就是说，在牙齿咬合力方面，熊猫是全世界排名第5的凶猛生物，甩出大灰狼、鳄鱼好几条街。

狮子也好老虎也罢，是绝对不愿意招惹熊类的。不管怎么说，"熊瞎子"的大巴掌要是左右开弓抡起来，谁能吃得消？

熊猫的毛色好看只不过是伪装。它一巴掌扇碎人的脑袋就像我们捏死一只蚂蚁一样容易，它要是真像我们想的那样温顺，为什么还要被关在铁笼子里？

野生熊猫是很危险的，它可以轻易咬碎你的骨头，就算你爬到树上也没用，熊猫爬树的本事也就稍稍比猴子差一点，山狸猫都会被它追得跳树逃命……总之，熊猫就是"陆上一霸"。

古时候大熊猫也被称为"食铁兽"，《神异经》就有记载："南方有兽，名曰啮铁。"中国古代就有以熊猫为图腾的部落，大熊猫也在很多地方被称为"守护神"。从汉唐到明清，皇胄贵戚的墓葬就多立熊猫石像守护，属于职业保镖，是辟邪的大杀器，跟麒麟一个级别。

熊猫并不是素食者，它是杂食者。在遥远的古代，熊猫可是跟大名鼎鼎的剑齿虎一样勇猛凶残的，它们都是光吃肉不吃素的。可是冰川时期之后，大型动物或者灭绝，或者进化为小型动物。在新的环境之中，剑齿虎的大牙反倒成了累赘，影响捕猎速度。再说，剑齿虎的体型差不多有河马那么大，这么大的体型，每天需要消耗大量的肉类食物，所以生存条件苛刻。于是被大狸猫、现代狮虎豹等占了上风，剑齿虎就慢慢灭绝了。

另外，凡是身手敏捷的动物，新陈代谢就快，对食物的需求量就大，竞争压力巨大。而动作缓慢的动物，比如树懒或者乌龟，平时几乎不动，热量消耗极少，很少的食物就能维持生存，还长寿……所以，熊猫的优势就体现出来了。

当吃肉变得奢侈时，饿晕了的熊猫才会把平时磨牙用的竹子当饭吃。

你不要看着大熊猫保护基地的叔叔阿姨们抱着熊猫宝宝，就以为熊猫的个头很小，实际上成年大熊猫的个头一点都不比老虎小。100 公斤重的大熊猫只能算标准体型，而且它那 100 公斤的体重除了骨头可都是肌肉，根本没有多少肥膘。

没有肥膘，不是因为熊猫不想长，

主要是因为竹子的营养价值太低了，它根本不可能积累出皮下脂肪。

现在熊猫虽然吃素，不过它们并不脆弱，那一口利齿足以把竹子的茎干咬断，那是什么力道？还有它的利爪，明显是食肉动物的特征。大熊猫皮糙肉厚，足以抵御一般的食肉动物。自然界中，能把熊猫打败的食肉动物其实并不多。

竹子成活率高，生长迅速，供应充足，没有别的动物以此为食。熊猫只吃竹子的茎，所以在食物方面没有竞争者，漫山遍野的竹子都归它独享，食物非常充足。虽然竹子的热量低，不易被吸收，但熊猫通过长时间、大批量的进食，弥补了这点不足。

另外，熊猫的牙好、胃口好，古时候叫食铁兽，铁质玩意儿都啃得下去——虽然说得夸张、可信度不高，但起码说明熊猫杂食肠胃好。人家以前也是吃肉的，后来混不到肉吃了，只能马马虎虎啃啃竹子，所以活下来了。

当然，现在熊猫种群的状况不妙，曾是濒危物种。不过大熊猫之所以濒危，并不是它本身的适应能力不行，熊猫的濒危完全归罪于人类的强大。火枪被发明出来之后，老虎、豹子还有可能飞快地逃跑，大熊猫却没那个能力，生存空间日渐缩小。

不过，现在大熊猫"呆萌"的外表，再次让这个古老的物种摆脱了绝种的危机。

选自《读者》校园版 2017 年第 2 期

《最后的晚餐》吃的是什么

作者　八姑娘

据专家考证，达·芬奇在《最后的晚餐》一画中所采用的视角，比正常视角要高一些，为的就是可以画出桌面上更多的物件，让观者可以清楚地看到盘中的食物。据专家考证，盘中的食物是烤鳗鱼配切片橙子。

达·芬奇为什么画鳗鱼呢？有专家说，是因为"鱼代表基督"的象征意义。在早期基督教绘画中，鱼就是基督的符号。有专家反驳说，达·芬奇画鳗鱼配香橙，是因为他自己爱吃。达·芬奇生前写了50本~120本笔记，现存28本，这其中记录的不乏各种菜谱和他购买的原料。在他的笔记中，常有"胡椒面包、鳗鱼、杏"的组合。

也有人出来反对了，说达·芬奇是素食主义者，他是不会吃鱼的。同样是在他的笔记中，他不止一次说过，动物和人都具有同等重要的生命。还有专家研究了当时的菜谱，说达·芬奇画的是当年的饮食潮流，那时流行吃各种柑橘类的水果配鱼。

选自《读者》校园版2017年第2期

故宫明明是红墙，为什么叫紫禁城

作者　小清新

在先秦时代，紫色是低贱的

在我们现代人的观念中，紫色一直是高贵、典雅和神秘的象征，是很有格调的颜色。然而在遥远的先秦时代，紫色却是一种不怎么高级的颜色。

中国古代的颜色体系分为正色和间色。正色有五种，分别代指东南西北中，也对应着五行金、木、水、火、土，分别是白色、青色、黑色、赤色和黄色。

间色是由正色混合而成，一般指绀（红青色）、红（浅红色）、缥（淡青色）、紫、流黄（褐黄色）这五种颜色。

那个时代的紫色是一种什么颜色呢？《春秋释例》有言："火畏于水，以赤入于黑，故北方间色紫也。"另有一说是青色和赤色混合成了紫色，和我们今天所说的紫色大致类似。

古时以正色为贵，间色为贱，紫色一向被视为"闲杂之色"。孔子在《论语·阳货》中第一次提到紫色："恶紫之夺朱也，恶郑声之乱雅乐也，恶利口之覆邦家者。"

这番言论的起因大概是"春秋五霸"之一的齐桓公特别喜欢穿紫色的衣服。齐桓公喜爱紫色，上行下效，整个齐国都以穿紫色的衣服为时尚，那个时候以颜色来显示等级的制度已经有些崩坏。

孔子最推崇周礼，周代尚赤，礼不可废，弃赤求紫乃天地之不容，礼法之不恕。所以孔子特别讨厌紫色，认为它与礼法不和。

孔子带起的"恶紫潮"持续了那么一阵，东汉末年刘熙的《释名》中记载："紫，疵也，非正色。五色之瑕疵，以惑人者也。"反正在那个时候，紫色是一个没地位还迷惑人的大"瑕疵"。

紫色很少见，紫色的衣服价格不菲

那么如此低贱的紫色，命运究竟是怎么逆转的呢？大概是因为这种颜色很难制作出来。

在中国古代，紫色衣服的制作基本上离不开一种叫紫草的植物。

紫草根部的汁液可以用来染出紫色的衣服，《尔雅·释草》中有记载："藐，紫草。"郭璞加的注释是："一名紫茹……根可以染紫。"

东亚大部分地区用这种植物把衣服染成紫色，但是染成后颜色易褪，稳固染色很费工夫，所以要染一件紫色的衣服价格不菲。

《韩非子·外储说左上》中记载："齐桓公好服紫，一国尽服紫。当是时也，五素不得一紫。"也就是说，当时 5 件白色的衣服都抵不上一件紫色衣服的造价，其金贵程度可想而知。

在西方，紫色衣服的造价更高。西方人穿的紫色衣服是用一种贝紫染成的。贝紫是贝的鳃下腺，是一种位于筋肉和内脏中间部分的呼吸系统里的活性分泌物。该物质不溶于水，可是一旦将它染在布料上，它就会在日光的作用下，由黄变绿，再由绿变蓝，最后成为色牢度极佳的紫色色素。

有关若干染色贝提取 1 克紫色染料的记录众说纷纭，少则 300 个，多达 1 万个。总之，紫色染料很贵。因此，在欧洲中世纪，穿紫色的衣服是王公贵族和僧侣的特权。

埃及艳后克利奥帕特拉七世还把她的帆船染成了紫色，死后也裹在紫色的丝绸之中。

很多国王禁止平民百姓穿紫色的衣服，当然，一般的百姓也买不起。

紫色在西方是尊贵和权力的象征，类比中国，物以稀为贵，虽说是间色，但紫色这么难得，我们也就不难理解紫色的地位为什么后来会提升了。在唐代，三品以上的官员要穿紫色的官服，所以白居易曾有诗云："紫袍新秘监，白首旧书生。"

紫色能有今天的名气，离不开道教的传播

除了价格昂贵之外，紫色在中国的发展离不开道教的广泛传播。

我国古代帝王非常热衷于天文学，确切地说是星相学。星辰的变化运行被视为人间兴衰的象征和预言。古代的星相官，以北极为中心，于 36 度之圆周

内，区分为 3 个区域，谓之三垣，即天市、太微、紫微。

太微为上垣，紫微为中垣，天市为下垣，古代以中为贵，紫微垣共有 15 颗星，为中天的中心，是天帝居住的地方，又叫"紫宫"或"紫府"。

关于"紫宫"一名的来历，《春秋元命苞》中提到："紫之言此也，宫之言中也，言天神运动，阴阳开闭，皆在此中也。"在中国历史上，紫色和高贵发生关系远不止这一例。

有了"紫宫"的说法后，道家便频频出现了有关紫色的代名词。例如紫县（代表中国）、紫房（道家称仙人所居的地方，也称"紫府"）、紫金丹（古代方士所谓的服之可以长生不老的丹药，孙悟空在太上老君的丹房里吃的小药丸就是紫金丹）、紫皇（道教传说中的天帝）、紫极（星名，借指帝王的宫殿）、紫云（紫色云，古以为祥瑞之兆）。

传说道家的创始人老子过函谷关时，关令尹先看到有紫气从东而来，知道将有圣人过关，果然老子便骑着青牛而来。在道家，紫色有吉祥的寓意，这个观念也被中国古代很多帝王接受，他们皆以紫色为祥瑞之色。

紫禁城和它上面的星空

说到这儿，皇宫叫紫禁城的原因也就相当明了了。紫宫是天帝居住的地方，又在诸天中央，地位尊贵，古代帝王既以天子自居，在他们生活和居住的地方自然要模仿天帝的府邸"紫宫"。

这种等级森严的皇宫，是寻常百姓甚至一般官吏难以接近的禁区，因此取"禁"字作为皇城的名称，而且"禁"还平添了皇宫的威严。这就是"紫禁城"名字的由来。皇帝要为自己身为天子的尊贵之躯找一个符合自己身份的高贵居所。

紫禁城的建制也处处体现了"受命于天"和"君权神授"的特点，太微垣南的三颗星，天文学家们认为是紫宫的三道门，于是明成祖命人修建了端门、午门和太和门，午门和太和门之间流淌的金水河又代指银河。

太和殿位于紫禁城的中央，是皇上行使皇权、举行大典的地方，象征着无上的威严。皇帝和皇后居住的乾清宫和坤宁宫中的"乾"和"坤"二字，则取天、地之意。

这样看来，紫禁城的建筑是和星象高度统一的，只是不知道居住在里面的皇帝会不会觉得心累。

选自《读者》校园版 2017 年第 3 期

"得过且过"原是鸟叫声

作者　许　晖

人们口头上说"得过且过"，却很少有人想过这个成语是怎么来的。原来，"得过且过"来自一种鸟的寓言故事，这种鸟叫寒号鸟。寒号鸟还有另外三个名字，鹖鴠、鹖旦、独春。李时珍在《本草纲目》中如此定义："鹖鴠，夜鸣求旦之鸟。夏月毛盛，冬月裸体，昼夜鸣叫，故曰寒号。"寒号鸟夏天羽毛丰盛，冬天毛都褪尽了，昼夜鸣叫，像一个苦孩子，因此称为"寒号"——寒冷的时候还在号叫。这种鸟给人的感觉是很可怜。

寒号鸟确实很可怜，它的外形像蝙蝠，但比蝙蝠要大，在岩穴中冬眠，睡觉的时候倒悬身体，靠吃甘蔗和芭蕉等的汁液为生。元末明初文学家陶宗仪在《南村辍耕录》一书中记载了这种鸟的种种情形：五台山的寒号鸟四只脚，背上长有肉翅，却不能飞，拉的粪是一种中药，叫五灵脂。五灵脂顾名思义，就是它的形状如凝脂，是受五行之气而形成的。此药性味甘温，无毒，入肝经，具有疏通血脉、散瘀止痛的功效。盛夏的时候，寒号鸟羽毛丰盛，文采绚烂，因此常常自鸣得意地叫道："凤凰不如我！凤凰不如我！"到了深冬严寒之际，寒号鸟的羽毛全部脱落了，就像初生的小鸟一样，悲鸣道："得过且过！得过且过！"

虽然很少有人见过寒号鸟，也少有人听过寒号鸟的叫声，但是就像鹧鸪的叫声像"行不得也哥哥"一样，也许寒号鸟的叫声的确像"得过且过"。一种鸟的叫声到人类这里却成了一个成语，这也是非常好玩的一件事吧。

选自《读者》校园版 2017 年第 4 期

植物也"发烧"

作者　王贞虎

人或动物生病，往往伴随有发烧症状。人一旦发烧，整个精神状态都不好，怕冷、头重脚轻、食欲不振。那植物呢？它们也会发烧吗？

"身体"抱恙

科学家发现，植物也有"发烧"的症状。有趣的是，许多植物"发烧"竟然也与疾病有关。通常，农作物的体温只比气温高2℃～4℃，假如超出过多，那这株植物就该请"医生"了。

植物的"高热"跟人类的重感冒一样，只有在受到病毒感染时，叶子等部位的温度才会急剧上升。

植物"发烧"的罪魁祸首，是一种叫水杨酸的化学物质。这种物质存在于植物体内，有毒，但势单力薄，小水起不了大浪。可是，一旦植物受到病毒感染，

少量的水杨酸便会迅速产生不可小觑的力量。它们振臂一呼，"群贼响应"，成千上万个水杨酸弟兄于最短的时间内在植物体内集合，形成一支水杨酸大军。这支大军发起进攻，植物不得已，只好"关闭城门"，将叶子表面的气孔完全关闭。

由于叶子上的气孔对植物所起的作用跟人体汗腺一样，植物没了这些排汗孔，水分蒸发量大大减少，体内的热量排不了，就会"发烧"。而且，水杨酸大军首先进攻的"城堡"是植物的根部，影响根对营养的吸收，营养不良也加快了植物"发烧"。

在水杨酸大军进攻植物的"战斗"末期，植物已是全身酸软、有气无力了。它们的叶片只能进行少量的光合作用，根系则失去了吸水的功能，"渴灾"便开

始降临，"高烧"进一步加重。如果时间一长，植物就会奄奄一息，最后死亡。

即使植物没有受到病毒感染，但如果"渴"得厉害的话，也会"发烧"。白天，植物的叶温主要靠蒸腾作用调节。当土壤里的水分充足时，蒸腾作用较强，叶温降低；而当土壤里的水分不足的时候，叶子得不到充足的水分，在阳光下失水过多就不得不关闭气孔，导致蒸腾作用减弱，叶温升高。

"温柔"陷阱

有些植物"发烧"并不是因为身体有病，而是想通过"发烧"达到某种目的。

天南星、白菖蒲、魔芋、半夏、马蹄莲就是典型的代表。它们是天南星科植物，大多夏季开花，花色艳丽，呈肉穗花序，外包淡黄色、黄绿色、紫色、白色或绿色的佛焰苞。仔细观察，你会发现一个奇特的现象，就是它们开花时，花部会"发高烧"，温度比气温高出20℃以上。而这种"高烧"状态往往会维持12个小时左右，"盛热期"仅1~2小时。

短暂的花期，短暂的"高烧"，难道仅仅是为了表现出它们的与众不同吗？

当然不是。在它们"发烧"期间，高温的花朵会散发出一种带有怪味和刺激性的化学物质，如胺和吲哚，迅速吸引苍蝇等昆虫前来授粉。原来，天南星科植物们靠"高烧"引诱昆虫，促进了物种的繁衍。

在南美洲中部冻结的沼泽地里，有一种聪明的植物——臭菘。它们的花朵迎寒绽放，常常"发高烧"，假造一座"温室"，诱使一些怕冷的昆虫前来小住，从而达到授粉的目的。

臭菘是一种佛焰花序植物，花期约14天。即便在大雪纷飞的严冬，其花苞内也始终保持着22℃的温度，比气温高出20℃左右。

臭菘花为什么能散发那么高的"热量"，让自己成为"冬天里的一把火"呢？植物学家通过观察研究，发现臭菘花有许多产热细胞。这些细胞里含有一种酶，能氧化光合产物——葡萄糖和淀粉，释放出大量热能。这种酶的氧化速度惊人，简直可以媲美鸟类翼肌和心肌对能量的利用。

选自《读者》校园版 2017 年第 5 期

你听过流星的声音吗

作者　仇博简

当一颗流星呼啸着穿过地球上空的大气层时，对于我们来说，却是一场无声的表演。大多数流星会在离地面100多千米的高空燃烧殆尽，即使流星产生的声音足够响，鉴于声速远慢于光速，声音也是在这种视觉奇观过后好几分钟才抵达地面。

然而，据多年来的许多目击报告记载，在流星出现时有一种奇怪的"吱吱"声与之相伴，听起来就像有人在煎蛋。最近，美国桑迪亚国家实验室和捷克科学院的研究人员表示，他们发现了一种机制，可以解释与流星相伴的"吱吱"声。

闪烁的流星

他们说，这种"吱吱"的声音确实存在，但它们不是来自流星周围空气分子的振动，而是来自地面，不过这种声音与流星产生的光有关。

捷克科学院曾利用高速摄像机，记录了100多颗流星火球产生的光。记录到的光变曲线显示，流星产生的光其实是由一系列闪光——亮度会忽明忽暗的光——组合而成的。这是因为大多数流星变成火球时，燃烧是很不稳定的。而流星燃烧时的温度可以接近太阳的表面温度，产生的闪光能量巨大，可以一路抵达地面。

地面上某些物体接收到周期性变化的光照时，它们温度的升降会引起体积的胀缩，搅动周围的空气分子，于是就产生了声波。声波的频率与闪光亮度变化的频率相同，如果处于人耳的听觉频率范围（20赫兹到2万赫兹），那么人就能听到声音。

上面所说的现象被称为"光声效应"，是美国发明家亚历山大·格拉汉姆·贝尔于 1880 年首先发现的。

听起来如在煎蛋

研究人员还对他们的想法进行了测试。在消声室（一间能隔离外界所有声音的实验室）中，他们放置了一盏 LED 灯和一个麦克风。研究人员让 LED 灯不停地闪烁，并照射各种物品，包括木头、画作、毛毡和假发等，他们记录到了微弱的与目击报告提到的相同的声音——"啪啪""吱吱""沙沙"的声音。当 LED 灯以 1000 赫兹的频率闪烁时，被照射的物体产生了一种大约 25 分贝的声音，这足以直接被人听见。所以说，这个测试证实了他们的想法：流星可以把能量从空中以电磁辐射的形式迅速传到地面，并加热地面上的物体，让它们发出煎蛋时的"吱吱"声。

他们还发现，能迅速吸收光但导热性很差的材料所发出的声音最响。这种材料包括深色衣服、头发、树叶和草等。他们的模型显示，流星的亮度跟满月差不多或更亮时，就能在地面上产生光声效应，而且只要流星产生的光闪耀的频率处于人耳的听觉频率范围内，我们就有机会听到与流星相伴的"吱吱"声。

所以，如果你能够幸运地发现一颗流星，仔细听，它可能正在跟你说话。

选自《读者》校园版 2017 年第 13 期

小虫子拯救地球

作者　许　诺

　　西班牙科学家费代丽卡·伯特科希尼打扫自家蜂巢的时候，发现了一支可能可以拯救地球的"部队"。

　　她清理出寄生在蜂巢中的蜡虫，把它们放进系紧的塑料袋里。忙完回来一看，袋里空空的，蜡虫"吃"出了一条生路。

　　这种神奇的能力，是一种尚未开发的资源。2017年4月24日，伯特科希尼的论文发表在《当代生物学》期刊上。她指出，100只蜡虫在12小时内能降解92毫克聚乙烯，速度远远超过被寄予厚望的真菌和细菌。

　　蜡虫是蜡螟虫的幼虫，颜色淡黄，看起来普普通通，却具有不同寻常的消化系统。它们喜食有"生物界塑料"之称的蜂蜡，面对塑料中最常见的成分聚乙烯，也同样胃口大开。通过分析其食物残渣，研究者发现蜡虫真真切切地将聚乙烯降解成了乙二醇，后者几周内就可以在土壤和水中分解。

　　接下来，伯特科希尼希望能搞清楚蜡虫消化的机制，提取其中关键的活性物质，尝试人工合成，从而进一步提高降解塑料的效率。毕竟人类寄予它们的厚望，是降解每年80万吨聚乙烯产品。这还不包括其他成分的塑料产品，蜡虫对它们的分解能力还有待验证。

　　不过严格来说，这可不是人类拯救地球，而是人类闯了祸之后，又要回家找地球老妈帮忙了。

选自《读者》校园版2017年第14期

唐诗发表在何处

作者　韦春俭

唐代没有自媒体，那么，诗人们写诗发表在哪儿呢？其实，他们的阵地也蛮丰富——诗墙、诗板、诗瓢、诗屏。

所谓诗墙，就是把诗作写到墙壁上。当然，墙壁要选择人流量大的闹市街铺、风景名胜、交通驿站等地，方能让更多的人看到。但墙壁有限，容易写满，就得重新粉刷一遍，再把新诗写到上面，比较麻烦。

有的诗人敢于创新，把诗写到一块木板上，悬于闹市墙壁等处，既扩大了墙壁的容量，又易于更新，这就是诗板。古代有些诗文就是记载诗板的，如张祜的《题灵彻上人旧房》诗："寂寞空门支道林，满堂诗板旧知音。"如郑谷《送进士吴延保及第后南游》诗："胜地昔年诗板在，清歌几处郡筵开。"

诗墙、诗板之外，还有诗瓢。所谓诗瓢，是一些居于深山古寺者常用的诗歌发表方式。他们与人接触少，写好诗后，无人赏读，怎么办？他们想到一个办法，把诗装入葫芦里投到小溪、河流中，随水漂流，被人看到、捞起、打开，这些诗就与读者见面了。唐代僧人唐球就曾用此种方法传播自己的诗作，在一次投放葫芦后，他说："斯文苟不沉没，得者方知吾苦心尔。"

所谓诗屏，就是把诗写在屏风上，客人来了就能读到。需要指出的是，唐朝诗人在屏风上所写的诗，不一定是自己的，有时他们也会把朋友和偶像的诗写到上面。白居易就曾经把元稹的 100 首绝句写在自家的屏风上，作为报答，元稹在寺庙的一面墙上写满白居易的诗，白居易感叹道："君写我诗盈寺壁，我题君句满屏风。与君相遇知何处，两叶浮萍大海中。"

　　在信息不发达的时代，唐朝诗人为了推广自己的作品，竟想出了这样多的招数，也是趣事。无论今人还是古人，都有强烈的表达意愿，都渴望能得到别人的欣赏，因此才会创造出各种各样的"博客"来。

选自《读者》校园版 2017 年第 15 期

你敢吃蓝色的西红柿吗

作者　王溢嘉

多年前，瑞士有一个很有名的设计师，他为某品牌的即溶咖啡设计包装图案，以淡紫色的斜线条为主，整个构图十分精致，无懈可击，赢得了设计大奖。但这种品牌的即溶咖啡，在以新包装上市后，销量却惨跌。

原因是消费者觉得淡紫色并非咖啡的颜色，紫色的包装让人觉得怪怪的，引不起饮用与购买的欲望。你若不信，只要到超市留意一下各种品牌的咖啡，看看它们的包装所采用的颜色主调就知道了。它们一般不会是黑色、绿色、红

色、蓝色或紫色，而是不同层次的棕色，也就是我们一般所说的咖啡色。

每种东西都有它固定的颜色，有些是天然的，有些是人为的，但看惯了之后，就成为人类对颜色的执念。

很少有人知道这种执念有多深。有人曾做过一个有趣的实验，利用无害的人工色素将各种食物染成奇怪的颜色，然后拿给一些小孩子吃。当这些小孩吃下染成蓝色的马铃薯后，都觉得怪怪的，并且出现胃肠不适或拉肚子的症状。

其实这些人工色素完全无害，那它为什么会让人拉肚子呢？因为蓝色并非马铃薯应有的颜色，已经懂事的小孩觉得蓝色的马铃薯是不能吃的，在勉强咽下后，强烈的心理嫌恶感遂诱发了生理反应，而产生胃肠不适的症状。

你若不信，可以将猪肉染成绿色、盐染成黑色、西红柿染成蓝色，吃吃看。

因为绝大多数人对色彩都具有执念，特别是对与维持生命密切相关的食物的颜色。要打破色彩天生的、约定俗成的意义，并不是一件容易的事。

颜色是外在的，对颜色的执念及其影响也较容易观察。而我们内在的思想显然也各有颜色，我们对它们也各有执念，但因为难以观察，我们反而忽略了它们对我们生命的杀伤力。

选自《读者》校园版 2017 年第 17 期

为什么时间有时格外漫长

作者 【英】克劳迪娅·哈蒙德　译者　杜　冰

你是否有过那种感受，觉得早该下课了，可瞥一眼表，发现一节课的时间甚至还没过半呢？往往在你感到无聊、希望时间赶快过去的时候，这种情况特别容易发生。当你感到无聊时，你开始注意时间本身，注意到那煎熬、漫长的每一分钟。可是，当你在玩喜欢的游戏时，相反的情况出现了，你完全沉浸其中，根本无暇关注时间。游戏给你带来极大的乐趣，当你自我陶醉时，时间仿佛加速了。一个小时的时间过得如同直接消失了那般快。

时间过得缓慢（尽管你希望它走得快点儿），问题出在大脑计算时间的方式上。没有人确切地知道大脑到底是怎么做的，因为眼睛管视觉、耳朵管听觉，但没有专门的身体器官负责衡量时间。当然，我们在估计一分钟的长短时，总能做

到令人惊异的准确。你可以自己试试看，找个人帮你测一下，不过别悄悄地数数。

有一种理论认为，人的大脑通过数自身的脉搏数来保持时间感。即使在你无聊透顶、无所事事的时候，你的大脑也非常活跃；当你感到无聊时就开始关注时间，于是脉搏就会加速，大脑数这些加快的脉搏数，会使你以为经过了比实际更长的时间。换句话说，时间好像变慢了，虽然你希望它走快点儿。

当你生病时，时间过得很慢；而当你事后回顾养病的那一周的时间，又会觉得它过得很快。这是因为：当你没做什么新鲜事时，这一周的时间在你的记忆中没占多少地方，于是在你回忆它时，会觉得很短。时间是古怪的，我们永远不能完全适应它。

选自《读者》校园版 2017 年第 22 期

救命的蓝色、绿色衣服

作者　任艳

为什么外科医生的衣服都是蓝色或绿色？医生难道不是都应该身穿白大褂吗？其实，在19世纪中期，外科医生都是身着便服做手术的，但随着医学的发展，外科医生也开始和其他医生一样，改穿干净的白大褂。后来，外科医生的白大褂又变成了蓝色或者绿色的手术服，其中的缘由要从色彩学讲起。

在彩色光谱中，由红到紫的颜色连接成的圆环，叫作"色环"。色环里通常有12种颜色，180°角相对的两种颜色叫作"互补色"，而红色的互补色恰恰为绿色。将这种色彩学应用到外科医生的服装上，效果显而易见。当穿着蓝色或绿色衣服的外科医生身处手术室中时，满眼望去都是蓝色或绿色，那么作为绿色的互补色——红色，也就是血液与内脏的颜色就会格外显眼，也更能帮助医

生集中注意力。

如果你觉得这无伤大雅，仍然坚持穿白大褂，那会是什么情形呢？人们的视觉有一个生理现象，叫作"后像"，在视觉刺激停止后，形象感觉会有一种残留，也就是说会造成一种错觉。比如，如果你盯着一个红色圆形看20秒钟，再转眼看向一块白色区域，你会看到什么呢？是一个绿色圆形。也就是说，看到红色的互补色——绿色，而这种后像在白色背景中更明显，这又是为什么呢？

白光包含七色光，里面就有红色与绿色。当我们盯着红色看上一段时间后，大脑就会对红色的互补色——绿色特别敏感，而白色背景恰巧可以提供这两种颜色。但如果换成蓝色或绿色的背景，这种后像错觉就不会那么突出。

所以，如果外科医生身着白大褂，

在白色手术室里集中注意力做手术时，偶尔抬头瞄到同事的白大褂或周围的白色墙壁，那么蓝色或绿色后像就会出现。虽然这种错觉只会持续几秒钟，但也会影响医生的视觉和判断，这对于需要分秒必争的病人来说非常危险，甚至致命。

选自《读者》校园版 2017 年第 23 期

你长得像你的名字吗

作者　韩晓晨

如果你的名字里带个"石"字，你就会长得像块石头吗？有可能！而且别人也可能这么认为。美国心理学会近期发表的一项研究结果表明，人们正确匹配他人姓名和面孔的概率高于随机水平，而这样的结果可能与我们附着于名字的文化刻板印象有关。

最近，以色列希伯来大学的研究者开展了包含数百名以色列和法国被试者的系列实验。在实验中，研究人员对受试者出示了一张照片和一份列有四五个名字的名单，请受试者从中选出与照片匹配的名字。结果发现，在每一次实验中，受试者正确匹配的概率（25% ~ 40%）都显著高于"歪打正着"的随机水平（20%~25%，各实验有所不同）。

对于这样的结果，研究者认为，部分原因在于人们的名字与"文化刻板印象"相关，因为"看脸识名"的现象具有一定的文化特异性。比如在其中一个实验中，受试者都是来自法国和以色列的学生。结果发现，法国学生只在匹配法语名字与法国面孔方面准确度高于随机水平，而以色列学生只在匹配希伯来语名字与以色列面孔方面优于随机水平。

在另一个实验中，研究者"训练"一台计算机对面孔与名字进行匹配。尽管需要识别的面孔图片多达 9.4 万张，计算机还是达到了 54% ~ 64% 的正确率，显著高于该实验 50% 的随机水平。

在这些研究者看来，人们的名字在面孔上的"显现"，有可能是由于人们无意识地迎合文化规范和线索，进而改变着自己的容貌。

"我们对其他社会刻板印象导致的适

应过程已经很熟悉了，比如种族特性和性别特征，就是影响和塑造我们的外来的刻板期待。"研究者解释道，"此前的研究者已经发现了一些与名字相关的文化刻板印象，其中也包括某些人看上去应该像什么样子。比如说，相比叫'蒂姆'的人，人们更倾向于将叫'鲍勃'的人想象为长着一张圆脸的样子。我们相信长此以往，这种刻板印象也会对人们的面貌产生影响。"

这一结论也获得了一项实验的支持：研究者发现，像发型等可以被人们控制和改变的头部、面部区域，就足以产生上述效应。

"综上所述，这些研究告诉我们，面孔外观反映了'叫某个名字的人应该长什么样'的社会期待。通过这种机制，社会标签可能真会影响人们的相貌。"该研究的参与者、希伯来大学的鲁思·梅奥博士表示，"我们从出生的那一刻起，就注定开始被纳入社会结构之中。影响我们的不仅是性别差异、种族属性和社会经济地位，甚至还有他人为我们取的名字。"

选自《读者》校园版 2018 年第 3 期

视力表上的字母 E

作者　任万杰

视力表一般为 14 行，由大小不同、开口方向各异的字母 E 组成。为什么视力表大多是由字母 E 组成的呢？

其实，只要宽度、高度、笔画的粗细符合国际上的比例，任何字母都可以用作视力表，如日本采用的兰德特氏环行视力表用的就是字母 C。"C 表"在我国也针对特殊人群在使用。根据我国《民用航空招收飞行学生体格检查鉴定规范》，"C 表"是我国飞行员招考时所采用的标准视力表。美国现在还在沿用的斯内伦视力表，由各种拉丁字母组成，这是最初版本的视力表。

我国选择"E 表"的主要原因是，它适用于无法顺利阅读拉丁字母或母语不使用字母表的人群。另一个原因是，"E 表"具有栅格结构，这对测试散光有一定的帮助。比如某人能清楚地辨认左右 E，但对上下 E 辨识困难，就可以合理地怀疑他有一定度数的散光。

选自《读者》校园版 2018 年第 8 期

太阳那么热，为何太空那么冷

作者　那　拉

吉迪恩·利奇菲尔德在《太阳那么热，为何太空那么冷》一文中称，太阳光其实在通过太空的时候并没有给太空带来太多的热量，但阳光抵达地球之后，会让地球上的生物感到非常温暖。

值得注意的是，虽然太阳光没有给太空带来太多热量，但是太空还是有温度的。严格意义上讲，温度衡量的是原子和分子的运动速度。一件物体有温度，是因为构成它的原子和分子在加速运动的过程中产生了热量。

太空中的物体只要是由原子和分子构成的，例如行星、恒星、尘云、宇宙飞船和航天员，都是有温度的。而太空本身没有温度，是因为它并不是由原子和分子构成的——这个说法也不够准确，即便是在"空空如也"的太空中，其实也有原子存在，只是数量很少。

在远离恒星和行星的宇宙空间中，有着非常稀薄的气体，大约一茶匙空间中就会有一个原子。不过这个数值，与地球大气层中每一茶匙空气中有超过1020个分子的数量值相比，几乎等同于无。

但太空中因为有这样微量的原子——也可以说是因为有这种非常稀薄的气体，所以也是有温度的：大概是"绝对零度"以上3℃。"绝对零度"是目前已知的最冷温度，它只存在于分子和原子完全停止运动时。

因此，利奇菲尔德在文中说："若要学究式地适当表达问题，事实上'太空太冷'应该这样说：'太空中的气体为何是冷的？'回答则是：'因为太空太大了。'"

选自《读者》校园版 2018 年第 16 期

为什么你妈总觉得你在吃垃圾

作者　聂小川

前几天，蛋蛋姐收到了来自家乡的问候，那就是家里自制的粽子。我妈的口头禅是："你在外面买的那些吃的都是垃圾，里面都是添加剂！"

我以前还真没好好关心过"添加剂到底能不能吃"这个问题；我们也都知道食品添加剂被称为"食品工业的灵魂"不是没有道理的——如果没有它，超市货架上的食物起码会少90%。

比如说，防腐剂的出现让人们可以买到需要长途运输的美味，而膨松剂、乳化剂和增稠剂成就了我们最爱吃的饼干、雪糕。只要在国家规定的范围和剂量内，在食物里加入食品添加剂是不会有安全问题的。

那么，为什么这种食品工业的宠儿在大众眼中的地位如此之低呢？我觉得要怪就只能怪食品工业这个小妖精真是不争气。

食品添加剂作为帮助大家过上更好生活的小明星，本来应该在万众欢呼中"C位"出道，但是黑心商人把这一切都毁了。事情要从200年前说起，那时候刚完成工业革命的英国风光无限，在集市上，一个普通的伦敦居民可以随时买到牛奶和肉类，生活可以说非常幸福了。作为资深"吃货"的阿库姆，和大家一样也爱买买买、吃吃吃。只不过他还有一个爱好，那就是搞化学。

他没事就爱测测这个、测测那个。一次他偶然发现自己爱吃的面包里有明矾，明矾可以使得面包蓬松，并且更白、更细腻，但其中的铝元素会导致儿童神经发育受阻、成人骨质疏松。作为一个珍爱生命的"吃货"，阿库姆当场就崩溃了。他拿起了手中的化学仪器，为每一样自己能买到的食物做检测。不测还好，一测他发现，自己可能真的活不了几年了。

在当时的英国市场上，黑心商人用铜化合物把蔬菜染得鲜绿，用朱砂和红丹把糖果弄得色彩鲜艳……这样对比下来，掺了水的牛奶还是其中最安全的。1820 年，对此大为震惊的阿库姆写了一本名叫《论食品掺假和厨房毒物》的小册子，"啪啪啪"地打醒了当时的英国人民。但是黑心商家一点都不慌，因为没有法律可以制裁他们。直到 55 年后，英国的《食品与药品销售法》才颁布。

写到这里，我开始有点理解我妈了。在食品安全法规的监管下，慎重选择品牌的确可以规避一些风险。还有一个问题：历史上有不少添加剂，一开始科学界认为它们没问题，但有一天突然发现，其实有问题。比如说，很多食品都会使用甜味素，其中最具代表性的就是糖精和阿斯巴甜，它们的甜度约为蔗糖的 30 倍，价格却只是蔗糖的 1/3。20 世纪 60 年代，含有这两者的饮料满满地占据着超市货架。直到 20 世纪七八十年代，才有研究指出糖精可能导致膀胱癌，阿斯巴甜可能导致脑部肿瘤。

最近我在仔细研究添加剂的时候，还发现了一个更让我困惑的事情，那就是各个国家对不同添加剂的标准不一样，不但剂量标准不一样，对能不能用的标准都不一样。原来这是每个国家基于管理上的取舍，是各国根据自身情况来决定的。

但东西还是要吃的，也不必那么绝望。这世上还有很多天然的和无添加剂的食品，我们可以结合自己的需要做出适合自己的选择。

选自《读者》校园版 2018 年第 17 期

食物离产地越近越好吗

作者　岑　嵘

如果看过纪录片《舌尖上的中国》，你或许会相信最好的食物一定是在原产地。片中有这样一段优美的解说："（临安）雷笋季节结束，属于山里人的美食故事才刚刚开始。残枝败叶下，泥土裂开一条细缝，笋头将出未出，这就是非常稀有的黄泥拱，一座山头或许只能找到三四棵，但它的肉质比任何春笋都细密爽脆，甚至有类似梨子的口感。更为奇妙的是，黄泥拱出土后品质随时间迅速退化，从收获到加工，必须以分钟计算。"

临安吃到的时令鲜笋的味道，也许比别的地方吃到的都好，那么其他食物呢？新疆本地买到的哈密瓜、阿克苏苹果、库尔勒香梨，天津买到的鸭梨，海南买到的杧果和椰子……在当地买的比其他地方买到的更好吃吗？

答案也许会让你大吃一惊。从经济学的角度来说，很多食物，离原产地越远质量越好。这究竟是怎么回事呢？

美国经济学家阿门·阿尔奇安曾提出一个问题：佛罗里达州盛产柑橘并销往全国，但是为什么在纽约出售的柑橘质量普遍要比佛罗里达州出售的柑橘质量好？对这个问题阿尔奇安是这样解释的：好柑橘和坏柑橘的销售价格中都包含运输费用，既然运费是固定成本，当然卖质量好的柑橘更划算了。这样，纽约的消费者就会花高价买进更多的好柑橘，而这又会反过来刺激零售商加大好柑橘的供应量。

阿尔奇安的学生把这个现象称为"柑橘原则"。食品商既然要长途贩运，且付出的运费是相同的，他们当然要挑最好的水果贩卖。这种现象不单出现在佛罗里达州的柑橘上，华盛顿出产的苹果质量最好的都被运到了东海岸（又称"华盛顿苹果现象"）。再比如，我们在超市里看到的进口水果都是大小统一、色泽诱人的，本地出产的水果却常常带有疤痕、外观普通。

这个问题其实在《舌尖上的中国》中也已经给出答案："（迪庆）松茸收购恪守严格的等级制度，48 个不同的级别，从第一手的产地就要严格区分。松茸保鲜的极限是 3 天，商人以最快的速度对松茸进行精加工。这样一只松茸在产地的收购价是 80 元，6 小时之后，它就会以 700 元的价格出现在东京的超级市场……"在东京吃到的松茸一定比迪庆菜市场里买到的好，因为只有最好的松茸才值得被挑选出来千里迢迢地运往日本。

除了食物，我们在生活中也会遇到这个现象。《财富》杂志的编辑丹·塞里格曼在撰写一本有关赌博的书时，经过实地观察发现了一个规律：从远方来到拉斯维加斯的赌客比附近来的赌客输钱更多。同样，我们也会发现那些在精品商场大肆购物的常常是远道而来的客人。这里的道理和"柑橘原则"一样，既然客人付出高额的飞机票和酒店费用，那一定会在赌场里多玩两把，或者在购物大厦里多买几个包包。

选自《读者》校园版 2018 年第 22 期

他们随手造个词，全世界就用了一百多年

作者　友邻霍夫曼

在鲁迅先生的文章《故乡》中，闰土项戴银圈，手捏钢叉，刺过一种爱偷吃西瓜的动物——猹。这个"猹"字看起来相当"高冷"，其实，它是鲁迅先生自创的字。1929年，鲁迅在致时任《辞海》主编舒新城的信中说："'猹'字是我据乡下人所说的声音，生造出来的……现在想起来，也许是獾吧。"

看来文人总是才思敏捷的，当他们一下想不出用哪个词来表情达意的时候，就干脆造一个新的。不光在中国，英语世界里的很多作家造起单词来也是不遑多让的，而且他们的"产品"很多都广为流传，沿用至今。

莎士比亚为英语增添了数千个新词。来自"莎翁语库"的词包括：addiction（嗜好，出自《奥赛罗》）、dishearten（使沮丧，出自《亨利五世》）、eyeball（眼球，出自《暴风雨》）、lacklustre（无趣的，出自《皆大欢喜》）。

19世纪英国杰出的文学家乔纳森·斯威夫特在其著名的讽刺小说《格列佛游记》里杜撰了"yahoo"这个词，用以指代一种低级、粗俗的人形动物，这个词后来被用来形容流氓或粗野的人。当然，在这个词后面加上个".com"，我们对它会更为熟悉。雅虎的创始人杨致远当年正是以一种自嘲的精神命名了曾在互联网世界叱咤风云的雅虎公司。

在粒子物理学的世界里，夸克（quark）是构成物质的基本单元。你知道吗？它也是美国经典科幻喜剧《亲爱的，我把孩子缩小了》中主人公家的狗的名字。使用这个词的人，要感谢爱尔兰作家詹姆斯·乔伊斯。在乔伊斯晦涩难懂的长篇小说《芬尼根的守灵夜》里，

"夸克"是海鸟的叫声，原文为："Three quarks for Muster Mark！（向马克三呼夸克！）"

美国物理学家默里·盖尔曼从中得到灵感，将他发现的基本粒子命名为"夸克"（质子和中子刚好是由三个夸克组成的，对应了"三呼夸克"）。

英国数学家、儿童文学家刘易斯·卡罗尔也是一个很爱造词的人，他经常以合成词的方式来造新词。Chortle 这个词出自《爱丽丝镜中奇遇记》，"He chortled in his joy"，它表示"得意地大笑"，是由 chuckle（咯咯地笑）和 snort（高声大笑）合成的。

卡罗尔类似的创意还有：frabjous（极为美好、令人愉快的），它是由 fabulous（极好的）和 joyous（快乐的）合成的；galumph（得意扬扬地走），它是 gallop（疾驰、飞奔）和 triumph（成功）的合成词。

选自《读者》校园版 2019 年第 1 期

证件上的你为什么那么丑

作者　白瑞雪

人生总有一些猝不及防的打击，让你的自信心全面崩溃。比如，领到新的身份证，面对证件上那个额似门板、肤有雾霾、目光离散、鼻孔却直视镜头的中年妇女，一个声音在心底高喊："是你，是你，照片上的就是你。"另一个声音却百般抗拒："我不会这么丑吧！"

对证件照的不满，当为天下人之共识。江湖有言："作为一个受过教育的人，你不该轻易去探听别人的年龄或婚姻状态，也永远不要未经允许就看人家的身份证。"

我的一个女朋友不过是脸盘圆润了点儿，身份证照片活活被拍成了另一个人。另一个女友过安检常遇到对方意味深长的询问："韩国整的？"

纵观几十年间办理的身份证、毕业证、学位证、护照……各种证件照在丑颜之路上前赴后继、勇攀新高，带给自个儿的羞辱简直罄竹难书。

证件上的你为什么那么丑？"冻脸效应"表明，人类脸部的静态图远远没有动态图好看。而拍摄证件照的我们不能眉飞色舞，不能用头发遮住壮阔的脸，不能化妆或佩戴首饰。在没有任何角度、修饰、遮掩可选择的情况下，工作人员——通常是视拍摄与按指纹业务并无区别的警察叔叔，直勾勾地拿相机对准你——通常是市面上已经淘汰的老旧机器，一张将伴随你走南闯北几十年的照片就这么诞生了。

发生这种惨剧的首要原因在于，美不美从来不是证件照片的基本功能。证件照的价值是识别，也就是说，它得证明你确实是你。

中科院技术"大牛"山世光老师是这

样解释的："同一个人在拍照时，由于姿态、表情、光照、年龄等变化，拍出来的面部图像在信号层面差别非常大。"山老师说了，目前人脸识别领域面临的主要挑战之一是"鲁棒性"问题。文科生别害怕，这个怪词翻译过来是说，你拍证件照时嫣然一笑，照片上原本应该是嘴唇的像素被填上了大白牙，等到下次需要机器识别时你又不笑了，这叫机器怎么准确、稳定地认出那就是你呢？

咱得包容证件照，它虽然丑，但丑得讲科学，丑得有道理。此时丑的你属于基本配置奥拓，加上一颦一笑那是奥迪，隆重化个妆就办成了奥运。证件照搞个豪华配置，你倒是美了、开心了，可身份识别就难了，保护不了你的合法权益，还可能把你指认成在逃嫌犯什么的。如此一想，豁然开朗。科学技术不仅是第一生产力，还是有效的心理安慰剂啊。

然而，你是否想过，我们可能确实那么丑。面对证件照的震惊，难道不是因为美图软件让我们背上了沉重的"偶像包袱"，以至于无法面对真实的自己？常年在镜子里搔首弄姿寻找最佳角度的我们，难道不是最熟悉的陌生人？

"乔哈里视窗"理论认为，人内心有4个自我：公开的自我、秘密的自我、盲目的自我以及未知的自我。自我认知的错位，往往发生在"盲目的自我"部分，其盲目性所及何止容貌。在喜怒哀乐的人间，缩小理想自我与真实自我之间的认知差距，接受不完美的世界与不完美的自己，实事求是、量力而行地过好每一天，才是解决这个问题的关键。

选自《读者》校园版 2019 年第 3 期

取经路上吃什么

作者　李正明

唐僧师徒于西天取经路上，除了与各路妖魔做斗争外，还要同饥饿做斗争。化斋，是僧人吃饭的方法。一个"化"字，道出了向别人乞求施舍的艰辛。好在僧人吃素，只要是素斋，数量多寡、冷热与否皆无所谓。那么，这些素食都有些什么呢？

在朱紫国，会同馆管事送给唐僧师徒的是"一盘白米、一盘白面、两把青菜、四块豆腐、两个面筋、一盘干笋、一盘木耳"。主食、副食都有了，不过都还只是原料，属待加工的素食。

在西梁女国，女王招待的素筵让猪八戒饱餐了一顿："那猪八戒哪管好歹，放开肚皮，只情吃起。也不管什么玉屑米饭、蒸饼、糖糕、蘑菇、香蕈、笋芽、木耳、黄花菜、石花菜、紫菜、蔓菁、

芋头、萝菔、山药、黄精……"

蔓菁又叫芜菁，俗称大头菜，是一种两年生草本植物，块根肉质，扁球形或长形，可煮粥或做菜。香蕈，菌类，也就是我们常吃的香菇。萝菔，就是萝卜。黄精又名野生姜，其根如嫩姜，道家认为这种植物能够延年益寿。

在驼罗庄，李老头请唐僧师徒吃了顿素斋，其中有"面筋、豆腐、芋苗、萝卜、辣芥、蔓菁、香稻米饭，醋烧葵汤"。醋烧葵，即冬葵，是我国古代生活中的主要蔬菜之一。元代王祯《农书》称它为"百菜之主"，而《本草纲目》将它列为草类。

第八十二回，唐僧师徒身陷无底洞，女妖摆下了一桌颇为丰盛的"素果素菜筵席"："旋皮茄子鹌鹑做，剔种冬瓜方旦名。烂煨芋头糖拌着，白煮萝卜醋浇烹。

椒姜辛辣般般美，醋淡调和色色平。"

第一百回，唐僧师徒西行凯旋，唐太宗设御筵为他们接风洗尘，那御筵更是花样百出的素筵："宣州茧栗山东枣，江南人杏兔头梨。榛松莲肉葡萄大，榧子瓜仁菱米齐。橄榄林檎，苹婆沙果。慈菇嫩藕，脆李杨梅……"

以上诸种素食大致包含主食（面食、米饭）、蔬菜（绿叶菜、菌类菜、海藻）、豆制品、水果（鲜果与干果）和假荤菜。其中值得一提的是假荤菜，或称仿肉菜。"无底洞"女妖设宴中的"旋皮茄子鹌鹑做，剔种冬瓜方旦名"正是两款假荤菜。茄子去皮后做出鹌鹑肉的味道，冬瓜除

籽后模仿出鸡蛋的形态，匠心独运。

在西天取经的过程中，唐僧师徒自始至终坚持了戒肉，但未曾戒酒。第八十二回中，唐僧被妖怪捉到无底洞中，女妖们摆素酒席请唐僧。当女妖劝唐僧喝"交欢酒"时，唐僧犯嘀咕了："此酒果是素酒，弟子勉强吃了，还得见佛成功；若是荤酒，破了弟子之戒，永堕轮回之苦！"

酒还有荤素之分吗？《西游记》此处有交代，说是孙悟空"知师父平日好吃葡萄做的素酒，叫他吃一盅"，看来葡萄酒是素酒之一了。

选自《读者》校园版 2019 年第 4 期

古代没有天气预报，人们靠什么识别阴晴

作者　孔子学院总部

天气预报为现代人们的生活带来了极大便利。第二天如果要出行，我们前一天看看天气预报就知道明天是否会下雨、要不要带雨伞，或者是否会降温、要不要多穿衣服，等等。那么，古代没有天气预报，人们是靠什么来预测天气状况的呢？

天上的云，姿态万千，变幻无常。古人常通过看云来识别阴晴风雨，预知天气变化。《诗经·小雅》曰："上天同云。雨雪雰雰。"意思是说，下雪的云，在天空中是均匀一色的。下雪前，云层常常是比较均匀的高层云；而当下雪时，就变成雨层云了，云的分布同样也比较均匀。

夏季下大雨的云一般是怎样的呢？

北宋苏轼形容："满座顽云拨不开……浙东飞雨过江来。"这里的"顽云"，就是现在说的聚集浓密、含雨量丰富的积雨云。唐代李肇的《国史补》中有"暴风之候，有炮车云"的记载。这种云底部平坦，云顶隆起，群峰争奇，渐渐向顶部伸展，呈砧状，很像炮车。当这种结构最终形成时，那绝对就是对流强烈的积雨云。

古人还根据云层的形状、薄厚、颜色及其变化，总结出一系列"看云识天气"的谚语。如"天有城堡云，地上雷雨临"，其中的"城堡云"和"炮车云"形状相仿，都是可以产生雷阵雨的云体。不仅有"看云预测雨"，也有"看云预测晴"。如"天上鱼鳞斑，晒谷不用翻"，这里的"鱼鳞斑"指的是一种透光高积云。这种云体比较高，也不厚，一般预示着持续晴日。

唐代黄子发的《相雨书》，收集了唐

代以前的一些天气预测经验，有些至今还很有价值。例如书中说：云中出现黑色和红色，就会下冰雹。现在进行人工防雹作业时，也须判断是否有雹云。雹云的颜色先是顶白底黑，然后云中出现红色，形成白、黑、红的乱纹云丝，云边呈土黄色。

可见，对可能下冰雹的云的颜色，古今描述基本一致。

古人还依靠手工描摹和文字说明，制作出许多云图。目前发现最早的云图，是长沙马王堆三号墓出土的《天文气象杂占》（西汉帛书）和敦煌出土的《占云气书》（唐天宝初年）。明代典籍《正统道藏》中有《雨畅气候亲机》《雨晒气候亲机》两篇，内有云图39幅。

明清时期的《白猿献三光图》有132幅云图，每幅图上都有说明，以日、月、星和银河作背景，根据各种云的特征和变化，描绘成云图，可用于天气预报，

而且绝大部分图文都符合现代气象观测学基本原理。

古代文人也有自己的看云心得。陆机《浮云赋》用"有轻虚之艳象，无实体之真形"，描绘了游移于空中的浮云。

云和雨往往是不可分的。西汉董仲舒在《雨雹对》中说："攒聚相合，其体稍重，故雨乘虚而坠。风多则合速，故雨大而疏；风少则合迟，故雨细而密。"从微观角度说明雨滴的形成过程，基本上和现代暖云降雨理论相符。

古代诗人还知道云中含水的常识——"纵使晴明无雨色，入云深处亦沾衣"，同时似乎也清楚云雨转换之道理——"云腾致雨，露结为霜"。

这些传统的观天看云识晴雨的方法，如今很多地方依旧在用。

选自《读者》校园版 2019 年第 22 期

你信不信水果都是自愿变好吃的

作者　王海山

很多人买水果时通常会问，水果甜不甜？确实很少有人喜欢吃较酸的水果。我们会发现，大多数水果都是比较甜的，像苹果、梨、香蕉、桃子、橘子等，都含有大量的糖分。不甜的水果只占很小的一部分。有人认为，它们是自愿变得那么甜的，这就是在杂交和人工培育之前也能吃到甜美的水果的原因。这种说法你相信吗？

其实这个问题反映了植物的生存法则。在人类社会早期，种植业不发达甚至还没有成形，人们靠男人打猎、女人采摘果实充饥。因为比较甜的水果更美味，所以就有更多被人将种子带到更远的地方的机会。因此植物为了自己的种子传播得更远，会主动迎合人类，尽量让自己的果实变得比较好吃。

后来随着社会的发展，较甜的水果得到了广泛种植，还出现了嫁接、优选以及现在的杂交技术等。所以大量较甜的水果被一代代传了下来，一些没有改变的果实因为比较难吃被淘汰掉了。

同样，为了增加生存机会，植物还会把自己果实的颜色生得很鲜艳，让人容易发现。所以，人们常吃的水果基本都是优选后较甜的水果。如果去采摘野生的果子，你就会发现它们大多没有人工培育的甜。因为野生的水果没有受到人工干预，基本上都是靠自己或者动物帮助繁殖的。但是你会发现，所有的水果在不成熟的时候基本都是酸涩的，其实这也是植物的一种自我保护机制，避免了自己的种子还未成熟就被吃掉的风险。

选自《读者》校园版2020年第8期

鼻孔为什么有两个

作者 【日】坂井建雄　译者　韩　静

很多人都认为左右鼻孔是同时呼气吸气的，但实际上，鼻孔是交互进行呼吸的。

当身体不需要太多氧气的时候，一侧的鼻甲（鼻子里黏膜覆盖的褶子）膨胀（充血），以阻塞空气通过。这样，就可以让一侧的鼻孔休息，提高呼吸的效率。也就是说，此时鼻子进入了节能模式。另外，这也意味着让敏感的嗅觉休息。左右交换的时间周期因人而异，一般在一小时至两小时。

嗅觉是动物保护自身免遭危险的重要感觉。动物的嗅觉非常灵敏。但是人类由于文明的生活方式，嗅觉逐渐退化。即便如此，在生活中嗅觉还是扮演着重要角色。

能感受到味道的，是鼻腔最上面的如一张邮票大小的嗅觉器，这里有嗅黏膜。其中的"嗅球"能够感知气味。

那么，鼻塞的时候闻不到气味，是因为鼻塞时人们会无意识地用嘴进行呼吸。空气的流动改变，无法到达"嗅球"。嗅觉是非常敏感的，也容易疲劳，所以最初人们能闻到味道，过一会儿就变得迟钝，什么也闻不到了，就算是煤气味儿也感觉不到，由于嗅觉的钝感，就有可能会发生煤气中毒。

选自《读者》校园版 2020 年第 11 期

一朵云等于几头大象的重量

作者 【西班牙】大卫·加耶 译者 姜 宁

　　小时候，我觉得所有的云都是熊的形状。别问我为什么会这样想，或许是我小时候深受动漫《塔亚克森林里的大熊》的影响。这部动漫讲了两只双胞胎小灰熊在塔亚克森林里的故事，就好像我和我的妹妹西尔维娅一样。两只小熊在猎人杀了它们的妈妈之后，逃入森林并且迷了路，然后开始冒险。唉，可怜的小熊！

　　相信每一个人在小时候都会躺在草坪上凝视天空，看着云卷云舒、变幻莫测。但大家眼中的云好像都不太一样：可能这个人看到的是一朵龙头状的云，另一个人却觉得这朵云像一只树袋熊。而且，随着时间一分一秒地流逝，云也会随着环境的变化而变化——先是形状改变，然后会移动，最后甚至会消失。这些云好像在通过这些变化同我们对话，讲述着世间万物的转瞬即逝。

　　如果你也喜欢观赏云朵，那你不是一个人。伊比利亚半岛上有一个叫作"伊比利亚云朵观察协会"的组织，这个组织常常举办国内和国际的交流会议。其中，有一个最为知名的会员——盖文·普雷特·皮尼，他是《云彩收集者手册》一书的作者，同时也是云朵鉴赏大会的创始人。他在著作中提到观察云并非如大众认为的那般无聊或无用，并且指出天空中各种云的不同类别：卷云、层云和恐怖的积雨云。

　　但是，云到底是什么呢？实质上，云是地表大气中的水蒸气遇冷液化成的小水滴或凝华成的小冰晶（这取决于具体的温度）所混合组成的飘浮在空中的可见聚合物，一般来源于海洋表面的水在太阳光照射下形成的水蒸气。这些飘浮在空中的水滴或冰晶的体积很小，一般直径在 0.2 毫米到 0.3 毫米之间。当温度降低时，这些小水滴会凝结变大，直径可达 1 毫米。这时，这些水滴会变成雨水，落在我们的头顶或雨伞上。这也是地球水循环中的一个环节：地表的水分蒸发后形成云，云又会化为雨水落回地表，重回地表的水分又可以进入下一个蒸发成云的循环。在这个自然循环的过程中，人类也扮演了一定的角色：我们去河里取水，然后又把用过的水倒回去。

除了参与地表水循环，云还起到了很多别的作用，如均匀分散太阳光能、调节地球表面的气温等。地表上最清亮平整的表面能够反射的光照量被称为"反照率"，如冰面、雪地以及云朵（有 22% 的反照率）。阳光在这些物体的表面会被反射回去，无法向地面传递能量。大约有三分之一的阳光会被地表反射回大气。但从另一方面来说，云朵也会带来温室效应——它会将地表散发的一部分红外线反射回去，也就是说，云朵既可以让地表降温，又可以反射红外线并提高地表温度。但是两种作用的最终结果都是温度降低，也就是说云降温的效应大于升温的效应。

云朵形成于大气气压较低的区域中。热空气不断升高，并且随着抬升的过程

降温，直到空气中的水分凝结成云为止。不同的高度、气温及气压条件下会产生不同类型的云。所以说，虽然云朵看上去都是凝结成一团、松松软软的模样，但实际上也是有区别的。比如说，我还不知道孙悟空在《龙珠》里面的坐骑云是哪种云，它如何能够承载一个人的重量。

刚刚我提到的一点，也正是我对云最好奇的一点：如果云是由水蒸气构成的，它的本质就是一种气体，那么为什么云看上去是有固定形态的模样呢？如果云是气态的，按理说我们很难看到它，因为一般而言，气体是没有固定形态的。当然，如果真的无法看见云朵，那么我们会很遗憾。我们之所以能够看见云，是因为云并非气态，而是由小水滴和小冰晶凝结而成的。当太阳光照射时，这些小水滴和小冰晶会散射阳光，反射出白光，最终呈现白色絮状的形态。有时，这些云会呈现深灰色，被称为"乌云"，是坏天气的预兆。这种现象是因为云中的水分密度很大，以至光线无法轻易穿透，所以呈现暗色。暴风雨来临之前的乌云直径可达 20 千米，颜色极深。所以，当我们碰见黑云压城时，就知道天要下雨了，得赶紧回家。

讲了这么多关于云的知识，我觉得我们已经可以回答标题提出的问题了：

一朵云等于几头大象的重量呢？表面看上去，像棉花一样的云朵好像很轻，应该不会有很大的重量，我们仿佛用双手就能轻而易举地举起一片云。然而，事实完全相反，要知道云是由水滴和冰晶组成的，而水其实还挺沉的（1升的水在正常气压条件下重为1千克）。你不信的话，可以自行回想一下在超市里买水的场景。显而易见的是，云朵的重量取决于它的体积大小，此外，还取决于云朵中悬浮物的多少。

有趣的是，我们通常认为国际质量体系会用千克来衡量云的重量，但其实国际上常用一个特定的计量单位来表示云的重量：大象。据位于科罗拉多州的美国国家大气研究中心计算，平均而言，一朵云重约100头大象（一头大象平均重量为6吨），而伴随着暴雨的大型积雨云可以重达20万头大象。这样算下来，幸亏雨是一点一点地落下来，而不是瞬间倾盆，否则，对我们的城市和乡村而言，这些云可称得上"水炸弹"了，一切物品都会被砸个稀巴烂。不过，因为云是由无数个质量很小的水滴和冰晶组成的，所以我们大概可以计算出形成一朵云所需的水滴数：假设20滴水的体积为1立方毫米，那么一片积雨云大概含有24亿滴水。现在，你可以再想象一下，24亿个小水滴凝聚在一起，悬浮在空中，重量为20万头大象，形成了一朵云，而这朵云可能是一条龙的形状，也可能长得像一头小熊。

选自《读者》校园版2020年第15期

动物也会说方言

作者 《自然密码》杂志

乌鸦的方言

你瞅啥？美国的乌鸦在遇到危险时能发出一种特殊的叫声预警，其他的乌鸦听到后就会飞走。但这种叫声对法国的乌鸦就没有任何作用，它们听到后甚至还会聚拢过来。

有趣的是，迁徙于欧洲和北美洲之间的乌鸦，不仅能听懂本地乌鸦的叫声，也能听懂迁徙地乌鸦的声音，只有笼养在两个不同国家的乌鸦互相听不懂对方的语言。

蝼蛄的方言

蝼蛄俗称"蝲蝲蛄""地蝲蛄"，是一种危害农作物的昆虫。它们在田间兴风作浪，有的咬坏农作物幼苗的根、茎，有的直接在地下开掘隧道，使幼苗的根与土壤分离，最后干枯死亡。

蝼蛄灾害在河南省黄河以南地区最为严重。1989 年，我国的昆虫学家发明了一种"声诱"法来消灭蝼蛄。他们先用高保真录音机将雄性蝼蛄的声音偷偷录下来，再拿到田间大音量播放，这样就会有成群结队的雌性蝼蛄前来，人们就可以将它们一举消灭。

一开始，试验进行得很顺利，可后来人们发现，原本在北京平谷效果最好的雄性蝼蛄鸣声到了河南中牟却没有太显著的效果。昆虫学家又录下了河南蝼蛄的声音做引诱，结果发现，河南蝼蛄的鸣声对河南蝼蛄的吸引力要远远高于北京蝼蛄的鸣声。看来蝼蛄的鸣声也分北京口音和河南口音呀！

日本猕猴的方言

日本猕猴，又叫雪猴，生活在日本北部地区，是世界上生活地区最北的非人类灵长类动物。日本猕猴大约半岁时就会说"方言"了，生活在不同地区的猕猴发出声音的频率也不一样。比如爱知县的猴群叫声频率平均为 670 赫兹，而屋久岛的猴群叫声频率平均为 770 赫兹。

研究发现，不同地区的刚出生的小猕猴叫声几乎是没有区别的，大约半年以后，它们的发音就有了地域分化。

另外，我国的猴群其实也有方言。有研究人员曾把神农架的猴子发出的警报声拿到上海和北京的动物园给猴子们播放，结果那里的猴子丝毫没有反应。

选自《读者》校园版 2020 年第 20 期

你的汽车玻璃裂而不碎，全靠他的小纸条

作者　胡　叶

不论在影视剧里还是现实生活中，我们遇到的车祸现场一般都会是这样：车体变形，风挡玻璃如蛛网一样出现无数裂痕……有没有人发出这样的疑问：遇到异物撞击后，汽车风挡玻璃为啥只是出现裂缝，而不是像普通玻璃那样，碎片四处飞溅呢？

众所周知，正是这种优于普通玻璃的安全性能让汽车的风挡玻璃挽救了很多人的生命。但大家可能不知道，这种安全玻璃的发明要归功于法国化学家的一张小纸条。

故事发生在 1903 年 11 月的一天。

"嘣"的一声闷响从法国化学家贝奈第特斯的实验室里传出。

此时贝奈第特斯和往常一样，在实验室里忙碌。一不小心，他把一只玻璃瓶碰落在地。听到瓶子掉在地上的声音，贝奈第特斯心想："糟了，肯定是摔破了！"

他无奈地弯腰准备收拾残局，却大吃一惊：那只玻璃瓶上布满了横七竖八的裂纹，但整个瓶子仍然完好，瓶子里装的液体也没有流出来。"不可思议，这么薄的玻璃制品掉在地上，竟然没碎！"

当时的贝奈第特斯异常忙碌，一般人在此时的反应大概是一边庆幸自己运气好，一边把瓶子收起来接着忙手头的事。可身为科学家的敏感让贝奈第特斯捡起瓶子查看上面的标签，知道它以前盛过一种实验用的溶液；再仔细看看，并无什么特别之处。

一时想不通为什么，贝奈第特斯无奈地摇摇头，把瓶子放在一边。如果他就此罢手，那我们的故事也就到了结尾，整场"剧情"只是一场毫不起眼的实验室

意外。还好，严谨的他又在瓶子上贴了一张小纸条，上面写道："1903 年 11 月，这只烧瓶从 3 米高的地方摔下来，拾起来就是这个样子。"

几天后，贝奈第特斯从报上看见一则消息：一辆客车发生事故，乘客被车窗玻璃划破了手和脸，鲜血直流；另一辆客车发生事故，车窗玻璃碎片扎进乘客的头，血肉模糊……

读着读着，他脑海里竟浮现出前几天实验室掉瓶子的情景。他想："瓶子掉在地板上都不破，如果这种摔不破的玻璃装在车窗上，那该多安全啊。"

贝奈第特斯奔回实验室，从众多试验烧瓶中，快速找到了那只贴着小纸条的玻璃瓶，再次仔细地观察。他发现，玻璃瓶上附着了一层薄薄的透明的膜，这应该是之前盛装过的三硝酸纤维素酯溶液，挥发以后在瓶子内壁留下的。瓶子裂而不碎，很可能就是这层保护膜起了作用！

他迅速配制溶液，反复实验。他把溶液涂在别的瓶子上，待溶液挥发结膜后，让瓶子从不同的高处掉下来，瓶子果然摔不破，贝奈第特斯高兴极了。

他进一步推想："这是单片玻璃，如果用配制的溶液把两层玻璃粘在一起，会不会更坚固呢？"

他将透明的三硝酸纤维素酯夹在两层玻璃之间，使之牢固黏合，然后剧烈振动玻璃，用力撞击玻璃，玻璃不会破碎，最多会出现一些裂纹。

就这样，一种摔不碎、打不破的夹层安全玻璃问世了。一开始，这项发明并没有引起各大汽车制造商的注意。1919 年，美国著名的汽车制造商福特公司开风气之先，率先在福特汽车上安装了这种夹层玻璃，很受大众欢迎。于是很快，这种抗击打能力超强的夹层安全玻璃成了汽车的标配。

选自《读者》校园版 2021 年第 1 期

招财猫的"惯用手"

作者　吴海旭
....

在很多商店里，总会有一只举起爪子的金色猫咪朝你"招手"，它就是大家应该都见过的招财猫。

但是，你还记得它举起的是哪只爪子吗？

招财猫最早来自日本，一般说法是公猫会举起右前爪，象征招财进宝；而母猫会举起左前爪，象征广结善缘，招揽顾客。

不过我更关心的是，难道招财猫既

是"右撇子"也是"左撇子"？那现实中的猫又是什么样的呢？

我们一般会把习惯使用的那只手称作"惯用手"，这也是左右撇子的典型区别之一。

难道猫也有"惯用手"？没想到真的有科学家探究了这个问题。

因为在正常环境下，猫到底惯用哪只爪子还是比较难观察到的，所以科学家给猫设计了几项非常简单的任务。

任务1：取出放在小罐子里的食物（猫没办法用嘴直接吃到）；

任务2：抓逗猫棒；

任务3：抓地上逐渐被扯远的玩具。

让猫每天做几次实验（真的不是玩），直到做满100次，逗猫的实验人员则会记录下每次猫最先使用的爪子。

你觉得最后的结果是什么？

在计算完猫使用爪子的偏好之后，科学家发现，对于难度较大的任务1，猫明显倾向于使用"惯用手"，而且还和性别有关：公猫更偏向于使用左前爪（21只公猫里有1只喜欢用右前爪，1只没有偏好）；而母猫更喜欢用右前爪（同样，21只母猫里有1只喜欢用左前爪）。

而对于猫喜欢玩的逗猫棒和玩具，所有猫在抓取时都没有表现出使用"惯用手"的倾向。

至少现在我们可以回答开头的问题了，是日本人搞反了，应该是公猫举左前爪，母猫举右前爪。

选自《读者》校园版2021年第3期

告诉自己不疼，你可能真的不疼

作者 聂 涅

打针无疑会使人感觉到疼痛，但它真的到了使人号啕大哭或者畏缩逃避的程度吗？

实际上，打针没有那么疼，只是人们"认为"打针很疼，所以才会"觉得"打针很疼。这是怎么一回事呢？

美国科罗拉多大学的研究人员做的一项科学实验，证明疼痛的感觉可以由人调节。

研究人员招募了 34 名志愿者，他们的年龄在 18 岁到 55 岁之间。实验开始之前，研究人员告诉志愿者，给他们展示的符号 L 代表施加的热刺激的疼痛感"极低"，符号 W 代表疼痛感"极高"。

然后志愿者会被送入功能性核磁共振成像（FMRI）机器中，以观察他们在感到疼痛时的大脑活动。接下来，研究人员给予志愿者符号提示，然后在志愿者的手臂或大腿上施加一个无伤热刺激，再询问他们的实际痛感程度，并记录下他们的回答。

实际上，提示符号跟后来出现的热刺激的强度一点儿关系也没有，而且研究人员提供的热刺激最高温度只有 45℃，这个温度大概只是我们日常所能承受的最热热水澡所带来的感觉。但是当给志愿者展示的符号是 W 时，在接受了 40℃、42℃或 45℃的刺激之后，志愿者都向研究人员报告这些刺激给他们带来了巨大的疼痛感。

就算随后的刺激只有 36℃、38℃或 40℃，他们也都感到了极度疼痛。多次实验结果都是如此，并且在这个过程中，志愿者没有怀疑符号提示实际上并不靠谱。

与此同时，研究人员通过 FMRI 观

察到，志愿者每次看到符号 W 的时候，与威胁和恐惧相关的脑区就会被激活。而且有意思的是，如果研究人员紧接着给的热刺激是 39℃，或是温度更低的刺激，这部分跟威胁和恐惧有关的脑区却越来越活跃，就好像还在经历着很大的疼痛。这么看来，人的感受与实际是不相符的。

当给志愿者展示的符号是 L 时，研究人员给的同样是 40℃、42℃或 45℃的热刺激，但他们感觉这些刺激不疼。

FMRI 显示，当给志愿者显示的符号是 L 时，与威胁和恐惧相关的脑区较为平静，即使给了他们 45℃的刺激，这部分脑区也只有较低程度的活跃度。

根据这一科学发现，在日常生活中，我们可以通过暗示来让自己感觉不那么疼。就如我们在打针时，可以通过想象和期待来暗示自己打针只是有点儿疼，甚至一点儿都不疼，来降低打针给我们带来的疼痛感。

选自《读者》校园版 2021 年第 4 期

为什么英雄必须救猫咪

作者 彤 子

电影《拆弹专家2》中，刘德华饰演的主角潘乘风在一开始就被炸断了一条腿，原因竟是为了救一只小猫咪。如果你仔细观察，会发现不少电影中的英雄都救过猫咪。为什么英雄一定要救猫咪呢？难道"救猫咪"在编剧眼里是件与众不同的事？

还真是。

是英雄就要救猫咪

电影《我，机器人》中，威尔·史密斯扮演的德尔·斯普纳就救过猫咪。在被杀博士的住所调查案情的时候，德尔·斯普纳遇到了博士养的猫咪，面对猫咪，他表示："我知道你刚痛失所爱，但我们之间是不可能的，你是只猫咪，而我是个黑人。"

但当巨型机器人强行拆除楼房时，他一把抱起猫咪就跑。

众所周知，在猫咪眼中，自己是人类的主人。所以在拼死救自己的德尔·斯普纳摔倒时，猫咪头也不回地跑了。

即便如此，"忠心护主"的德尔·斯普纳仍然奋起直追，再次抱起猫咪，用自己强壮的身体撞破墙壁，成功"救驾"。

电影《黑夜吞噬世界》中，每天被丧尸追杀的男主角也救过猫咪。

在恶劣的生存环境下，幸存的男主角需要在特定时间冒着生命危险外出寻找食物、药品、武器等物资，平时则要藏匿在安全的家中，躲避丧尸的攻击，过着艰难又危险的生活。然而有一天，他忽然看到楼下出现了一只猫咪。

男主角激动地冲下楼，献出自己冒着生命危险搜寻来的罐头向猫咪示好，原本要去用餐的猫咪却被附近的丧尸吓跑了，于是男主角冲出家门去寻找猫咪。

冲出家门的男主角马上陷入危险之中，经过一番殊死搏斗，男主角侥幸逃回家中，心里却依旧挂念着猫咪的安危。

日本动漫《一拳超人》中的主角埼玉也曾为救猫咪冲上马路。

不过他眼神不好，误把塑料袋看成了小猫咪，不仅把周边的人吓了一跳，还"牺牲"了好不容易买到的肉。

无论是成功救出猫咪，或是营救猫咪未遂，还是判断失误把塑料袋当成猫咪，都会给这些英雄的光辉形象增添几分人情味儿。

其实，救猫咪的作用远不止于此。它不只是一段情节，还是一个理论。

英雄救猫咪的"好处"

美国好莱坞著名编剧布莱克·斯奈德在《救猫咪》一书中提出了"救猫咪"的影视创作理论。

"救猫咪"理论的作用，是在观众见到主角时，让主角做一些被观众认可并喜欢的事情，从而使观众彻底站在主角的立场上。

在很多英雄题材的影视作品中，正面角色都被塑造成高大、勇敢、坚强甚至拥有超能力的形象，使他们富有魅力。然而反派角色也可以具备这些品质，它们并不足以使观众真正喜欢正面角色，但"救猫咪"这一行为却能够体现反派角色不具备的东西——美德。

问题又来了，为什么是救猫咪而不是救人？

从情节设置上，救猫咪会使故事情节变得更加跌宕起伏。

英雄救人是本分和义务，且不可以出差错。就像《拆弹专家2》中，假如主角在救人时被炸断腿，会显得情节过于简单，且可能因被救者的死亡而失去主角光环。但当主角完成救人的英雄义务之后，再去救猫咪，并为之付出一条腿的代价，故事就有了悬念和冲突。

从角色塑造上，"救猫咪"还能增加主角的人性光辉。

对于角色而言，拆弹专家救人是分内工作，救猫咪则是个人选择。愿意救猫咪的拆弹专家，比只会救人的拆弹专家显得更有爱心。另外，救人会受到表彰、感谢，而救猫咪则什么回报都没有，外加猫咪这种动物大多没有报恩的习惯，所以显得主角更加无私。救猫咪这一行为能使主角的人物形象更丰满，也更受观众的认可和喜爱。

观众永远无法怪罪"救猫咪"的英雄

当观众看到英雄为救人而做出牺牲时，一方面会觉得这是英雄的义务，另一方面又会对被救者产生不满情绪。但当观众看到英雄为救猫咪而做出牺牲时，则会陷入替英雄感到不值，却又无法对猫咪横加指责的复杂情绪中，只会更加认可和同情英雄，并彻底站在他的立场上。

选自《读者》校园版 2021 年第 6 期

边哭边哆嗦，你怕是中毒了

作者　雷晶晶

身为一个"熊孩子"，谁没有哭鼻子的经历？

挨批了哭，难受了哭，错过了好看的动画片哭……一旦哭得久了，哭得厉害了，气就喘不匀了，话也说不利落了，手也哆嗦了，身体也忍不住颤抖了……就算被"威逼利诱"着合上嘴巴，身体仍会不自觉地哆嗦几下——难道是因为害怕？不，其实你是呼吸性碱中毒了。

"毒"从哪里来

什么是呼吸性碱中毒呢？简单来说，它是体内血浆酸碱失衡的一种表现。人体正常的 pH 值为 7.35~7.45，高于这个范围便是"偏碱性"，可能造成中毒现象。

你可能会问：只是哭哭而已，至于整出"毒"来吗？

要知道，呼吸本是人体与外界气体互相交换的过程，假如气体交换时速度陡然变快，大量二氧化碳就跟着纷纷逃出。而二氧化碳隶属酸性氧化物，负责与血浆中的水分发生反应生成碳酸。在二氧化碳过度流失的情况下，这种反应会被迫减少，碳酸类物质浓度降低，血浆 pH 值升高，进而造成酸碱失衡。

呼吸性碱中毒比较常见，比如小孩子，往往越哭越凶，直哭到上气不接下气。就算不哭，怀孕的妈妈由于胎儿的生长需求也会引起偏碱性的呼吸不畅；焦虑、急躁的性格以及某些药物等，也会引发类似的呼吸问题。

呼呼吸吸来"解毒"

乍看起来，这种"碱毒"似乎毒性不大。但当血液呈现碱性时，其中的钙、钾、钠等金属阳离子更容易与蛋白质结合，进而导致其有效浓度降低，从而带来电解质紊乱、肌肉痉挛、浑身乏力、头痛恶心等症状。另一方面，此类症状又会反过来加速呼吸，导致呼吸性碱中毒的情况愈演愈烈。

如何缓解呼吸性碱中毒呢

应急的方法是借助外力"规范"呼吸：找个体积大的纸袋罩在鼻子和嘴巴上，把呼出的二氧化碳生生吸回去！需要注意的是，此举只能缓解轻微症状，严重的话还是要尽快前往医院"解毒"。

据说，每年都有不少人因为生闷气、争吵、激动啥的陷入呼吸性碱中毒……退一步想想又何必？遇到不开心的事儿，不如长吁短叹几下平复心情，再去"嘎嘣"几片薯片降降火。

选自《读者》校园版 2021 年第 14 期

听音乐时随机播放是真的随机吗

作者　一只学霸

什么是真随机与伪随机

什么是随机播放？实际上我们所说的随机播放分为真随机和伪随机两种。

简单来说，真随机就是你选择随机播放某个歌单时，每次切换音乐都是独立并且未知的，类似抓阄。它完全没有列表顺序之类的概念，每一首歌被播放的概率都是 1/n。

而伪随机又叫作"洗牌算法"，没错，它的原理和洗牌一样，先把你歌单里歌曲的顺序随机打乱，生成一个新的歌单，然后按顺序播放。

那我怎么知道自己的歌单是真随机还是伪随机？其实也很好判断：只要你随机播放的时候切到上一首就知道了。如果每次出现的还是你刚刚听过的歌，那就是伪随机；如果每次都是不同的歌，那就是真随机了。

好的随机应该是什么样的

据调查，绝大部分听众想要的其实都不是真正的随机播放，更多的是不知道听啥，也就是选择困难，希望音乐软件帮忙做这个决定，而且还得尽量符合自己当时的心情。

所以软件对随机列表都是有干预的，压根儿不是单纯地洗牌。当软件大量采集了你的个人听歌数据，它就开始研究你了，比如你听到什么类型的歌会立马切歌，你偏爱哪个歌手，你在什么时间段会听慢歌。总之在大数据下，音乐软件可以大概猜到你想听些什么歌。

大家之所以不喜欢真随机，就是因为它不会考虑你的感受，也不会去分析你想要什么，纯靠随机。大晚上来 10 首摇滚乐，那你就别想睡觉了。

所以真正好的伪随机要具备以下几个条件：

尽量不要随机到最近一段时间经常播放的歌，保证随机的新鲜感；

隔开同一个歌手的歌，让人感觉这就是一个随机列表；

把你经常跳过的歌进行降权或者过滤，精选随机的池子；

数据足够多之后，还要根据时间、场景推送合适的音乐，让人感觉到智能。

这就是为什么当你听歌的次数越来越多，你就有种感觉：好像你的音乐软件越来越对你的胃口了。

这么说音乐软件还是一个"养成系"？也可以这么说。但是，知道你喜欢什么也不能一直给你这一种，听多了总归会腻的，还需要掌握平衡。

什么是平衡洗牌

对于选择随机播放的人来说，重复单一的曲风也是很让人烦躁的，不信你试试重复听五六首非常缓慢的歌。而绝对的随机就很容易造成这种局面。

马丁·菲德勒的《混洗音乐的艺术》中就有这样的研究。假设在你的歌单里有 5 种不同流派的歌，分别用 5 种颜色表示，用真随机算法来洗牌，那播放顺序可能是：

在一段时间里连续放绿流派的歌，而一大半的时间都没有黑流派。这种情况就会让人觉得很无聊，甚至不想再继续听下去。

在软件干预一下后，几种类型的歌就会均匀地分布在列表里。马丁·菲德勒称它为"平衡洗牌"。

总之，随机播放的重点不在于随机，它会随着你的听歌习惯慢慢养成，你听得越多，它就会越了解你。

选自《读者》校园版 2021 年第 17 期

食物里的怪东西

作者　大科技

口香糖里有"羊毛"

口香糖吃起来柔软又有嚼劲，它是怎么做出来的呢？口香糖的主要成分是树胶，树胶冷却后会变得像树皮一样难嚼。为了使口香糖软化，人们在其中添加了羊毛脂。羊毛脂是从羊毛和羊皮中提取出来的液态油脂，有了它的加入，口香糖嚼起来就不再像树皮了。

面包里有"头发"

如果你曾在家里自制面包，就会发现每次做出来的面包形状和味道并不太一致。但是，食品店里做好的面包为什么能保持相似的形状和味道呢？那是因为他们有一种秘密武器——"头发"。

当然，这并不是指头发本身，而是从头发中提取出的一种氨基酸——半胱氨酸。半胱氨酸被称为"面团改良剂"，能保持面包品质稳定。而头发富含半胱氨酸，是半胱氨酸的重要来源，可以说，面包的制作是离不开头发的。

奶粉里有"沙子"

在奶粉、可可粉、速溶咖啡等粉末状食品中，常有这样一种添加剂——二氧化硅。二氧化硅是沙子的主要成分，是一种细密、多孔的物质。

二氧化硅与粉状食品混合，能包裹食品粉粒，将其分隔开来，其内在细孔还能吸收水分，防止食品粉粒结块，便于储存和食用。

红糖果中有"虫子"

你喜欢红艳艳的糖果和蛋糕吗？这

些红色可不一定是食品本身的颜色，可能是来自一种叫胭脂虫的小虫子。胭脂虫是一种寄生在仙人掌类植物体内的昆虫。

有胭脂虫寄生的仙人掌被捏时，会流出鲜红色的"血液"，其实这是胭脂虫体内的红色色素。人们将胭脂虫收集起来，碾碎、烘干后就成了天然无毒的色素，常用于食品、化妆品和药品等行业。

芝士中有木浆

芝士是一种发酵的奶制品，具有酸、咸、甜、奶香等奇特风味，既可以作为零食，也可以为餐点提供多层次的味道。我们可以在超市中买到一种碎芝士，它不像其他发酵产品一样湿漉漉地粘在一起，而是一根根干燥的圆条。

之所以会这样，是因为这些芝士中加入了一些木浆。木浆中富含纤维素，有助于防止芝士碎片聚在一起。木浆会直接通过胃肠道，几乎不会被人体吸收，对我们没有伤害，是合规的食品添加剂。

橡皮糖上有蜡

你吃过橡皮糖吗？有没有发现软糖表面十分光滑，看起来好像涂了一层油？事实上，它们是被打了蜡。这种蜡来自巴西棕榈树的叶子，被称为"巴西棕榈蜡"。

在干旱季节，巴西棕榈树会分泌一层蜡油覆盖在叶片的表面，避免水分流失。人们将叶子采摘下来，切开脉络，取出其中的蜡油并晒干，就得到了粉末状的蜡。这种蜡可以用作糖果和药丸的上光剂、化学溶剂和油墨的增稠剂，也可以直接点燃，当成蜡烛使用。

选自《读者》校园版 2021 年第 19 期

想念如果有声音

作者　刘熙瑶

想念真的有"声音"？答案是肯定的。那这种声音从何而来呢？是超自然现象吗？带着这些疑问，我们一起来开启一场科技之旅吧。

这种声音其实早在20世纪30年代就被人发现并进行研究。利维·维谷斯基被称为"心理学的莫扎特"，他称这种声音为内部语言。他首先观察到几岁的小孩子在自己玩游戏时，总喜欢自言自语，而且往往是对话的形式。而随着幼儿的长大，他逐渐学习将自言自语"内化"，从出声的对话转化为不用出声的脑中对话。

所以，出现在你脑中的声音，其实就是有声对话的"内化版本"。但由于当时社会科技的限制，这种理论还只停留在假说状态。幸运的是，随着科技的发展，科学家们发现了"伴随放电"，这也让该理论逐渐得到证实。

所谓"伴随放电"，就是当你说话时，大脑处理动作的运动中枢会给你的手部肌肉发送动作指令，同时也顺手把刚传达的命令再复制、粘贴一份，这个被复制、粘贴的副本就是"伴随放电"，又叫"感知副本"。这个副本会被发送到大脑的其他部分，通知它们你要开口讲话了，不要大惊小怪。这样你才不会一开口就被自己吓到。而许多精神分裂症患者就是由于副本传送出了问题，以为脑中的声音来自外部。

"伴随放电"一般只在我们做动作时才会出现，而当我们还没发声，只在脑中发声时，我们的发声器官都接受命令动了起来，同时大脑的其他部分也接收到了副本。这个过程与真正的发声过程十分相似。因此可以证明：你脑中的声音就是未说出口的话，而脑中声音的不同，也只是因为"内化"的对话不同。

这个内化的声音，又被称为"脑内人声"。科学技术发展到今天，科学家们已经能通过脑机接口（BCI）实现大脑与设备的信息交换。通过检测化学信号，识别出人脑默念的声音，通过上位机，再把声音还原出来。近年来，这一技术正在为那些神经受损或有严重运动障碍的人们改善生活质量。比如，帮助瘫痪人士靠"想"控制机械臂取物，或控制屏幕上的光标打出字词。

而这种通过对脑电波的解码分析能识别出未能发声的意识内容，简单地说，就是充满玄幻的"读心术"了。你期待吗？

选自《读者》校园版 2021 年第 22 期

别吵到我的眼睛

作者 李轩畅

当有人对你说："你吵到我的眼睛了"。你会觉得这是一句玩笑话，还是会把它当真呢？

众所周知，噪声会影响听觉。相关实验表明，当噪声达到 90 分贝时，就会对耳蜗造成一定影响，导致内耳的一些听觉细胞死亡。随着噪声分贝的加强，其给听觉系统造成的损害也会加强。

但是，为什么眼睛也会受到影响呢？因为人的眼睛和耳朵通过各种组织，尤其是神经组织连在一起。噪声在损伤听力的同时，还会对人类大脑的中枢神经造成消极影响，这种消极影响会通过神经系统传输到人的视觉器官——眼睛。

实验数据表明，当噪声达到 95 分贝时，近半数人会出现瞳孔放大的情况；当噪声达到 115 分贝时，人的眼球对光的敏感度和辨识度都会明显下降。这可是眼睛被"吵"到的实锤！当人们长期处在嘈杂的环境中时，就会出现眼花、流泪、眼痛的症状。

不仅如此，噪声对维生素的吸收，特别是与视力有关的维生素 A 的吸收和利用有很大的负面影响。眼球内具有感光作用的"视紫红质"的合成离不开维生素 A，而噪声会干扰人体对维生素 A 的吸收与代谢，进而影响人的视力。

噪声对听力和视力的影响都很大。明白了这一点，下一次，我们可以对发出噪声的人说："你吵到我的眼睛了。"这比直接让对方小声点儿来得有内涵多了。

选自《读者》校园版 2022 年第 5 期

为什么一拍照我们就不会笑了

作者 Skin

你有没有看过照片中微笑的自己？是不是总觉得有点……怪怪的？

好像一拍照，所有人都变成了"假笑男孩／女孩"，笑容总是那么尴尬而不失礼貌，看起来一副不太高兴的样子。

为什么一拍照，我们就不会笑了呢？

早在 19 世纪，法国神经学家纪尧姆·杜兴就研究了这个问题。

我们脸上所有的表情变化，其实都是面部肌肉收缩和拉伸的结果。杜兴想要探究的问题是：当我们真正开心大笑的时候，我们脸上哪几块肌肉动了？

他发现，当我们产生真实微笑的时候，脸上有两块肌肉起了重要作用：颧大肌和眼轮匝肌。

颧大肌位于脸颊，它会在你微笑的时候将你的嘴角往上拉。而眼轮匝肌则是眼周的肌肉，它会让你在笑的时候眯起眼睛，挤出眼角的鱼尾纹。

这样真诚的微笑也被人称为"杜兴微笑"，它的重点就在于，微笑时，不只是嘴角，眼睛也会动起来。而我们拍照时，往往只有嘴角上扬，看起来就有点怪怪的。

眼睛是真笑的关键，这一点也被 AI（人工智能）识别了出来。

2019 年，英国布拉德福德大学的研究人员试图用 AI 识别一个人是真笑还是假笑。它们使用一种算法来测量人们微笑时眼睛、脸颊和嘴角的变化，将收集到的真笑和假笑进行了对比。

结果发现，真笑和假笑时，每个地方的肌肉收缩差异都很大。而最明显的还是眼睛周围的肌肉。

真笑时，眼部周围的肌肉运动要比

假笑时多 10%。

而导致真笑和假笑不同的根本原因，其实还在于我们的情绪。毕竟露出"杜兴微笑"的我们，大多是真快乐，这会激活大脑中负责处理情绪的区域。

研究发现，当你假笑时，大脑左侧活动的通路和真笑时有着很明显的差异。大脑的不同活动导致了不同的肌肉活动，进而产生了不同的面部表情。

当你拍照时，说"茄子"或者"cheese"可能只是帮你调动了肌肉运动，但真诚的"杜兴微笑"可能更为复杂。想要在相机前真笑，最简单的方法可能就是想点儿开心的事情，发自内心地感到喜悦。

很多年来，大家都声称在照片中露出"杜兴微笑"也许是一种天赋——假笑也笑得好看似乎是一种被很少人拥有的技能。不过，这几年的研究似乎反驳了这一观点——只要稍加练习，就算是假笑，你也可以看起来好看和真诚。

在这项研究中，就算参与者听到了不那么高兴的消息，还是有 24% 的人能够露出"杜兴微笑"（在日常生活中，有 31% 的人能发自内心地露出"杜兴微笑"）。并且，当研究者让这些人模仿"杜兴微笑"时，有 71% 的人都成功了。

那些假笑也能笑得好看的人说，他们会反思自己在日常生活中露出的表情，并且常常练习假笑。也就是说，只要有意识地练习，我们也可以在镜头前笑得更自然。

但如果心情不好，可能再怎么笑也不像真的。另一项研究就发现，当一个人情绪很差或者压力很大时，是很难伪装出"杜兴微笑"的。

不过，我们并不总是只在开心的时候笑。还有一种笑是真的强颜欢笑，这种笑容会出现在恐惧和尴尬的场合。

最经典的是"假笑男孩"。当他舅舅在他头上放了一只蜥蜴时，他露出了恐惧和茫然的笑容。

恐惧时的笑容，很有可能是我们祖先传下来的。研究者以恒河猴举例，当它们露出牙齿时，这意味着一种示好，是一种化解紧张的方式，能够避免被更强势的猴子攻击。

还有另外一种解释，当我们面临危险时，微笑意味着"不愿意承认事实"，就像一种自欺欺人的信号。

总而言之，当你快乐时，笑容会自然而然地流露出来。学会假装"杜兴微笑"只是让你在照片里显得更真诚。经常牵强地微笑，可能会产生情绪疲劳，所以不高兴的时候没有必要假装微笑。

选自《读者》校园版 2022 年第 6 期

DUZHE

读者 校园版

10周年精华卷

（全4册）

读者杂志社　编

读者出版社

图书在版编目（CIP）数据

《读者》校园版10周年精华卷. 第3卷 / 读者杂志社
编. -- 兰州 ：读者出版社，2023.5（2024.2重印）
ISBN 978-7-5527-0739-7

Ⅰ．①读… Ⅱ．①读… Ⅲ．①文摘—世界 Ⅳ.
①Z89

中国国家版本馆CIP数据核字（2023）第084957号

《读者》校园版10周年精华卷·第3卷

读者杂志社 编

责任编辑 漆晓勤
策划编辑 赵 静 王书哲
助理编辑 葛韶然
封面设计 李艳凌

出版发行 读者出版社
地 址 兰州市城关区读者大道568号(730030)
邮 箱 readerpress@163.com
电 话 0931-2131529(编辑部) 0931-2131507(发行部)

印 刷 北京盛通印刷股份有限公司
规 格 787 毫米×1092 毫米 1/16
印张 7.5 字数 132 千
版 次 2023 年 5 月第 1 版
2024 年 2 月第 4 次印刷
书 号 ISBN 978-7-5527-0739-7
定 价 100.00元（全4册）

如发现印装质量问题，影响阅读，请与出版社联系调换。

本书所有内容经作者同意授权，并许可使用。
未经同意，不得以任何形式复制。

目　录

沧桑的时光一言不发

作者 马 德

15年前，领着出生不久的儿子去医院看病。

医生说："住院吧，交1000块钱押金。"我一摸兜，只有300多块。借吧，四处借，借够了。不过，事情过后，曾经的窘迫很快就被遗忘了。

15年后，兜里依旧瘪瘪的，自己还是一个穷人，却少了年轻时的从容与无畏。

一个人，什么时候懂得为生活心慌，一定是步入中年了。

那天，无意中找到大学毕业时的一张"市镇粮食转移证明"。我把它藏在一个票据夹的夹层里，为了防止遗失，还用胶布牢牢地粘着。

这说明我是"非农业户口"啊。

若干年前，我还是一个高中生，村里来了一个人，据说在城里的炼钢厂上班，是让人羡慕的"非农户"。记得那天，他指着我们几个上学的孩子，说："你们蹦跶半天(上学)没用，当'非农户'，祖坟上有草才行啊。"当时，我们几个孩子噤在那里，大气都不敢出。

现在，没有谁在意非农业户口了，我却依旧保存着这张轻轻薄薄的纸。或许在所有曾被命运束缚过手脚的人的骨子里，都留存着一张类似的证明吧。

上小学的时候，有个姓李的老师，他若惩罚谁，就会让谁从教室外的树上折下一根树枝来，然后打其手心。打到最后，我们不再恨他，而是开始恨树，恨世上所有的树。

后来，我上了高中。有一次，他因为要考师范进修学校，去问我一道数学题。其实很简单，只要在式子中加一个 x 再减去一个 x 即可。

然而，我解完那道题后，他夸了我半天，说这个孩子将来前途一定不可限量。

他教了我那么多年，给我印象最深的，只有他打我与夸我这两件事，剩余的全忘了。

这个世界，不痛不痒的东西，没有人能记得住。

那一年夏天，在大同打工。

我和另一个小工去郊县的砖厂拉砖。一个在车上，一个在车下，我们要用最短的时间，把砖垛上的砖装满一辆解放大卡车。

那一天，装完后，累得三魂七魄尽散。一屁股坐在地上，都不知道屁股在什么地方，口渴难忍，精疲力竭。

不远处，几个烧砖的工人正在吃西瓜，红红的瓜瓤，饕餮的吃姿，那一刻，我多想去要一块，哪怕是乞讨一块。甚至，在幻觉中去抢一块来。但汽车的马达声轰鸣而起时，我不得不挣扎着爬上车，一路烟尘而去。

摘自《读者》校园版 2012 年第 1 期

绝不要错过最重要的事

作者　尹玉生

弗兰克·劳埃德·赖特是 20 世纪最伟大的建筑大师之一，他是《时代》杂志评选出的"20 世纪最具影响力的 100 位人物"中唯一的建筑师。谈及自己的成功，赖特坦言，9 岁时的一次教训，帮助他建立了自己的人生哲学，并最终为他带来成功。

9 岁那年，赖特跟叔叔在大雪覆盖的地面上走了很远的路。途中，叔叔让他回头看他们留下的两串足迹。"你的脚印太没有目的性了，折来折去，一会儿偏向那些树木，一会儿又折到栅栏边，似乎完全忘记还要赶路。"叔叔说，"看我的脚印，多么笔直，知道原因吗？因为我清楚地知道，时刻不要忘记最重要的事情，别为琐事分神。我希望你一辈子也别忘了这段话！"

"我从未敢忘记。"赖特说，"那时我就下决心，绝不要错过最重要的事。后来我有了目标——建筑设计就是我今生最重要的事情。"

在漫长的职业生涯中，赖特遭遇过很多不幸。1914 年，一个精神病人放火烧了他在威斯康星州精心设计的建筑；1925 年，他重新设计的建筑因为漏电再次被烧毁。然而他知道，他来不及踟蹰，因为总有最重要的事情要做——他一生共做了 1100 个设计，为世界造就了无数令人惊叹的建筑佳作。即便在他去世的前一年 (1958 年)，年逾 90 的赖特的设计桌上还有 166 个项目。

作为一名建筑设计师，赖特无疑获得了巨大成功。他留给后人的秘诀就是：绝不错过自己生活中最为重要的事情。

摘自《读者》校园版 2012 年第 2 期

我可否将你比作一个夏日

作者 阿眉

这个标题出自莎士比亚的十四行诗。英伦岛常年多雨阴湿，罗素就曾说过："英国的天气引发出全世界力道最足的殖民冲动。"相应地，每年那物以稀为贵的一段阳光灿烂的夏日时光，英国诗人赞美时从来都是不吝笔墨的。

对于世界上许多其他地方而言，酷热难耐的夏天似乎没有什么值得赞美的。然而如果把一年四季按年龄排序，最年长的会是枯寒萧索的冬季，秋季无疑属于"却道天凉好个秋"的中年，春季是明媚的青年，而夏季是属于少年的。

90％的青春恋情片背景会放在夏天，一方面，也许因为几乎全世界的学生都拥有一个漫长的暑假。记得最早看的日剧中，就有一部濑户朝香主演的《某年夏天》，正是 3 个即将毕业的学生在最后的暑假里的恋爱故事。日剧中更有热血

教师暑假前站在讲台上对学生大声疾呼："好好谈一个发生在夏天的恋爱吧！"而另一方面，也许还因为夏天那种特有的气氛：夏天的酷热令人恍惚，夏天的花特别红，叶子特别大而绿，海水特别特别蓝。

桂纶镁 2002 年的电影处女作《蓝色大门》，日文译名是《蓝色夏恋》，顾名思义，这是一个发生在夏天的恋爱故事。小女生林月珍说着"如果我用他的原子笔……一直写他的名字，把水写干了，他就会爱上我"这样的傻话，义气为好朋友传递情书的孟克柔，阴差阳错爱上小红娘的张士豪。每一代少年都会重复的故事，却因为绿意盈盈的树、碧色透明的天和海、游泳馆的蓝色大门、穿着夏装的少年骑单车飞奔追逐的身影……这种种元素在银幕上造就了一个像青春一

般纯净的夏天。以至于时隔10年，这部电影仍然是许多影迷心口的一颗朱砂痣。

而等到秋意渐起，夏天的故事也常常就到了落幕的时间。《八月照相馆》里，身患绝症的男主人公在八月的酷暑中认识了一个女孩，一起吃甜蜜的冰激凌，满心沉默温柔而无望的爱。秋天的黄叶落下时他住进医院，圣诞节的时候，女孩生气地又到照相馆去找刚刚相爱就消失的男友，看到自己的照片放大了挂在橱窗里——此时，他们已经天人永隔。

关于夏天，有一首特别喜欢的歌叫《解夏》："半支烟轻轻抖落，手背的凉薄，当往事呼啸而过……"青春的往事正如歌词所言，转身间就呼啸而过。莎士比亚在诗中写道："我可否将你比作一个夏日，而你比它更美。"同样美好的是夏天，也是夏天的故事；是青春，也是青春的回忆。

摘自《读者》校园版2012年第23期

原地等待

作者　莫小米

丢失了最珍贵的东西，是踏破铁鞋地四处寻找，还是原地等待？

有这样一位父亲，重庆人，在沙坪坝一带经商，在之前的 21 年里，经商只是顺带内容，等待却是主要内容。

21 年前，他 5 岁的儿子就是在这儿丢失的。

他当即报案。隔年，嫌疑犯被抓获，被判刑，但孩子被转卖多次，下落不明。

父亲也曾出门寻找，却犹如大海捞针。

他有经商头脑，朋友约他去深圳开超市。他也曾去考察，认为很有前景。但想到丢失的儿子，如果有一天儿子回来了，找不到爸爸怎么办？

他做出一个决定，哪儿也不去，就在原地守候。

他在这儿买了一套房子，马路对面就是儿子被拐的地方。他还在附近开了一家茶楼。21 年里，无论人在茶楼，还是在家，他都习惯性地临窗翘望，希望能够见到儿子的身影。

守在老地方，没等到儿子，却等来了警察。前些年全国建立了 DNA 血样库，沙坪坝派出所的警察很方便地在原址找到了这位父亲，通知他前去采集血样，通过血样比对，或许有父子重逢的机会。

最近，有了消息，来自福建厦门。在前去认亲的途中，父亲的心情紧张又复杂。

结果你应该猜得出来，他们正是一对亲父子。第一眼看到父亲，儿子的心就笃定了，因为父子俩真的十分相像。

父亲大笑着，哽咽着："儿子啊，我在你被拐的地方，等了你 21 年，终于被我等着了呀！"

已经 26 岁的儿子说，只记得自己小时候，迷迷糊糊地跟人走了，转车又转车，转手又转手，来到了现在的养父母的家。前几年，在养父母的支持下，他到派出所采集了 DNA 血样，这样，才有了找到父亲的可能。

父子重逢，儿子用的是最前沿、最新潮的方式——采集血样；父亲用的是最原始、最古老的方式——原地等待。缺一不可。

摘自《读者》校园版 2013 年第 1 期

三条毛毛虫

作者　丹妮·冯

有三条毛毛虫经过长途跋涉，最后来到目的地的对岸。当它们爬上河堤准备过河到开满鲜花的对岸去的时候，一条毛毛虫说："我们必须先找桥，然后从桥上爬过去。"另一条说："我们还是造一条船，从水上漂过去。"最后的那条毛毛虫说："我们走了那么远的路，已经疲惫不堪了，应该静下来先休息两天。"

听了这话，另外两条毛毛虫很诧异：休息，简直是天大的笑话！没看到对岸花丛中的蜜快被喝光了吗？我们一路风风火火，马不停蹄，难道是来这儿睡觉的？话未说完，一条毛毛虫已开始爬树，准备摘一片树叶做船；另一条则爬上河堤的一条小路去寻找一座过河的桥，而剩下的这条则爬上最高的一棵树，找了一片叶子，躺下来美美地睡着了。

一觉醒来，睡觉的毛毛虫发现自己变成了一只美丽的蝴蝶，翅膀扇动了几下就轻松过了河。此时，一起来的两个伙伴，一条累死在路上，另一条则被河水送进了大海。

摘自《读者》校园版 2013 年第 5 期

我的三个幸福时刻

作者　洪　晃

我这辈子有 3 次记得非常清楚的幸福感。

第一次大概是 3 岁，我父母回家过周末，我被允许睡在他们的房间。一张床上，左边是妈妈，右边是爸爸，他俩都在逗我玩。我记忆中这是第一个幸福时刻。我一直有种感觉，我的第一个幸福时刻是我自己捏造出来的，我根本不确定是否发生了，但是在我的记忆中有各种细节，比如在哪个房间，被子是什么颜色的。也许作为一个离异家庭的小孩，我需要这种幸福时刻，至于是否真

的存在过，并不重要。

第二个幸福时刻是当我对生活做了决定、舍去了很多包袱时。我在城里把最后的一些事情处理完毕，下午 3 点多钟开车回家。那天阳光灿烂，下了高速路，我可以看见远处的山脉，是难得的一个大晴天，正好又是春暖花开的时候，处理掉旧日的烦恼，轻装上阵，开始新生活的感觉让我特别幸福。大部分人都认为只有得到才是幸福的，而那个春天我的确感受到舍弃能带来自由，而自由绝对能带来幸福。

第三次是最近，我老公和闺女在房间里玩耍，他们每人拿着一把玩具剑在瞎比画。夏天，老公光着膀子，头发扎了一个小辫，他故意做出一副武士的样子，追得闺女笑着叫着满屋子跑。我在旁边看着，突然有一种幸福感，马上用手机把两个人插科打诨的样子拍下来，让幸福有了一张照片。

所以我觉得，幸福不是常态，是生活中的瞬间，这种瞬间多一些，人就有幸福感。我有过 3 次已经非常满足。持久的幸福感可能是很累的事情。还有，幸福不一定是真实的，即使生活很苦，也不要失去对幸福的想象力。

摘自《读者》校园版 2013 年第 8 期

你的影响力有多大

作者　沫　沫

每个人都有影响力，你的影响力有多大？其实某些时候你自己都不觉得，但你会潜移默化地渗透到别人的生活中。曾经有那么一段时间，我工作非常有激情。我有一个大学同窗好友，在银行工作，很能干，但她业余是个"文青"。空闲一起喝茶聊天时，我跟她聊起一些工作过程中遇到的有趣的人和事以及相关的生活方式，我聊得两眼发光，她听得兴趣盎然，那时候我自己的那种热情，回头想想真是非常难得。后来的情况太意外了，也许是一种潜在的影响力，酝酿已久，她居然因为一个机会从银行辞职南下广州，操起了文字业，并干得风生水起。我去她家玩，发现她的书架上大半是我们聊天时提起的书。当然，现在，她早已跨越了一大步，去了新加坡，并准备移民澳洲，一步步改变自己的生活。我不敢说我有多大的影响力，实在是人的造化连自己都想不到，人生无数个偶然成就了必然。我想起了曾看到的一句话：人不是因为看到了才会相信，而是因为相信了才会看得到。

我也一直忘不了对我产生过影响的一些人。有一次去深圳出差时，我遇到了一个非常有意思的女人，她跟我聊起她旅行时住过的客栈，聊起在云南某地看到一个老人手里拿着一块饼，晒着太阳靠着墙角睡过去，然后醒来接着吃饼……聊起自己在深大当客座教授时毫无章法，只讲自己旅途时遇到的经历，用经历去感染人，课堂座无虚席……她当时的言语和表情深深地感染了我，让我看到人生的另一种活法，从此我开始踏上了旅途，一路慢慢走，阅尽无数风景，想法也在慢慢改变，人生变得更开阔积极。

还有一位友人，对美食的描述出神入化，能够把一碗鸡汁面描述得淋漓尽致；能拎着一瓶酒、一碟小菜去入住自己所在城市的酒店，坐在地毯上喝一下午的小酒，透过高层的落地玻璃看自己熟悉的城市，只是为了变换一下被杂事占得太满的心情，换一种思路去考虑问题；她能把一只盐水鸭吃出不一般的滋味，鸭肉送人，鸭架熬成乳白汤汁，佐丹麦包吃一顿午餐；然后，再用鸭架汤熬粥，青菜切成碎末放进去，一锅鸭架汤粥，又是一道不错的晚餐，还附送了

大量灵感……她能把豆芽炖出骨汤味，真正是聪明清灵到极点。她对我的影响力很多年来一直存在，我更加热爱生活，更懂得为自己的人生找出口，更懂得如何在烦躁的世事中不从众、不躲避，只是在心中修篱种菊，坚持一条属于自己的路。

有一位友人，被我称作"氧气女友"。她从来不知道什么叫着急，什么叫焦虑，从来都是"够了，不需要那么多"。她是人大的高才生，却选择了当全职太太，她很安心，从来不知道什么"抓心就要抓胃"之类的驭夫术，她很放

松，心无旁骛，天又塌不下来，那么急干吗？一个女人，从来都不是你敢做什么，而是你敢不做什么。她是我见过的最敢放弃的人。一看到她，我就觉得的确没什么好焦虑的。她的签名档经常变化，非常灵动："孩子，月子，日子""闲妻，俩母，远离江湖""出来混，总是要变胖的"……每次都让我忍不住哈哈大笑。真正大聪明的人，才知道如何放下。她被别人问到在哪儿工作时，相当坦然："家里蹲大学。"她不是为别人在生活。人家理财头脑不错，文字不错，人也聪明，只不过人家懒得去过度使用罢了。她的影响力有多大？对我来说，她让我认清了一个女人真正的大气，就是能安心做自己，内心安宁才是永远。

当然，还有一个，虽然多年来一直很少见面，却是我一直默默关注的朋友。她真是把美好使用到极致。某些时候，她给我带来了审美方面巨大的影响力，她能把一件白衬衣穿得出神入化，能够把黑灰色的简洁空间演绎得丰富到位，她设计的"简·爱系列"服装，有一款名为"干草小径"，是用骑士风格来纪念简·爱与罗切斯特先生的邂逅，因为，在那一刻她将他的马惊吓到了……这个早上出门会在玉兰花树下站5分钟然后再去上班的女人，这个喜欢穿着可以穿上30年却不过时的藏青色长及脚踝的一粒扣大衣，在维多利亚港边抽一根烟的女人，这个听一场音乐会还要换上精致小黑裙细细上妆以示隆重的女人，她懂得美，品位相当了得。

现在，我常常想，我能产生什么影响力吗？是否正面？是否让朋友们受益？很多时候，你在影响别人时，受益最多的其实是自己。

摘自《读者》校园版 2013 年第 16 期

搬起石头垫自己的脚

作者　潘采夫

杨康第一次遇见郭靖，是在穆念慈的比武招亲现场。杨康轻薄穆念慈，却并没有被行政拘留，因为他是官二代。郭靖看不过眼，找杨康说理，被杨康打得鼻青脸肿。那时候，杨康的武功比郭靖高出不少，这让江南七怪很绝望。

那次打架以后，两个人走上了不同的发展道路。整本《射雕英雄传》，杨康学武功的镜头没几个，也就跟梅超风学了九阴白骨爪，跟灵智上人啥的学了三招两式，其他时间就是琢磨着搬起石头砸人，对自己的要求相当放松。郭靖老觉得自己是个笨蛋，每天起早贪黑地练，有马钰老师帮他打的内功底子，又跟洪七公学了降龙十八掌，跟周伯通学了双手互搏，从全真派那儿领悟天罡北斗阵，他并不想打谁，但已经没人可以打过他了。

杨康和郭靖是两个生动的例子。杨康搬起石头砸别人，但最后砸了自己的脚。郭靖并没有真正杀过几个人，他没有搬石头砸人的愿望，但他对武学的痴迷，以及摆脱个人困境的努力，使他一步一个台阶，走向武学宗师的高度，这就是搬起石头垫自己的脚。

我很喜欢《红与黑》，它曾是我大学时代的《圣经》，我的人生也被这本书改变了走向。于连离开家乡之后，到了修道院，由于和院长的关系比较特别，他遭到了周围人们的嫉妒。记得在一个章节的题目下面，写着这样一句话："消除嫉妒的唯一办法，是把差距拉大到别人无法企及的程度。"这句话对我启发很大。在尔虞我诈的修道院里，于连采取了一个办法，他并不把同学们当对手，而是每天强迫自己刻苦学习，让自己变得十分优秀，当机会来临时，他牢牢地抓住。最后，嫉妒他的人承认了现实，对他的态度反而变得好了起来。

于连当然没有郭靖那样天性纯良，他的动机就是要打败所有人，但他的智慧在于，他不是搬起石头把别人砸倒，以显示自己的成功，如果那样做，他在修道院的下场不会很妙。在方法上，他采取了和郭靖一样的路径，不把别人当靶子，而是只注视自己的前方，把一块块石头垫在脚下，不断地超越自己，最终让自己站在了高处，看到了墙外的风景。

我们总是关注别人太多，以至于忘记了自己。表面上，搬来石头垫在自己脚下，是一个挺不高明的法子，但是梳理一下杰出人物的成功之路，会发现有一个普遍规律，或因为高远的目标，或是内心精神的推动，反正认准了一个方向，就"眼观鼻、鼻观心"，一心一意地埋头走下去，经历的艰难困苦，不是与别人搏斗，而是克服自我实现的障碍。在走了一段路程之后，停下来一看，发现自己已经站在了人生之巅。

这个时候，在坐下来看风景之余，如果盘点自己走过的路，会发现一块石头一块石头垫出来的，是一条完美的直线。

摘自《读者》校园版 2013 年第 17 期

何遣有生之涯

作者　泡泡唐

这些事都发生在巴黎。加斯巴东·温克勒是一个手很巧的手艺人。他曾经用 10 多年的时间制作过 100 多个戒指。这些戒指是将玉石、玛瑙、光玉髓、普梯克斯玉石、莱茵河石子、砂金石等，镶嵌在用银丝精心编成的细巧的指环上制作而成，他个人解释说这是一种拼图游戏。他曾经推销过这些戒指，"后来便觉得无所谓"，就直接寄存在附近的小店里出售，但似乎销路也不太好，他就开始送人，先送熟人，后来连陌生人也送。

他还制作所谓的"巫婆镜"。先到跳蚤市场买一堆凸面镜，再把这些凸面镜镶嵌到经过他精心加工的木头镜框里。他整天精雕细刻地做镜框，雕花、镂空，把镜框做得像花边一样，"镶在中间的小小的磨光镜子看起来像一只睁得大大的眼睛，闪着冷冰冰的金属光泽，充满讽刺和恶意"。别人都不喜欢这种镜子，他做了既不能卖，送人都送不掉，给人看，人家也只是扫两眼镜框。所以，他只能做完就压在箱底。

那么，温克勒靠什么生活呢？在《人生拼图版》这本书里，我没有看出头绪，但他之前是给一个叫巴特尔布思的人做拼图版的，就是巴特尔布思自己画画，然后，由温克勒分割成若干个不规则的块，分好后巴特尔布思再自己拼回来。后来，巴特尔布思把这些拼图拼好后，又突发奇想雇了一个叫莫尔莱的人帮他把拼版粘起来，再设法把所有锯子切割的痕迹去掉，使画纸恢复原来的样子。

而那个叫莫尔莱的人，因为恢复拼图的工作收入不错，就辞了原来在学校的教辅工作，一边恢复拼图，一边疯狂地做实验，研制洗发膏、柠檬味的肥皂等，以至于把人的头发都洗掉了，还发生了几次小小的爆炸。总之，这几位都不是过日子的人，都在瞎折腾。我在北京也见过一位老先生，在闹市修钢笔，我去换过一个笔尖，5块钱。我还跟他聊了一会儿，他说每月能收入一千八九，有的时候能超过2000元。我问他房子的租金多少，他说房子是自己家的。我问他租出去一个月能租多少，他说少说也得七八千吧，旁边的一间都租到1万多元了。这都是五六年前的事了，也不知道老先生还修不修得动笔了。但是，如果我说这位老先生也是折腾，恐怕会被一些人打死，因为很多人都觉得他是在保卫过去的市景，甚至是在保卫将要失去的传统文化。这笑话不太好笑，却是真的。

还有一位老先生，我在网上无意间看到了他的博客。他是一个锔匠，干的活儿似乎类似莫尔莱，但绝对比莫尔莱高明得多。这么跟你说吧，就我这对古董不太感兴趣的人，都想如果有钱了一定买一件青花，然后摔碎了让他锔好。他真的有锦上添花、化腐朽为神奇的本事。可惜，老先生要收手了，说是收的活儿够干好几年的了，等都干完，就停了，出去玩儿去了。他真幸福。这又让我想起温克勒，他生命的最后一年基本上就是在屋里不动。有一回，一个叫瓦莱纳的人问他："你是怎么来到巴黎认识巴特尔布思的？"他只是简单地回答："因为那时他还年轻。"

摘自《读者》校园版 2013 年第 21 期

要命的嫉妒

作者　罗　素

我认为嫉妒是大大地受着童年的不幸鼓动的。

一个孩子发觉人家在他面前偏爱他的兄弟姊妹，就养成了嫉妒的习惯。等他进入社会时，他便搜寻侵害他的那些不公平。假如真有，他会立刻找到；假如没有，他用想象来创造。这样一个人必然是不快乐的，在朋友心目中成了一个让人讨厌的人，因为他们不能永远记着去避免他想象之中的轻视，而他从一开场便相信没有一个人喜欢他。终于，他的行为把他的信念变成了事实。

还有一种童年的不幸可以产生同样的后果，就是遇到缺乏慈爱的父母。

有几种快乐是一个人天赋的权利，倘若被剥夺，必致乖戾与怨恨。

用"比较"的观念去思考，是一个致人死命的习惯。

摘自《读者》校园版 2013 年第 21 期

你忽略过什么

作者 刘 墉

将要出嫁的女儿开始搬家。先提走了三箱衣服，再拿出一盒化妆品和两个枕头、四个玩偶。最后，搬走了自己房间的小电视。

一直为女儿拉着门的母亲看见小电视，突然掩面而泣。

女儿呆住了，匆匆把电视放下，过去安慰母亲："妈，你怎么了？"

"我看到电视，忍不住了！"

"电视？"女儿不解地说，"那是我自己买的啊！"

"我知道，我只是哭电视，不是哭你拿走电视。"

母亲又抽搐了一阵，平静了，缓缓地说："当年，你小的时候，我们穷，没有电视，一家人总坐在客厅聊天。然后，

买了电视，一家人还是聚在客厅，虽然眼睛都盯着电视，但在播放广告时还能聊几句。后来，你们都大了，买了自己的小电视，吃完饭就躲进房间，看自己喜欢的节目，不过我还能从门缝里看见你们。"沉默了一下，母亲摇着头、咬着唇说："你搬家，妈为你织的毛衣全留在柜子里，妈亲手画的送你的画也留在墙上，你却没忘记拿走这小电视……"

女儿愣住了，想到过去二十年的种种，突然紧紧抱住母亲，相拥而泣。

亲情不容易被遗忘，只是容易被忽略。

忽略等于遗忘！

摘自《读者》校园版 2014 年第 10 期

当父母越来越笨

作者　汤园林

空调装上几年了，母亲始终学不会如何使用，无论我怎么教她，她都会在半夜感到寒冷时喊我起床。我一边睡眼惺忪地按下遥控器，一边不满地嘀咕："摁一下开关键就行了，你怎么老学不会呢？"

母亲学不会的东西太多了，有一阵子，她到菜场买菜，收了好几张假币。为了防止她再次上当受骗，我就把真币和假币放在一起，仔细地给她比较、讲解。她似有所悟，连连点头，可是，下一次到菜场，还是会收到假币。

就连到银行取个钱，母亲也一定要等我回来。若碰上急着用钱，她宁愿从邻居那里借，也不愿上银行。我告诉她，很简单，只需要把卡插进自动取款机里，按提示操作就行，也带着她去实地"观摩"，费了九牛二虎之力，她就是油盐不

进，我终于不耐烦："算了，还是我自己取吧，教你实在太累了！"

记忆里，父亲似乎是无所不能的，可是不知从什么时候开始，他也变得越来越笨。有时候，我开着电脑，朋友一个电话招呼就跑出去了，回家一看，电脑已经关掉了，正欣慰呢，父亲一脸自豪地邀功："我帮你关了。""怎么关的？""拔掉插头就行，这还不简单！"我瞬间头大，就知道会这样，忍不住气恼："跟你说了多少次了，电脑不能这样关，数据都没保存呢！"父亲的笑脸立即黯淡下来，像个做错了事的孩子，垂着头进了自己的房间。

给父亲买了一部手机，是最简单的那种款式，把亲人的号码都存在里面了，他想打给谁，只需要在通讯录里找到名字，一摁拨打键就行。这么简单的事，

父亲却老是做不好，常常乱按一气，本来想打给姐姐，结果却打给了弟弟。我不得不一遍又一遍地提醒他："看准了再打，别乱拨，你这样让我们怎么安心工作啊？"

那天，和朋友聚会，回家时已经九点多了。父亲和母亲都在厨房里忙乎，母亲弯着腰，在电压锅上摸来摸去，自言自语："哪个键是煮粥的？怎么就找不到呢？"父亲则戴上老花镜，一边翻着说明书一边说："别急别急，我正看呢！"母亲提高嗓门嚷："怎么能不急？闺女出去吃饭，哪能吃得好？回来喝碗粥，养胃的，要是粥太烫，她肯定又说没时间喝。"这一次，我没有抱怨，走过去，按了煮粥键，瞬间抚平了他们的慌乱。母亲低着头，一脸的自责，喃喃地说："我们怎么就这么笨呢？连个粥都煮不好！"父亲搓着手，也是一脸的自责。

我看着这一幕，心像被什么东西狠狠地捅了一下，酸得不行。小时候的情景一股脑地浮现在眼前，那时，我不会梳头，不会穿衣，不会包书皮，可是，父母从来没有嫌我笨，他们会耐心地帮我做好这一切。我在他们的教导下慢慢长大，熟悉了很多新事物，而他们却慢慢地老了，被挤在了生活的边缘，像一个闯入新世界的笨小孩，再也跟不上这个时代的步伐。随着年龄的增长，他们还会越来越笨，可是不管他们变得多笨，依然会笨拙地献出他们所有的爱。

父母能够甜蜜地接受我们所有的笨，为什么我们不能宽容他们的笨，让他们不再因为笨而感到自责呢？我在心里暗暗问自己。

摘自《读者》校园版2014年第10期

喜欢是一切都刚好

作者　江泽涵

这锅鲫鱼炖豆腐，我花足了时间，鱼和豆腐都已入味，而质不烂，那浓白的汤汁，鲜美中带着三分微辣，妈妈都竖起了大拇指。

妈妈说："你以前嫌鲫鱼刺多，不喜欢吃，也不喜欢做菜，现在怎么这样喜欢？"她忘不了当初要我学做菜的事，厨房被我整得一塌糊涂，差点儿还起了火。

"就是喜欢上了，没什么理由。"我是急着吃，一边还看电视剧《三国演义》，正放着"火烧赤壁"这部分。

说实话，我是到 23 岁才喜欢上《三国演义》这部连续剧的，情节、台词自不必说，人物形象刻画得也实在了得。

我本不喜欢周瑜、曹操、袁绍这些人物的，一个气量实在太小，一个手段忒狠毒，还有一个太刚愎自用。

品评人物和事件，固要能辨忠奸善恶，是非高低，还得有些胸襟。想通了这一点，那些不怎么正派的人物（包括吕布、蒋干、蔡氏姐弟等）倒使人真心喜爱了。我原本钦佩的刘、关、张和诸葛等正派人物，反而不那么喜欢了，他们也有着会令观众拍桌子的缺点。

原著与影片又不同，看了几页，就入迷了，不过满卷文言，读起来实在费力，这也是我以前不愿看原著的缘故。

对啊，以前怎么就不喜欢看呢，也不喜欢那些人物？饭吃完了，赤壁也烧完了，到公园散步去，养眼、养心、养身！这也是我当年所不喜欢的呢。

没什么理由再回避了。

我第一次看《三国演义》的镜头，才 10 岁吧。总之，那时家里才买来电视，是黄日华版的《天龙八部》抢了我的目光，之后一系列的武侠片占据了我十几年的心。

对一个小毛孩来说，神奇的武功招数、快意恩仇的风姿，自然要比那些九曲十八弯的心思更具有吸引力。那是思维方式和价值观不成熟吗？

记得当年换频道的时候，也有好多次看到《三国演义》的画面停了下来，决心一看，好像不是心情不对，就是场合不对，没几幕就换台了。

至于做菜嘛，也是心态的缘故，被学习考试折腾得吃什么都没滋味。后来乐观开朗了，咬水煮菜根都有味呢。

缘分、机遇、思维、观念、心情、场合……只要有一个条件不对，就会导致对某个人、某件事、某个物的不喜欢。一切人、事、物，只有当这些条件都汇总起来的时候，你才会喜欢上。

如果现在对某个人、某件事、某个物不那么喜欢，但只要不是原则性的，不是坏到骨子里的，都不必为此介怀，更不必设法去挤对。也许几年之后，当一切都对的时候，突然就喜欢上了。

摘自《读者》校园版 2014 年第 13 期

武功与舞台

作者　六神磊磊

　　小时候看《三国演义》，常常为一件事愤愤不平，那就是斩颜良。

　　在一场交战中，颜良按照古代战场上的礼仪，打算先问对方的姓名。但敌人关羽并未遵循这一礼节，而是借助优良的战马，发动了一场颇不绅士的小突击。

　　按照小说中的介绍，关羽的马匹有着摩托车般的速度，使颜良措手不及，竟被杀死。

　　幼小的我怎么也想不通：明明武艺相当的两个人，因为一场不甚公平的战斗，战败者从此无声无息，战胜者却获得巨大荣耀，身后不断获得加封，最后竟然封到"盖天古佛"。我小小的心灵在喊：那不公平。

　　这场战斗也给颜氏的族人留下了痛苦记忆。《颜氏家训》专门训示子孙不要从事武职，教训就是"齐有颜涿聚，赵有颜最，汉末有颜良，宋有颜延之，并处将军之任，竟以颠覆"。

　　无独有偶，另一位畅销武侠小说作家金庸也有着类似的幼年心灵创伤。他曾记叙，幼年读《伊利亚特》里赫克托尔和阿喀琉斯绕城大战这一段，见众天神拿了天平来称这两个英雄的命运，结果赫克托尔这一端沉了下去，天神们决定他必须战败而死，阿喀琉斯会赢得光荣。年幼的金庸感到非常难过，叫喊着："那不公平！那不公平！"

　　幼年的男孩子也许都特别看重一种公平：同样的武功，就应该赢得同样的荣耀。

　　但随着年龄的增长，这种信念备受打击。首先给我上了无情一课的是武侠小说：同样的武功，并不总是带来同样的光荣。比如西门吹雪和叶孤城，前者的声名和成就要辉煌得多，尽管他未必是后者的对手。

继而让我痛苦的是竞技体育。我吃惊地发现如果单说本领，里克尔梅的球技未必不如齐达内，迪乌夫也不一定输给舍甫琴科，而麦克格雷迪的天赋甚至要好过乔丹。

一个让人伤感的现实使我们低头：命运之神判定英雄的成败时不爱看点数，而更爱看他们最终是站立还是倒下。贝利当球王的主因绝对不是1283个进球，而是两届世界杯冠军。就像刚刚过去的这届巴西世界杯，梅西把最后一个定位球踢上天空，也就此失去了比肩马拉多纳的可能。

成王败寇是一种残忍的公平。它向我嘶吼着：打开幼年的心结吧！在《三国演义》里的白马战场，颜良没有意识到这是人生最重要的舞台，而关羽意识到了。

最终"红脸摩托车刀手"独占奖金，难道不公平吗？

我还难过地发现了一个事实：英雄们自己甚至都认可这种公平。每一个英雄都在追求着一个属于自己的舞台，就像华山之于王重阳，襄阳城之于郭靖，光明顶之于张无忌。他们似乎从来不承想："我已经够了！我的战斗力已经达到99了，这不是最大的成就吗？我何必非要再证明什么呢？"

最让我痛苦的"变节者"，是那个小时候曾经为赫克托尔伤心难过的金庸。他成了一个彻底的功利主义者，他写出了卷帙浩繁的《郭靖世家》，却没有写一篇《裘千仞列传》。

夜深人静，我无力再写下去，转而默默地打开三国志游戏。在"武将"一栏里，我选了颜良。

摘自《读者》校园版2014年第20期

在地图上飞行

作者 冯 杰

让我来推荐世上最耐读且包含元素最多的一本书，不是曹雪芹的《红楼梦》也不是莎士比亚的作品，我会首推地图册。想一想，再没有比地图册更耐读的书了。它的精练度、大容量和概括度，是任何一本书用文字达不到的。它既现实又梦幻，既完整又琐碎，既停滞又飞翔，既迷离又清晰，几乎接近童话。

我贫乏的童年，就是在一本地图册里度过的。在那个物质和精神食粮都匮乏的年代，父亲买来一册 1974 年版的《世界地图》，从此，它的色彩涂满了我的想象。

地图最宜帮助想象。我小时候躺在床上，看到蒙古国，金色的元宝；澳洲，一块敦实的土豆；越南，一只打哈欠的细腰狐狸；智利，海岸上晾晒的一条要飘起来的海带；日本，清晨摊了一地昨夜散乱的麻将；美国，一只膨胀的羊奶，单等奶浆四溢；斯里兰卡，一滴水珠垂落；印度，埋在大海里的一个萝卜；最糟糕的是英国的地图，像一片被海风吹烂的抹布，在大西洋边飘散；非洲、中亚这些国家的风沙太大，干脆拿尺丈量，很多国家都是几何形状，像上数学课，那里的地图便是一张张魔毯，坐上传说，飞翔在《一千零一夜》里；阿拉伯半岛则是一把铲子，一个蒙着面纱的酋长正在煎炒烹炸着那些神奇的传说……

比我还会想象的，是德国地理学家魏格纳。1910 年，他躺在一张令人郁闷的病床上，面对病房墙上的地图突发灵感，认为古生代时全球只有一块庞大的联合古陆，中生代由于潮汐摩擦及两极向赤道挤压，使之分裂，逐渐形成现在的海陆格局。他的"漂移论"是一篇"大童话"。

无纸时代，人们把地图刻在石壁上、木板上，铸在鼎上。大禹九鼎上铸着全国各地的山河图形，成为权力的象征。九鼎上的图叫"山海图"，后来那部《山海经》就是对九鼎图的注释。

地图虽小，五脏俱全，像瑙鲁、图瓦卢这些国家面积只有区区几十平方公里，但地图上照样得有。有一天，老师讲到最小的国家梵蒂冈国土面积不足 0.5 平方公里，放风筝都不敢随意，唯恐一松手就将风筝放出了国境。我问："那他们敢不敢隔窗往屋外撒尿？"老师的脸马上皱成了地图。结果是，我在教室里被罚站，风筝依然在梵蒂冈的天空中飞。

地图多大为最好？间谍们肯定认为地图越小越好，皇帝、总统、政治家、出版商则认为它越大越好。晋代裴秀见到的旧《天下大图》用缣帛 80 匹，唐代贾耽绘制的《海内华夷图》幅面约 10 平方丈。宋朝各地每逢闰年都要上报地图，幅面最大的《天下图》，是画工用 100 匹绢拼在一起制成的，由数名粗壮大汉抬着进献。这样的地图，象征的作用大于实用。在三国时代，孙权还发明了一种"唯美地图"，他让江南绣工以刺绣制成，

用彩色丝线区分地图的不同部分，挂在墙上，阡陌纵横，感觉像一只飞翔的凤凰。

地图算是世界上所有的图案中最难画的一种，即使你拥有专业知识，也不能立即操笔画图。

首先是立场问题。中国古人画地图前，必须考虑体现出"天下""中国""四夷""主藩"以及中心与边缘的安排、区域大小的安排。我对比过古代地图，宋代的《华夷图》把日本、暹罗画得很小。到了明代，意大利传教士利玛窦开启了新的地图时代，在华 30 多年的时间里，他绘制出十多幅世界地图，使国人第一次知道，地球是圆的。中国开始学习世界地理。但清代的徐继畬在《瀛寰志略》的地图中，依然把中国画得占整个亚洲的 3/4。人们在绘制地图时，更多地掺杂了政治意味和历史记忆。

世界之大，地图语言远远不够表达。随着国家分裂和重组，地图的颜色逐渐繁多——赤、橙、黄、绿、青、蓝、紫，像一个蹩脚画家的调色板，地图开始乱套了。每一句话，每一片颜色，都是用人民和国家的名义，以智谋和鲜血涂抹而成。

面对 30 年前我在童年时曾看到的旧地图，面对古人 300 年前绘制的古地图，我几乎是心惊肉跳。想到若干世纪后，那些飘散的大陆板块依然会再漂来，它们梦游一般，像群鲸溯源，像浪子回头，像游子归家。地图上鲜艳的颜色，陈旧的褪色，一块块纷乱交错，鱼群般唼喋，忽然，终于有一天，又复归于从前的同一个板块。

摘自《读者》校园版 2015 年第 04 期

海是藏不住的

作者　蔡崇达

我6岁的时候，才第一次看到海，虽然我是在海边长大的孩子，而且我的父亲就是一名海员。

那次看到海，是在去外祖母家的路上。沿着乡间的小路，跟在母亲的身后走，我总感觉路边的甘蔗林里传来明晃晃的亮光。我趁母亲不备便往那里跑，这才看到了海。

追过来的母亲生气地说："你父亲不让你看海，就怕你觉得好玩自己就跑来了，担心你万一有个三长两短。"其实父亲担心的不仅是这个。回到家里，我父亲郑重地对我说："我小时候就是老觉得在海边好玩、在船上生活好玩，这才过上现在的生活。但在海上工作太辛苦了，我希望你好好读书，将来不要再从事海上的工作。"

东石，我生活的这个小镇，或许有太多像我父亲那样的人。十几年来，镇区发展的趋势一直往反方向滋长，整个小镇在集体逃离那片曾带给他们乐趣和磨难的海洋。然而这片试图被父母藏住的海，却因父母的禁止越发吸引我。

再次去外祖母家的路上，我突然放开步子往甘蔗林那里冲。母亲气恼地追我，把我追急了，我竟"扑通"往海里一跳，海水迅速把我淹没了，那咸咸的海水包裹着我，把我往怀里搂。这海水之上那碎银一样的阳光铺满我的瞳孔，让我陶醉。等我醒来的时候，我已经躺在了医院的病床上。

海是藏不住的。父母因为自己曾经受过的伤痛和对我的爱护，硬是要掩饰。我听到海浪声，以为是风声；闻到海腥味，以为是远处化工厂的味道。然而，那庞大的东西一直在起伏着，而且永远以光亮、声响在召唤着我。我总会发现，而且反倒因为曾经的掩饰，我会更加在意它，更加狂热地喜欢它。

那次溺水之后，父亲突然带我去航行。那真是可怕的记忆，我在船上吐得想哭，却没力气哭出声，我求父亲让我赶紧靠岸。从那之后，我不再疯狂地往海边跑，但也没惧怕海，我知道自己和它相处的最好方式是什么。那就是坐在海边，享受着海风亲昵的抚摸，享受着包裹住我的庞大的湛蓝和那种即便一个人也不觉得孤独的安宁。年龄更大一点后，我还喜欢骑着摩托车，沿着海岸线一直兜风。

海藏不住，也圈不住。对待海最好的办法，就是让每个人找到自己和它相处的方式。每片海，都沉浮着不同的景致，也翻滚着各自的危险。生活也是，人的欲望也是。以前以为节制或者用自我的逻辑框住，甚至掩耳盗铃地藏起来是最好的方法，然而，无论如何，它终究永远在那里躁动地起伏着。

我期许自己活得更真实也更诚实，要接受甚至喜欢自己身上起伏的每一部分，这样才能更喜欢这个世界。我希望自己懂得处理、欣赏各种欲求以及人性的各种丑陋与美好，找到和它们相处的最好方式。我也希望自己最终能把这一路看到的风景，全部用审美的笔触表达出来。

我一定要找到和每片海相处的距离，找到欣赏它们的最好方式。

摘自《读者》校园版 2015 年第 6 期

"户外"精神

作者　王开岭

曾多次向别人推荐俄国作家巴乌斯托夫斯基。我说:"酷爱大自然,几乎是所有俄国作家的共同品质,而像《金蔷薇》这样执着地描述文学与地理、精神与自然的关系的作品,则不多了。"

读其书,就像在森林里进行一场美学散步。

在《洞察世界的艺术》中,他转述了一位画家的话:"每年冬天,我都要到列宁格勒那边的芬兰湾去,您知道吗,那里有全俄国最好看的霜……"

你识别过不同的"霜"吗?

这是眼睛的区别,更是心灵的区别;这是艺术家与普通人的区别,更是诗意人生与物质人生的区别;甚至,这也是儿童与成人的区别。

每个人都曾是诗人和画家,因为他们都曾是孩子。孩子的眼睛拥有那未被阴翳遮蔽之前的清澈与敏锐,使之早早成为原始的艺术家。而大自然也是一切童话诞生的摇篮,是孩子最好的心灵保姆和美学导师。巴乌斯托夫斯基说:"对生活,对我们周围一切的诗意的理解,是童年时代给我们的最伟大的馈赠。如果一个人在悠长而严肃的岁月里,没失去这个馈赠,那他就是诗人或者作家。"

这是个重要提示,尤其对生活在工业时代、网络时代的人。

他还有一段话是这么讲的:"假如雨后把脸埋在一大堆湿润的树叶中,你会觉出那种沁人心脾的凉意和芳香。只有把自然当人一样看,当我们的精神状态、喜怒哀乐与大自然完全一致……大自然才会以其全部力量作用于我们。"这最后一句,我在读书时,在它下面重重地画了线。

这种辽阔的"户外"写作越来

少了。

而"户外"精神，正是经典文学的特征之一。罗曼·罗兰的《约翰·克利斯朵夫》，第一句就是"江声浩荡，自屋后上升"。读沈从文的《湘行散记》，你处处感受到那种清澈和敞亮的呼吸、那种河水般流淌的灵魂……所谓快感、美感，所谓表达的自由，皆源于此。

这正是巴乌斯托夫斯基说的："大自然才会以其全部力量作用于我们。"

如今，我们的身体、精神，居住在钢筋水泥的缝隙里。从何时起，我们成了大自然的陌生人？我们的栖息空间、故事场景中，我们的生活美学、人生哲学里，不见了长河落日、大漠星空，不见了莺飞草长、林荫虫鸣……

十多年前，我写过一篇文章，叫《古典之殇》，大意是：当我们大声朗读古诗词时，殊不知，那些美丽的乡土风物，那些曾把人类引入曼妙意境的事物，如今已荡然无存。现实空间里，我们找不到古人的精神现场，找不到对应物……古诗词，成了大自然的悼词。

中国古典文学全是"户外"写作的结果，全是物境和心境的融合。若无对大自然的体察和感应，文学就丢了魂，文人就丢了魂。

如今的孩子，能说出多少种草木的名字？

我问过一名中学生："老师有没有布置过写时节、光阴或天气的作文？"中学生摇头。我感到遗憾，因为这种写作训练不仅意味着人与自然的一种交流，更是记录生命里程和进度的一种方式。大自然是时间最古老、最生动的尺子，要提醒孩子们，别丢了这把尺子。读前辈的文章，你会发现里面有对自然时空和风物的大量描写，而多数"80后"、"90后"的作者，罕有这类体察了。

在我眼里，《诗经》乃性灵之书、自然之书、童话之书。它的伟大，孔子看得透："一言以蔽之，曰：思无邪。"作为教书匠，孔子总不忘唠叨："可以兴，可以观，可以群……"末了，又对小儿说："多识于鸟兽草木之名。"这里包含一个大道理：向大自然学习！对于人的情怀、人格、心性、智慧的发育，大自然都是最好的母体。

在香港，曾遇见一所小学，其特色课是种草药。最让我赞许的是它的初衷——并非出于学习知识的目的，而是为了激发孩子对草木的热爱与感恩。

去阅读大自然吧，感动于它的美，感动于它的恩，感动于它的力量和永恒。

做一个自然之子。本来如此，理应如此。

摘自《读者》校园版 2015 年第 15 期

人生有次第

作者　梁　冬

我小时候就发现，同样的温度下，比如说 15℃，在春天的时候，秋裤你就穿不住，而在秋天的时候呢，这个秋裤你穿得正合适。随着慢慢长大我才发现，原来这个现象背后有很大的学问。

人的气是有内外出入的。春天，我们身上的阳气由内向外散发，就觉得穿秋裤勒得人难受；而到了秋天，阳气是由外向内收敛的，你就觉得秋裤虽薄，却能挡风祛寒。

为什么长大之后，对这种变化不再那么敏感，小时候却能很快感觉到？

原来，我们正在慢慢地变成一个无觉的人。比如，在我走进幼儿园的第一天，我就能飞快地察觉到哪一个小朋友喜欢我，我也喜欢或不喜欢哪一个小朋友。但这些从生理到心理、从物质到情感的诸多自然感受，随着我们的成长变得越来越少。

一个孩子摔倒在地上，很少会骨折，因为他就像动物一样，可以轻轻地滚过去。为什么一个成年人就很容易骨折呢？除了骨骼本身的原因之外，我相信还有一个原因，是成年人身上那种像动物一样的敏感性没有了。

一个人，起码应该保持一个人的活法，即起码要保持动物的活法。人生，是有次第的。

摘自《读者》校园版 2015 年第 20 期

通向内心的跑步

作者　涤　心

有两位知名人士，都写过有关跑步的书，一个是村上春树，一个是美国跑步先驱乔治·希恩。

跑步不是这两个人的主业。村上春树是作家，乔治·希恩则是一位心脏病专家。他们都是半道出家，村上 33 岁开始跑步，希恩 45 岁才穿上跑鞋。相同的是，他们都再也没有脱下跑鞋。

他们所著的以跑步为主题的书，都不是教你如何更好地突破极限提高成绩，而是谈论哲学、人性以及其他被我们在日常生活中忘掉的命题。对于村上春树来说，跑步的本质在于："在个人的局限性中，可以让自己有效地燃烧，哪怕只有一丁点儿。"并让他窥探到"活着一事的隐喻"。乔治·希恩更是把跑步当作寻找自己内在心灵的最好方式："我带着孤独来到了公路上，只是为了找到真实的自我。"在跑步中与自己不期而遇，探幽索微，进而发现生命的真谛。

也许，对于大多数人来说，跑步只是一种运动。三五知己在假日的清晨，伴着鸟语，闻着花香，在公园的跑道上展现自己的活力与魅力，这样的跑步也是能够给人们带来身心愉悦的。可是，当你选择马拉松长跑时，一切就都不一样了。你所看到的绝不是路两边挥舞的旗帜，听到的也不是旁边观众的呐喊助威。在几个小时内，你只能听到自己内心的声音以及自己沉重的脚步声。

当人处于体能的极限状态时，其实也处于完全自我独处的状态，你无法做任何事情，无法与任何人交流，除了双脚踩在坚实的土地上的感觉，耳边吹过的风声，嘴里呼出的气息，你只能与天地交流。就算你选择用音乐来掩盖这种寥落的寂寞感，却也只是更加重了你与世界的分离。此时，整个感官世界都走在通向内心的道路上。你仿佛逃离了世界，退却到一个有限的宇宙中。在那里，你更容易进入冥想状态。

但是，乔治·希恩也认为，跑步时的冥想"是一件危险的事情"，它让你无所遁形。当你需要面对自己身体的痛苦以及精神的折磨时，你是屈服于它，还是战胜它？从这个意义上来说，能够坚持长跑的人本身也是强大的，或者在不断地经受着考验，从而变得更加强大。

人类都有趋利避害的天性，都有贪图安逸、厌恶劳作的本能，而跑步是对人类体能和精神的双重锤炼。乔治·希恩写道，每次他跑到1.6公里的时候，他都想要退赛。他为此找各种理由，然而，每一次他都选择坚持下去。他也以自己的经历告诉我们，这种坚持的价值所在。他完成了20次波士顿马拉松赛，并打破了1英里限时跑50岁组的世界纪录。这些只是人们所能看到的成就，真正改变的是他的内心，他战胜了自我的怯懦、畏缩，成为一个坚强的人。

摘自《读者》校园版 2015 年第 22 期

水母

作者　陈丹燕

在黑暗无人的水母馆里，迎面看到这些本应生活在海里的无声水母，令人惊骇。水母在水中缓慢而优美地漂动，长长的裙带漫天舞动，那样的优游，好像我在少年时代感受到的世界万物的诗意——一种恍然不真实、却又膨胀于心的诗意。以后经历了生活中那么多坚硬的真实后，突然遇到它们飘逸的样子，令人诧异地发现那初心依然还在。

据说它们一生都生活在深海里。若在阳光不能到达的深处，它们优美的身体发不出一丝光来，只与黑暗混为一体。然而，它们只要活着，就会这样舞动。正好像心中那自少年时代起就在的诗意，无用、无声、无息，但从未停止过舞动，在黑暗的不为人知处。据说水母是没有思想的，所以它们舞动起来，始终有一种无辜的单纯和纯粹的精美。它们也对自己身上带着的毒素一无所知，如果人碰到它，便会被蜇伤。这一点也与少年时代的心相仿。

我在看着这些寂静无声的水母时，除了听见自己在说"我的天啊"以外，脑中只剩空白。似乎还没有什么像在水中几乎透明的、轻盈舞动着、变化无穷却安静本分的裙带那样打动我，我看到自己伸出手指叩击玻璃，但水母仍独自沉浮着。这情景我非常熟悉，长大以后，我和自己的梦想一直就是这样相处的。

摘自《读者》校园版 2015 年第 23 期

我们都是丢掉过 30 分钟的孩子

作者　小令君

这次回家，我开车路过上小学时每天要走的那条路时，故意松了油门，想看看都有什么变化。可是还没用上两分钟，就开完了整条路，我很惊讶地转头看，路没变短啊！

可我记得很清楚，小时候放学走这条路的时间，应该是 45 分钟。

上学的时候，每天路过途中的几棵树，我都会停下来踩地上的小果子，而我到现在都不知道那果子叫什么名字。很小的一颗果子，外面有一层青色的皮，用鞋尖把那层皮踩掉，里面黑色的小果核就会弹出来。踩得轻小果核就弹得近，踩得重就弹得远，一颗接一颗，踩累了我才接着往前走。

我就那么乐此不疲地踩了好几年。

除了踩小果子，我还热衷于在炸串儿的摊位买上几串香干年糕，蘸上满满

的酱，边走边吃；在路过文具店时，拐进去看看今天有没有新上架的、好看的小本子，哪怕前一天刚看过；路过五金店门口，偷偷看看那个每天坐在藤椅上眯着眼睛睡觉的老头儿，会不会是假装在睡觉其实是在窥探我们；路过小卖部，忍不住买一包干脆面，打开看到里面赠送的卡片又是黑旋风李逵，就哀叹一声，把干脆面嘎巴嘎巴掰碎了，去喂前面的那只小狗……

后来那只狗咬了我一口，我的整个小腿肚红肿了一阵子，这对我的童年心理造成了很大的伤害。我每天喂它吃的，它咋还咬我呢？直到高中，看到新闻报道中说，干脆面吃多了会把人的食道划伤，我才幡然醒悟：当年那只狗一定为此痛苦过，所以才会对我怀恨在心吧。

我爸妈一直觉得我很辛苦，45 分钟

才能走到家，吃个午饭，基本又得开始往回走了。估计他们的心里也有一点小愧疚，因此每天的午餐都做得丰盛。于是我更加愿意每天慢悠悠地走。

有一次我爸路过学校，目睹了我这一路的所作所为。最后到家门口，他下了摩托车，气急败坏地把一颗栗子打在我的脑壳上。那顿饭，他把炖好的一大碗猪蹄挑了一半出去，说晚上再吃，似乎在后悔一直以来为了慰劳我而做了好伙食。

之后，我知道了这条路其实只要走15分钟，可我仍然每天走成45分钟。

虽然舍不得半碗猪蹄，可无奈每天都会被不同的人和物吸引，在不同的地方逗留，东瞅瞅，西看看，因为微小的变化好奇琢磨，也因为帅气的男生骑车经过身旁而一路扭捏……

我日复一日地走了5年，从未觉得这条路走腻了。

后来的后来，我的座驾越来越好，我开车的速度也越来越快，快到来不及看路边的景色，更不用说停下来踩果子、买炸串儿、看男生。我不会再浪费时间在路上东张西望，哪怕刹车等红灯看着两侧时，也是神色凝重，似在思考。

现在，我每天面对不同的人和事，但似乎也都一模一样，总觉得生活掉进了一个怪圈里，没有太多令人惊喜的事情。

我不断去做更多不一样的事情，觉得这样应该能跳出这个怪圈。我不断地把一段45分钟的路努力走成15分钟，可这省下来的30分钟也没有为我带来更多欢喜。

我在路边停车，放下手机，往回走，慢慢地走，一路张望。在路人偶尔诧异的眼神里，在冬日温暖的阳光里。

有些迟迟得不到答案的疑问，明白却是一瞬间的事。

那些想要的新鲜和欢喜，是被我自己给弄丢了。

我走得太快了，快到都没发现丢了它们。

我想，我们都曾是丢掉了30分钟的孩子。

摘自《读者》校园版 2016 年第 4 期

有些书不是不好，是你还没到读这本书的时候

作者　徐沪生

早年学语文，课本上有许多鲁迅的作品，几乎每篇后面都要求背诵全文，所以一度讨厌极了鲁迅，且觉得看他写的东西没什么意思，是浪费时间。长大后无意翻看了一些鲁迅写的东西，忽然觉得他的许多思想都是颇有意味的，许多描写都很精彩，许多人物更是映射了当下社会的某些现实，很有意思。

中学的时候，老师给我们介绍了许多世界名著。我是个很听老师话的好学生，所以忙不迭地把那些名著都读了一遍。但那时候我都是抱着"赶紧读完"的心态去看那些书的，许多书看过一遍，也不记得讲了些什么东西，只觉得："一般般吧，这也能叫名著？"比如举世闻名的童话《小王子》。后来我经历了恋爱与分手，无意中再看《小王子》，看到狐狸与小王子的对话，看到小王子跟玫瑰说

的那些话，难过得眼泪都要掉下来。

从前我是不看烂俗的言情小说的，但许多人，包括许多名作家都推荐亦舒的言情小说，且指明了推荐亦舒的《喜宝》，我便去看了。果真，大家说得没错，亦舒写的是不俗的言情小说，《喜宝》很值得一看。里面有几句话，我一直都记在心里，包括那句："我要很多很多的爱。如果没有爱，那就要很多很多的钱。如果没有钱，有健康也是好的。"总觉得这些话要是给没恋爱过的人看，给没有经历过生活之水深火热的人看，他们是不能深刻体味其中深意的。

《白鹿原》这种书，从前我是不会看的，觉得没意思。今年我看了，看了很久很久，看到朱先生去世的那段，在地铁上一边叹气一边抹眼泪。从前的我，容易被单纯的情情爱爱感动，现在的我，

更容易被一个人热烈的一生感动。

很久之前，我看过一本童话书《爷爷变成了幽灵》，觉得是写给小孩子看的，没意思。今年我爷爷因脑梗过世，临死前躺在病床上十来天，深度昏迷，完全没有意识。直到我爷爷死的时候，我忽然想起《爷爷变成了幽灵》里，死去的爷爷总跟小孙子说自己忘了一件事，最后终于想起来，是忘了说"再见"。他跟小孙子说了"再见"，然后消失了。我爷爷去世后的那几天，我一直哭，猛然想起那本书时，忽然明白我为什么会这么难过。因为我爷爷是突发脑梗失去意识的，我从上海回去的时候，他已经不能说话了，他不像那些正常死去的老人，临死前安安稳稳地看着子孙们都在身边，弥留之际还能一一道别。我爷爷没跟我说"再见"就走了，我也不记得爷爷跟我说的最后一句话是什么，如果回忆起来，只怕要倒退到上次春节回家的时候，所以我心里特别难受。人要走，总是应该道别的啊，一声不吭就忽然不见了，那种找不到、等不到的感觉是很难受的。这时我才知道，那本书里说的是真的，临走前，道不道别，真的不一样，亲人之间，哪怕死，也应该道别一下。

我相信许多人都有过这样的经历，别人都说某本书很不错，自己看了却觉得一般。其实原因很简单，你还不到读这本书的时候。许多优秀的书，唯有等到你有所经历，或者阅历达到一定程度了，再去看，才有惺惺相惜、感同身受的感觉。就好像从前我看三毛的文集，只觉得有趣；可现在再看她的《梦里花落知多少》时，会感动得哭出来。

所以对于那些优秀的书籍，如果你是第一次看，就慢慢看吧，没有必要抱着"别人都说这是一本好书，我一定要用心看"的心态去看，若这样，反而会有负担。你若真觉得不好，也没关系，先放在一边，也许过上几年你有机会再读它们，感觉就不同了。

那些口碑好的书，顺其自然地看吧，不必太快，也不必太慢，不喜欢也不要紧，先搁着，也许将来你重读的时候，便会发现自己的看法变了。喜欢的，那更好，不必等别人让你"多读几遍"，你自己也会爱不释手，隔三差五拿出来细细品味。

总之，千万不要抱着"赶紧看完"的心态去读一本书，实在"看不下去"就暂时不要看了，也许你只是还不到读这本书的时候。

摘自《读者》校园版 2016 年第 10 期

长生不老和返老还童都是忧伤的事

作者　郭韶明

娜塔莉·巴比特写了一本童话，叫《不老泉》，讲的是一个11岁的小姑娘厌倦了家里的庸常生活，于是离家出走，遇到了奇怪的塔克一家的故事。当这个叫温妮·福斯特的小姑娘不小心发现了塔克家的大秘密——他们可以长生不老，就被这家人绑架了。

没有恶意，塔克一家只是担心秘密被别人发现。他们太孤独了，这个可以自然生长的小女孩就是他家最尊贵的客人。小姑娘不懂，长生不老不是挺好的吗？只有塔克一家，塔克、梅、杰西、迈尔斯4个人，深知如果时间从此停滞不前，也就是说他们长生不老之后，生活变得有多么可怕。他们每十年都要换一个地方生活，不能与周围人来往，生怕别人觉得他们是怪物。

忧郁而悲伤的塔克告诉她，人如果只活不死，就和路边的石头没什么两样，不能算真正地活着。

于是，尽管小姑娘知道喝了林子里的泉水就能长生不老，但她还是在犹豫着，是在11岁这个年龄喝呢，还是等到17岁，长到跟杰西一样大的时候再喝，到时候她就可以和自己喜欢的杰西永远在一起了。孤独的塔克一家等着小姑娘的决定。

我想起根据菲茨杰拉德的小说《返老还童》改编的同名电影。

那个叫本杰明·巴顿的人的一生都是错位的，就像墙上的时钟在倒着走。他生下来时的模样就是一个70多岁的老头儿，还是婴儿的时候就被放在养老院，跟一群老人待在一起。20多岁的时候他爱上一位姑娘，却只能眼睁睁地看着姑娘绽放。等到两个人的时间轴短暂重合，他们终于在一起了。

很快，两个人的时间轴就按照各自的轨迹继续向前，本杰明清楚地知道接下来会发生什么。当黛西问他："等我脸上爬满了皱纹，老得不成样子，你还会爱我吗？"本杰明反问："等我不记得自己是谁了，连下楼梯都害怕，你还会爱我吗？"只有本杰明知道，一步步按着返回键生活，是一件多么悲伤的事。电影的结尾，老年黛西在摇椅上抱着婴儿本杰明，本杰明终于回到了生命的原点，黛西则即将走向生命的尽头。

这两个故事都把时间这个话题讲到了极致，让你觉得长生不老和返老还童其实都是一件忧伤的事。

我们怀念某一个年龄段，是因为它已经发生了，而且不可能再回去。于是过去的那些事变得让人怀念，就算它当时一点也不美好。

几十年后，塔克一家再次来到了这个村庄。他看到了一座高高的墓碑，过去一定相当壮观，但现在已经有点倾斜了。它旁边还围着一些小墓碑，这是一片家族墓地。接着，他哽咽了。他找到了。他一直想看到它，但真的看到后，不禁悲从中来。

"永远怀念温妮·福斯特·杰克逊。"

什么都没有改变，小姑娘就那样静静地长大，静静地变老，然后，静静地跟这一家人擦身而过。

摘自《读者》校园版 2016 年第 16 期

像李白那样的，才能叫旅游达人

作者　马伯庸

大部分古人，一辈子连自己的家乡都走不出去，至于能有机会遍游全国的人，更是凤毛麟角。而李白从25岁出蜀开始，足迹遍布大半个中国：206个州县、80多座名山。能去的名山大川，他差不多转了个遍。

能跟他比一比"每日锻炼步数"的历史名人，前有司马迁、郦道元、玄奘，后有汪大渊、郑和、徐霞客、李时珍等。可是这些人和李白的情况又不一样：司马迁是为了搜集史料，郦道元是为了考察地理，玄奘是为了从印度搬佛经，汪大渊、郑和是有政治任务在身，李时珍是为了修药典，都是为了工作，算出差。

李白没什么具体工作，也没什么明确的目的。他四处游历，两句诗就表达清楚了："此行不为鲈鱼鲙，自爱名山入剡中。"悠游闲逛，没有日程，这才是旅游的心境。李白的好友杜甫说："九州道路无豺虎，远行不劳吉日出。"说明盛唐之时，社会治安尚好，也不用担心人身安全。

于是，李白玩得很疯，哪怕是他从长安黯然离开后的低谷时期，他也没闲着。别人郁闷，都是结个草庐或者僵卧孤村，李白倒好，特地跑到东鲁去郁闷，还顺手写出了"安能摧眉折腰事权贵，使我不得开心颜"这样的句子，给自己打气。

李白的诗如此豪放飘逸、想象奇绝，是和他的丰富游历分不开的。读万卷书，行万里路，李白写出那么多汪洋恣肆的杰作，不仅是因为旅行能增长经验值，也因为旅行为他提供了充足的空闲时间。

以李白的才华，再加上这么多空闲时间，能碰撞出何等杰出的作品，不问可知。他的几首名作，比如"飞流直下三千尺，疑是银河落九天""云山海上出，人物镜中来""兴酣落笔摇五岳，诗成笑傲凌沧洲""黄河西来决昆仑，咆哮万里触龙门"……皆是旅途中触景生情，随手写出的瑰丽大气之作。

李白有一首《游泰山六首之一》，最能说明他的这个习惯："登高望蓬流，想象金银台。天门一长啸，万里清风来。玉女四五人，飘摇下九垓。含笑引素手，遗我流霞杯。稽首再拜之，自愧非仙才。旷然小宇宙，弃世何悠哉。"只是一次普通的登高而已啊，杜甫、陈子昂最多感慨一下人生或历史，可李白往那儿一站，从"想象金银台"开始，二话不说，就进入疯狂的"脑补"模式，想象力就如同脱缰的野马一样，再也勒不住了，生生造出一部玄幻大片的场面来。可见，李白的"脑洞"开得真是随时随地，到后来已成为习惯了。

摘自《读者》校园版 2016 年第 21 期

藏在铅笔下的寂寞童年

作者　王小柔

　　小时候，我最害怕写的作文题目是"我的童年"。因为我的童年，在记忆里所剩无几。既没有同伴与我一起刨土上树，也没有自己撒欢打滚。有的，只是孤独。

　　每天早上醒来，家里空空荡荡，跟玩具打个招呼，然后吃掉已经泡了一个小时的方便面。背起书包，出门，然后在地上摞起两块砖头，踩上去，锁好门，把钥匙挂在胸前。

　　很多人觉得"80后"独。因为没有兄弟姐妹，所以什么都想独占。其实，独，并非独占，只是孤独，没法改变的孤独。所以，当孤独的小孩已经为人父母，当看到有人把这样的经历画成绘本时，看完就热泪盈眶了。

　　因为那个"独生小孩"，就是我。

　　最近，在美国拿奖拿到手软的中国女孩郭婧，终于站到了自己祖国的土地上，签出自己第一本中文简体版作品《独生小孩》。

　　这个出生于1983年的中国女孩用画笔画出了自己的童年记忆，并在国际图书界引起了强烈轰动。包括《纽约时报》在内，美国当年的所有绘本奖项都授予她，她的书在全世界卖出了10个语种的版权。这本无字书在去年的圣诞节还一度在美国亚马逊网站卖断货。

　　每年年底，美国《纽约时报》会从数千部候选作品中选出"年度十佳绘本"。由于这个奖的权威性，一经评定，作品的版权往往会被各国出版商争相抢购。这是来自中国的绘本作品第一次获得如此重大的奖项，它却并非出自名家之手，甚至，它只是这个清秀的中国女孩的处女作。

这部备受瞩目的作品由 100 多页手绘的黑白铅笔画组成，评委萨曼莎·亨特对其中烟雾朦胧的神秘氛围大加赞赏，称它是"梦幻题材的无字处女作"。

没有呐喊，也没有哭诉，她只是静静地讲了一个小时候的故事。

故事里的小女孩胖墩墩的，孤独又勇敢。为了寻求外婆慈爱的陪伴，小小的她自己穿上小衣服、小鞋子，自己梳好头发，背上小书包，撑着一把大大的伞，冒雪去乘电车……一个人在家的落寞，迷路时的无助和恐惧，冒险的快乐，想家的悲伤和终于回到家里的温暖……在这个平凡又不平凡的故事中，每个人都会重温自己脖子上挂着钥匙的童年。

很多年以后，那个迷路的女孩长大了。她去了新加坡的一家公司从事动画和游戏概念设计，过着平静的生活。不知是哪一天，童年的记忆忽然浮现，一个念头击中了她——她想以小时候的故事为蓝本，创作一部非常纯粹的、跟这个嘈杂的世界有反差的作品。

这个女孩名叫郭婧。

现如今，把一个 5 岁的孩子放在家里，让他独自等待，是"80 后"父母绝对不会做的事，但在我们的童年，这是一种常态。那种等待到时间都被稀释的漫长的寂寞，是独生子女都尝过的味道。所以，今天的父母与孩子共读这本书，是告诉孩子，这是他们来时的路。

上一代父母经济能力有限，普遍双职工。由于条件和认知所限，他们普遍关心的是向外的东西——成绩排第几，毕业了能不能找个好工作，找的"另一半"物质条件如何。

"80 后"正因为吃过这个亏，所以时至今日，我们更在乎的是，孩子内在的感受——你是否温暖，真的快乐吗？怎么做能让你甜蜜做梦的时光变得长一点、更长一点？

愿每个人的人生，都不再寂寞。

摘自《读者》校园版 2017 年第 1 期

"颜值"是个好东西

作者 冯磊

西汉李延年的妹妹，因为美貌而得到汉武帝的宠幸。后来，李夫人得病，汉武帝前去探视，李氏拉过被子来把脸遮得严严实实的，担心自己会因容貌变丑而失去皇帝的宠幸。"颜值"是个好东西，但说到底很难经受住岁月的考验。一旦韶华不再，以色事人者马上就灰溜溜的，非常尴尬。

西晋文学家张载，相貌丑陋。史书载："甚丑，每行，小儿以瓦石掷之。"这是"长得丑还出来吓人"的故事的古代版。

与张载同时代的潘岳，是个美男子。他出门的时候，往往会被成群的女人围观。此外，"女粉丝"们都喜欢往他的车子里塞鲜果和鲜花。潘岳当年的气势绝不输于今天那些拥有千万名"粉丝"的网络主播。

翻读西晋王朝的历史，看到女同胞们的泼辣手段，我终于见识了古代女汉子的色胆："颜值"第一，其他一切皆为零。那些赢得名声与地位的丑男应该知道进退了，但偏巧古今中外的作家群里的丑男还特别多，古龙、郁达夫、温庭筠、纪晓岚都是"颜值"不高的主儿。

茨威格曾经评价列夫·托尔斯泰的相貌："他留给人的总体印象是失调、崎岖、平庸甚至粗鄙。"在茨威格笔下，托翁除了招风耳和狮子鼻，还不讲卫生。这一点，尤其让人难以接受。当然，在当时讲卫生的老男人真是凤毛麟角。

有一位长者告诉我："上苍是公平的，对于大多数人而言，容貌和智慧不可兼得。"

多年前，李银河曾如此回忆自己的青春岁月，她写道："我们两个都不漂亮……他（王小波）的长相实在是一种障碍，我们差一点儿就分手了。"

至于他们最终为什么没有分手，作家刘心武的一篇文章给了我们答案。他说："我第一次见到王小波，开门后被他吓了一跳，不客气地说，他长得丑，而且丑相中还带着一点凶样。"但是两杯茶过后，刘心武觉得王小波越来越顺眼了："那也许是因为，他逐步展示了其优美的灵魂。"

读到这里，我悬着的心终于落了地。

摘自《读者》校园版 2017 年第 03 期

在你面前，我不想讲道理

作者　倪一宁

小孩子经常被问："爸爸和妈妈，你喜欢谁？"说"都喜欢"的通常会被夸奖为"伶俐"，我一直不伶俐，我一贯的答案都是："喜欢妈妈。"

其实我爸对我比我妈对我好太多了，我妈干过的"负能量"事情罄竹难书。我每学期开学都会发烧，她的解释是："我从前以为你只是智商和其他同学有差异，原来体质也有差异。"我爸多宠我啊，他会笨拙地给我买衣服，带我出去吃饭特别舍得花钱，宠我宠到对我的每一任男朋友都看不惯。

可是我更喜欢我妈，因为我妈总是给我一种"战友"的感觉。

我上初中的时候，我爸来我们学校接我，被老师告了半个小时的状，在回去的路上，他说："你能不能别让我这么丢脸？"

我磨磨蹭蹭地跟在他后面，很想对他说："我明明没有做错，你为什么不站在我这边？"但我妈不一样。学校规定学生要穿校服，我却不肯穿，非得在校服裤子里面套上牛仔裤，在宽大的校服里搭出各种花样。其实回头想来，我真觉得所谓自己的衣服，只是换了一种丑法，可是我那时特别认真，非得趁老师不注意时穿小脚裤，非得穿在脖子后打结的短袖，非得活成"不一样的烟火"。

班主任向我妈告状，给我定性为"无心向学""杂念太多"。那天晚上，我在饭桌上愤怒地控诉班主任，我一定是添油加醋了，可能还说了脏话，我爸几次想制止，我妈都不让他说话。我没吃几口饭，她也没动筷子，我情绪激昂的时候，她说："老师确实过分了啊！"

事情都过去了这么久，我写这段话

的时候，还是想哭。

其实也没什么，青春期的时候，我们总是把自己当成孤胆英雄，和其他所有的人作对，连逃避做眼保健操，都被升华为"与全世界为敌"。我们也不知道这叛逆具体是为了什么，或许是荷尔蒙作祟，小说和电影一同怂恿，又有大胆的同学做榜样，我们就下意识地拧着来。我们等着耗尽最后一颗子弹，然后牺牲，这样便可以名正言顺地在漆黑的电影院里"致青春"，或者深情追忆"同桌的你"。

扯远了。我是想说，因为我妈的缘故，我没能成为霍尔顿，我没能承受学校和家庭的联手重压，我没能处于孤立无援的境地。因为同盟军的及时赶到，我的枪膛里还有子弹，我的脾气还没耗尽，我大概永远不会长成郑微那样。我的悲伤还没来得及逆流成河，就被更广阔的大海接纳。

那晚我妈听我抱怨了两个小时，她说得最多的是"有病啊"，末了她对我说："哎呀，你也知道，她们自己过得不好，所以难免会把气撒到你的头上。我们以后做事情当心点，少给她们机会。"

我含着泪，点了点头。

我爸看我们俩的眼神里写着六个字："养不教，母之过。"

言情小说中经常有霸道总裁对女主角说"我宠的，怎么了"这句话，看到霸道总裁爱上女主角的桥段时，我心里总有失落感从喜感里渗出来。明明世间的感情有太多身不由己、锱铢必较，我们还是心存一丝侥幸，希望男朋友说我们比校花好看，希望爸妈嫌邻居家上斯坦福大学的儿子太呆，希望我们的喜怒哀乐都有人温柔地接住，希望无须阐明一二三四就能得到别人的支持，希望有人跟我站在同一个战壕里，哪怕自己已经节节败退。

真的，对于我而言，最动人的情话不过是"既然你讨厌她，那我也讨厌"；最美好的事情是，我想去的前方，哪怕他跌得面目全非，他也给我准备好最耐穿的鞋子，画好最周详的地图，带好足够的干粮，然后陪我一起去。

我喜欢讲道理的人，可是在自己喜欢的人面前，我不想讲道理。

摘自《读者》校园版 2017 年第 3 期

用心良"甜"

作者　辉姑娘

我们常说"用心良苦"，可每次真的品到那苦涩时，还是忍不住皱起眉头，周身不适。儿时家境并不好，我却特别喜欢吃西瓜，每到夏天最热的时候，吃不到西瓜我就开始哭，噼里啪啦地掉眼泪。母亲哄我的方式很简单，她把便宜的黄瓜蘸上白糖水给我吃。别说，我一吃，觉得口感不错，就不哭了。非常管用！长大以后我听母亲说起这段往事，自己还笑母亲太傻，小孩儿多好打发啊，随便拿个东西转移注意力就行了，哪里需要用黄瓜蘸白糖水这么麻烦！

母亲却摇摇头，笑着说："你是我女儿，哪怕敷衍都要用心一点儿啊！"

外婆和母亲之间也发生过这样的故事。母亲小时候喜欢养小鸡，觉得它们毛茸茸的很可爱，结果养着养着却养死了。小鸡死的时候母亲没在家，外婆先发现了，就把小鸡掩埋了。母亲回来时发现小鸡没了，问外婆怎么回事，外婆说："你的小鸡喜欢上隔壁的那只小鸭子，跟人家结亲了，走了。"

母亲那时还小，但也懂得结亲是件喜气洋洋的大事，于是觉得自己的小鸡有了好的归宿，喜滋滋地开心了好几天。

"要是当时外婆直接跟你说小鸡死了，你会怎么样？"我问母亲。

"我啊……"母亲想了想，一边抚摸着脚边的小狗一边说，"可能会哭个半死吧，以后再也不会养小动物了。"

摘自《读者》校园版 2017 年第 08 期

你的书里有神吗

作者 刘墉

你的钢琴老师江天，昨天来我们家，当你去找琴谱的时候，他就很高兴地自己演奏起来。

"施坦威专业演奏家"毕竟不凡，整个房子都充满他热情洋溢的琴音，尤其弹到强烈处，连地板都在震动。

"这琴还可以吗？"看他告一段落，爸爸过去问。

"很不错！很不错！虽然你说已经买了十几年了，可是一弹就知道，没经我这样的人弹过。"江老师笑着说。大概看爸爸不太懂，他又加了一句："就是像我这样专业的人砸过。"说着，双手挥舞，"砸"出一串音符。

"经你这样用力弹过的琴，会不会容易折旧？"爸爸问。

"差的琴会，但如果是好琴，砸上两年，感觉反而更好。"他伸手到琴盖下，指指里面的木槌，"这槌上棉垫子的撞击会不一样。"他歪着头笑笑，"说不上来，反正就是不同。有一种更充实、更饱满的感觉，那是'有神'。"

他这番话使我想起有一次在台湾跟朋友去郊游，大家坐在大石头上聊天，朋友两个顽皮的儿子闲不住，攀上旁边的大树。

"下来！"朋友的太太吼，"危险！"

"他们是爬树专家了。"朋友不以为然地说，"成天看见他们在公园里爬树，你不是都不管吗？"

"公园里的那两棵树不一样！"

"有什么不一样？"

"公园里的树，从小树时，就有一堆孩子拉着树枝荡秋千，一路玩，一路爬，长成现在那么大的树，那树早习惯了被人爬，孩子也都习惯了爬那棵树，当然不一样。"

朋友的太太一边说，一边过去把那两个孩子拉回来："树也有灵性啊！你们懂吗？这叫有神！"

"提到有神，记不记得曾来家住的薰仪，她有一阵子专门研究布袋戏，成天往戏班子跑。"

"研究这么久的布袋戏，有什么心得？"有一天，爸爸问她。

"有有有！就是布袋戏偶跟人一样，要常玩！"

"这是什么意思？"爸爸问。

"意思是，你要以对真人的态度来待那些木偶；你要常玩它、常逗它，它才会高兴。"她咯咯地笑了起来，"老师，你相信吗？几个布袋戏偶挂在那儿，你很容易就能看出来，'谁'常被玩，'谁'又总是被冷落。"

"常被玩的大概看来比较旧。"爸爸不以为然地说。

"常被玩的比较有神。"她答。

再给你说个故事：

大学时，爸爸上国画大师黄君璧老师的课。

黄老师在讲桌上一张张检视学生的作品，常常看到一半，抬起头，伸出手："把你的毛笔拿来给我。"

学生就赶紧回座位拿毛笔。

"把剪刀递给我。"黄老师又一伸手。

大家就知道，老师要修理毛笔了。

天哪！一支日本制的"长流"毛笔，要花掉学生十天的饭钱，黄老师居然用剪刀狠狠地剪去了笔尖的细毛。

"你的笔太新，点不出好的'苔点'（山水画中通常点在岩石和树皮上的小黑点）。我帮你作旧。"黄老师一边剪、一边说，又叹口气："唉！新笔容易得，老笔不容易得啊！真正好用的笔，还是得跟你几年之后才成啊！"

"才成什么呢？"有一次爸爸问。

"有神！"黄老师大声地回答。

我们常说："读书破万卷，下笔如有神。"

这"神"，可能是"神来之笔"，因为"熟"而生的"巧"。

这"神"也可能是一种气质，在自然间流露的神韵。

但是换个角度想，神不也可能来自那被读破的"万卷书"，和被我们用过千百遍的"笔"吗？

看看书柜里的书、笔筒里的笔，那里面是不是印了我们的手泽？染了我们的汗渍？藏了我们的岁月？

爸爸盯着书架看，想起"常弹的琴、常爬的树、常用的笔和常玩的木偶"。

那些书是不是也因为我常翻、常读，伴我食，随我眠，而有了神？抑或，它们还只是一本本冷冷的书，没有生命，早已被遗忘？

爸爸也想，有一天，爸爸把这些书留给你，你会不会在上面读到爸爸的眉批，看到爸爸的"神"？还有，你会不会也读那些书，把你的"神"灌入其中。

正因如此，今天晚上，当爸爸走进你的房间时，会突然问你："你的书里有神吗？"

摘自《读者》校园版 2017 年第 11 期

假如我当初能写错别字

作者 文 泥

昨天下午回到家，发现信箱里有包裹。我迫不及待地拆开一看，竟是一本小孩子的童话书，里面还夹了一张小纸条，上面写着忽大忽小的汉字："文泥姐姐，这是我的第一本书，希望你喜欢！"

我仔细看了看书的封面。书名：《我的小蛇朋友阿迪》。作者：欧文。

哇！小欧文竟然出书了！欧文是我教中文的第一个学生，他的妈妈丽莎姐是我们学校的图书管理员。说是教中文，其实就是陪他做做作业、做做手工，适当的时候跟他说几句中国话。小欧文刚上一年级，每天都有创意无限的手工作业。我印象最深的一次是他要自己出一本书，先选一个小动物，给这个动物写一个小故事，再给自己写个作者介绍，最后设计书的封面、插图，写好、画好、订好，做成一本书。

欧文奋笔疾书，不到半个小时就写出了一个故事。他的故事翻译成中文是这样的：

有一天，我在后院玩泥土时挖出一条小蛇。小蛇说它叫阿迪，想和我做朋友。我很高兴，告诉它我叫欧文，于是我们成了好朋友。我希望爸爸妈妈和外婆都能和阿迪成为朋友，可是外婆很怕蛇。我问阿迪，怎么才能让外婆不怕它呢？阿迪说，外婆种花时，它可以帮她松土。我觉得这是个好主意，于是我们一起去帮外婆松土。外婆很高兴，她做了蛋糕给阿迪吃，从此她再也不怕蛇了。

这真是个温暖又可爱的小故事！可是我定睛一看，发现他写的故事错别字连篇。后院 yard 他写成 yar，朋友 friend 他写成 frend，外婆 grandma 写成了 gramma，一看就知道他是完全按照读音把拼写编出来的。于是我说:"欧文,gramma 应该是……"

还没等我说完,丽莎姐就突然从厨房里冒了出来,说:"欧文,你这个故事写得真是太好了!"我转向丽莎姐,她示意我跟她去厨房,对我说:"老师今天特意叮嘱我们,叫我们不用急着纠正他们故事里的错别字,他们怎么想的就让他们怎么写,能知道意思就行了!"

这是什么逻辑?

丽莎姐看出了我的困惑,接着说:"因为老师想让他们发挥创造力写故事,而一味强调拼写的对错会让他们以后都不敢写了。在中国不是这样吗?"我无言以对。

我想起在小学一年级的期末作文里,我把"目光"写成了"木光",完全不影响阅读,但还是要被扣一分,与全年级第一失之交臂。成绩出来后,我还被语文老师严重警告。从此以后,我写作文前都要先保证所有的字都会写,因此我开始对写作文十分厌倦,极为排斥。记得二年级的期末作文题是"父爱",我本想写一个鱼爸爸的儿子被一个捕鱼人抓去城市卖,鱼爸爸历经千辛万苦去城市找儿子的故事。但是因为忘了"城市"的"城"怎么写,我只能另想情节,一篇作文还没憋完,时间就到了!现在想起来,假如当初写错别字或拼音不扣分,说不定我早就写出《海底总动员》了!

大学毕业后,我去了另一个城市,就跟欧文告别了。每年圣诞节,丽莎姐都会给我寄一张他们的全家福卡片,卡片上会有欧文写的一首小诗,足以让人看到一个小孩的童真与才华。一转眼,欧文已经 12 岁了,他写了好多小故事,都收录在他的这本童话书里。除了小蛇阿迪,还有小狼嘟比、小老虎阿慢、小狮子吉娜和小鳄鱼三米。他在书的前言里说,他想通过这本书,让人们不再害怕这些看起来不可爱的动物,而是喜欢上它们——就像人们喜欢小狗和小猫一样,因为它们也是地球的一员,跟我们每个人一样,有自己独特的价值。

是呀,就像小欧文一样,小时候写错别字又怎样,我们依然可爱,有着自己独特的价值。

摘自《读者》校园版 2017 年第 17 期

我们是不是读了一本假的《西游记》

作者　陈思呈

最近给一班小学生讲《西游记》。

以前我陪孩子读《唐诗三百首》，之后写过一篇文章，诗意地声称，孩子把我熟悉的唐诗又重新教了我一遍。如今，我又重温当时的体会，但这次重温让我怀疑我以前读的是一本假的《西游记》。

一开始我们讲故事，读原文，倒也其乐融融，但这当口有同学发现，书里提到女的，用的也是"他"字。我告诉他们，当时还没有出现"她"字，这个字是"五四运动"之后才造出来的，似乎还有一本书叫《"她"字的文化史》。小朋友们就提出疑问了：那时候男女不分吗？男女厕所应该是分开的吧？

我知道孩子们"脑洞"大，却不知道有这么大，初听之下还真以为没有"她"字男女厕所无法区分了。后来才反应过来，厕所门口写的是"女"字，不是"她"字。

有了这么个开头之后，气氛开始直奔我所无法控制的方向去。比如他们读到"山中无甲子，寒尽不知年"这句话，本来是形容刚出世的石猴的美好生活，有个孩子却认为，甲子是一种植物，可能有毒。理由是他看过一个片子叫《胡桃夹子》。旁边的女生说，这说明甲子是一种食物。

讲到"四圣试禅心"这一章，问孩子们，一般来说，考验人的都是是否贪财，是否正直，是否勇敢，为什么神仙要用是否结婚来考验这个取经团？

有个孩子就回答说："首先，取经团的几个成员是和尚，和尚不能结婚，结婚后就没时间念经。还有，取经团要走很远的路，如果结婚了就要带着老婆一起走，女人能走多远呢？所以要试探他们是不是可以不结婚。"

孩子们所发的并不全是无厘头之言论，他们的思考因为没有受过任何文本赏析的影响，往往有独到之处。

比如"平顶山遇难"一节，八戒借巡山之机行睡懒觉之实，回来就瞎编，说有妖怪，妖怪喊他猪外公，还请他吃饭。对于这个细节，我本来的理解是，猪八戒的行为是出于虚荣心。但孩子们却说这不是虚荣，如果猪八戒说妖怪凶狠，那猪八戒逃回来必须衣冠不整、满头大汗。但是他睡一觉回来，肯定神态自若，也没流汗，所以他只能吹嘘妖怪客气友好，请他吃饭云云。

还有一处。我之前认为，猪八戒不喜欢白龙马，表现为动不动就说分行李，说赶紧把白马卖了，给师父买一口棺材送葬。向孩子们请教，为啥猪八戒这么恨白马？孩子们分析，（电视剧中）八戒牵马，估计马不听他的。至于原著中的八戒得挑担，白马又不肯帮他分担。（原著中猪八戒说，师父骑的马那般高大肥盛，只驮着老和尚一个，教他带几件儿行李，也是弟兄之情。但是这要求被拒绝了。）

在这些细节上，孩子们逻辑的严密令我佩服。这让我意识到，孩童的思维不容小觑，他们能看到我们的盲点。

而我也开始尝试从他们的角度看问题。比如，他们还引导我注意到，沙僧、猪八戒、小白龙这三位，都是在天上犯了错被贬下来的，但他们受到的惩罚和犯错的严重性不成正比——猪八戒酒后调戏嫦娥，被打三千下；小白龙放火烧了明珠，被打三百下；沙僧打碎一个杯子，被打八百下。再结合别的惩罚看，毫无疑问，沙僧最为苦命。

有时候，他们的"脑洞"和启示，简直带着比较文学的研究精神。如对于石猴出世那个情景，他们就指出，很像《赛尔号4》中的摩托车变成摩哥斯的情景。

我特别珍惜孩子们给我的这些启发，看似无厘头，却像《西游记》本身一样，"点头经过三千里，扭腰八百有余程"，"赚他儿女辈，乱惊猜"，也许在这"乱惊猜"里面，有着文学最本质的东西。

摘自《读者》校园版 2017 年第 22 期

苏东坡的苍茫时分

作者　何大草

我从10余岁读到苏东坡，就一直喜欢他。但这喜欢一度是放在柳永之下的。

读到柳永，已是高一了。我迷上了"杨柳岸、晓风残月"。那种在晨光熹微中，带着残醉，在船上醒过来的意味，是15岁的少年所向往的。那时不懂颓废，而颓废的麻醉力已在这词句里让我沉溺了。

与之相比，苏东坡的"大江东去，浪淘尽"，气魄宏大，雄豪冠绝，让人有点难以亲近。这的确是适合关西大汉执铜琵琶、铁绰板，放声一吼的。

《念奴娇·赤壁怀古》表达的是家国情怀，一抒英雄抱负。倘有惆怅，也化作凌空飞沫，汇入浩浩江声。柳永的《雨霖铃》虽有惆怅，但打动我的是他的迷惘。我那会儿正值迷惘之年，不为衣食发愁，嘴上刚长了一抹淡青的胡子，却已在思

虑生死，想着如何打发一天天减少的光阴。这不是强说愁，而是莫名的迷惘。

于是，感觉苏东坡距我太远了。他是个文豪，还是个豪杰，坚定、潇洒。他在旅途中遇到大雨，没有雨具，同行者狼狈不堪，而独有他挥舞拐杖，边走还边傲然长啸，吟诗作词，留下一首传世的《定风波》。

我可就弱极了，瘦、苍白，淋一场雨都会感冒发烧的。

此后，我读到苏东坡更多的文字，才发现雄豪、潇洒不是他的全部，他也有弱极了的时候。就在他写《念奴娇·赤壁怀古》的那个黄州，他还写下了心如死灰的《寒食帖》，冷雨漏屋，寒菜破灶，"也拟哭途穷，死灰吹不起"。

这是真实的苏东坡，他不用潇洒掩饰自己的困窘。

我敬仰的，不是在江岸豪言滔滔的词人，也不是萧瑟中有几分自怜的贬官，而是在《后赤壁赋》中那个摄衣登上山岩的迷惘者。秋已深了，夜亦深了，苏东坡携了巨口细鳞的好鱼、藏了多时的好酒，和朋友再游赤壁。山高月小，酒肉乱心，他可能想去摘月亮，也可能是又发了少年狂，反正他提了衣摆就"噌噌噌"登了上去。山崖险恶，朋友都不敢跟从，他也就越发得意了。他早就在大风雨中吟诵过："竹杖芒鞋轻胜马，谁怕？"后来他登上了绝顶，"划然长啸"！这一啸里除了得意，还有俯瞰大地、众生的意思。然而，长啸在黑暗中引起回声，草木震动、风起水涌，他顷刻间就被吓住了——所谓英雄豪气、雄姿英发，都化为了悄然而悲、肃然而畏……大概，

这就是突然间有了畏惧，探见了生命的底。他默默地走下山去。一只孤鹤横江东来，展开如轮巨翅，一路鸣叫，掠过他们的头顶，往西去了。

这只孤鹤就是不可知的命。那个时候，我似乎就在现场，目睹了这一切，见证了一个苍茫时分的苏东坡，也见证了他对人生的迷惘：他的一只眼睁开，一只眼眯着，脸上留着梦的痕迹。这是宋神宗元丰五年（1082 年）的事情，他45 岁，到了他人生的后半程。

他为这次游历，写下了《后赤壁赋》。这是他的文章中最让我玩味不已的一篇。

摘自《读者》校园版 2018 年第 8 期

甜太简单，回甘才有味

作者 蒋 勋

我小时候完全不吃苦瓜，不知道为什么到了如今这个年纪，却愈来愈爱吃苦瓜，而且是那种客家腌苦瓜，还带着臭味的，再掺些小鱼豆豉。

忽然发觉，我现在不爱吃甜食，觉得甜对于我来说，太简单了。

有一种味觉叫"回甘"。我们说这个茶好喝时，会用到"回甘"这个词。回甘的意思是，一开始有点涩、有点苦，可是慢慢地从口腔升起来一种淡淡的甜味。

人生经过涩味以后，才有所谓的甜，而那个"甜"不同于糖的甜，不是单纯的甜味，而是人生经验复杂而微妙的变化。

有一次去绍兴，朋友请我吃饭。他说："你没有吃过'三霉三臭'，就不配来绍兴。"

我在绍兴被他们灌得酩酊大醉，吃了"三霉三臭"之后，晚上一个人在街上走。我走过鲁迅纪念馆、蔡元培纪念馆、秋瑾纪念馆，我不晓得这个小镇还有多少关于近代历史的记忆，好像人被压抑、发霉了的记忆，最后在味觉上表现出来。

通过霉和臭之后，还要存在，还要活着，还要有生存下去的力量。我们现在再去读《阿Q正传》这样的文章，会感觉那种生命好像真的有一种发霉的感觉。可是在那样的环境中，人还要存在、还要活着，而且还要自己想办法，在那个又臭又腐烂的环境，重新生长出来。

也许因为我们在这么幸福、安逸的环境中长大，所以对甜味的感受有很多，对苦味和臭味不太能感受到，有很多苦味和臭味的程度被降低了。

有一个法国朋友跟我说，其实在古老的文化中，最精的品尝是学会品尝臭味。因为我们会发现苦也好、臭也罢，它们都是生命里的卑微和哀伤，都是生命里痛的记忆。

摘自《读者》校园版 2018 年第 9 期

咖啡的最后一滴

作者　松浦弥太郎

我一直光顾的咖啡店里的咖啡，真的很美味。

店里的那位女店员，总是一杯一杯非常仔细地将咖啡过滤出来。她没有夸耀冲泡技术的意思，也没有用到上好的咖啡豆，但就是惊人的好喝。

然而当我发现，经过这位女店员之手的咖啡最让我惊艳的一瞬间，往往是在最后一口的时候，我突然意识到好喝的可能不仅仅是味道。那种美好的口感不仅留在唇齿间，更会渗透进人的心灵深处，久久不会散去。

食物也好，饮料也罢，人们总是关注于最初一口带来的感觉。我们这些人吧，如果不能从吃到嘴里的第一口得到满足，就认为它是失败的。然而，所谓的"美味初感"，有时候仅仅是因为味道浓厚罢了。

日本料理中的"汤羹"，就是在最后一口的时候表现出它的美味。喝第一口的时候，往往口感较淡，到第二口、第三口，则越来越浓郁。这就是这种料理的特点。

有一天，我终于还是忍不住询问那位女店员："冲泡出美味咖啡的秘诀是什么？"她沉默了一会儿，答道："我会注意观察客人的'气息'，由此分析并判断出他今天会需要什么味道的咖啡。我觉得这点很重要。"

我很是吃惊。观察别人的"气息"，说起来有点儿怪怪的。但通过观察客人今天是不是疲惫、心情如何，也就是所谓的"气息"，来对咖啡的口感做出相应的调整，这样做出来的咖啡是充满感情的啊！

料理家吴文曾经这样告诉我："做料

理要记住的，不是技术和知识，是做的时候表现出的感情。"这和女店员的话不谋而合。美味，不是品尝时嘴巴所感觉到的味道，而是在某时某刻，用心感受到的气息。

用心贴近对方的心后所产生的情感，作用在任何事物上都会如魔法般神奇。

当然，自己的"气息"也不容忽视。每件事都认真地去做，用心做。

摘自《读者》校园版 2018 年第 13 期

留住那点少年气

作者　七堇年

"少年"二字，谈何容易？

有一部英国青春片，叫作《潜水艇》，片子非常美，很幽默。

有一个情节令我印象深刻：男主角是一个 15 岁的中学生，觉得自己是天才，成日沉浸于幻想中。当时，他暗恋一个女孩。但女孩的母亲身患癌症，将要离世。男孩很想关心、安慰一下女孩，却又不晓得说什么好，很纠结。

有一次，他看到一本书上说，要给小孩子养一只宠物，当宠物走失或者去世的时候，孩子们能领会到"丧失"的意义，也会对现实生活中的"去世"等事件有免疫力，从而心里有所准备。

男孩得到了启发，于是就去把女孩的宠物狗弄死了。他觉得，这样女孩提前体验过"失去"，等到母亲走的时候就不会那么难过了。

这个情节简直让我哭笑不得。

灰色幽默啊——这是少年的心性、少年的逻辑、少年的纯真，也是少年才想得出来的方法。

导演兼剧作者是一个成年人，而对于创作者来说，要写出这么妙、这么幽默的东西，意味着他需要保持一份跨越年龄的天真。

这种"天真"，在被房贷、工资压得难以喘气的庸常生活中百无一用，但在创作生涯中至关重要。

当我后来了解到"无数作家都是靠着早年的倾诉欲，才铺垫起写作生涯"这个常态之时，我才舒了一口气。

倾诉不难，难的是之后的事。

写东西，只是因为心里有困惑。

我没有什么想说的命题，因为许多时候我觉得展现可能比阐释要好。何况很多问题都没有答案。作家都是厨子，偶然得到了一些食材，于是就做了一道菜，至于好吃与否，各人有各人的口味，不好说。受偶然了解到的事情启发，产生了写一个故事的兴趣。受经验所限，弄到的食材就只有这些，众口难调，但不妨尝尝看。

写作的标准菜谱都是一样的，但每个厨子做出来的菜的味道都不同。

10年时间，说长很长，说短也短，拙笔本来不成书，写得多了，也就渐渐成了书。偌大宇宙，生死很薄，人们只是把生死之间的琐事铺陈得比较厚实。

院子里寒花啄雪，你怎么知道，那是意味着上一个春天已逝，还是下一个春天要来？

摘自《读者》校园版 2018 年第 14 期

写活你

作者 尤 今

描写人，尤其是五官，最重要的是抓他们脸上最突出的特征来写。

道理很简单，实行起来也不困难。

我把这个秘诀以灵活的教学方式传授给学生。

我嘱咐他们在教室里围成一个大大的圆圈，团团坐好，然后暗暗选定一个自己所要描写的对象，默默地观察。找出他与别人最大的不同，再借用一个生动的比喻，把这个特点显现出来。

我举出了一些例子加以说明。

比如，写嘴唇薄的人，可以这么说："他的唇皮儿非常非常薄，合起来时，只看到一条短短的直线。"

学生们都觉得这项"游戏"很有趣味性，把笔杆当枪杆，悄悄地瞄准自己心目中的猎物，观察、研究、欣赏、思索，然后，振笔直书。有些性子活泼的，还边写边发出咯咯的笑声。

写完以后，我叫他们轮流把写好的句子念出来，大家一起来猜，到底写的是谁。

结果发现，学生们的想象力如天马行空，许多句子可爱得叫人惊叹：

"他长着一张大口，牙齿崎岖不平。"

"她一笑起来，天上电闪雷鸣，地上死去的植物纷纷复活。"

"他的眉毛，淡淡的，好像忘了长出来。"

"她像是一座无人居住的岛，静得惊人。"

嗬，谁能、谁敢说"孺子不可教"？

摘自《读者》校园版 2018 年第 18 期

在路上与诗重逢

作者　黎武静

再好的诗句初见时未必真切，总是多年之后在回忆里与它蓦然重逢，才懂得其中滋味。

幼时读刘长卿的《逢雪宿芙蓉山主人》，未识其动人处，而高中时的某一个午餐时分，对着一碗心爱的大米饭，突然就想起来这些诗句："日暮苍山远，天寒白屋贫。柴门闻犬吠，风雪夜归人。"真真切切，如在眼前。

更多时候，总在十字路口的红绿灯前，想起无数读过、学过、背过的诗句。城市里有这么多个十字路口，有些红灯要等80秒。80秒足以忆起许多事情，诗句总在这个时候悠悠响起，像一种机缘巧合的灵光乍现。

那年有一日下班，我慢悠悠地骑着旧自行车，停在最繁华的市中心的十字路口，到处是人潮涌动，到处是等着回家的人流。"星垂平野阔，月涌大江流。"——很多年前背过的句子，当年并不觉得好，这一刻，突然如画般呈现在眼前，星光垂垂旷野，月华与江水奔涌，一时间觉得竟是这样的好。不知为何想起，也不知当年为何不懂，更不知这画面从何而来、如何而至，就这样一瞬间，仿佛福至心灵。

又有一日上班，同一个十字路口，红灯停处，无所事事，就想起纳兰性德的《蝶恋花》："辛苦最怜天上月，一昔如环，昔昔都成玦。若似月轮终皎洁，不辞冰雪为卿热。无那尘缘容易绝，燕子依然，软踏帘钩说。唱罢秋坟愁未歇，春丛认取双栖蝶。"突然就被最后一句击中，"春丛认取双栖蝶"，这画面太过真切，悲从中来，深哀剧痛，却有一种恍惚之感。春色迷离，彩蝶双宿双飞，花开如许，然而斯人已逝，何处问前生？

也不见得次次都在路口想起这些诗句的前世今生。还记得那年的冬日，在去图书馆的路上，熟悉的超市门口，永远热热闹闹的氛围里，雪突如其来地徐徐飘落。白雪纷纷，我想起纳兰性德的那一句："别有根芽，不是人间富贵花。"雪花冰凉的触感扑面而来，我裹着厚厚的大衣，愉快地继续往图书馆走去，那个书山书海的目的地是一个太过愉快的所在，一路前行想起什么样的句子，都不减半分喜悦。

另一年的秋天，去医院买药，一路却在想李商隐的《锦瑟》："锦瑟无端五十弦，一弦一柱思华年。庄生晓梦迷蝴蝶，望帝春心托杜鹃。沧海月明珠有泪，蓝田日暖玉生烟。此情可待成追忆，只是当时已惘然。"万里无云，天空蓝得一望无际，被阳光渲染得清清浅浅，像一汪寂静的湖水，在时光里波澜不惊。少时读它，不解何意，只是被这些美丽诗句所迷，匆匆背下。这一刻忽然就明白了，这首读过千百遍的诗，不管被世人解为何意，它的每一个字的美，就是它的意义。那些隐含的表达不必理会，它字面的华美与绚丽，就是它的所寄与所归。字面本身，就是意义。

每个在路上想起的诗句，都是一场重逢。初读的懵懂，都成为前缘深种。时光缠绕其中，成为诱人的佳酿。

摘自《读者》校园版 2018 年第 20 期

未经凝视的世界是毫无意义的

作者　曹文轩

这个世界的脾气特别古怪，你必须凝视它，它才会把大门打开，让你看到它里头的风景。我们每个人都有一双眼睛，这双眼睛这一辈子其实只做两个动作：一个叫扫视，一个叫凝视。

你的作文为什么写不好？原因很简单，因为你没有凝视这个世界，你只完成了第一个动作，没有完成或者说没有很好地完成第二个动作。

俄国作家契诃夫的小说《草原》，写一个小男孩坐着一辆马车，到很远很远的地方去上学。马车行驶在一望无边的草原上。草原很大，天空很高，学校很远，小孩很小、很孤独。作者在作品里写了一句话："天空飞过了三只鹬鸟。"这个句子不简单，但它背后藏着"非常细心"的意思。

下面还有更精彩的，作者写道："那三只鸟后来飞走了，愈飞愈远，直到我们看不见它们。"马车继续行驶在草原上，小孩心里很孤独，在这里契诃夫又写了一句话："过了一会儿，先前的那三只鸟又飞了回来。"天空那么大，鸟那么多，契诃夫怎么就那么肯定这三只鸟一定是刚才那三只呢？

因为契诃夫是一个非常细心、有耐心的人。当有鸟从天空飞过的时候，他已经一只一只仔细地辨认过了，所以当那三只鸟又飞回来的时候，他一眼就认出它们来了："你们这三个家伙就是我刚才看到的那三个家伙。"记住：未经凝视的世界是毫无意义的。这个世界只属于那些细心的人。

有位法国作家，在小说里写一只苍蝇："有一只苍蝇，有一只瘦小的苍蝇，在车里头飞来飞去，已经有好长一段时间了。"这句话里哪个词最关键?"瘦小"。你肯定看到过苍蝇,但我也肯定你没有像这位法国作家一样去凝视过一只苍蝇。你没有发现苍蝇和人一样在体形上也分两种,一种是胖的,一种是瘦小的。

如果你能像这两位作家一样去打量这个世界,你想想,这个世界在你脑海里会是多么的丰富。

契诃夫有一个习惯:想到一个特别好的词或一个短句,就会把它们写在本子上。他去世后,人们把他的这些东西编成了一本书,叫《契诃夫手记》。有一天,我看他的手记,看到了一句话:"一条小猎狗,走在大街上,它为它的罗圈腿感到害羞。"

仔细琢磨这个句子,会发现这个句子很有味道。大家都知道猎狗的前腿是直的,可这条狗是罗圈腿。如果它走在别的路上也就罢了,可是它走在大街上,所以它才为自己的罗圈腿感到害羞。如果有这么一条狗走在大街上,你能看到吗?能!但是,你只能看到一条狗,你不会发现这条狗的腿是罗圈腿,也不能体会这条狗的心情。这就是你们与大师之间的差异,这个差异是天壤之别。

请记住这句话:未经凝视的世界是毫无意义的。

摘自《读者》校园版 2019 年第 6 期

安放在抽屉里的青春

作者 李 岩

"我在给您写信，还要怎样呢？我还能说什么？"

这是普希金的诗体小说《叶普根尼·奥涅金》里达吉雅娜写给奥涅金情书里的第一句话。情书的最后一句是："写完之后，我不敢再看一眼，羞愧和恐惧使我手足无措。"

达吉雅娜充满羞涩的情书寄出去了，而我年轻时所写的情书通通留在了抽屉里。因为那时的我竟然相信，相爱的人能从风里听到爱的信息。

青春期到来，情窦初开带给无数年轻人难以抗拒的激动。有时候这突然勃发的情绪无处安放，用文字表达出来便是情书。

无法统计有多少恋人是靠情书终成眷属的，有人说初期的爱情只需要极少的养料。情书无疑是最便宜的养料。

随着关系一步步地发展，喝风饮露的神仙日子怕是过不下去的。生活中最冷酷的现实是爱情最终都会具体到柴米油盐，一旦爱情中的现实感浮出，无论多感人的情书也留不住恋人，因为长久的爱情需要携手共筑现实生活。

爱情或是给人希望的药剂，即使是没有结果的爱情，至少可以给生活带来温暖和对美好的留恋。就算时光变迁、岁月苍老，每次想起两个人相爱的那个时刻，都是静谧的时光。

人生中难免会遇到匆匆碰到，又急忙离开的恋人，留下种种遗憾和不舍。把爱恋之情变成文字就是情书了吧，书写文字可以任思绪蜿蜒，反复追忆，缱绻在爱的白日梦里。在梦里相融在一起，沉浸在每个白天与夜晚中。那些文字记录着共处的每一个瞬间，她的一言一行，她的喜怒哀乐，都让人久久回味。

谁知道究竟是什么让人们相亲相爱，用尽一切手段还是无法忘怀？也许是往昔深深的依赖，彼此温柔以待的日子让人怀念。

《少年维特之烦恼》就是歌德为寄托恋情而写，写完了，当初的迷惑就消失了。不仅如此，这本书还成了畅销书，给歌德带来不小的名和利。

遗憾的是我的情书却换不来名或利，几封未发出去的情书仅是自己生活的记录而已。重读存放在抽屉里的情书，年轻时的青涩在文字中隐约浮现。其实暗恋也不是什么都不做，似看非看着暗恋的人，保持距离可以产生完美，闭上眼睛反而容易浮想联翩。如果没有用文字记录下来，则意味着没有人知道那段遐想留下了什么样的满足和惆怅。

青春仿佛一转眼便过去了，短暂的初恋却令人念念不忘。要是飞逝的时光能失而复得，在我们所获得的喜悦里会不会有初恋存在？须知那会儿我们曾经相爱。

时光一去不复返，我们只能将爱恋安放在记忆里，因为我们已经无法改变。

有些人注定只能住在我们的心里，然后在我们的生活中消失。

摘自《读者》校园版 2019 年第 11 期

和自己作对

作者　潘向黎

父母爱孩子，其实是爱自己。

尤其是面对长得很像自己的孩子，分明是一个小小的自己，眼巴巴地看着成年后的你，你如何拒绝呢？

许多时刻，你只想把自己小时候没有得到过的都拼命弄来，给他，给她。

能够克制住这个冲动，也是因为爱，因为父母的爱里面还是有理智的，他们知道不能宠坏孩子。

家长管教孩子，盯得紧的，往往是自己吃过亏的方面。

自己当年没有好好念书，孩子逃学上网吧才会往死里打；自己清高放弃了仕途，就容易盼望孩子当上小队长、中队长；自己曾经为了安定放弃了发财机会，就会对乱花钱的孩子骂"败家精"；自己性子狷介或者急躁，节骨眼上得罪过人，遇到孩子顶撞老师就会怒不可遏……

管孩子，其实是悔自己；骂孩子，其实是恨自己。

后悔得越厉害的人，对孩子遗传的"缺点"就越容不得，越想赶尽杀绝。

但这往往无效，因为孩子多少遗传了一些家长的脾性，家长其实是和自己作对。而人和自己作对，有史以来都是很难赢的。

摘自《读者》校园版 2019 年第 14 期

人是植物

作者　郁喆隽

人来到这个世界上，就像一颗种子掉入了土壤。这是一块怎样的土壤——是肥沃还是贫瘠，是酸性还是碱性，是干旱还是潮湿，全由不得它选择。这块土壤在哪里——是在人迹罕至的高山峻岭中，还是在海潮涨落的沙滩上；是在喧嚣城市的人行道旁，还是恰好卡在了花岗岩的石缝当中，似乎也全靠天意。

人是有根的。种子从不计较，也无法计较自己掉落在怎样的土壤里。它只是努力地生根发芽，恣意生长。它以最自然的方式，从周围的环境中吸收一切。如果土壤里养料充分，它就茁壮一些；如果土壤里养料匮乏，它就羸弱一点。如果土壤里充满毒素，它也无法拒绝，只能默默吸收，把毒素分解到自己的躯干枝叶，甚至开出毒花结出毒果……植物不挑剔，因为它没有分别心。

一旦根系长成，就很难改变了。根扎得越深，就越难改变。植物无法自己切断自己的根。每一株植物都是被大地绑架的生命。只要还活着，它就觉得幸福；只要扎根的土地还能给它一丝生机，它就会无比珍惜，使劲地赞美土地，并生出无限的眷恋。只有极少数的植物，被暴雨或海浪冲刷，再也无法牢牢抓住土壤，被迫随波逐流地离开。或许，它会被冲入江河湖海，从此无根可扎，自生自灭去了；或许，它会被偶然冲到一块更为美好的土壤里，再次扎根……谁知道呢，但植物的本能告诉它，除非身不由己，否则决不改变现状。

植物从不攀比。即便原本都来自一株母体，如今有的活在天涯，有的长在海角，有的在山巅，有的在谷底……本是同根生，那又何妨？何必比较，徒增烦恼。更何况，举目四望，植物和植物本来就有天壤之别。有的如棕榈般高大、挺拔、伟岸，有的像浮萍那样纤细、渺小、柔弱；有的丑陋如仙人掌，有的优雅似君子兰。从来就没有什么感同身受，只有各活各命、自顾自怜而已。久而久之，每一株植物都变得"自给自足"。它反复念诵着，只要是我的，就是最好的；只有我能得到的，才算是好的。

植物都对自己绝望，却对下一代充满希望。自己已然定型，占据着方寸之间，于是就指望下一代，以至世世代代，走出这方寸，去看看世界。想到这里，就要储存稀缺的能量，把种子播撒出去；便要再挣扎一下，向上伸展，拼尽全力在夹缝里照到一缕阳光。这样，植物才能证明自己尚存求生欲。

摘自《读者》校园版 2019 年第 20 期

浪费的时光未必没有价值

作者 静 岛

大四的时候，我第一次明确感受到，自己浪费了 4 年时光。当时我在一个城乡接合部的高中当了为期一个月的实习老师。要在课堂上吸引学生，除了专业能力和经验，还需要充沛的体力、丰富的情感以及较强的自信心和沟通能力，这些远远超过了我这个书呆子、社交恐惧症患者的能力范围。我非常清楚：我不适合这份工作。

这不是我想要的生活。然而，我不得不承认，是我自己浪费的时间让我遭遇了这样的局面。

如果人生可以重来一次，我想回到大一。那时我刚考进中文系，对文字敏感，对阅读和写作着迷。那年冬天，我去上海戏剧学院找读电视编导系的高中校花，跟她和她的同学玩了两天。他们聊到我没有听说过的艺术家和理论，聊

到让当时的我觉得匪夷所思的生活可能，聊到或青涩或宏大的梦想。这些聊天让我忽然意识到，世界上原来有这样的专业，让人这样活着。我想创造一个又一个不仅仅停留在纸面上，还能转化成影像被人观看的世界，这才是我真正想做的事情。

我应该做的是退学，重新参加高考，争取重来一回的可能性，但纠结了一个星期后我放弃了，我实在是太害怕失败了。于是几年后，我去做了实习老师。

我带的这个班，按照历年的数据推算，顶多 1/4 的学生能考进普通院校。我想这些十七八岁的学生，或许几年后就会和 22 岁的我一样，发现前途渺茫，感受绵长而绝望的现实。

实习快结束的时候，我请学生写下他们的梦想。他们的答案极其丰富：数

学家、宇航员、流行歌手、演员、画家……要做画家的学生，在纸条上写道：我要考进中央美术学院，第一年考不进，就考第二年、第三年。经历过中考，绝非胜利者的他们，面对未来原来有着这样充满元气的斗志。

是他们的答案，让我从沮丧中走了出来。人生的可能性的确远非此时此地而已，我才 22 岁，一切都还来得及。

我坚持阅读、写作、听讲座，参加编剧比赛。花了很长时间，我做到了，写了一些被读者认可的小说，出了书，卖出若干影视改编权，担任了几部电视剧、网剧的编剧。写出来不过区区几十个字，做的时候却经历了不少坎坷。像我这样半路出家、缺乏专业训练的人，在担任编剧时尤其战战兢兢，别人在大学阶段就已经解决的很多技巧性问题，我是在实践中以最笨的方式慢慢摸索出来的。

如果我上大一的时候就退学去重新参加高考，考编剧专业，是不是会走得更顺利？很难说。本科阶段阅读的大量经典、做过的文学评论训练，让我的剧本写作坚持了从文学出发的原则，这正是我和有些编剧的不同所在。而工作经历也拓展了我的写作范围，在写到校园生活时，我可以很轻易地调动起担任老师的那段回忆。

生活中有太多无法一望便知因果关系的事情，每个人都会浪费时光。让每分每秒都有价值，原本就是不切实际的奢望，就算是机器人也需要充电和系统升级。在人生的旅程中，如果能有敏锐的判断力和高效的执行力，并且能做到两点之间直线最短，当然是好事。但是旁逸斜出的那些岔路，曾经让你迷惘的迷宫，未必没有价值。凡走过必有痕迹，你以为浪费的时间，一样会给你带来经历、感受和人际关系，这些都可能在你意想不到的地方帮助你。

你需要做的，是尽早明白自己究竟想要什么，能够为之付出什么。不是每个人都必须取得可以被量化的成功，但如果你想要的生活需要付出持久的努力，那就要对曾经浪费的时光保持羞耻感，允许自己偶尔软弱，但永远都要记得站起来重新开始。

面对已经无法改变的过去，找找里面有没有什么可以帮助你的，在此基础上，认真去做点什么，去留下点什么；如果没有，叹口气，承认自己浪费了这段时光，告别它们，与自己和解，这是你能给自己的最好的礼物。

摘自《读者》校园版 2020 年第 4 期

和老爸一起热爱柴米油盐的日子

作者　多　多

据我爸说，结婚当天我妈就戴着围裙有模有样地走进了厨房，声称要弄个三菜一汤，并郑重表示不需要帮忙，她可以独立完成。我爸高兴地坐在沙发上，心里美得冒泡，一不小心就睡着了，还梦见自己娶了个能干的仙女。3个小时过去了，我妈叫醒了正流着口水的我爸。我爸一睁眼，看见自己的仙女正小心翼翼地捧着一碗水煮白菜。

后来，他们俩可能就是依靠着这种或是加了醋或是放了酱油的水煮白菜过了很多天。估计是太悲惨了，他们也没有给我详细讲过这段经历。反正从我记事起，就没有见我妈靠近过厨房，倒是我爸统治了家里的厨房。

我妈总对我说，你爸拿手术刀的手用来做菜，切菜利索，剔骨干净，放调料不手抖，倒酱油不过量，颠锅力气大，火候掌握得刚刚好，做的饭特别好吃。

在很长一段时间内，我都对这段关于职业性的论断深信不疑，并坚定地认为我妈不是不想做饭，也不是不热爱烹饪，而是受职业所限做不好饭。

但我爸这个"饲养员"，并不是每天都能准时出现在厨房里的。比如他有手术的时候，就不能兼顾家里躺在案板上等着"开刀"的白斩鸡；比如他查房的时候，就没法关照家里同样需要"问诊视察"的排骨玉米汤。每当这时，我妈和我就只能守着小电饭锅，一边吃着方便面，一边期盼着"饲养员"早点归来。

后来我爸发现，他下班回来后家里的两个人总是萎靡不振，尤其是我，总是一副看起来又呆又傻的样子。我爸没有怪我在学校没学好，而是认为这种情况是由于营养缺失而导致的间断性智力衰退，气得我妈心力交瘁。

于是我爸从姥姥家借了一口大锅，买了一个大冰柜，换了一个大铲勺，整得就像电影里公社的大锅饭一样，只不过这个公社只有我和我妈两个人。但大厨可一点儿都没有因为人少就偷工减料，相反每次都恨不得多做几锅。冰柜里常年储藏着切好块的红烧牛腩，分小碗密封的炖羊肉，保鲜膜包住的鸡腿。这样，即使有时我爸因为工作不能按时回家做饭，我和我妈两个人也有饭可吃。这个放满了美食的冰柜，让我能够继续茁壮成长，更重要的是，也保证了我的智力没有出现进一步的衰退。

我念高中的时候，我爸喜欢上了看美食节目，还买了好几本菜谱。我家的餐桌上，开始出现牛排、煎鱼、丸子、虾仁等好看又洋气的美食。这份对烹饪的热忱迅速地占领了我爸70%的业余生活时间，而这个时间是从他每天下班后的7点钟开始的。

所以我和我妈常常在凌晨两点被唤醒去品尝他新研制的特级酱牛肉，在清晨被投喂酒精挥发完的红酒皮皮虾，在晚饭过后进食整份卤猪蹄和小甜点。最后，我爸的热忱因着我妈飙升的体重悄无声息地降下温来。

后来我离开家去上大学，每次回家时，在楼道里远远地就能闻到熟悉的饭香。有一次我把火车时间看错了，其实第二天才能到家，我给我爸打电话时，他竟然有些生气地说："羊肉都炖一下午了，我还得把火关了。"我妈安慰我说："别理他，他一上午都在用大刀剁骨头，心里烦躁得很。"那时候我好像不能理解，觉得火关了，明天再打开就好了。

再后来，我出国读书，离家更远了，也没有了食堂里7块钱就可以买到的酥炸里脊和麻辣藕片，为了能随时享用记忆中的味道，我决定自己做饭。

这时，我爸的职业性又发挥了重要作用，每次远程教我做饭时，他从来都不会使用少许、一些、酌量这些模棱两可的、对新手极为不友好的度量单位。相反，他会说一把、两勺、三颗这样清晰明了的量词。当然，他认为炖肉要焯水、沥干血水是一种基本生活常识，所以根本没想过要叮嘱我处理食材时做这方面的处理。于是我独立完成的第一道大菜，是布满血渣的番茄牛肉汤。

在我爸孜孜不倦的教导下，我很快就学会了炒菜。在平底锅里倒一层油，等油接触木铲发出噼里啪啦的声音时，就说明油温适宜，可以放入食材了，这时油不会溅出来飞到头顶。蚝油是一种很可爱的调味品，素炒蔬菜时放一点总不会错；料酒太贵了，买瓶烈酒在腌肉的时候用，效果也一样好；不喜欢吃葱姜的话可以放一点蒜末，既杀菌又提味；煲汤时，整段葱和大片姜是必不可少的；此外，像是黑椒酱、叉烧酱、海鲜酱这样的成品酱，偶尔放一放，可以假装自己的厨艺有了质的飞跃。

在实践中我终于发现，我妈说的职业性与做饭其实并没有太大关系，因为分清牛肉、猪肉和鸡肉并不需要生物学知识，剔骨也不要求有解剖学基础，调味更不需要药剂学理论，只要有正常的四肢和味蕾就足够了。我妈就是不爱做饭，所以我才不相信她关于退休后要好好学做饭的话。

以前我特别不理解，为什么每次我在回家的路上要求去吃炸鸡，我妈都非常坚定地拒绝，说我爸在家做好饭了，等着我们回去吃呢，平常我妈可是基本上什么都依着我。那时候我心想，要是今天能不吃爸爸做的饭就好了。

直到现在，我才知道一顿饭意味着什么。《新闻联播》7:30 结束，7:35 播放《天气预报》，7:40《焦点访谈》开始。每天电视都在循环播放，餐具重复摆上餐桌，每顿饭都很好吃，3 个人聊聊天，磨磨蹭蹭地吃完饭还能看会儿电视剧。

我终于体会到原来给家人做饭是这么有动力的一件事，充满了幸福感，甚至有一种说不清道不明的荣誉感，就连清洗动物内脏这样的事都变得令人愉快了。如果吃饭的人没按时出现，或者没来吃，做饭的人就会变得失落，裹着淀粉的鸡丁好委屈，焯过水的西兰花很难过，摆好的盘子也高呼着不开心。

我突然理解了几年前的那件事为何让我爸那样气愤。是啊，再开火的羊肉怎么能比得上一开始持续小火慢炖的鲜嫩。准备一道大菜是个很漫长的过程，几小时的劳碌可能就为了刚出锅的那一口美味，差了几分几秒，味道就大不一样了。

不知道是谁说过，在食材面前，人心好像都变回赤子之心了。怀着简单的希望，只想要它们好吃。所以做饭的人才会格外在意那一分一毫的美味，因为他们的愉悦感，几乎全都来自品尝者欣喜而满足的表情。

我希望自己能再多继承点老爸的基因，热爱柴米油盐的日子，对未知充满期待。

摘自《读者》校园版 2020 年第 4 期

寒夜雁阵

作者　王吴军

少年时期，我家在河南省中牟县谢庄镇一个名叫西场的小村子里，那是我的乡下老家。

每当放学后或假期时，我总是要跟着父亲去地里干一些力所能及的农活。这就是教育。是的，父亲当初教我的本事，现在已经没有什么用处了。比如，父亲教我怎样把不肯就范的马套在马车上，教我挤羊奶、锄草、耕耘土地，教我在风很大的日子站在庄稼地里撒肥料等。父亲教我的耩麦子、种玉米、栽红薯、种芝麻这些本事，还有在关键时刻应付母牛的生产，如今也没有什么用了。

其实，父亲不是只教我怎样劳动。每年到了春天的时候，父亲还会认真地告诉我回到我们家乡来的鸟叫什么名字。原野里许多花草的名字和它们的药用功效，也是父亲认真教给我的。父亲说的

鸟和花草的名字，和我日后在教科书里读到的并不完全一样。父亲说的花草的药用功效往往是乡间流传了许多年的验方，很传统，也有点古老。但是，父亲让我学会了观察，懂得了每一个脚步下面都会有着无穷无尽的变化。

最重要的是，父亲使我感受到了世间万物的神奇奥妙。

在11月一个寒冷的夜晚，四周的灯已经全熄了，大家也都上床睡觉，四周一片沉寂，只有凛冽的夜风在"呼呼"地刮着。

突然，和我们住在一个屋的父亲跳下了床，很快穿好了衣服，然后，迅速地冲到了我和哥哥的床前，开口叫我们起床："你们俩先别睡了，快起床！"

哥哥翻了一下身，问道："这么晚了，干吗去？"

我也揉了揉惺忪的睡眼，嘟囔着说："我已经快睡着了。"

"走，跟我到外面去！"父亲用十分认真的口气对我和哥哥说，"你们俩不用穿衣服了，披着被子就行了。快一点！"

见父亲一副不容争辩的样子，我和哥哥只好起身，披着被子跟着父亲出去了。

一出门，一股寒意扑面而来，外面真冷啊！院子里是一片白茫茫的寒霜，我忍不住打了个寒战，我看到哥哥的身子也抖了一下。我知道，在这样的寒夜，刚刚从温暖的被窝里出来，置身在这寒意袭人的院子里，无论是谁都会感到寒冷。

我漫不经心地抬头朝夜空望去，只见一轮圆月挂在天上，照得到处都是亮晶晶的，似乎闪烁着光芒。

"你们仔细听！"父亲小声对我和哥哥说。他的声音虽然不大，我却听出了一份抑制不住的兴奋和喜悦。

我尽量让自己忍住，不让嘴里的牙齿因为寒冷而发出打战的声音。按照父亲的吩咐，我侧耳倾听，并抬起头朝着父亲望的方向凝神望去。

不错，我很清晰地听到了。随后，

我也很清楚地看到了，只见一片雁阵正在头顶，它们排成了好看的"人"字形，因为组成雁阵的大雁太多，它们的身影遮住了天上的月亮，翩翩高飞而过。

"有几百只大雁呢！"父亲提高了声音对我和哥哥说。

我入迷地看着美丽的雁阵，竟然忘记了寒冷。

雁阵很快就飞过去了。

我依然怔怔地站在那里，沉浸在一份难以言说的美妙情境里，直到哥哥喊了我一声，我才回过神来。

父亲带着我和哥哥回屋上床，继续睡觉。

父亲躺在床上，对我和哥哥又说了一句："我想，能够看到这夜晚月下的雁阵，咱们受一点冻也是值得的。"

说起来，这样的事情让我觉得很是遗憾。如今，世上有时间、有心思这样做父亲的人真的是太少了。说起来也同样很是遗憾，一年一年的时光过去了，好像我再也没有体会过当年那样的乐趣了。

摘自《读者》校园版 2020 年第 10 期

谁也无法保证垂直降落

作者　毕淑敏

全世界的心理学家，都在夜以继日地治疗由家庭造成的伤员。

有一个妈妈问我："我该怎样做，才能让我的孩子心灵没有一点儿伤痕地长大？"

我说："没有任何法子。"

你敢跟一棵树说，我有办法保证你在开花结果中不长一只虫子？

你敢跟一滴雨说，我有办法保证你在飘落的过程中始终是直线？

我猜任何一个园丁和气象学家都不敢讲这种话，这也超出了他们的能力范围。所以，天下的妈妈们，不必对自己太苛责，做妈妈也和做其他的事儿一样，只要尽力而为就好。当然了，这个尽力，不仅是指要尽身体上的力，也要尽大脑中的力。

所以，要多读书，从别人的间接经验里汲取有用的知识，让自己多一些准备。

然而还是会有伤痕，还是会有坠落中的误差。这也是生活中正常的事啊。

摘自《读者》校园版 2020 年第 15 期

诗比世界更层出不穷

作者　林婉瑜

那是一个大风吹的游戏："大风吹，吹喜欢电影的人。"很多人站起来，空出了很多的座位。"大风吹，吹喜欢写作的人。"少数人站起来，空出少数的座位。"大风吹，吹诗人。"极少数的人站起来，我因为想着诗是什么、诗人是什么，而忘了座位的事。"大风吹，吹世界上所有的诗。"诗句们纷纷离开的纸上的位置，或走或跑去找新的座位，这时狂风吹散了句子，天空下起一场文字和标点符号的雨。

诗是什么？诗人是什么？我经常感受着这些问题。

二十岁左右，一个写诗的我诞生。她说，要吃要喝要长大。所以我经常感受着她的饿，用阅读喂养她，用观察喂养她，加深自己对世界的敏感，收获感知喂养她。写诗可以带来快乐吗？对我来说那不像快乐，比较像安定，安定神魂，也像一种"使完整"的过程，让破碎的我，在诗里重新趋于完整。有时，自己的状况并不好，没办法喂她，使她消瘦，她拉拉我的衣角，期待的眼神投向我，即使在身心疲惫、没力气生活的时候，我还是察觉到她的存在，感受着她的饿。

我经常感觉，语词也有年纪，也有外在的形象和人格。譬如二十多年前曾风靡一时的、贴在机车上的"追梦人"和印在杯子上的"随缘"，这样的语词已经很老了，住进养老院几乎不出门走动；而"顺颂时祺""心想事成"这种稳固胶着的用语万年不变，有木乃伊化的倾向；有些词刚刚出生非常年轻，譬如"宝可梦训练师"；"英俊"这个词好久没听到了，尽管它还穿着亮片衬衫和紧身裤，却在时间里淡出、隐形；"我爱你"这句话感觉会长生不老，且看日后的发展；"我喜欢你"体态轻盈，说出来没有负担，如果觉得"爱"这个字太丰满的时候，会先叫"喜欢"出来走动暖场。

语词会老，语词也会诞生。

有些语句适合住在纸上，当它们从嘴巴吐出，成为话语，通常会令闻者惊呆，譬如在道别时说"我们择日再叙，约莫下周此时。"对方听到这句，也只能拱手作揖、恭敬告退；有些语句住在嘴里，"真的很可爱地说""啊不然是怎样"。有些语词有很多住处，在哪里出现都不奇怪。

一个个的语词，原本是单纯的种子，由写作者取用和组合，在纸上、在荧幕上种下以后，浇下阅读的眼光，它们于是长出了有青翠意义的芽。

"诗是本来就存在的"，更精确的意思是，诗的可能性是本来就存在的，当一首诗被写出来，阅读者可以感受、可以跟随，它并不是不合理、无来由、无法触及的事物。诗人是走上探索路途的第一人，发现这样的意识、发明这样的图腾；而那些还不存在的诗，也正等待着，等待着被发现、被创造。

诗是迷人的，它容许很多的变化和实验。世界太大了，可是诞生于这世界的诗，比世界本身更复杂。

摘自《读者》校园版 2020 年第 15 期

没有尽头是一件很可怕的事

作者 李 侠

不久前，我看了电影《海上钢琴师》，这实在是一部好片子。

故事情节很简单。一艘游轮上的一个弃婴被一位工人捡到并抚养，这一年是 1900 年，工人便为这个小孩取名为 1900。一次偶然的机会，孩子展露出弹钢琴的才华，从此他便成为这艘游轮上的钢琴师，也成为这艘往返于美国与欧洲的游轮上的一张名片。1900 从来没有下过游轮，最后游轮要被炸毁时，他仍然不肯下去，誓与游轮共存亡。

影片中很多细节的安排很精致感人，可以看出制作精良。电影的高潮是 1900 在游轮上遇到一个女孩，对她萌生了爱意，当女孩子到纽约时，他产生了下游轮的想法。可当他站在游轮旋梯的中央时，却停了下来。他看到了纽约，看到了高楼大厦，看到了无尽的道路……但最后，他并没有下游轮。

影片的最后，他告诉自己的好朋友当时他在想什么："我停下来，不是因为我所见到的，而是因为我所见不到的。你明白吗？是因为看不见的东西。这车水马龙的城市什么都有，就是没有尽头……拿钢琴来说，键盘有始有终，有 88 个键，它们并不是无限的，但你是无限的，用 88 个琴键弹出来的音乐是无限的。我喜欢那样，我可以生存下去。你带我踏上跳板，前面的键盘有无数的琴键，它们没有尽头。键盘是无限大的，无限大的键盘怎么弹奏得出音乐？那不是给凡人弹奏的，它是上帝的键盘。你看见街道了吗？好几千条。你怎么选择？"

这几句话真可谓看透了人生，我们每个人又何尝不是对没有尽头的路充满恐惧呢？从少年、中年到老年，我们又何尝不是一次次面临没有尽头的困境呢？

我们是怎么解决的呢？年少的时候，我们对外部世界充满好奇。那时候阅历不深，我们靠无知者无畏的勇气走向没有尽头的世界。

随着年岁的增长，我们有了更多的人生阅历，对于外部世界也有了更多的经验，我们会用一种多年形成的、固定的认知模式去面对世界，我们也因此获得了至关重要的确定性与安全感。

老年的时候，我们生活在自己的认知框架里，那些新涌现的内容，要么被我们的认知框架同化，要么被我们拒绝。

年轻的时候，一定要到世界各地，看新奇的事物，经历各种各样的事情。

只有如此，你的认知框架才会足够大，才能在将来同化或者接纳更多的新内容。

可是，年轻的时候有勇气没有经验，这实在是一道难题，没有更好的解决办法。每个人都是从年轻时这么走过来的，那个时候唯一可借鉴的就是长辈们的经验。但是要借鉴多少呢？借鉴得太多是画地为牢，借鉴得太少又有可能危及自身的安全。这样的人生悲剧还少吗？

西西弗斯永无止境地推巨石上山，就是没有尽头的例子。

生活中的周而复始该怎么看？这件事我一直没有想明白，看来真的是年龄渐长，便渐渐开始失去那种依靠无知者无畏去应对没有尽头的难题的勇气……

摘自《读者》校园版 2020 年第 22 期

窗外

作者　叶　红

从我的窗口望出去，可以看到一棵高高的芙蓉树。烟树参差的春日里，花红点点，煞是好看。它牵动着我的灵感，照耀着我的文思，久而久之，我竟视这位隔窗而立的"邻居"为知己了。可是，有一个早晨，当我习惯性推窗而望时，蓦然发现昨夜的一场风雨已将它剥蚀得面目全非。立时，一种"繁花落尽"的悲凉掠过心头！联想到这些年来在这条人生道上磕磕碰碰、几经周折，又一次一次失落了许多心爱的朋友，生命不正如同这随风而逝的繁花吗？！这件事过了很久，我也就渐渐淡忘了。一次，我下乡归来，感觉室内空气有些沉闷，就不经意地打开了窗子，顿觉眼前一亮：一树火红的三角梅映入眼帘，在夕阳的背景下定格。意外的惊喜早使我有些不能自制，我诧异，当初在落花的背后，为什么竟没有发现这萌动着的绿色的生命呢？是的，芙蓉树的最后一片花瓣凋落了，人们对它的嘉许也遗忘在了往昔的记忆里，可是三角梅却成长了，那火炬般耀眼的红色小花向人们昭示着生命的更迭与延续。谁能说，失落与获得不是同一支歌呢？我久久地伫立在窗前，深深地感悟到，生命中没有四时不变的风景，只要心永远朝着阳光，你就会发现，每一个早晨都会有清丽而又朦胧的憧憬在你的窗前旋转、升腾，这个世界永远递送着希望的颂歌。

摘自《读者》校园版 2020 年第 23 期

过河拆桥

作者　余惕君

....

人们常以"过河拆桥"批评某些人忘恩负义。

但如果运用发散性思维，来个"脑筋急转弯"，就会发现"过河拆桥"还自有其道理。

例如，为了阻止追兵过河，因此要"过河拆桥"；再如，为了让大船通过，必须"过河拆桥"；又如，在材料紧缺的情况下，为了造桥过另一条河，从总体战略上考虑，只能"过河拆桥"……

凡事都不是绝对的，要因时因地因人而异。

同样是拳头出手，可以是打人，也可以是捶背。

摘自《读者》校园版 2020 年第 24 期

大象的路标

作者　李雪峰

在荒凉的非洲大草原和沙漠上，有许多野象群。那些大象经常穿越沼泽地，却很少有陷入沼泽的情况。

人们很奇怪，在经过狼和斑马等许多动物的葬身之地——沼泽地时，大象这样的庞然大物怎么能如履平地呢？经过多次探索和研究，人们发现，原来大象经过这些可怕的沼泽地时，有自己的"路标"。

这些路标是沼泽地上的小树丛。每一群大象穿越沼泽地时都会沿着这些树丛走，并且用它们有力的鼻子，将树丛一边的树枝和叶子一点点折断和摘掉。每一群大象都这样做，天长日久，危险的沼泽地出现这样一种现象：有一行横穿沼泽地的树丛往往一边枝繁叶茂，另一边则光秃秃的，几乎没有任何树枝和叶。沿着这些树丛走，就能避开许多可怕的泥潭，平平安安地走过危险的沼泽地。

更令人钦佩不已的是，每一群经过的大象都会小心翼翼地维持这种路标，绝对没有哪一群大象因为匆匆走过或偶尔经过，就放弃这种烦琐的义务。

生命最平安的通道，是不管我们经常还是偶尔经过，都不放弃自己维护通道的那份责任。坚守这种责任，即使我们沉重如大象，也可以如履平地般经过种种生命的沼泽；放弃这种义务，即使我们轻捷如小鹿，也会深陷于泥淖而难以自拔。

摘自《读者》校园版 2021 年第 6 期

一匹未被解救的马

作者　朱山坡

那时候，我第一次见识真正的马，它仿佛是从电影银幕里走出来的。马的出现，在村里引起了一阵骚动，尽管正是农忙时节，但从周边闻讯而来的好奇者络绎不绝，马主人阙屠夫家门庭若市，来者不摸一把马屁股决不愿意离开。

这匹马高大矫健，皮肤和毛都是白色的，虽然老了点，但看上去很漂亮，应该是一匹战马。但阙屠夫把它当成普通的牲口，让它干连牛都不愿意干的粗活重活，不给它洗澡梳毛。它满身都是泥巴和粪便，鞭打留下的新伤痕随处可见。它受尽了污辱。

"别糟蹋这匹马！"没有人敢对长着一副凶神恶煞般面相的阙屠夫说这句话。但我大胆地说出来了，尽管我颤抖的声音从内心深处翻山越岭爬出喉咙时已经变得细若游丝。

那时候我十三岁。夏天，天气热得像着了火。我暗自跟随着那匹马。也许是根本就不知道如何在地里走路、转圈，也许是觉得在大庭广众之下犁地受了污辱，马不听使唤，时不时要挣脱身上的犁具，这让阙屠夫越来越生气，越来越粗野，恨不得把马千刀万剐。实际上，我的心正在承受千刀万剐。阙屠夫说，农忙过后，要把马宰了，让村里人尝尝马肉的味道。我决定解救它。

我想了很多办法。有一天半夜，我引开阙屠夫家的狗，潜入马厩，打开门，解开了拴马的绳索。

"出去吧，给你自由。赶紧远走高飞。"我对马说。一匹高贵的战马怎么能忍受一个俗不可耐的屠夫的差遣和欺凌呢？可能是幸福来得太突然了，它一脸惘然，无动于衷。我将它牵出马厩，然后把门关上，断了它的后路。

"我只能帮你到这里了。"我对它说，还给它指点了逃跑的方向和路线。离开此地，从此天高地远，不必再忍受折磨和屈辱。我心惊胆战。因为马厩就在阙屠夫家的院子里，偷马犹如从他裤兜里偷钱，风险极高。一旦事情败露，后果不堪设想。

通往自由之路没有了障碍，唯一需要的就是勇气。我逃之夭夭，隐藏在安全的角落里观望。然而，马没有逃，它在马厩前裹足不前，只是轻轻地抖了抖头。看上去，它目光呆滞，眼神里根本没有对自由的渴望。机会稍纵即逝。我在远处不断地向它做手势，焦急地发出"快跑"的提醒，但它置若罔闻。阙屠夫似乎已经觉察，停止了打鼾。一会儿，房间的灯亮了。

解救行动戛然而止。马继续被奴役。

后来，我再也没能攒够胆量故技重施。农忙过后，阙屠夫将马转卖给另一个村的屠夫。再后来，在路上，我听到有人谈论马肉。

我希望听到他们说"吃马肉时牙齿磕到了子弹头"，以此证实它的身份。但他们只是说："肉不好吃，有股汗酸味。"

摘自《读者》校园版 2021 年第 8 期

如果外语不灵，能吃也行

作者 老 猫

我特别羡慕外语好的人，从小就羡慕。上中学时，我有两个外语好的同学，经常去学校对面的京伦饭店找老外"尬聊"，用英语问人家从哪儿来的，把老外问得一愣，以为这俩人有求于己。其实什么请求都没有，就是想练英语。

我不行，特别不会跟陌生人打招呼，和熟人都不知道怎么聊天，更不用说生人了。这个毛病，直到进了媒体行业，才改变了一些，但仍旧反复——别人觉得你傲慢或高深莫测，其实就是不好意思。

我这辈子在外语上露脸，就两回，一次是高考，另一次是为了评职称考英语。这两次都没考口语和听力，就是靠背。结果一次考了 97 分，另一次也是 97 分，顺利。然后一个月内忘了个干净。这说明我英语虽然不好，却是一个应试的能手。

其实，上学的时候，我花在英语上的时间最多，但效果一直不好。我想原因就是不好意思开口说。

前些年，和媳妇儿一起出国玩，南亚某岛国，人间天堂，说英语。那个岛上有家日本料理。我们就去吃了。厨师是日本人，站在环形的操作台中间，最花哨的是把生鸡蛋扔起来用小铲子接住，再搁在铁板上打转儿，来回数次，最后敲开，加入米饭，就是蛋炒饭。蛋炒饭没什么稀奇，但表演很潇洒、很好看。

客人们环绕操作台坐着，各种喝彩。我们去得有点晚，只好坐在厨师背面。不一会儿我就发现有点儿蹊跷，这个厨师没事就回头看我们一眼，半个小时里看了十几眼，看得我心里发毛。后来表演告一段落，大家都吃上了，厨师终于有了空闲，转过身来，走到我们面前，问好吃不好吃。

他用英语问的，具体怎么说的我忘了。但当时我会意了，一个劲夸他，我也就会说个 good。看他得意地笑，我就问他 why？

厨师的英语水平也有限，可似乎也领会了我的问题。我们俩就连比画带说。用我媳妇的话说，俩英语二把刀，竟然用英语聊了十几分钟的天。

厨师说，他干这行二十多年了，总是一个姿势，站着，低头炒饭，落下了严重的颈椎病。炒一份饭，脖子酸痛得不行，就需要回头转一下脖子，缓解痛苦。所以，他就不停地扭头看我。然后我们俩都哈哈大笑。这让我想起报社照排的同事，也是脖子、后背难受，手又够不着，就靠在门框上蹭。都是劳动人民，不容易啊！

厨师还说，他少小离家，很早就在东南亚的日式餐厅干活，还去过香港，现在到了这里。他觉得自己有点干不动了，在这里再做两年后，说什么都要回日本。

这是我头一次跟人用英语聊天，还挺成功的。我就觉得这也没什么难的嘛。

另一次聊天，是在洛杉矶，巧了，也是和厨师，做比萨的。

那次是和我媳妇儿逛一条网红街。街名叫什么忘了，就记得有很多特别另类的服装店，还有二手店，又叫"古着店"。反正逛了一阵，饿了，找餐厅。找了半天，就一个比萨店算是饭馆，我们决定在这里凑合一下。

可是问题来了。菜单和我想的不太一样，比萨就分厚、薄两种，没标尺寸。所以我就不明白了，比萨到底多大个儿啊？我们俩是吃厚的合适，还是吃薄的合适？问服务员的话，该怎么表达呀？

转头，看见旁边桌子坐着一对父子，父亲和我身形差不多，儿子也就十来岁。他们点了两个比萨，一个厚的，一个薄的。我想，这俩人的饭量，应该和我们俩差不多，那我们也点一个厚的、一个薄的吧。

他们的比萨是先上的。一上来我们俩就傻眼了，比萨真大呀，薄的跟厚的差不多，怎么吃得完？再看这父子俩，把服务员叫过来，直接把厚的打包了，然后才开始分吃薄的。

真是尴尬。于是，我们也只能依样画葫芦，先吃薄的，把厚的打包。也许是看我们吃得努力，也许是看两个东方人连吃带打包觉得好奇，结账的时候，厨师出来了。他的问题和天下所有厨师的一样：好吃不好吃？

我严肃地看着他，指着那个打包的厚比萨，一个词一个词蹦着说，我这就把它带回去，给我的朋友们，然后告诉他们，让他们来这里。

厨师哈哈哈地大笑起来。他居然知道我的意思是好吃。

我发现，国外的厨师喜欢主动和人搭话，这就清除了让我先开口的障碍。而且只要和吃沾边，我其实还特别想说。当时我的感觉是，这么吃上俩星期，我一准儿能用外语跟人聊天。其实，已经能聊了。

摘自《读者》校园版 2021 年第 9 期

斗树也可成林

作者　柯玉升　余甘子

"撒息尼米"树生长在喀麦隆，当地人称之为"斗树"。斗树不是真的凶残好斗，只是它的枝丫上长有许多三角形的深棕色硬刺，长长的枝条带着硬刺，像利爪一样伸展开来，如果挨着邻近的小树，就会毫不留情地钩缠住，这些小树被刺得遍体鳞伤，最终难免一死。

斗树抢占地盘，置其他树于死地，也是为了生存。因为它体内输送养分的系统很脆弱，只有把同一区域内和它争夺养分的植物"杀死"，自己才不至于因营养不良而死去。但有谁为斗树叫屈呢？

要是遇上相邻的同类，斗树这种你死我活的争斗就更为激烈了。但结果往往是两败俱伤——一棵在凶残的争斗中死去，另一棵因受伤太重，不久也会死去。

"斗则死之！"喀麦隆人开始批评斗树了，他们认为斗树一定长不成林。但是有一个喀麦隆人不这样认为。他说，如果给斗树留下一定的生存空间，它还会为身边的寸土而不计后果地争抢吗？

为了证实自己的想法，他在一片荒地上稀稀落落地栽下了斗树，树与树之间留有足够宽的间隙，任由它们生长。这样，树与树之间的枝条怎么也够不着，够不着也就斗不起来了。5 年后，这片荒地成了斗树林。

看着这片郁郁葱葱的斗树林，喀麦隆人似乎一下子醒悟了过来：如果给斗树足够的生存空间，它们就会相安无事地长成一片斗树林。

找寻一个适合生存的空间，比什么都重要。

摘自《读者》校园版 2021 年第 14 期

每缕炊烟都是一封长信

作者　苏立敏

炊烟是庄稼人写给大自然的信，每一户人家，都会把生活的况味写在炊烟里，回眸往事如烟，展望风烟俱净。烟筒是农家人的邮箱，在农活不忙的时候，烟筒在一天里是要寄出 3 封信的。有时早晨下地劳作没有时间写，可能会在上半晌补上。

走在陌生村落的街上，看看炊烟就知道炊烟缭绕着的房舍里住着什么样的人，年轻人拉风箱用足了力气，炊烟是从烟囱里跑着出来的，像说话直来直去的人，不会拐弯抹角，更不会带着一点儿委婉、一点儿婀娜。老人拉风箱就不一样了，炊烟展示的是慢时光里的慢力气，绵软却不凌乱，像戏台上坐下来唱戏的老生，慢条斯理，唱腔圆润，不敢怠慢光阴。

炊烟是有质地的，有浓郁草木香的炊烟，多来自勤勉的人家，家里人口也不少，一顿饭值得运用木柴，锅里值得煮了豆、馏了山药，适合用大粗瓷碗盛了饭，蹲在门前的石礅上吃，过往的乡亲打着招呼，语气里都是底气。

孤单的老年人是喜欢用软火的，一碗粥，不费火，吃饱就行，追寻的是节俭。那炊烟甚至都不经过烟筒，从土墙上直接飘出来，沿着墙根弥漫，仔细嗅，炊烟里有粥的陈旧味，那是老人把剩饭热了热才吃。

活泼的炊烟下一定有个束着围裙忙忙碌碌的女人，文静的炊烟下一定有个笨手笨脚的男人，没有一模一样的炊烟，一如没有一模一样的生活。

在街上玩耍的孩子，从自家的炊烟里判断家里的饭做到哪个环节了，是刚刚蒸到锅里的饼子，还是已经揭开了锅，如果炊烟里有了白茫茫的雾气，就是挪着步子的奶奶正扶着墙要走出门来呼喊孩子吃饭的时候。于是，他一溜烟地跑回家，要赶上正时正晌不凉不烫的饭。

在地里劳作的男人也是，不问时间，站在高处看看村庄自己家的方向，一眼就从众多炊烟里找到自家的那一缕，趁着炊烟渐渐柔弱时往回赶，进门定是饭已上桌。女人端了菜锅出来相视一笑，锅底的火星忽闪着最后的温热，每天都是在最好的时刻回来，从不需要把饭重新热一遍，这样的默契，是村落中所有男子都懂的功课。

串门去，不约时间，看看炊烟就知道去的时间合不合适，去早了人家忙着，去晚了人家歇息了。最是炊烟停滞后 10 来分钟去，进门，碗锅刚刚收拾好，茶余饭后是最适合的造访时间，坐在阴凉里说说话，家长里短都带着炊烟的风情，每一句话都氤氲着烟火味。

炊烟太不规整的人家，太早或太晚，乡亲们会留意到的，出门自然有人数落："活儿是忙不完的，好好做饭，孩子正在长身体。"于是炊烟就抒顺了，与别人家无异。炊烟太薄弱的人家，乡亲们也看得见，一瓢米半袋面自然有人给送来，炊烟写得最感动的信，就是乡亲之间的互相关照。

炊烟传递房舍包裹不住的秘密，也张扬庭院掩藏不住的富有，不管是高昂的炊烟还是低垂的炊烟，都会传递善良与感恩。炊烟，是一个村落的温暖。

摘自《读者》校园版 2021 年第 15 期

为什么你总忍不住摸自己的脸

作者　贝小戎

我们在思考的时候，有时会下意识地摸自己的下巴。不仅如此，英国广播公司的一篇报道说，一项调查发现医学生每小时摸自己的脸不少于23次，大概是因为这种动作有某种舒缓抚慰的作用，能帮助控制情绪和延长注意力集中的时长。

我们对触摸行为过于习以为常，以至低估了它的重要性。人类学家阿什利·蒙塔古指出："一个人耳聋失明，或完全失去嗅觉味觉，可以度过一生，但若失去皮肤机能，则根本无法生存。"

地理学家段义孚在《人文主义地理学》一书中说，我们的触觉异常敏锐，"仅用手指触摸纸、花瓣和抛光木，就可以感觉到温度和质地的微妙变化"。而触觉在人的一生中或多或少都会保持其敏感性，不会随着我们年龄的增长而急剧下降。当感觉意外损失时，我们才认识到触觉的价值，比如戴着笨重的手套开车时，或者试图用冻僵的手指系鞋带，以及果酱偶然被抹在手指上时。

触摸会让我们感到温暖、舒适。对大多数人来说，对温暖的偏爱是天生的。中国人赞美女孩，可能会形容她如玉一般温婉美好。但对触觉的感受存在很大的文化差异，对希腊人来说，将女孩比作"冷水"才是更好的赞美。

段先生说，我们去美术馆获得满意的视觉体验，但这种体验不是纯粹的视觉体验，因为如果是这样的话，我们很快就会无聊。比如康斯太布尔的著名画作《跳马》，站在它面前，观众能感觉到木栅栏的温暖、土地的湿软、杂草和野花的柔软，以及暗水滑过隐藏暗礁的清凉。

贵重的东西一般轻易不让人摸，因为被触摸后会留下印痕、造成磨损。有些东西的触感我们可以想象，比如皮质的座椅、光滑的陶瓷、冰冷的金属，但名画摸上去是什么感觉？有这种经历的人非常少。2012 年，一个小偷从希腊的国家美术馆盗走了 3 幅画，包括一幅 16 世纪的素描和一幅毕加索的作品。希腊警方后来找回了这 3 幅画，偷画的是一个普通的建筑工人。

在开新闻发布会的时候，警方把这些画摆在玻璃台子上，那幅毕加索的画滑落到地上，一个工作人员徒手把它捡了起来。这幅画掉到地上后可能会被摔裂，工作人员的手接触到它可能会破坏它的颜料，总之，它肯定会发生一些细微的变化。

美国艺术评论家苏菲·海根尼说，名画被触摸、受到毁损也没什么，"有很多值钱的东西都是可以使用和触摸的：古董家具、乐器、奢侈的手表和包。但展示中的艺术品只能看、不能摸。它们可能很脆弱，需要多加保护才能流传下去。艺术品被盗、掉落后被捡起时，它们变成了平常的东西，被若无其事地拿起。我们现在跟艺术品的相遇都毫无波澜，艺术品被放在玻璃后面，只能远观。很多艺术品我们连看都看不到，因为太贵重，藏家要把它们放在恒温的保管库里。但艺术品在被盗时，它受到珍视的状态被打破，也许有人把它拿走，放在了电视机旁边或挂在厨房的墙上。绘画本来就会褪色，也许我们不必太把它们当回事，让它们作为短暂的物品存在"。

摘自《读者》校园版 2021 年第 22 期

看似无意，实则有趣

作者　罗元欣

　　北京画院收藏有一幅齐白石画的牛，初看此画的人都会先小小地讶异一下——国画大师齐白石竟然画个牛屁股对着我？他是不是不会画牛啊？就这样两笔糊弄完事儿了？

　　齐白石真的不会画牛吗？他在给学生娄师白画的稿子中，专门画过一套牛的形象，这些牛或站或卧，每一头都笔墨精简至极，却充满体积感与动态感，从中可见齐白石画牛的功力。其实想来，对齐白石来说，画牛怎么会难呢？这个出生在湖南湘潭星斗塘边的农家孩子是骑着牛长大的，辍学在家放牛砍柴的日子里，牛是他最好的朋友，他把唐诗集挂在牛角上，放牛的时候就拿出来读一读，背一背。

　　齐白石画的牛，看似草率的几笔，却是他深思熟虑的结果。齐白石的好友胡佩衡曾问他："能不能从后背画牛？"面对这个有挑战性的问题，齐白石便画出了这样一头牛，并且很认真地回答胡佩衡："要注意只画一只犄角最有趣味，若画两只犄角就不妥当了。尤须注意的是在牛尾旁留一白线，没有白线，牛尾远看是看不出来的。在补景上，一笔画坡，几笔画柳条，都是为了与画牛的笔法相衬。"

　　在这段话中，齐白石表达了他绘画的核心理念——有趣。无趣还有什么可画的？生活已经很无趣，绘画再无趣，便不要去画画和看画了。那些看似无意中留下的牛尾旁的白线，原来竟妙趣无穷。

摘自《读者》校园版 2022 年第 2 期

享受时间压力

作者　[日]茂木健一郎

到了中学时代，我开始在学习的时候自觉地给自己设定时间限制。无论是解数学题还是做阅读题，都会计算时间，尽量让自己在最短的时间内完成。然后，下次再做的时候告诉自己"提前 3 分钟做完"，一点一点缩短所用时间。

这样的方式，能够让我的精神高度集中。

不擅长学习的人都有这样一个特征，遇到不会做的题，就卡在那里一直思考下去。如果限定的时间到了我还是做不出来的话，我会先跳过它，最后再回来集中精力思考这道题。

我曾经当过一段时间的家教和补习班老师，仔细观察过孩子们的学习方式。那时我发现了一个现象：很多学习成绩不好的孩子都不知道时间压力，也可以说是没有掌握学习方法。

在学习的时候施加时间压力是一种挑战自身极限、督促自己尽快完成高负荷行为的方式。通过一次又一次的重复，个人能力也会不断得到提高。因此，享受时间压力本身就显得非常重要。

摘自《读者》校园版 2022 年第 2 期

我们的花园

作者　奚　淞

母亲爱画花，受她的影响，我也在工作之余画起花来。我们住在公寓里，没有自己的花园，可我们画的花挂满了四壁。母亲在其间怡然行走，随后颇为得意地说："这就是我们的花园。"

一个黄昏，站在阳台上的母亲眺望彼岸山头的夕阳。忽而她"画"兴大发，拿起水彩笔飞快地在纸上涂抹起来。一向慢工出细活的她，此刻连用色也顾不得斟酌，10分钟就完工了。

"太阳落得真快，我好紧张啊，连眼睛都不敢眨一下，可还是来不及画好它。"母亲遗憾地说。

天空被渲染得异常澄澈，一轮巨大且浑圆的红日半沉半掩，这一幕被母亲的画笔留在了山头。当时看见母亲这幅简单得接近抽象画的水彩时，我只是不甚在意地赏玩。如今时隔数年，母亲已经去世，我翻开旧画夹，这幅画将我带回从前，令我十分震撼。这一刻，我仿佛又见到了那一日留不住的夕阳，它一寸寸地没入山脊的威严与肃穆之中。我感觉到了母亲的笔触里流露出的爱和依恋。

摘自《读者》校园版 2022 年第 4 期

心怀微光，山高水阔

作者　汪微微

我是从小学二年级开始写诗的。

这一年，成绩并不算差的我被留级了，是父亲一手促成的。他朴素地认为，盖房子打地基最重要，养孩子也一样，多上一年，学得自然会比其他人更扎实。

再学一遍自认为都学会了的东西，我几乎不费吹灰之力，于是有了大把大把的课外时间。

怎么打发时间呢？邻居老伯是收废品的，除了破铜烂铁之外，他还收各种旧报刊和惨遭遗弃的书籍。他把这些东西一股脑地散堆在自家院落里。我一得空便钻到老伯家，坐在一堆废旧书籍里，扒拉着自己喜欢、读起来似懂非懂的书。

路遥的《人生》便是我在这里挖掘出来的。那些天，吃饭、走路、上厕所，我都捧着这本书，上课也会偷看几眼，就连睡觉都抱着它。虽然那时候的我并不能很好地理解爱情，更不能理解人生，但阅读时不由自主投入其中产生的惦念、愤懑和悲悯，对我来说都是一种全新的体验。读到女主人公痴痴守候在男主人公必经的路上，等待他给自己一个交代时，我真恨不得钻进书里，一把拉起她跑得远远的。我天真又认真地想，对一个不爱自己的人，何必浪费感情呢？那是我第一次在阅读时开始思考，尝试着解决未来可能会出现的问题。

阅读，让那些令我好奇的故事与向往的人，在我寂寂的世界里像萤火虫一样晕出光来。我感到自己的内心慢慢变得丰富又坦荡，饱满且柔软。

在阅读之外，我开始有了倾诉的欲望。

我喜欢上了书面的表达，温柔细腻，润物无声，从书页间能闻到淡淡的花香。

于是我开始涂涂写写，长篇巨作自是不敢想，但对那些长短不一的诗句，自觉颇有能力把握。

从原生态的生活入手，我开始写诗了，准确地说是打油诗，独立成句，前后押韵，读起来朗朗上口，通俗易懂。左邻右舍中但凡识得几个字的人，一见到我就朗声背诵我写的诗句。

在他们不遗余力的口口相传中，所有人都喊我"诗人"。我无所谓，与其说那是无知无畏的年龄，不如说心怀微光的人总是勇敢得有些鲁莽。

直到有一天，我的文章变成铅字，出现在当地很多人家都会订阅的日报上。不知道是谁先发现的，报纸是父亲郑重叠好后装在口袋里带回家的。

交给我时，父亲装作很随意的样子，轻描淡写地说："看看，这文章是不是你写的？"

我一边心虚地接过报纸，一边瞟了一眼父亲，他的脸上涨满了绷不住的期待。

当得知文章是我写的时，父亲没说一个字，只点了点头就出了家门。我抬头看见夕阳下他背影里深埋的喜悦，晚霞轰然而至，铺天盖地地渲染了整个天空。

多年后，我走过山高水阔的世界，写下清晰光明的文字，仍然坚信老伯家那个堆着废旧书籍的院落和父亲的背影，皆是我人生伊始最大的奖赏。

摘自《读者》校园版 2022 年第 7 期

少年的松林

作者　李汉荣

我怀念那片松林。

我走进去，就看见一丛丛蘑菇，露水停在上面，像谁忘记收回去的明亮的眼神。我简直不忍心采摘这些蘑菇，它们太美丽、太纯洁了，莫非这是松树开在地上的另一种花朵？这么好的花朵肯定有更高的使命，我怎么能摘取呢？我走进松林的时候，并没有得到松林的许可，是我自己闯进来的。这纯净、湿润，混合着腐殖土、野花、树木气息的空气，我已经无偿地大口大口呼吸了；这铺着松针和苔藓的柔软的地面，我已经踩踏了；这正直的树干、碧绿的针叶所呈现的伟岸和活力，我正在领略；溪水从草丛穿过，留几句叮咛又隐入林子深处；树枝间的鸟语，我一句也听不懂，但每一句都像是说给我的。松林啊，这么多礼物，我都领取了，我都享用了，我还要采摘你开在地上的花朵吗？

我凝望着那些天真、纯洁的蘑菇，手，伸出又缩回，伸出又缩回。在美面前，我的手变得羞涩胆怯。在纯洁面前，我的心守住了纯洁。

我终于背着空背篓走出了松林。回头看，林子那么静，那么深，那么神秘，又那么空灵，它幽静的深处，藏着多少露水、花朵和鸟声，藏着林子外面很难找到的蓝色的梦境。我感到我的背篓并不是空的，它盛着我一生中最纯洁的记忆。

多年以后，世上多少林子消失了，多少鸟儿匿迹了，但是再锋利的斧头，也无法砍伐我内心的那片松林，它固守着我生命中的一部分水土，在最荒凉的季节，我也能听见多年前的鸟鸣，看见湿润的地面上，那美丽的蘑菇，露水停在上面，像谁忘记收回去的明亮的眼神……

摘自《读者》校园版 2022 年第 8 期

踮起灵感的脚尖

作者　桂文亚

常有小读者问："灵感从哪里来？"我说，不妨先养成观察生活的习惯。

观察包含两层意思：观，是用眼睛看。怎么看？从上到下，从左到右，从前到后，从远到近，才称得上"全方位"。察，是觉察。除了用眼，还要用耳——倾听风吹树梢、雨打落叶、猫爪划树皮的声音；用鼻——闻树香、嗅泥腥，甚至腐叶的臭味儿；用舌——尝一滴春雨、品一片嫩叶、舔一口迷路经过

的小蜗牛的滋味——哈，如果你创意十足。

观察是集身、心、灵的感官意识的全面开放。把收集的细节用文字一一记录下来，透过笔、计算机、照相机甚至录音机的辅助，不让事实失真，笔下才能生风。

这时候，你可能会遇到一个问题：找不到适当的字词，譬如动词、名词、量词和形容词，不过没关系，你不用太在意这些硬邦邦的学问，可以通过阅读解决这个问题——养成阅读报纸、杂志、书本的好习惯。直到今天，我仍然喜欢通过报纸、书籍，收录各种新的词汇和信息，方便写作时适时"移植"。

养成阅读、观察和记录的习惯，可以说是建构作文"智库"的第一步。这好比一个厨师，冰箱里堆满鸡鸭鱼肉、蔬菜水果，要想端出佳肴，就得经过高明的烹调。写一篇文章的时候，通常须锁定主题，人、事、物、景，我们当然可以来个"美味拼盘"，但对主、从比例，也要有所布局。

譬如我想以家附近的环境为主题，锁定十五株老榕树的兴衰，至于配角，也许是村内另外三株飘香的桂树和一棚架明丽的紫藤花；然后我"延长战线"，写隔一条街沿途的一百多株榕树带给我的感动，甚至也带出与福州一株千年老榕的邂逅，我让树的主题开阔起来，让这篇文章充满诗情画意。

灵感，不会没来由地蹦出来；灵感，来自热爱生活、热爱写作。

生活无处不在，灵感来自生活！

摘自《读者》校园版 2022 年第 9 期

就不能只写少年

作者　央视新闻　整理

"你要写，就不能只写。"这是最近网络上流行的文体，掀起了网友的创作狂潮。有的惊鸿一瞥，有的走心治愈，有的委婉动人……

1

你要写风，就不能只写风。

要写树梢的弯度，写湖面的波纹，

要写树叶婆娑的身影和它落地的路径。

写云朵向哪儿走，

飞沙往哪儿飘，炊烟在哪儿散。

要写屋檐边悬挂的铃铛响，

要写轻舟与竹筏轻轻漾，秋千轻轻晃。

要写人们不听话的衣角和发梢，

写抓不住的气球和孩子手里转动的玩具风车。

写拨云见日的山，写卷起又落下的浪，

甚至是一场散了的大雾。

2

你要写月，就不能只写月。

要写明灭，写圆缺，

写世人看不出的沧桑与诡谲。

要写夜雨梨花打湿阶、孤影孑然。

写别枝惊鹊，写关山难越，

写一盏酒的氤氲与凄切。

写昨日西楼锦书叠，佳人惊鸿一瞥，

再写白发青丝犹带雪，西北风烈烈，

直至最后，才陡然折笔，

把你写进词的下半阕，独独不道离别。

3

你要写成败，就不能只写成败。

要写蛰伏，写无奈，写东逝水，

时间是客观的存在。

要写十年饮冰，难凉热血，

写寒窗苦读，写背道而驰。

写名落孙山，写东山再起，

写错过的风景与时光，写笃定的选择与舍求。

4

你要写少年，就不能只写少年。

要写飞扬，写剑轻狂，

写藏在剑鞘里的诗篇。

要写一场风华、一场大眠，

写冰镇汽水和不眠的夏天。

写八声甘州，写听雨阶前，

写单衣上马，一骑当千，

再写永不复行离弦的箭，写尽意气风发，

独独不提，谁在灯下摹你眉眼。

摘自《读者》校园版 2022 年第 9 期

诗词背后的冷知识

作者　古典文学与诗词

"山西村"在山西吗

"山重水复疑无路，柳暗花明又一村。"这句诗出自陆游的《游山西村》。

那么，"山西村"究竟在哪里？很多人以为"山西村"是山西的一个村。事实上，这里的"山"位于浙江省。此诗作于宋孝宗乾道二年（1166年），陆游罢官闲居在家，这是他在故乡山阴（今浙江绍兴）所作。

杨花是"杨树的花"吗

"杨花"是诗词中常见的意象，如韩愈有诗："杨花榆荚无才思，惟解漫天作雪飞。"

杨花不是一种花，而是柳絮。柳絮是柳树的种子，有白色的绒毛。当春风起的时候，柳絮随风飘散，就像花一样。

所以，柳絮又被称为杨花。

"郁金香"是花吗

李白的《客中行》里写："兰陵美酒郁金香，玉碗盛来琥珀光。"这里的"郁金香"不是我们常指的郁金香花，而是中药"郁金"。

郁金是一种香草，用以浸酒，浸后酒呈金黄色。这句诗的意思是：兰陵美酒甘醇，就像郁金的香味芬芳四溢。

"青青园中葵"中的"葵"是向日葵吗

日常生活中，"葵"常指向日葵。但在一些古诗词中，"葵"指的是什么呢？

汉乐府《长歌行》有诗："青青园中葵，朝露待日晞。"此处的"葵"，不是向日葵，而是指一种蔬菜。

李时珍《本草纲目》中说："葵菜古人种为常食，今之种者颇鲜。有紫茎、白茎二种，以白茎为胜。大叶小花，花紫黄色，其最小者名鸭脚葵。其实大如指顶，皮薄而扁，实内子轻虚如榆荚仁。""青青园中葵"的"葵"即指此。

"天涯何处无芳草"说的是爱情吗

这句诗出自宋代词人苏轼的《蝶恋花·春景》："花褪残红青杏小。燕子飞时，绿水人家绕。枝上柳绵吹又少，天涯何处无芳草。墙里秋千墙外道。墙外行人，墙里佳人笑。笑渐不闻声渐悄，多情却被无情恼。"

苏轼看到柳絮纷飞，感慨时光流逝，但他生性乐观，说，天涯路远，处处都可见芳草，又何必伤怀呢？所以，这句诗体现了苏轼的旷达乐观之情，与爱情并没有关系。

摘自《读者》校园版 2022 年第 10 期

牵起手来，你们就是魔法

作者　流念珠

....

有一年，很多人在经过美国缅因州一个名叫鲁贝克的小镇时，会看到不远处一座原本无人居住的岛屿上，隐约出现用巨大的黑色字母拼写出的"永远"雕塑。这座雕塑高4.5米、宽15米，天气晴朗时，人们能看清楚黑色字母；天气不好时，海上会泛起一阵白雾，人们只能看见若隐若现的"永远"雕塑。

无人居住的岛屿上为什么会突然出现"永远"雕塑？实际上，这纯粹源于一群年轻人脑子里突然蹦出的一个简单又有点古怪的想法：他们想把"永远"字样放在远处的景观中，让开着车经过鲁贝克小镇的人远远就能望见它。这个想法很美好、很单纯，但执行的时候，他们才发现需要为此耗费巨大的精力。他们先是讨论怎么打造"永远"，定下方案之后，他们又雇来船只，合力把购买来的大量木材和钢材运到岛屿上，再穿过及腰的灌木，零零碎碎地把所有东西搬到山顶，一起组装起来。

不幸的是，"永远"雕塑刚建好3周就遭遇了一场强风，永远地倒下了。那群年轻人倒是乐观，忙忙碌碌收拾完残局，又接着捣鼓下一座雕塑去了。这一回，他们做的是一座巨大的充气雕塑。

他们从"两个人手牵手时，会有微量电流通过紧握着的双手"这个科学原理出发，做出了一座两边各有一个传感器、中间留出足够距离的充气雕塑。充气雕塑是干瘪的，仅靠一个人无法充气，只有当两个人或者更多人一起牵手连接两边的传感器时，它才开始充气，然后不断"长胖"。充气雕塑完全立起来时，会展开成"你就是魔法"这个句子。相反，只要这几个人放开手，充气雕塑马上就会干瘪。

这座充气雕塑被搬到大街上后，很多陌生人去做了尝试。他们一组一组地上前，每一组的几个人都手牵着手，让充气雕塑一点点坚挺起来。接着，他们便很享受地看着"你就是魔法"这句话。最后，他们才恋恋不舍地松开手，让下一组人继续给充气雕塑"充电"。

有人评论，这群年轻人的行为有点无聊，净做些不实用的、容易倒下的雕塑；而有些人觉得，借助合作力量才能完成的充气雕塑虽然也会像"永远"雕塑那样倒下，但意义很深远——当和别人牵起手来，你们就是魔法，没有你们完成不了的事。

摘自《读者》校园版 2023 年第 04 期

DUZHE

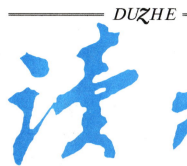

校园版

10周年精华卷

（全4册）

读者杂志社　编

读者出版社

图书在版编目（CIP）数据

《读者》校园版10周年精华卷. 第4卷 / 读者杂志社
编. -- 兰州 ：读者出版社，2023.5（2024.2重印）
ISBN 978-7-5527-0739-7

Ⅰ．①读… Ⅱ．①读… Ⅲ．①文摘－世界 Ⅳ.
①Z89

中国国家版本馆CIP数据核字（2023）第085648号

《读者》校园版10周年精华卷·第4卷

读者杂志社　编

责任编辑　漆晓勤
策划编辑　赵　静　王书哲
助理编辑　葛韶然
封面设计　李艳凌

出版发行　读者出版社
地　　址　兰州市城关区读者大道568号（730030）
邮　　箱　readerpress@163.com
电　　话　0931-2131529(编辑部)　0931-2131507(发行部)

印　　刷　北京盛通印刷股份有限公司
规　　格　787毫米×1092毫米　1/16
　　　　　印张7.5　字数132千
版　　次　2023年5月第1版
　　　　　2024年2月第4次印刷
书　　号　ISBN 978-7-5527-0739-7
定　　价　100.00元（全4册）

如发现印装质量问题，影响阅读，请与出版社联系调换。

本书所有内容经作者同意授权，并许可使用。
未经同意，不得以任何形式复制。

目　录

心灵地图

青春纪事、成长论坛、成长讲义

每个不美的姑娘，心里都有简·爱

作者　晶　晶

那个姑娘不太体面地坐在一块塑料布上，她家世普通，身价低贱，长得苍白又矮小。可谁也忽略不了她的光芒，连忙着买菜的妈妈都停下脚步，拉着我走过去，漫不经心地说了一句："女孩应该跟她学学。"

这是我家附近乱哄哄的早市，那本名叫《简·爱》的书就这样出现在席地摆放的书摊上。她曾在每个自卑的女孩心中停留。这次，大概是我在某个角落里偷偷擦亮了神灯，她坐着这块破破烂烂的飞毯终于来到我的身旁。

那时我只有10岁，又矮又瘦，留着妇女干部式的革命短发，整天跟在大孩子屁股后面跑来跑去。"漂亮"这种词和我没什么关系。和邻居小朋友扮演《新白娘子传奇》和《戏说乾隆》中的人物时，

美丽的女主角从来与我无缘，只有小青和春喜这种跟班角色才会派到我头上。

即便在亲妈眼中也是如此。妈妈本来希望我能像百货商店柜台里陈列的那些洋娃娃一样，有着白瓷般的皮肤、婉约的笑脸，可当她发现自己的女儿不可遏制地"长成这样"时，只能略带失望地决定：她成不了公主，只能成为一名战士。

我就这样被迫地走上了"自强"之路。只有一个人在家，翻出妈妈的化妆品，穿上她的蓝色百褶裙，再戴上橘色塑料耳夹时，我才能偷偷变身成那个虚幻国度里美丽又高贵的公主，就如同我要学习的对象简·爱躲在她舅妈家红色窗帘后面，偷偷读着《英国鸟类史》，想象着远方孤零零的岩石和幽幽月光。

只不过，认识这个同样不漂亮的女孩之前，我是用妈妈的"郑明明牌"睫毛膏来武装自己，而她是靠头脑让自己变得强大。

我要学习的这个姑娘其实是个身份卑微的家庭教师，宴会时她只能躲在角落里，连名字都像我一样通俗得没有什么气势。可和里德少爷打架时，她还能引经据典地骂他"罗马皇帝"；面对主人罗切斯特"你认为我长得漂亮吗"这个提问时，她居然不带一丝讨好地脱口而出："不，先生。"

我简直太崇拜她了！作为一个同样相貌平庸的女孩，我也可以这样有范儿吗？

我迅速投在这个同样个子矮小、但脑子里不知道藏了多少奇异念头的英国姑娘麾下。虽然对于一个四年级的小学生来说，"平等"和"独立"还只是遥远的抽象概念，但她或多或少安慰了我那颗有些自卑的心。

"郑明明牌"睫毛膏干了，塑料耳夹不知道丢在哪里了，我不再对着镜子拼命掀起刘海，在发际寻找赵雅芝式的"美人尖"。"如果上帝赐予我一点姿色和充足的财富，我会使你难以离开我，就像我现在难以离开你。"上帝没有这么做，那么姑娘们，还是接受这个现实吧，你只是没有美貌，但至少还有脑子。

我更加热衷于用知识来武装自己。初一语文课上，老师向大家询问谁完整地读完了《红楼梦》和《简·爱》，并且可以接上"寒塘渡鹤影"的下半句时，只有我举起了手。我依然平凡、矮小、不漂亮，但那只微微举起来的手简直太有存在感了。

如同我妈期待的那样，我正在变成一个"战士"。我尤其羡慕简·爱面对罗切斯特假扮吉普赛人时的表现。面对"你为什么不发抖、脸不发白、不向我请教"的质询，她一定是凛然地像江姐一样将脖子一梗："因为我不冷、我没有病、我不傻。"

我迷上了这种不肯示弱的精神。至少，也要假装镇定，表现得满不在乎。"没事儿"成了我的口头禅，不轻易向别人求助成了我的做事准则。看着做值日时别的女生娇柔地把提不动的水桶递到男生手里，想想自己洒湿了的半条裤子，我心中充满不屑；数列题解不出来，我宁愿一个人咬着笔头发脾气，也赌气不去向同桌请教；面对心仪的男生，我故意大大咧咧表现得像个爷们儿，毫不在意。

有朋友语重心长地对我说，你太没有女人味儿了，并劝我在工作和感情上要善于运用女性特征。还有网上流传的那些让人眼花缭乱的"示弱也是一种魅力""女人示弱的五种智慧"之类的帖子，我一边觉得可笑，一边忍不住怀疑。

也许我并没有接受自己的不完美。这些刻意表现出来的镇静，都只是不强大的障眼法。我在意很多事情。就像看了那么多版本的《简·爱》电影，却没找到一个符合我心目中的形象。我不止一次想对导演大声喊："简·爱只是长相平庸，而不是丑呀！"那种感觉就像自己被冒犯了一样。

但我就是我自己，不完美是我的一部分，不示弱也是我的一部分。不需要讨好别人，在我的独立王国里，我主宰自己的一切。因为简·爱说过，我们穿过坟墓站在上帝脚下，彼此平等，本来如此。

23岁生日时，我模仿国内一位诗人写的献词，祝自己"年轻、漂亮、会思想"。这是我第一次用"漂亮"来形容自己。尽管那个自卑的小姑娘还会不时地从我的身体里出来透透气，但我不再需要简·爱的陪伴了。100多年里，她一次次穿梭于那些外貌平庸的姑娘心中，和她们一同旅行。如今，她已经坐着毯子飞往下一个目的地了。

摘自《读者》校园版2012年第9期

19 岁的出走

作者　范泽木

那是 19 岁的一个黄昏，我的行李已经准备就绪，趁着黄昏的光线，我的出走计划终于付诸实施了。

我坐上那辆期盼已久的车，背后的黄昏被抛得越来越远。过了四五个小时，汽车终于到站，我跟着人流茫然地下了车，在车站附近找了一家旅馆，准备在这里度过异乡的第一夜。

匆匆吃了晚饭，想赶回宾馆看电视。耳边忽然响起嘹亮的歌声，运气真好，刚来就碰到明星的演唱会。

我循声而去，看到了黑压压的人群，台上站着一个戴墨镜的中年男人。他的歌声太动听了，似乎要把我带到一朵又一朵的花瓣里。我想，能唱得这么动听的人该有怎样的面孔啊。一曲完毕，他深深地鞠了一躬，原来他是个瞎子，面目甚至有些丑陋。接着，一个女的上台

了，她坐在轮椅上，拿着话筒，面容沉静。她的歌声同样动人，是那种经历了岁月的沉淀、带有金属质感的声音。

表演完了，人们纷纷往台前挤去。走近才发现那里有一个捐款箱，人们陆陆续续地往箱子里塞钱。

这是两个历经沧桑的人。男人原先在一家不错的工厂里上班，因为一次意外事故导致双目失明。男人一度非常沮丧，甚至想到了死。后来，亲朋好友纷纷相劝，他终于想开了。于是他开始拼命地唱歌，之后遇到了志同道合的她。

她也是一个不幸的人。一场车祸夺走了她的双腿。受了他的影响，毫无音乐天赋的她开始学唱歌。两人颇有默契，合作起来竟然十分愉快。后来，他们遇到很多不幸的人，他们决定做点实事。于是，他们开始了一场又一场的演出。

现在，接受他们帮助的已经有百余人。

我的心情早已不能平静。与他们比起来，我显得那么矫情。我仅仅因为高考失利就不想面对家人和亲朋好友的眼神。我掏出身上的钱，一把塞进捐款箱里。我默默地看着他们收拾东西，直到他们上了货车，消失在我的视线里。

这次出走只持续了一个晚上，第二天我就回家了。我度过了黑暗的一夜，却捧回了一大束阳光。

确实，人生有什么过不了的坎呢！

摘自《读者》校园版 2012 年第 17 期

我是笨鸟，你是矮树枝

作者 冬 儿

不被世界理解的天才

对别的孩子来说，生在一个爸爸是政府官员、妈妈是大学教授的家庭，相当于怀抱着金钥匙。但这对我却是一种压力，因为我并没有继承父母的优秀基因。

两岁半时，别的孩子唐诗宋词已能背诵、1 到 100 的数字已经张口就来，我却连 10 以内的数都数不清楚。上幼儿园的第一天，我就打伤了小朋友，还损坏了幼儿园里最贵的那架钢琴。此后，我换了好多家幼儿园，可待得最长的也没超过 10 天。

爸爸不许妈妈再为我找幼儿园，妈妈不同意，她说孩子总要跟外界接触，不可能让他在家待一辈子。于是我又到了一家幼儿园。那天，我将一泡尿撒在了小朋友的饭碗里。妈妈出差在外，闻讯赶来的爸爸恼怒极了，将我拴在客厅里。我逮了个机会挣脱，砸了家里的电视，把爸爸书房里的书和一些重要资料全部烧了，结果连消防队都惊动了。

爸爸丢尽了脸面，使出最后一招，把我送进了精神病院。一个月后，妈妈回来了，她做的第一件事是跟爸爸离婚，第二件事便是接我回家。妈妈握着我伤痕累累的手臂，哭得惊天动地。在她怀里我一反常态，出奇的安静。过了好久，她惊喜地喊道："江江，原来你能安静下来。我早就说过，我的儿子是不被这个世界理解的天才！"

我不是一个人在战斗

上了小学，许多老师仍然不肯接收

我。最后，是妈妈的同学魏老师收下了我。我的确做到了对妈妈的承诺：不再对同学施以暴力。但学校里的各种设施接二连三地遭了殃。一天，魏老师把我领到一间教室，对我说："这里都是你弄伤的'伤员'，你来帮它们治病吧。"

我很乐意做这种"救死扶伤"的事情。我用压岁钱买来了螺丝刀、钳子、电焊、电瓶等工具，然后将眼前的零件自由组合，那些破铜烂铁在我手底下生动起来。不久，一辆小汽车、一架左右翅膀长短不一的小飞机就诞生了。

我的身边渐渐有了朋友，我教他们使用平时家长根本不让动的工具。我不再用拳头来赢得关注，目光也变得友善、温和起来。

我的小学时光在快乐中很快结束了。上了初中，一个完全陌生的环境让我再次成了被批评的对象——不按时完成作业、经常损坏实验室的用品。更重要的是，那个班主任是我极不喜欢的。比如逢年过节她都会暗示大家送礼，好多"善解人意"的家长都会送。

我对妈妈说："德行这么差的老师还给她送礼，简直是助纣为虐！你要是敢送，我就不念书了！"这样做的结果是我遭受了许多冷遇，班主任在课堂上从不提问我，我的作文写得再棒也得不到高

分，她还以不遵守纪律为由，罚我每天放学后打扫班级卫生。

妈妈到学校见我一个人在教室扫地、拖地，就哭了。我举着已经有了肌肉的胳膊对她说："妈妈，我不在乎，不在乎她就伤不到我。"妈妈吃惊地看着我。我问妈妈："你儿子是不是特酷？"妈妈点点头，说："不仅酷，而且有思想！"

再辜负你一次

初中临近毕业，以我的成绩根本考不上任何高中。我着急起来，跟自己较上了劲儿。我绝食、静坐，把自己关在屋子里。

整整4天，我在屋内，妈妈在屋外。我不吃，她也不吃。

第一天，她跟我说起爸爸，说爸爸曾经来找过她，想复婚，但她拒绝了。她对爸爸说："我可以允许这个世界上任何一个人不喜欢江江，但我不能原谅任何人对他无端的侮辱和伤害。"

第二天，她请来了我的童年好友傅树。傅树说："江江，小学时你送我的遥控车一直在我的书房里，那是我最珍贵、最精致的玩具，真的。现在你学习上遇到了问题，那又怎么样？你将来一定会有出息，将来哥们儿可全靠你了！"

第三天，小学班主任魏老师也来了，

她哭了，说："江江，我教过的学生里你不是最优秀的，但你是最与众不同的。你学习不好，可你活得那么出色。你发明的那个电动吸尘黑板擦我至今还在用，老师为你感到骄傲。"

第四天，屋外没有了任何声音。我担心妈妈这些天不吃不喝会顶不住，便蹑手蹑脚地走出了屋门。妈妈正在厨房做饭，我还没靠前，她就说："小子，我就知道你出来的第一件事就是吃东西。"

"妈，对不起……我觉得自己特别丢人。"

妈妈扬了扬锅铲，说："谁说的？我儿子为了上进不吃不喝，谁敢这么说，你妈找他拼命！"

半个月后，妈妈给我出了一道选择题："A. 去一中，本市最好的高中。B. 去职业高中学汽车修理。C. 如果都不满意，妈妈尊重你的选择。"我选了 B。我说："妈，我要再'辜负'你一次。"妈妈摸摸我的头说："傻孩子，你太小瞧你妈了，去职高是放大你的长处，而去一中是在经营你的短处。这点儿认识妈妈还是有的。"

我是笨鸟，你是矮树枝

就这样，我上了职高，学汽车修理。

我们住在大学的家属院，同院的孩子出国的出国、读博的读博。只有我，从小到大就是这个院里的反面典型。

妈妈并不回避，从不因为有一个"现眼"的儿子面对人家绕道而行。相反，如果知道谁家的车出了毛病，她总是让我去帮忙。

我的人生渐入佳境，还未毕业就已经被称为"汽车神童"。毕业后，我开了一家汽修店，虽然只给身价百万以上的座驾服务，但仍然门庭若市——我虽然每天一身油污，但不必为了生计点头哈腰、委曲求全。

有一天，我无意间在一本书中看到一句土耳其谚语："上帝为每一只笨鸟都准备了一节矮树枝。"是啊，我就是那只笨鸟，但给我送来矮树枝的人，不是上帝，而是我的妈妈。

摘自《读者》校园版 2013 年第 1 期

最伟大的预言师

作者　李柏林

小时候我很内向，不敢和陌生人讲话，不敢在人前表现自己。妈妈看着我叹息："这孩子没有语言表达天赋。"

还好，我的理性思维一直不差。上学以来，我的数学在班里总是最好的，而语文试卷上不尽如人意的分数总是让我很伤心。爸妈有点儿违心地安慰我说："不必难过，科学家都是数学成绩好的人。"

上初中后，我认为该识的字都已经认识了，于是天天在语文课上看小说。

最让人头疼的事情是，每个星期放假的时候，老师都会给我们布置一篇作文。题目一限定，我就感觉自己像一个戴上镣铐的人，再也无法乱跑了。我学会了投机取巧，每次写作文前都会在书架上翻找，看看有什么文章可以帮我偷梁换柱。

我就这样过完初中三年，敷衍着一篇又一篇作文。

中考时，我与重点高中失之交臂。爸妈对我失望了，我也对自己失望了。暑假，我每天过得都很心虚，躲在家里装乖小孩，看书，权当赎罪。

快开学的时候，爸妈告诉我，给我找了一所普通高中，并且说："去普通高中，以你的这个成绩，老师还是会很重视的。"

我感觉再也抬不起头了。我不敢去找以前的同学玩了，感觉和他们不再是一个档次。他们是重点高中的，而我是普通高中的，他们会看不起我的。我也不敢去见那些差学生，我不想去面对和他们划为同一档次的现实。

开学第一天，班主任把所有人的分数通报了一遍。我惊奇地发现，我的语文成绩在那所学校里居然是全年级第一。我之所以脱颖而出，不是因为我优秀，而是因为这所学校太差劲。

开学一个星期后的一天，一个清秀的男子走进教室。他穿着黄色 T 恤，白色运动鞋，一副大男孩的模样。他就是我们的语文老师。

第一节课，他告诉我们高中语文需要积累很多课外知识，课内所学的知识是远远不够用的，然后他点了我的名字。我紧张地抬起头，答："到。"他冲我点点头说："不错，我教过的几届学生中，少有中考考这么高分的。"这句话竟把我说得脸红了。这也是自中考后唯一能让我抬起头的一句话。

很快我们迎来了第一次月考。这次我没有那么幸运，虽然这一个月来学习还算努力，可语文成绩还是刚刚及格。我没有感到吃惊，因为我一直是这个样子。

那天，语文老师把试卷放在我手上，我正欲转身离开，他叹了口气，说："明明是班里最有文学天赋的人，却荒废了，可惜啊。"那声音很轻，但是我听得到。

晚上躺在床上，我想起他的那一声叹息就翻来覆去睡不着。第二天语文课他讲解完试卷，轻描淡写地说："语文这东西，是不能用分数来衡量的。"

其实，我根本没有他想象的那样有文学天赋，我害怕他失望，我害怕自己丢人。于是，我把所有的课外时间都拿来补习语文。

第二次月考，我考得很好，语文老师在班里把我大大地表扬了一次，他全然忘了上次他说的，成绩不能体现一个人的语文水平。

后来在一次上课中，他竟然夸下海口，说我是他见过的最有文学天赋的人，如果肯努力，以后我的文章会让所有的人惊叹。他说得那么肯定，像是在说他自己的人生一样。同学中一阵嘈杂，有起哄的，有议论的，我的脸红到了耳根。这时候，教室里有学生说："老师，她上初中的时候语文都不及格，语文老师从来没有重视过她。"老师笑着说："就是因为没重视，所以才没把才华显现出来，千里马也要有伯乐去相啊。"

我不想让他的预言落空，我也不要自己成为一个笑话，于是我开始努力，疯狂地努力。

然而，在临近期末的时候，语文老师告诉我们，他下学期将要去别的学校任教了。

下课后他把我叫到办公室说："你要记住，你是我遇到的所有学生中最有文学天赋的人，切不可因别人的非议误了自己的前途……"

当时我激动得不知道该说什么，只会说："我会的，您一定不会看错人的。"

后来我遇到了其他的语文老师，他们除了教书，没有试着去发现学生的闪光点。

我的高考成绩不是很理想。报志愿时，老师说："别选文学，这条路你走不通的。"同学也说："到了大学，就不用学语数外了，再坚持也毫无意义。"可是，我的内心告诉我，我还要继续沿着这条路走下去。

大学里，我努力地写稿子，并很快有了收获。现在，我只是希望有那么一次，他可以在学校订的杂志上看到我的名字。我只是简单地希望他在目录里认出我，知道我曾经是他的学生，仅此而已。

后来，我加了他的QQ。我说："老师，您知道吗，现在我发表了好多文章，要不是您，我不会有今天。我以后会更加努力，肯定会更加成功的。"

"我没帮你什么，帮你的是你自己，如果你不努力，谁也不可能成就你。"他说。

"可当时确实是您发现了我的天赋，不是吗？"

"其实，每一个迷茫的孩子都希望能有一个人把他带出困境，他们会不问方向地跟着那个牵引他们的人走。我当时看到你满脸的自卑，我只想解救你。我不是预言师，我也不能肯定你以后在文学上就有发展，当时我只是想给你一个方向。"

也许你会碰到那么一个人，与你走过一场风雨，帮你渡过难关。可是，这样的人不是谁都可以遇到的。那么，我们是不是就要因此把自己困在雨季里呢？有时候，人应该更多地去发现自己，为自己的人生做一次预言，然后为实现预言而努力。

只有自己，才是人生最伟大的预言师。

摘自《读者》校园版 2013 年第 3 期

青春总是突兀的

作者 张 婷

如果青春是一场永不停息的蒙蒙细雨，那么，我宁愿来一场倾盆大雨结束它。

高考前一个星期，教室里的同学寥寥无几，我和好朋友坐在靠窗的位置演算着数学题。班主任疑惑地问："这个时候你们还做数学题？"当时我觉得自己刚抓住数学的灵魂，还有很多需要弥补的东西，只是朝他自信地一笑。

那时我的数学成绩正在突飞猛进，刚尝到甜头。我磨刀霍霍，雄心勃勃，准备大干一场，希望能让它无限趋近150分。初窥门径，激情与梦想让我睡不着，满腔热血舍不得放下数学，内心生猛得真想踹高考几脚。心里没有恐惧和担忧，反倒有一种莫名的兴奋和喜悦。

距离高考还有一天，我和好朋友依旧雷打不动地坐在老位置继续做数学题。

班主任皱着眉头在我们身边徘徊着，欲言又止。我已经无暇再朝他自信地笑了，全身心扑在数学题上。但是他突然站到我们面前宣布："把数学题收起来吧，没时间了。"

荒谬，这如同太阳高照的大晴天突然劈头盖脸来了一场冰雹。

突兀，只有不合时宜的突兀。这就要结束了吗？像极了小时候正甜蜜地吃着一块糖，一张嘴，糖果却突然掉在地上。我觉得很难过，很怅然，莫名其妙地烦躁和不甘心，真的就这么结束了？我的热血没有地方抛洒，我的青春无处安放。这是高考前最莫名的伤感。

你明白吗？那种感觉，就好像一个临阵逃脱的士兵忽然醒悟，要冲锋陷阵去报效祖国，战死沙场。他要打磨世上最锋利的武器、最坚实的盔甲，做好充分的准备，再留下一封遗书，潇洒地向战场冲去。但是他的激情刚被点燃，刚有置生死于度外的勇气，刚拿起钝刀去打磨，忽然有个人一把抓住他，还没等他辩解就把他扔进了战场。一切都来得这么突兀。他是不是该痛哭一场？好像一切都还没准备好，就被杀了个措手不及。他的心是不是突然没有了着落？满腔的壮志没有地方安放。

班主任走后，我看着还有一半没做的数学卷子，全身被无力感侵袭。好朋友把手搭在我肩膀上，自言自语地说了一句："真的结束了。"诗人周涛这样形容两棵在夏天喧哗着聊了很久的树：看见对方的黄叶在秋风中飘落，它们沉默了片刻，互相道别说："明年夏天见。"但我和好朋友的这个夏天呢？是彻底结束了。再也不会有这样的夏天了，再也不会有。

看小津的电影《早安》，剧情就是人们重复着早安、晚安的问候。鸡毛蒜皮、家里长短、茶余饭后，乏味无

趣。很纳闷，这简直什么也没讲，为什么要这么无聊？然后一个男子在火车上遇到一个女子，他走到她身边，说："早安！"说完，他抬头看天，再说："天气真好啊！"我心中生出一丝丝的温暖，以为剧情一转，精彩马上要开始。但是字幕突然出现，就这样结束了！

一切都莫名地草草收场。前面是大段时间不痛不痒、轻描淡写的叙述，刚进入剧情就戛然而止。突兀，我甚至清楚地看到了漫画版无厘头的自己——表情扭曲，眼神呆滞，滴汗无语。

结局来得总是如此突兀，什么意思也没有。结尾的温暖明明可以再延长，也会有更好的故事。看似无聊的过程算什么？忽然不想再多说一句话，声音卡在声带末端。

很多电影都是如此，总感觉故事都到了结局却好像还没开始。它与生活太相似了，生活是一场渐变，却也充满着突兀。明明还可以多做几道题争取几分的，还可以多做些准备再抛

洒热血的，还可以延续温暖再多些情节的……

但是高考、战争、结局都猝不及防地来了。

数学成绩出来，不悲不喜。只是有些遗憾：如果再延长几天多好。高考结束了，但留下的突兀感始终抹不去，以至于觉得生活中的其他事都是那么突兀。就像这个暑假，我向妈妈抱怨："哎呀，假期真快，刚想好好看书呢，怎么就结束了？"

妈妈不以为然地丢给我一句："再给你一个月，到最后你还是这样说。"我苦苦寻找的真理，竟然被她无意间一语道破。

就算假期再延长一个月甚至一年，我还是会这样抱怨；就算高考前再给我一个月，我还是会觉得遗憾；就算电影再进行一个小时，人们还是会在无聊的"早安""午安"中重复着这些问候。我不知道这又意味着什么。

即便所有的题都做完了，所有的东西都齐备了，高考来袭，热情却已在等待中耗尽，那样才可怕。无止境地延续，没有突兀，没有起伏，这才是一种悲哀。

那种悲哀如同这首小诗：

你身上，不经意间可以看到明天、后天、十年后

从脱下的西装上、从吃剩的面包上

你的小屋还没有建成

小小的梦想，还是小小的梦想

在你心中，就那样，笨拙地挂在那里

慢慢褪色，慢慢消磨

没有突兀，也就永远没有变化，那是在走向终结。觉得突兀，因为在进取。人都是逼出来的，越是走投无路，越清楚自己要干什么。破釜沉舟，背水一战，要的就是这种突兀，在猝不及防之际，把敌人杀个片甲不留。

突兀带来的是什么？是满腔热血走进考场，是满怀激情冲向战场，是冷酷的结局残留的温暖。

摘自《读者》校园版 2013 年第 9 期

为什么不听妈妈的话

作者　恩　雅

很多很多年前，我躺在床上，手里抓着一把巧克力或者糖果，用大概十分钟的时间吃完它们，另外还要把糖纸从窗户缝里扔出去，如果被发现，妈妈会拧着我的耳朵尖叫："去刷牙！"那是一件很残忍的事情，所有的甜蜜都被冰凉无情的牙膏刷去，这让我晚上经常做同样一个梦。在梦里，总是有一把巨大的牙刷在追我，我背着一个很大的包裹，里面是我储备许久的零食，一路狂奔，翻山越岭。遗憾的是我不刷牙这件事妈妈发现的次数不是很多，于是很多很多年以后，我有了六颗蛀牙。

我很忧伤，为什么不听妈妈的话。

很多很多年前，我很迷恋看书，上天入地，武侠漫画，通古今、晓音律，书真是一个好东西。最完美的事情是，在冬天有暖气的房间，抱上一摞书躺在床上看。正面仰着适合看短篇，字字珠玑；侧卧下来是看长篇大部头的，看不下去可以立刻睡着。当然，这几种造型都是妈妈不在家的时候才可以用的。因为这个女人如果发现，一定会过来把我揪起来大叫："眼睛要坏掉！"遗憾的是我隐藏得很好，经常穿戴整齐躺着看书，听见妈妈开门的声音就立刻弹到书桌前。于是很多很多年后，我需要戴博士伦，我讨厌眼镜，那让我看起来有一种狼外婆的亲切感。

我很忧伤，为什么不听妈妈的话。

很多很多年前，我性格外向、热爱生活、不拘小节，也就是说我可以把一只袜子丢在卧室，另一只扔在书房；我可以把书包或者自行车或者外套遗忘在任何一个同学家；我可以一个月丢三次钥匙、五次发圈，而且这些东西会在我全部买新的以后立刻出现。妈妈会在发生上述所有事情的时候说："东西要收拾好，我说了一万次了！"我一边虚心接受，一边寻找我刚丢失的钢笔套——昨晚明明看见它在床底下，懒得去捡，怎么今天就不见了。很多很多年以后，我有了自己的房子，所有来我家参观过的人都说，那屋子看起来像被抢劫过一样。

我很忧伤，为什么不听妈妈的话。

这个问题我只能问自己，我不能问妈妈，那样会让我非常非常没有面子。

妈妈给我说过太多太多的话了。

她说，字要一笔一画地写，我偏要写行书。我说反正以后都是用电脑打字，字写得潦草别人看不懂，还能防止被人偷看日记呢。妈妈不说了。于是我的字就一直不变的难看，幸好后来果然是用电脑打字，不然我肯定在街上卖菜。

她说，不要偏食，要多吃水果蔬菜，我偏偏对食物挑剔到极点。于是后来很长的时间，我没法跟别人在一个桌子上吃饭，我会让所有的人认为食物有毒，没有胃口。后来这点被强行改掉，但是我依旧绝对不吃苹果和梨，真变态。

她说不要早恋，这点我算是认真执行了，这让我能读上大学，并且顺利毕业，至于后来怎样疯狂恋爱是后话。还有一点就是每天洗澡，这个习惯让我显得比较健康可爱而且很少生病。

是的，我们会认为妈妈的很多话都是废话，都是食古不化，她们太啰唆、太麻烦，像唐僧，她们给我们的成长设置这样那样的规矩，让我们的青春透不过气来，她们根本不懂生活，也不懂爱情，她们哪里知道什么是轰轰烈烈。她们甚至没有什么品位，不能接受黑色的指甲油和在鼻子上打洞。她们不允许我们逃课，不给我们多一点零花钱，不让我们看非常非常好看的爱情肥皂剧。

而如今，我们慢慢地成长了，猛然发现，我们因为装酷而抽的烟后来是戒不掉的；我们因为爱美丽而穿迷你裙惹上的风湿是治不好的；我们曾经为了一个看起来是情圣的男人而离家出走，而现在看起来那个人不过是个无聊的爱情骗子。

原来妈妈的话并不都是废话，她也曾经年轻、懵懂和无知，她也曾经莽撞和幼稚，她说那些话只是不希望你因为无知无畏而受到伤害。只不过青春这段弯弯曲曲的路，我们都必须走过，在她琐碎的唠叨中，在她无尽的关怀与爱中。

当我们失落的时候，是谁在电话那边说："宝贝，会好起来的。"

摘自《读者》校园版 2013 年第 21 期

厕所里的书房

作者　陆俊文

我是在小城里的一所寄宿学校念的高中，学校的大门每周只有在周日下午两点半才会打开给我们放行，到了六点半班主任就开始在教室里点人数。缺席者的名字会被写在黑板的右侧，迟到者则要站在门口等待老师训话。每周日的这四个小时对我来说太宝贵了，以至于我常常在周六就开始盘算这段时间要怎么度过，周日午休时我更是辗转难眠，生怕自己睡过头，所以，我常常躺在床上盯着枕边的闹钟看，快到点儿了，我就"嗖"的一声跳起来，赶在学校大门打开的第一时间冲出去。

但我常常在冲出去后又不知所措，失落地在小城里兜兜转转。街市是那样狭小，水果摊和文具店我都逛遍了，甚至连路人我都熟悉得不得了，走两步就会遇见同学。于是，这短短的四个小时逐渐变得刻板而因循守旧起来。我让三轮车车夫把我拉到附近的书店，买完习题参考书后我就松一口气，然后囫囵吞枣地把那些"不务正业"的书翻来翻去，遇到喜欢的就买下来，不喜欢的就搁置一旁。直到熬过四点半，我才依依不舍地移步离开，往那条熟悉的旧街道走去。天色还是那么明亮，行人们都各自奔波着，我仰头想：难道这就是我的十六岁吗？我灰头土脸地回家洗澡、吃饭，然后掐着表坐颠簸的三轮车回到学校。

校园小得即使天色暗了下来，人们也寻觅不到藏身之处。"校警"们像是无须充电的机器人，时刻警觉地睁着"火眼金睛"，搜寻着那些饭后在树荫下闲坐的少男少女，盘问那些晚自习时间忧郁、孤独地在操场上奔跑的同学。而最令我讨厌的是，隔壁理科班那个多管闲事的班主任。我曾经几度被他从寝室里揪出来，和室友们并排穿着裤衩、裸着上身，站在大太阳底下暴晒，或者在寒冬的夜晚被罚绕着球场瑟瑟发抖地转圈跑。

他总是赤裸裸地羞辱我，仰起他高傲的理科重点班班主任的下巴蔑视我，而理由又总是那么荒谬——午休、晚休时间都不能看书。

我们是十个人住一间寝室，六张床，上下铺，空了两个床位腾出来放衣服，走道狭窄得甚至不能并排站两个人，锈迹斑斑的铁床脆生生的，仿佛随时都会被压弯折断一般，让人心惊胆战。重要的是门边还有两扇大开的窗子，巡视的老师走过时，里面的动静能看得一清二楚。学校中午十二点下课，十二点半午休，铃声一响，整栋楼就像是中了邪一般，从方才的欢腾声中肃然休止。老师们每天都来查房，他们扫视着床上床下，甚至连房间里有几只蜘蛛、几只蟑螂都熟稔于心，可唯独有一个地方他们看不到，也管不了，那就是每间寝室的厕所。

这个阴暗、潮湿、逼仄而且味道不怎么好闻的空间，成了我们寝室的人每天争夺的战场。每个人都会手不释卷地带一本书蹲在这个小角落里，从看第一行字开始就不停地有人小声催促："你好了没？轮到我啦！""哎哎哎，怎么轮到

你了？我还没进去呢！"大家你争我抢、唇枪舌剑，每讲一句话前都要仰头观察是否隔墙有耳。

而我总是最后一个进去，等到他们都累得睡着了，我就悄悄地抱着书蹲在厕所里翻看。那个年纪看的书多而杂，我有时候沉迷于故事的曲折，有时候感叹于作者文笔的优美。我十六岁的时候在那间滴答漏水的厕所里，用了两周才看完王安忆的《长恨歌》，而王小波的书则时常让我破涕为笑，《黄金时代》我读了好几遍，《一只特立独行的猪》让我忍俊不禁，《东宫西宫》让我头皮发麻、浑身起鸡皮疙瘩，甚至导致有一段时间我对公共厕所有心理阴影。那个时候，我最中意的作家是郁达夫和太宰治，我不仅反复阅读他们的小说，还不由自主地模仿那种叙述的笔调，把人生过得昏天暗地。

我开始如上了瘾一般买书，然后躲在厕所里看，这个闭塞、阴暗的空间仿佛已经成了一个固定的书房。夜晚十点半寝室熄灯，而唯有厕所可以亮着灯。昏黄的灯光弥漫着暧昧的气息，映照在纸张上叫人愈发迷离。

有时候夜晚失眠，或是被噩梦惊醒时，我都会悄然从枕边取一本书，蹑手蹑脚地爬下床，躲进厕所。困顿或是浑

浑噩噩的情绪会在这里烟消云散。有时候是一本诗集，我翕动着嘴唇默念。我怕厕所的灯光太亮影响舍友休息，便借着从窗子透进来的月光或是走廊彻夜不熄的灯光，抱膝蹲着在深夜里读。

这狭窄的空间让我有足够的安全感，红白砖块砌起的高墙将我与外界隔绝，有绵绵的青苔痕，有斑驳的砖墙影，于是我在这里思考青春和人生。我读萨冈的《你好，忧愁》，也读萨特的《恶心》；我读塞林格的《麦田里的守望者》，也读加缪的《西西弗神话》；我读世界历史，也读中国地理；我读科普杂志，也读文学期刊。我上高中时读的所有"不务正业"的书几乎都是在这里读的。这些书是我从学校尘封的图书馆里借来的，或者是从书店里一本本挑着买来的。

在那段岁月里，我把吃饭的钱都省下来买书，从书店里买，从网店上买，那些书从四面八方铺天盖地而来，我将它们一一带进我的"书房"，和我共度一个中午或是临睡前的时光。

我现在再也找不到那样阴暗、潮湿、逼仄、简陋的厕所，可我总是带一本书坐在马桶上看，侧耳倾听，希望有滴答滴答的漏水声，可惜早已寻觅不到。而原本那种踏踏实实的安全感，更是变得畏首畏尾、东躲西藏，生怕有熟人路过窥视到。我坐在马桶盖上抱着一本书发呆，一动不动，像一具木乃伊。

摘自《读者》校园版2014年第5期

我为什么没有成为江洋大盗

作者　卢小波

我是一个让老妈绝望到抓狂的孩子。上幼儿园中班时，还不会擤鼻涕。每次我妈大喝一声："擤！"我就吸一下，而且是使尽吃奶的力气往里吸。这么一个简单的呼吸吐纳，我就是学不会。

妈妈给了 5 块钱，让我出门买一斤盐。我听成买冰棒，欢喜之中狂奔上街。小贩顿觉喜从天降，把阔口保温瓶中的存货一下子清空。我用报纸包着一堆冰棒，一颠一颠进门时，身上衣服都黏湿成一片——冰棒几乎全化了。

不记得那时多大了，只记得老妈揍了我一身汗，然后又把我扔进木盆里洗澡。想想，还生气，在木盆里又揍了我一顿。5 块钱，在那个年代，是一笔很大的钱。

碰到这样不吃打又没记性的孩子，老妈很快就成了记录我劣迹的"历史学家"。

我从来认为，大人与孩子完全是两个世界的，两者之间有两套迥然不同的表达系统，但有一点是相同的，就是都要讲尊严。而且，孩子的自尊可能比大人更敏感。

不知道为什么，我老爸老妈那一代人，几乎都是打击孩子自尊心的高手。我老妈似乎更有创意，算是打冷枪的神射手。

一个冬天，快上一年级的我，跟一帮小朋友在大院里玩得正疯。我老妈洗着床单，忽然勃然大怒："还玩！看看，你又尿床！大冬天的，洗床单容易吗？！"

全体小朋友都愣住了，那一刻的安静无比漫长。洗好的雪白床单，很快晾在院子里。其实，私下里，小朋友们都知道对方尿床的事迹。问题是有一面标志着我尿床的巨大白旗，在院子里飘着呢。

此后相当长一段时间，在小朋友中，我就像被批判的坏分子，颜面扫地。

那个年代护犊子的家长不多。小朋友要是打了架，大人都是各自把孩子揪回家，暴打一顿。然后，再把孩子拽到家门口，向对方家长亮出孩子的青紫伤痕，以示尽了教育之责。记得这种时候，相邻的两家都会传出孩子的鬼哭狼嚎，杂以"跪下跪下"的呵斥声。不知道其他伙伴跪下没有，反正我每次只肯跪一条腿。我认为，跪一条腿不算跪。现在想来，那也算维持一点儿畸形的尊严吧。

大概是小学二年级时，我偷了妈妈包里的钱，用途基本上是买小人书。东窗事发后，我被勒令一星期不许上学。妈妈说："一个小偷，上学有什么用！"

一星期后，她想出了一个妙招，兼具惩罚与防范的双重功用：我所有衣服的口袋，一律用针线严严实实地缝上。一个小偷怎么能有口袋呢？也就是说，我从此不配使用口袋。这个无口袋阶段，足有一年。

我老妈是一个很固执的人，也是个严格执行计划的人。在物资匮乏的年代，一切礼尚往来，都被她纳入不可更改的家庭计划中。

一天，她让我给街坊老刘叔叔送几个肉包子去。我又一次犯了极端粗心的错误，把包子错送到了隔壁的尔辉叔叔家。路上，我还在想，是啊，上回尔辉叔叔送了我们家一个大南瓜，所以妈妈这次就还他肉包子了。

近40年后，小学同学的名字我一个也想不起来，却能清楚地记得邓尔辉这名字。原因就是，我陷入了一场可怕的"外交危机"。

本来，几个肉包子送错了就错了吧。可是我妈偏不，她让我去把包子再讨回来！因为尔辉叔叔的南瓜已经用水饺还过礼啦，老刘叔叔的人情还欠着，拿什么来还？老妈声色俱厉："自己犯的错，必须自己弥补！"

天哪！这怎么可能？

我至今认为，这是自己一辈子遇上的最大难题。两家的关系不能搞坏，东西又必须索回。成年后，一看到陷入危机的国际关系，我就想起小时候碰到的"外交窘境"，由此总结了一个道理：在弱国与强国之间，尊严永远是拿来换取实惠的。

可是，小孩子家对自己的面子总有一种本能的保护意识。我在门口磨蹭了一会儿，但很快就想到，时间紧迫，

万一肉包子被吃掉，我就完蛋啦！

我硬着头皮进了尔辉叔叔家，万幸的是，肉包子还放在屋梁上挂着的篮子里。尔辉叔叔本想等全家人都到齐了，再来享用肉包子的。

包子最后是拿回来了。到现在我基本忘了这场交涉的细节，只记得自己像一条小狗似的，在屋梁下转来转去，直到尔辉叔叔自己开口问我。所以，上初中时，第一次学会"斡旋"这个词，我就立刻想到，不管怎么斡旋，其中一方肯定像一条转来转去的狗。

每一个妈妈都爱自己的孩子，但是，每一个妈妈又经常不自觉地折磨自己的孩子。更糟的是，她会以为，那种折磨就是一种深沉而准确的爱。

现在我妈已经是慈眉善目的老太太了，她不许我对她孙女动一下手指头，大声说话也不行。可是，她仍然认为，如果不是她的严格要求，我现在就是一个小偷、骗子。

其实，我也在想，一个自尊心被戳得千疮百孔的孩子，后来为什么没有变成懦弱内向的小偷？为什么没有成为厚颜无耻的骗子或者名震一方的江洋大盗？如果哪个儿童心理专家愿意研究一下我这个标本，也许还能获奖呢。

摘自《读者》校园版 2014 年第 19 期

雨季不再来

作者　和菜头

记得在我小时候，下雨从来不是一件稀罕事。我在一个军事基地的子弟学校里上小学，那个基地隐藏在一条深邃的峡谷后面，从外面很难看出来里面居然有那么一大片地方。当雨季来临的时候，可以看到白色的雾气在峡谷上空聚集升腾。然后雨就落下来，铺天盖地，连续下一个月。

雨持续下了一个星期后，雨水就变得极为纯净。很偶然的一次机会，我发觉巨大的石灰岩有些反光，走近了，却没发现什么异常，我用手指摸上去，石头表面立即在指头周围形成了波纹——石头表面有一层极细、极均匀、极清澈的水在流。等雨水浸透了地表，菌类就会在夜里钻出地面，悄然张开伞盖，在丛林里散布浓郁的香味。放学了，我经常离开大路，翻山路回家，在丛林里寻找野生菌。奇怪的是，你可以闻到香味，却总也找不到它们在哪里，只有癞蛤蟆郁闷地从灌满水的洞里逃出来，横在路中间。但当你找到了第一朵菌子，就像有人施了魔法，抬起头来，你会发现周围远远近近、高高低低全是菌子，它们一下子全部跑了出来，你像是进入了一个新的世界。

这很像摘杨梅的情形。过不多时，杨梅就成熟了，绿色的杨梅躲在绿色的叶子里。我经常被大孩子带到低矮的灌木前面，他们告诉我："摘吧。"但是，我看见的除了叶子还是叶子。要一直等到大孩子们不耐烦了，把我的手牵到一颗杨梅前面，抓住了，所有的杨梅才会出现。每一片叶子下都藏着绿色的果子，上面沾着雨水，很沉重的样子。

雨季总是没有结束的意思，气温越

来越低，出去玩的时间越来越少。放学了，每个人都变得无精打采，低头走在路上，一言不发。只听见胶鞋踩在水里的声音，孩子们打小生长在部队里，踩水的声音最后总会变成一致的。无论是大孩子还是小孩子，都不说话，耳边听着整齐的脚步声，走在回家的路上。我的军用书包随着步伐一下一下地跳动着，一下一下地打在屁股上，我能听见铁皮铅笔盒在响。

我的家住在基地里最偏远的地方，因为我母亲没有随军，所以，我和父亲住在单身宿舍，就在科研楼的一楼。每次放学，我得送完所有同学，然后自己走一大段路，才能到家。没有了伴，走在雨地里，很是无聊。有的时候，我会跑到路边的家属楼上，弄点煤，在楼道的墙上画小人，或者抓草蜢，去喂别人家鸡圈里的鸡。我想鸡都是有灵性的，也许有一天它们听见我的脚步声就能认出我来。这是真的，如果雨季足够长的话。

走很长的路回家，鞋很快就湿了。我被父亲打了很多次以后，父亲终于明白这和我是否贪玩没有什么关系，路就那么湿。虽然我在水流间灵巧地跳来跳去，但是最终免不了鞋袜尽湿的结果。雨季里很冷，拿伞的手被雨打湿，再被

风吹得通红。站在鸡窝前面，我很羡慕那些小鸡。母鸡张开双翅，就把它们全部包了起来。然后就能听到它们在翅膀下面细声细气地叫，声音越来越低，越来越稀疏，最后它们全都睡着了。

等我回到家，走在楼道里，解放鞋吱吱作响，一步留下一个湿印。我转过脸去，想办法走出一个"8"字，或者走出一个正圆。但是，一直没有成功。天快黑了，我取下脖子上的钥匙开门，开灯。父亲还没有下班，我脱下鞋子擦干脚，爬上床。被子是干的，我拉过来盖上，点亮台灯，找一本小人书看。从那时起，我就养成了一个习惯：雨天趴在床上，盖上被子，看书。被子要拉住两个角，紧紧包住自己，把被角压在胸口下。这样一来，后背和双肩就有了一种被保护和拥抱的感觉，温暖而安全。后背温暖了，全身都会暖和起来。

等我有了女儿，我握着她的手，发觉她有些冷的时候，我就会抱着她。我把嘴唇贴着她的后背，用力呼出一口热气。这口气顺着后背四下流动，把她紧紧拥抱。那一刻，我看见那个雨季里的我，背着小书包，默默地走在雨地里。

摘自《读者》校园版2016年第5期

我矮，所以你得低头啊

作者 江 罗

1

读小学时，我长得不高，坐在第一排，每天吃着粉笔灰和老师四溅的唾沫。去食堂打饭，阿姨最先看到的是饭盒而不是我。同学爱摸着我的头说："这是我弟弟。"课间活动玩蹲山羊，当山羊的那个总是我。

那段时间，因为矮，我常被人取笑，变得越发自卑。

妈妈安慰我说："你不是矮，你只是发育晚。不管将来怎么样，你都得挺胸做人。人一旦自卑，无论你有多高，别人都会觉得你矮。"那时我年纪小，所理解的发育晚是我以后还能长高。初一那年，我喜欢上一位女同学。她很高、很丰满，而我很矮、很瘦小。有时候，无意中和她走在一起，感觉就像妈妈带儿子。这让我越发感到自卑，我迟迟不敢向她表达爱意。

有一次晚自习，我传字条问她："你喜欢什么样的男孩？"

她说："喜欢体育委员那样的。"

我说："为什么呢？"

她说："又高又壮的，给人安全感。"

"女神"的这句话像一把尖刀，狠狠地插进我的心口。

初三那年，"女神"与她的白马王子走到了一起。后来，两人中考失败，毕业后携手去了东莞打工。之后，我和"女神"就断了联系，我不知道她是否过得很好，但我知道自己曾喜欢过她。她留在我矮小的年纪里，落在我干涸的心灵里，仿佛一朵凋零的樱花。

我记住了她的美丽，也明白了卑微

的含义。

2

那段时间，为了摆脱矮的尴尬，我做了许多努力：我常去操场跑步，有人问我是不是想考体校，我只是笑笑；我努力学习，常挑灯夜战，别人问我是不是想考清华北大，我也只是笑笑。

坐在后排的同学不喜欢我，常对我搞恶作剧。每次上课起立，他们总会偷偷用脚把我的凳子抽掉，害得我摔倒。我也不敢向老师告状，我的怯弱纵容了他们。那段时间，我如惊弓之鸟一般，时不时得注意凳子是否还在。

有一次，我跟妈妈诉苦说："我为何还没发育，为何还没长高？"妈妈安慰我说："你要相信，迟早有一天你会发育的，会长高的。"

我知道，我再怎么发育也长不高了。因为爸爸妈妈都很矮。

正因为我矮、我的腿短，所以，在跑步时我得加快步伐，像阿甘一样拼命奔跑；正因为我矮，所以，我得把胸膛挺起，这样才不会被人小看；正因为我有缺陷，所以我得努力去改变，充实自己的内心。

仿佛一夜之间，我明白了这些道理。高二那年，我拼进全校前 20 名。在别人惊诧的目光中，我成功亮相。因为我的优秀，再也没人会轻易拿我的身高开玩笑了，老师们也更加关注我了，后排的同学也不再搞恶作剧了。

我渐渐明白了，我的身高不够，可以用勤奋去弥补。终有一天，别人会因为我的优秀，低下他们带有偏见的头颅。

3

身体上的矮并不可怕，精神上的矮才是致命的。

我有个大学同学，别人取笑他矮时，他总会很暴躁，有时甚至会和同学大打出手，给人的印象就是又矮又凶。我很理解他的感受，为了保护自己，所以狠击别人。

可实际上，这样不是在解决问题，而是在制造麻烦。有时候，精神狭隘很可怕，它能让一个矮个子变得更渺小、更卑微。你谩骂他人，只会让人越来越看不起你。而别人越看不起你，你就越自卑，然后越沉沦。

试问，一个过度自卑的人，生活会快乐吗？

我有一个朋友，她是个"小萝莉"，比我矮半头。可与她交往时，别人常忽略她的身高。因为相对于身高，她的修养和教养更吸引人。

有一次，我问她是怎么做到的。她说："首先你得承认自己的缺陷，然后努力做好自己，让自己的缺陷有一种美感。"

4

2015年9月的一天，我无聊地坐在自习室里刷着微博，当我看见彼特·丁拉基凭《权力的游戏》荣获第67届美国艾美奖"最佳男配角"时，我的内心感到无比振奋。我看着他站在领奖台上，似乎在骄傲地说着："我是矮啊，所以，你得对我低头啊！"

被问及自己的生理缺陷时，彼特表示："我在小时候就知道自己得了这种病，以后不会长高，一开始我自己很苦恼也很愤怒，但长大后我意识到，生活中要有一点儿幽默感，要乐观，我患上这种病并不是自己的过错。"

2016年3月，我挤在人山人海的求职大军中，因为身材矮小，我频频受挫。辗转几座城市，来到深圳，最终进入了一家IT公司。可刚进公司，就遇到许多不顺心的事。与我同来的有两个男生、一个女生，公司规定最后只能留两人。孤立无援的我四处碰壁，因为他们都想让我先出局。

职场如战场，我并未服软。一周后，公司把实习生两两分派到不同的项目组。与我同组的是个高个子。经理开会的时候，问我俩谁会写支付端口的程序。"高个子"沉默，我说我可以尝试。经理诧异地看着我，"高个子"也一脸不屑，嘀咕着："就你？能写？"

那晚下班回到家，我上论坛查找资料。经过一夜的调试，程序最终成功运行。第二天凌晨，我将文件发到经理的邮箱。那个项目完成后，"高个子"被辞退了，我顺利地成了公司的培养对象。

在我转正的那天夜里，我跑到夜市点了一桌子烧烤，喝了3瓶啤酒。我最终明白了妈妈的话："你不是矮，你只是发育晚。"

摘自《读者》校园版2016年第17期

我们都是酷小孩

作者　陈锦源

我很小的时候很羡慕一类人，他们好像总能比我早一步接触一些有意思的东西，并且把那些东西带进我的生活。比如，当我还在看《虹猫蓝兔》的时候，他们已经开始看《火影忍者》了；当我还在看《安徒生童话》的时候，他们已经聊起了《哈利·波特》；当我还在玩泥巴、打弹珠的时候，他们已经开始接触互联网，玩《梦幻西游》之类的游戏了。

小孩子们都喜欢玩角色扮演，在我还想成为蓝猫探索宇宙奥秘的时候，抱歉，人家已经化身高达在宇宙中打拼好几年了。

他们就像先驱者，永远特立独行，我好像永远在玩他们玩剩下的东西。

其实这样的人现在依然存在，只不过他们玩的东西变成了抽象工作室、孙笑川之类的"梗"……

有时候我怀疑这两批人可能是同一拨人。

小哇是我小时候的死党，我给他用这个化名是因为我记得他以前特别喜欢用"哇"这个感叹词。

小哇就是我刚才说的那种特立独行的先驱者。好吧，我承认最初我和他做朋友是有目的的，当时的小孩都以和他做朋友为荣，因为和他做朋友，就好像接触了"主流文化圈"。

这么说可能有点儿夸张，但他确实像一个"孩子王"。在我眼中，他是最酷的小孩。

很长一段时间，我都亦步亦趋地跟着他，他看什么我就看什么，他玩什么我就玩什么。

倒不仅仅是因为他总能接触我接触不到的东西，更重要的是他活得比我洒脱。比如说，当他碰见他不想做的事，他会死犟地告诉你："我不，我偏不！"不管多少人告诉他这样做不对，他都不妥协。

这给当时的我带来了不小的冲击，那时候我还是一个只会听家长和老师的话的乖小孩呢。

举个例子，我记得有一回数学老师布置了一道练习题，老师让做出这道题的同学去教室后面对答案，结果做出来的 20 多名同学里，只有小哇同学的答案和我们的答案不一样。

于是，教室左边站着 20 多个人，密密麻麻的，右边就小哇一个人。

大家都以看笑话的心态看着小哇，小哇却满不在乎地看着黑板，等着老师公布答案。

不知道为啥，我看着小哇那张死犟的脸，突然很想和他站在一起。于是，我悄悄地回到座位上又算了一遍，可我算不出小哇的那个答案。

后来老师公布答案，是小哇错了。

小哇没说啥，只是懊恼地大喊了一句："哇，我怎么没加上去！"

那时候，我突然发现，原来真的有人能让你相信，即便他做错了，他也可能是对的，就因为你相信他，所以你便相信他不会出错。

信任感真是一种邪门儿的东西。

后来小哇转学了。

是不是我就因此成为全班最酷的人了？并没有。

我没有小哇那么有主见，当别人来问我某件事该怎么办时，我也不知道。原来我听父母的就好，后来我听小哇的就好，他怎么做，我就怎么做，反正他的选择一定是最酷的。

我突然发现，这么多年，我想活得和小哇一样酷，但其实我只是在模仿他罢了。模仿他看的东西、聊的东西，模仿他的行事风格，甚至连任性都是跟他学的。

这样，我永远都只是他的影子。

于是，我开始凭着自己的感觉办事，尽管在很多时候我还是会想："如果是小哇，他会怎么做？"坦白地讲，我其实早就想不起来了，我对他的印象只停留在小学。但我想，那小子一定会很酷地跟着自己的感觉走。

没人能带跑他的节奏，他会死犟地告诉你："我偏不！"

渐渐地，我也成了别人眼中的酷小孩。

高三的某一天，班主任跟我说："你什么都没有，别报自主招生了，浪费时间！"我死犟地看着他说："我偏不！尽管我什么都没有，但我就想试试。"

哈哈哈，那真是迄今为止我最酷的时刻，虽然后来自主招生就像小哇做错的那道数学题，一点儿作用都没发挥，我最终也没上四川大学。

管那么多干什么，只需负责酷就好了，余下的交给时光。

"拉风"还用这么多理由？大不了最后来一句："可惜，可惜。"

摘自《读者》校园版 2019 年第 5 期

你能得到多少分贝的掌声

作者　朱成玉

那年，正在上高中的我参加了一场演讲比赛。比赛要求演讲者就美丽、博学、勇敢和诚实哪一个更重要，展开阐述。为了体现比赛的公正性，评审团在演讲现场的角落放置了分贝仪，以每位演讲者所获掌声音量的分贝大小，作为评审参照。

我是参赛者中唯一一名高中生。为了这个参赛名额，我求了老师很多次，加上我在学校里的表现确实非常优秀，最后，大家一致推选我代表学校参加比赛。从报名到参加比赛，一直是那点所谓的自信在推动着我。可是比赛那天，在我前面的演讲者依次进行了精彩的演讲之后，我的自信心受到了重创。我看到了自己与他们的差距。我开始紧张、后悔，但一切已经来不及，马上就要轮到我演讲了。

我战战兢兢地上台了。本来，那份演讲稿我已经背得滚瓜烂熟，但不知道为何，看着台下黑压压的观众，我竟开始前言不搭后语。甚至有那么一刻，我的脑海中一片空白。没办法，冷场后，我只好狼狈地向大家致歉："对不起，我把演讲词忘了。"

这时，观众中开始出现议论声，继而，出现了嘲笑声。

我红着脸，低头匆匆离开了演讲台。起初，我只是躲在角落里沉默不语，后来，在家长和老师的轮番安慰下，我哭了。我感觉自己是个废物，让支持我的人失望了。在等待演讲比赛结束的那段时间，我体会到了什么叫作"芒刺在背"，什么叫作"如坐针毡"。

终于，演讲结束了。一位律师身份的演讲者获得了冠军。他凭借渊博的知识和幽默的台风，赢得了现场观众热烈的掌声，掌声的音量超过 80 分贝。而我的，几乎为零。

主持人在总结时特别提到了我，说我作为一名高中生，能有勇气来参加比赛，本身就是一种成功。我和所有参赛者被主持人邀请到了演讲台上，他让每位参赛者说一段话，与大家告别。

轮到我时，我说自己虽然忘掉了准备好的演讲词，不过在心里，却另外拷贝了一份，希望主持人能给我一次表达的机会。

主持人笑着答应了。

我再次接过话筒，顿了顿说："我以为自己穿上了漂亮的外衣，就是美丽；我以为自己的每门功课都考了第一名，就是博学；我以为自己敢为女同学出头，就是勇敢；我以为每天向妈妈如实汇报学习和思想情况，就是诚实，但是很显然，我过于天真了。今天在大家面前，我第一次感到自己渺小。我觉得

自己就是一只第一次跳出井的青蛙，面对广阔无边的世界，置身浩瀚的知识海洋，只有震惊和惭愧！所以，我重新打量了自己。我所认为的美丽算不上真正的美丽，我所认为的博学也算不上真正的博学，我所认为的勇敢更算不上真正的勇敢……"

现场安静了下来。

我看了看大家期待的眼神，说道："今天，我认为自己唯一值得表扬的地方就是诚实，因为我确实把演讲词忘掉了，而且忘得一干二净！"

现场观众发出了善意的笑声。

我继续说："所以我认为，你可以不美丽，可以不博学，可以不勇敢，但无论如何，你都不可以不诚实！"

这时，现场爆发出了热烈的掌声。大家惊奇地发现，我所获得的掌声音量接近 90 分贝，竟然超过了冠军！

摘自《读者》校园版 2021 年第 3 期

记忆的折痕

作者　黎　戈

前一阵子我去参加小沈的读书会，很是佩服她的即席谈话，她并非口才卓越滔滔不绝，也不是吐珠咳玉句句格言，而是——回忆的完整性。比如谈起她的初恋，她说自己在午休的时候唱歌，想让对方进教室时就能听见，诸如此类琐碎的、不起眼又很真实的记忆，是带着汗水的那种，还原了一个小孩子的视角。

我很钦佩她，是因为自己的中学时代非常压抑苦闷，度日如年。我算是个记性很好的人，但关于中学时代的记忆居然全都模糊，想来是潜意识逃避，把记忆反复折叠，只剩下折痕了。我是一个借读生，也就是花钱进的重点中学，在班级是被隐性歧视的。我借读的那所学校是百年名校，后来有人说"我是你的校友"时，我就赶紧澄清，我是自费生，

和你们不一样，生怕自己有揩油之嫌。有一次同学们去军训，那天我正好烫了刘海，教官说你们这样的学校，怎么学生也烫发，那个带队的体育老师马上努努嘴说："她不是考进来的。"时隔20年，这些记忆不能磨灭，倒不是伤害，而是一个成年人疏于爱护小孩自尊心的那种寒意的烙印吧。

我最好的朋友米拉，就是我的中学同学，我们是当时班上成绩最差的两个。期末考试成绩出来后，我们都不知会不会留级——她爸妈离婚，我爸妈常年不合，反正都是没人管的，我们常常逃课看电影——儿童电影院效益不好，靠放老片子来招徕观众，大白板上写着片名，观众想看哪部就在下面画线，最后看哪部电影"正"字最多，就放哪部——这

种体现民意的方式现在再也没有了。有时我去她家住，她家在大桥下面，两个人对着呼啸而过的火车，把一支烟传来传去地抽。结伴去爬山，因为钱少，住最廉价的旅馆，房间没厕所，半夜跑去上那个男女混用的洗手间，常常撞上猥琐男。

后来她去酒吧做兼职，体验生活，而我被文学收留了。那个时代出版物非常贫瘠，为了找到一本好看的书，颇费周折。我很腼腆，新华书店的柜台营业员稍微凶点，我就不敢要求先翻再买，所以有时会买错或是买重。印象很深的是一套青少年文学丛书，里面有陈丹燕的《女中学生之死》，看了文中的宁歌，不由感叹：天哪，原来大家都是这么难地在成长。那本书一直跟了我很多年。为了读到我听闻已久的《情人》，我只好去买了一套外国文丛，里面的一本里选入了这篇短短的小说。《台港文学选刊》上一些港台作家的作品，让我眼界大开，很多年后我再读欧美的现代派作品，觉得当年的自己真是见识短。但是，那种对新鲜信息孜孜以求的饥渴，其实才是最可贵的吧。

毕业前夕我特别想上一所艺术院校，但是当时是 1995 年，资讯还不发达，我趁人不备悄悄拿了学校里无人关注的北

影的招生简章（我们学校是名校，好多人都是奔着北大、清华、北外等名校去的）。我仔细查看了一下，觉得电影文学专业是我可以考虑的，但我不知道在全国只招 12 个人的情况下，该怎么去竞争。我妈突然想起当年她有个邻居，曾经追过我姨妈，后来他考上了北影的美工专业。于是我妈拿着一张旧时的全家福（其中有我姨妈）就奔到北京去了，经历了很多曲折后，找到了那个人。那是个倨傲的、腆着大肚子的中年男人。他看看照片，大概想在当年追求被拒的女人的家人面前展现自己的能力，就先是推荐我们去参加北京的考前速培班，顺便再帮忙找找关系。

我向学校请了一个月的长假，和妈妈去了北京。我们住最便宜的地下旅馆，有窗，但形同虚设，光线很暗，空气很差，吃盒饭，去那男人介绍的一个北影老师那里上课。老师人很好，给我开了书单，划了考试重点。第一轮是考影评，最终录取了一半的人。第二轮是考理论，其他的考生都是断断续续上了一年左右的专业课的，而我只是临时抱佛脚。去看榜的时候，远远地，我就瞄见了我之前的那个准考证号，还有我之后的，但是，没有我的。

那是一个我一辈子都不能忘记的黄

昏，是黄昏吗？总之我记得那天天色很昏暗，我不记得是怎么走回旅馆的。其他考生大多是本地人，顺带考一下艺术专业，并没有我这么高的期望值，也不是远道而来。所以，他们落榜了也能叽叽喳喳地聊天，并不似我这般沮丧。我妈妈难过得不知该怎么安慰我，我一路走着不理她——现在想起来，觉得我妈妈真伟大，就是为了一个17岁孩子非常幼稚、没有一点具体形状的、模糊的艺术梦，能去北京那么远——只为了陪一个孩子做梦。在北京一个月，她已经找到最便宜的菜市场和修鞋摊子，我们的房间只有一张床，她只能一直蜷着睡。而这些我当时都没想过，只顾着自己伤心。

回南京后，也没有同学问我那个月去了哪里——我从来都是一个不停地逃课、时时不见的坏学生。浑浑噩噩地混完高考后，成绩可想而知，全班好像就我一个人没考上大学。爸爸说成绩太差，求人帮忙都开不了口，我倒觉得解脱了，从此再没有学校和好学生的歧视，可以任意地看书了。但是20年过去，只要是压力巨大的时候，我都会重复做一个噩梦，就是在考场上，同学们都是下笔如有神地疾书，只有我，什么都不会。

摘自《读者》校园版2013年第18期

大礼堂电影院

作者　马伯庸

每个人都有着自己的宿命。

我的宿命，是转学。转学这种事，本没什么稀奇的，大部分人都可能会碰到一两次。不过像我这种从小学到大学一共转了 13 次学的人，就不太寻常了。平均下来，差不多每个学年都会转一次，足迹遍及大江南北。南到三亚，北至内蒙古，东接上海，西去桂林，少说也有八九个城市的各级教育主管部门在我的档案里留下过痕迹。

转学的原因是父母。他们因为工作关系，一直在全国各地奔波。我还能怎么办？跟着呗。所以，我从小学开始，就已经习惯了父亲或者母亲突然出现在教室门口，然后我会冷静地收拾好课本与书包，跟着他们离开学校，登上火车或飞机，前往一个从未听过的城市，甚至来不及跟同学告别。所以我偶尔也会

羡慕别人收藏的写满祝福的毕业纪念册，那是我所不曾经历过的。当然我也有他们没有的收藏——写满转学经历的履历表。别人只要简简单单 3 行就可以：小学、初中、高中，一挥而就；而我如果要把每条履历都写清楚，至少要两页纸才够。

当然，也不是所有的转学都是因为父母的工作，最离奇的一次转学经历是在三亚。当时我们举家搬到三亚，家里人陪着我先去一所附近的某子弟小学考察，与校长交谈过后觉得不满意，转而选择了三亚一小。大人告诉我这个决定时，我正沉迷于漫画，左耳朵进直接右耳朵出了。到了上学那天，他们给我准备好书包，让我自己过去，我想当然地认为我该上的是那所子弟学校。我一个人背着书包，高高兴兴走进那所小学，

找到校长，说我是那天来的转学生。校长给我分配好了班级和班主任。一直到3天之后家里人检查我的作业本，这个天大的错误才被发现。整个事件最奇妙的地方是，我那时候甚至已经被所在班级选为语文课代表了。

你看，命运就是这么奇妙。我就像是出海冒险的辛巴达，面对过无数性格各异的班主任，领教过无数校园小霸王的铁拳，交过无数交情或深或浅的同班朋友，暗恋过无数全国各地争奇斗艳的班花，见识过不同学校的奇闻轶事。

而这些经历里，最值得一提的，是一个关于大礼堂的故事。

这甚至不算是一个故事，但是我记忆犹新。

我高中的时候，来到了桂林附近一座小县城里的县中。这所中学非常普通，甚至比普通还要差一点，因为它的主要生源是县城附近农村的孩子们。他们通常只有一次高考机会，考中就跃入"龙门"，考不中就回家务农。因此，整个学校的学习气氛非常浓厚，甚至可以称得上是"肃杀"。在家长眼里，这是一所不可多得的好学校，但对还处于贪玩年纪的我来说，这里不啻一个地狱。当我得知自己还得住校时，眼前一黑，顿时觉得地狱的火湖也许还更舒服些，至少不

用上晚自习。

好在我拥有丰富的转学经历，经过一个多月的磨合，我在班级里建立起了自己的人际关系，习惯了宿舍、食堂和教室三点一线的生活，也初步掌握了各科老师和教导主任的习性——最后一点对于校园生存至关重要。

不过对这所学校的校长，我一直没搞清楚他的脾性。他是个小老头，个子不高，花白头发，喜欢穿一身洗得略显发白的中山装，厚眼镜片。把他和其他校长区别开来的特征，是眉毛。校长的眉毛总是皱着，层叠挤在一起，好似在额头画了一圈等高线。

校长有事没事都会在校园里巡视，而且总是在最敏感的时刻出现在最致命的位置。比如晚自习快结束的时候，他会沉默地站在教室后排窗边，看看谁胆敢提前收拾课本；比如早上他会出现在操场和宿舍之间，看看谁胆敢赖床不去晨练。你永远无法预测他会出现在什么地方，但他总是会在你最心虚的时候在背后突然出现。我们私下里把他称为"忍者"，而且还是"上忍"。

我曾经栽在他手里一回。县中的行政楼旁有一块大黑板，上头用粉笔写着各种通知。有一次学校发布考试通知，我恰好路过，一时童心大起，用指头擦

掉了一个数字。没想到当天晚自习，校长突然出现在教学楼里，全年级搜人，气氛紧张至极。校长找人的方式很简单，一个教室一个教室讲话，先说明案情，然后说私自篡改通知的严重性，最后说如果不自愿站出来，就要承担后果。我不知道他是唬人还是真有手段，总之被吓得屁滚尿流，主动站出来承认了。校长把我叫到办公室去，足足训斥了 30 分钟，还让我写了几千字的检查，当着全年级同学念出来。

经过这次事件之后，我给这个其貌不扬的老头打了个标签："凶狠毒辣"。他简直就像是电影里的纳粹军官和日本军曹，这种印象一直持续到"大礼堂事件"。

这所县中有一座大礼堂，大礼堂的布局很传统，前面是一个半圆形的舞台，台下是 40 排可以翻转座板的椅子。在最后一排座位的后面是出口大门，出口上方有一个凸起的房间，有一截水泥小楼梯盘旋着接上去。这个房间是干什么用的，谁都不知道。大礼堂平时很少开放，只有在文艺汇演或者召开全校大会时才会使用。

那一天晚上，我们正在教室里伏案苦学，忽然班长被校长叫了出去。没过一会儿，班长神情严肃地跑回来，说全班住读生立刻去礼堂集合（当时有一部分家在县城的走读生已经回家，上晚自习的都是住读生）。我们面面相觑，不约而同地想起了黑板篡改事件。而且从全体到大礼堂集合这个细节来看，恐怕这次的事情比那次更严重。不少人把目光投向我，吓得我忙摆手说这次不是我干的。

在班长的催促下，我们忐忑不安地收拾好书本，走出教室。看到其他班级里的人也都出来了，我心中一惊，看来是大事。礼堂的门已经打开，里面灯火通明，学生们正鱼贯而入。我下意识地在最后一排选了一个位置，大概是觉得离讲台越远越安全吧。

等到人差不多到齐了，我发现来礼堂里的是高一、高二两个年级几乎全部的住读生。没有人说话，连窃窃私语都没有，礼堂里的气氛恐怖而压抑。这时候校长从侧面走上舞台，没用话筒，就那么背着手用洪亮的声音对台下所有学生说：

"大家学习日程很紧，没时间，也不应该出去看电影。我有个朋友在电影局，我从他那里借来了最近才上映的《泰坦尼克号》的电影拷贝，今天给大家放松一下。高三面临高考，我没叫他们，只给你们高一、高二的学生放。"

包括我在内的学生们都傻在那儿，

愣了一分多钟才意识到这不是开玩笑。校长赶紧挥了挥手说："你们声音不要太大，不然会打扰到别人。"这时一个监督晚自习的老师发出了疑问，说他看过这电影，这电影有两个多小时长，看完都快半夜了，会不会影响学生休息。校长大手一挥："明天晨练取消，早自习照旧。"最后他还补充了一句："虽然不是什么大不了的事，但你们要尽量保密。"

学生们没有欢呼，但是所有的人都抑制不住地激动起来。校长没多说什么，跳下舞台去。这时我才第一次知道，原来舞台上垂着一块白色的幕布，而礼堂后头的那个小房间，分明就是个放映室。幽蓝的光芒从放映室的小孔里射出，照射在幕布上。

这是充满梦幻的一夜。我们在一所县中的礼堂里看到了《泰坦尼克号》，看到了杰克"我是世界之王"的经典站姿，还看到了露丝的裸体。少年们瞪大了双眼吸着气，少女们垂下了头，唯恐与男生对视，但到了结尾的时候，她们哭得很大声，这次轮到男生垂下头，唯恐别人看到自己软弱的泪水。

当电影播放完毕后，学生们走出礼堂，已经接近午夜，璀璨的星星挂满天空。最奇妙的是，这一切居然出自学校最严厉的校长的手笔，就像是一个最荒唐的童话故事。

次日上课的时候，那些走读生发现，住读生们个个神采奕奕、精神饱满。他们好奇地问到底发生了什么，却没有一个人泄露秘密。从那次之后，整个高一、高二学生的精神面貌极好，校长的任何命令，都得到发自内心的支持。学生们走过礼堂边时，嘴边总带着微笑。

而让我懊恼至今的是，那一夜我居然选择了最后一排。

人生有时候就是这么奇妙。

摘自《读者》校园版 2013 年第 20 期

阅读改变我的眼光

作者 顾文豪

人与万事冥冥中有缘分。

小时候，母亲身体不好，生怕我吵闹、走丢，就随手扔过来一本书，让我搬个小凳子坐着读。我也老实，自会乖乖听命，任弄堂里的小朋友在门外招呼。时间长了，倒果真喜欢起读书来了。

中国的家长还是信奉读书的。家长喜欢攀比谁家的孩子认字多，似乎多认一个字就能让做爹妈的腰杆挺起来一寸。我至今还是认为读书的习惯越早养成越好。这种习惯非关知识，而是学习一种和自我相处的方式。

读书像是涉入一片海，你起先会惧怕它的广阔，但只要缓过初始的不适，接着就会感觉它蕴含了无边的乐趣。

在 1992 年，彼时每次家里来了外地的亲戚，总会问我要什么，我就会不好意思地拖着他们去离家不远的新华书店，挑选一册当时定价 12 元的《彩图世界名著 100 集》。那时的书店尚未开架销售，书都被锁在柜台里，营业员则一溜儿站着，三三两两说着闲话。若是顾客相中了哪本书，这才慢腾腾地从柜台中递出，郑重如仪的场景如今在珠宝首饰店才有。中间取放的回合千万不可超过 3 次，不然营业员没好脸色看。

我就是在这套书里头一回读到《西游记》《镜花缘》《白雪公主》《阿拉丁神灯》这些故事的。那时我不全认得书里的字，大约看着图画，才能大致弄明白讲的是什么，再不济，就问大人。不过那时真不知道，也许我和文学的缘分就这样开始了。

除了给我买书，父母还是我的文学领路人。当我懂事后，第一回郑重其事买世界名著来看，父母推荐的是托尔斯泰的《复活》，而且叮嘱我要读草婴先生的译本。读外国小说，且知道译本有高下之分，亦是多亏他们告知，于是我连带知道了李健吾、周扬、方平、杨必。"过了两分钟光景，一个个儿不高、胸部丰满的年轻女人，身穿白衣白裙，外面套着一件灰色囚袍，大踏步走出牢房，敏捷地转过身子，在看守长旁边站住。这个女人脚穿麻布袜，外套囚犯穿的棉鞋，头上扎着一块白头巾，显然有意让几绺乌黑的鬓发从头巾里露出来。她的脸色异常苍白，仿佛储存在地窖里的土豆的新芽。那是长期坐牢的人的通病。"初读名著，全然不曾也全无兴致去领会所谓的深意，只忙着看老师、父母推荐的大作家怎么写，好像上头这段玛斯洛娃的亮相，托尔斯泰就有本事写活。是的，写活。什么意思呢？就是你读下去，脸色凝重，心里却非常舒畅："嗯，是的，是这个样子的，没错，就该是这个样子的。"难怪当初屠格涅夫将《战争与和平》第一册介绍给福楼拜读，福楼拜叹道："啊！一流的画家！"

初中这段时间，我读得最多的大概也就是外国文学名著了，而最合我意的则是英国文学，尤以毛姆的作品最为钟爱。它们符合我所有关于英国的想象，优雅、睿智、深刻和悲伤。那时我花了

两周狂读《人生的枷锁》，菲利普的故事让我心痛而着迷。说实话，我当时并不很理解所谓人生与所谓人生的枷锁，大概至今也未必说得上有什么理解，但书里散发出来的情绪好似潮水，一点点蔓延到我的内心。

读了一些世界名著之后，我开始慢慢读些中国人写的东西。很庆幸彼时读到了高阳，这位华文历史小说的巨擘。按我今天的认识，少时读书最要紧的是习得一种语感，确立自身和语言的一种关系。而今日有人所谓不爱读书的种种困惑，其实大多是从未和语言玩耍嬉戏过。

高阳小说的中文在我看来，是地道的白话文。胚胎于古代文言小说，却又不酸腐拗口，读来沉着有力，而经过五四白话文传统的洗礼，有种没来由的民国味道，少用僻字，却照样生发出朗润的风格，这全在字词的组合和文句之节奏感。那时读，当然不如今日体会之深，但它扎扎实实地向我展示了中文可以写得如此清新流畅，即便自己文笔拙嫩，它却赋予我看待中文的一番眼光，日后读书，哪位作者文字枯槁、字句涣散，不论内容多丰厚，我照旧掷书不观。我知道这是自己的小气，但我不打算在语言问题上变得开明大方。

另外一桩奇妙的事，则是在念高中的时候。现在想来，似乎很多奇妙的事情都发生在上高中的时候。这每天都可能有新奇事情发生的日子，却成为我一生中最稀里糊涂的一段时光。

好事情，就要在稀里糊涂中发生，才更好。

我所读的高中，有一个很大的书库，书库由一位老校工看管。真是看管，他兜里揣着一长串钥匙，谁要进书库，就得央求他开门。他总是笑眯眯地从这大把的钥匙中挑拣出一把，把门打开。说起这位校工，也是很神奇的。听说他早年教数学，后来很早就学了计算机，只是因身体不好，才被搁在图书馆做杂务。我和他关系不错，大概当时也只有我整日嚷嚷着要进书库看书，所以他至今还认识我。哦，不对，还有一对男女，每日也去书库，只不过他们是进去好找一个幽静的地方谈恋爱。

在书库里，我发现了阿城。

两本薄薄的小书，《常识与通识》和《闲话闲说》，作家出版社出版。

先是喜欢这两本书的轻巧可人，再是喜欢里面的故事。按照我当时的水平，我不觉得这两本书写的是散文随笔，只觉得这其中的说法有趣，好记下来，在同学面前耍耍威风。不过，有些东西你

别碰它，碰了，就由不得你了。

我那时真想悄悄把这两本书偷出去啊。

最终我还是没敢，但阿城的名字我记下了。进了大学，跟朋友说起阿城，要他们看阿城的书。得到的回答总是："阿城，哪个阿城？"我晓得，阿城不是通常我们以为的作家那样，可以像唾沫般挂在舌尖上的。

读过阿城的书的人知道，阿城喜欢自嘲，喜欢把自己放低。也许你会说这是文人的通例，当然也对，但我觉得一个人一直如此，并不见得就是简单的行为克制，而是有一套观念和想法的。我想是因为阿城懂得人的渺小和卑微，阿城看到了人自身的局限与动物性，所以，阿城把自己放低的时候，恰恰是把自己放大的时候。而我们通常把人强行拉大的时候，看到的是符号，而不是人的样子，或是人本应有的样子。

我读阿城的书，就觉得一个人能如此平静地看待事物，前提是对人的本质和在世界中的位置有清晰的认识才能做得到。

是的，阿城，如果你没读过他的书，我劝你不要读。

如果你读过了，那我不必劝你，因为所有读过阿城的书的人，都知道我要

讲的下一句话是什么。

读了阿城的书，就知道世界还有另一种认识的维度。

此后读的书日渐多了，但也谈不上有怎样的抱负和心得，无非是喜欢读书，一日不读，心就发慌。

回想一路走来的读书生活，我无心说明阅读与知识给我的生活带来多么巨大的变化，因为我相信所有真诚的阅读开端都与功利无关，甚至与命运也无关。

从某种意义上说，阅读只是交给你一双看待命运的别致的眼睛与对待命运的别致的方法。它用前人的经历告诉你，没有一种命运强大到足以让你失去对命运本身的信心，也没有一种命运不堪到不能让你有拥抱它的美好愿望，我们所能做的只是在无限的阅读中去延展有限的人生，进而皈依到最终的阅读生命本身。

摘自《读者》校园版 2014 年第 09 期

我不愿青春就此被你设定

作者　潘云贵

和许多人一样，我最叛逆的时期也在中学时代，特别是高三那年。身体里像住进了一只小兽，虽然看不见、摸不着，却能让人感觉到它浑身带刺，有棱有角，不经意间就伤了他人。

我从小性格内向，并不讨人喜欢，碰上热闹场面总是待在角落里，是一个"壁花少年"。我爸跟我截然相反，他性格暴躁，说出的话、做出的决定都不许别人违背，如果不按照他的意思来做他便会恼羞成怒，俨然一座行将爆发的火山。

我爸希望我长大后能有出息，步入社会上层，不受人轻视与欺侮。因为他成长的年代较为艰苦，祖父母无力供他读书，他很早就当了村里的石匠，每天天色未明便啃上一块番薯做的馍馍，骑着破烂的二手凤凰牌自行车，向着山里疾驰而去。你可以想象十五六岁肩膀还很孱弱的男孩，整日需同三四十岁的男人一起干活，美好的青春在日复一日的汗滴中流尽，多么忧伤。

当我来到这个世界，我爸就想把他自己的失意都弥补在我身上，仿佛我的到来是为了让他见到自己本该要过的生活，是为了实现他未曾实现的人生。我成长的路线似乎已经被他写在了一个隐秘的本子里。他对我管教严苛，从不容许我做除了读书以外的事情，即便农忙时节家中忙起来，他也不让我搭一把手。对世事反应迟钝的我，从没觉得自己能跟天才沾上边，而我爸仅仅凭借我靠死记硬背考出的成绩，常在外头夸我学习好，仿佛说出那些话总能为他抚平过早爬满褶皱的额头并在上面增添些光彩。大人的虚荣心是涂满油光的薄薄纸面。

上了初中以后，各科课程的难度都在增加，尤其是数学，我不再像小学时那样容易得满分了。当我第一次拿着一张写着86分的数学卷子回家时，我爸咬着牙拿起编竹篮时折断的竹条就抽我，我像只小动物一样窝在墙角呜咽。此后，我爸对我监督得更严了，他要了我的课表后，作息时间基本上都由他安排，并让我严格遵循。这样做的效果是，3年后我被保送进了市里的重点高中。在这3年里，我感觉自己被一个更为牢固的铁笼子罩着，每走出一步都很沉重、艰难，我向往着自由。

高中时，我开始了寄宿生活。因为父母都不在身边，自己顿时有一种被释放的感觉，便常常跑到公园玩耍、看天鹅戏水，和室友追偶像剧、逛超市，也一个人钻到图书馆里，看我爸眼中所谓的"闲书"，开始接触席慕蓉的诗句，也翻起村上春树的书，心里有一块草地渐渐被它们拉扯成了一片草原。课下我也开始写起东西，投给本地的报纸，连续被刊登了好几期，成了学校的公众人物。

当我正沉浸在文学带给自己的快乐中时，数学成绩却江河日下。开家长会的时候，我爸坐在很靠后的位置上，脸红得像刚烧出来的铁，似乎谁一贴过去就会被他烫伤。我在教室外站着不敢看

他。会后他冲出来找到我，骂了几句难听的乡下话后又迅速拎着我到教数学的金老师那边，试图商量出对策。没想到金老师迎面就泼下一盆冷水："就你儿子那样，甭说考一本了，就连进三本恐怕都有些难，脑瓜子笨怎么教都吃力……"毒舌的金老师从不给人留一点情面，我爸的那张薄薄纸面瞬间被刮裂了，眉头紧紧皱着，像自己被数落了一样。从金老师的办公室出来，一路上我爸骂我骂得更凶了，走几步就气得停下来。路上人来人往，不时有人停下看着我，我面红耳赤，一直低着头。远处的班主任刘老师见状便过来解围，他除了向我爸说起我偏科的状况外，还提到我的文学创作，建议我去参加一些比赛，以获得相关院校的自主招生资格。那天，我爸像抓到救命稻草一样把目光聚到刘老师的脸上。

我爸看上去五大三粗，但也喜欢文学，当然他常看的是热血的古典通俗读物，《三国演义》《水浒传》《隋唐英雄传》之类。知道参加一些作文比赛可以获得重点高校高考加分的消息后，他就让我发挥特长往这方面攻，有时他还似懂非懂地去书店买来一堆写有"高分作文""××大赛获奖作品集"的书给我，很快我寝室里的书架都快放不下了。

高三那年成了我人生中最颠沛流离的一年，一面进行各科复习，一面还往全国各地跑，参加大大小小跟自主招生相关的作文赛事。我爸也放下家中的活儿陪我，夜以继日，候鸟般扇动日渐疲倦的翅膀。北京、重庆、上海，这些阴沉而落寞的大城市摆满了积木一般的高楼大厦，我们渺小地站在底下，感觉失去了家的方向。当我一次次看着自己的成绩与资格线擦肩而过，一次次听到身旁的选手欢呼雀跃时，我摇了摇我爸的手。他看着我，说："没事，还有下一场比赛，争取过。"或许是他也被折磨得没有力气了吧，说话不再像往日那般暴怒，可我真的很累了。所钟爱的事物一旦成了累赘，或许放弃便是最好的选择。

去上海参加最后一场比赛时，在宾馆里，我认识了肆崽。他瘦瘦的，戴着白框眼镜，挑染着几绺金黄色头发，穿颜色明亮的衣服，是个一进高中就被家人安排报考影视编导的艺考生。他也同样忧伤，但比我幸福，自小就被父母宠着，没被打过。他爸妈都是文化单位的干部，一心希望他以后能当作家出名，所以在肆崽上小学时，他爸妈就开始让肆崽写文章，写得不好，他们就帮着改，并联系报纸杂志发表刊登。他爸妈还以肆崽的名义开了博客，在单位无聊时就在上面替儿子写东西，回复别人。夜里，我们坐在宾馆外的草坪上聊了很多。上海的冬天有些冷，空中无繁星，阴沉的云层不断下压，仿佛要压到我们心上。

肆崽说："我们都像极了大人手中的棋子，被摁在哪里就在哪里，呆呆地杵着，没有自由。"我点了点头，没有说话。肆崽悄悄点了支烟叼在嘴上，吐出一团烟雾，谜一样散开。我问他为什么要抽烟，他说是因为害怕。"害怕什么？"我问。他又吐出一口烟后，说："明天的现场比赛心里没底，我很想赢，但又清楚自己的水平不能跟你们相比。"我心里有块铁片突然滑了一下，我看着肆崽，呼了一口气说："我可以帮你……"

那天深夜，我在准备赛前的素材，并在草稿纸上拟写出一些模板、框架。我爸过来瞅了几眼后，就独自走到阳台上抽烟，落地窗被拉上前，他回头看了我一眼，带着略硬的语气说："最后一次机会了，一定要抓住。"我没回应，默默低下头，想哭却又忍住。我爸不知道到了明天我会跟肆崽交换彼此试卷上的考生信息，两个孩子的人生可能就此发生变化；他也猜不到自己千辛万苦一手设定的路线，悄然之间就要被人篡改，我在一种叛逆的窃喜中悲伤。

那场现场赛，我写得很顺，时间没

到就交了稿子。我想自己的那篇文章应该会是 50 个一等奖中的一篇，而它后面跟的也将是"肆崽"这个名字。事实果然如此，肆崽拿到了高校加分资格，而我落榜了。

那天我爸疯了似的摔着宾馆里的物品，幸好都是一些被褥和塑料制品，之后他狠吸了几口烟，终于安静下来，一个人坐在阳台上发呆，像一个年老的玩偶。他本以为一切可以回到他设想的路径上来，却不曾想到情况到最后失控了。他转过头，目光黯淡地看着一脸平静的我，嘴角翕动了一下说："回去好好高考……"他真的累了，或者说老了，口中最后一个字的发音都显得那么微弱、苍白。

之后我开始安心复习，像正常考生一样跳进高考的洪流中，由于数学成绩始终没有多少起色，最后我离一本线差了 30 多分，考上了北方的一所二本院校。而肆崽的文化课成绩只有 400 分左右，却因为是艺考生以及参加作文大赛获得加分，去了上海的一所知名戏剧院校。我不后悔当初做出的决定，因为我要回了自己那么可怜的一点自由，可以去过自己想要的生活。

原想着日子就这么平淡地从夏至走向白露，却不料在临行那天，我爸竟狠

狠掴了我一个耳光。原来心有不甘的他买到了 8 月底最新出版的有关那届作文比赛的获奖作品集。当他看到肆崽的那篇复赛文章时，顿时傻了眼，自己的儿子赛前准备的素材竟然都印在上面，再细细一读，凭着平日读我文章的感觉，他断定那篇文章就是我写的。他思量许久也想不出个究竟，便气急败坏地把我叫到客厅，把书丢给我，问我是不是主办方判错了。我说主办方没有弄错，是我自己跟别人换了卷子，我只是想要回自由，不愿自己和他那么累。不容我多做辩解，我爸一个巴掌下来。盛夏大雨滂沱。

我忍着脸上的痛拉着行李箱冲出了家，过了一会儿，他追了出来。雨下大了，我爸费尽周折跑到了客运站，站前积满雨水，他不管不顾地蹚过来，雨水灌进了他的鞋里。我爸长吁短叹地站着，似乎朝我坐的巴士方向看了一眼，我连忙把头埋下。他的目光很快又撤离到其他车上，抑制着想要大声喊出什么的冲动，靠在客运站的大门边。我抬起头，看向窗外，一个曾经铁打的汉子，此刻竟像一峰年老的骆驼。风不知从何处钻进来，连着车上的空调吹到身上，冷冷的。

张爱玲在《易经》中写道："我们大

多等到父母的形象濒于瓦解的时候才真正了解他们。时间帮着我们斗，斗赢了，才觉着自己更适合生存。"在这场兵荒马乱的青春里，我难得赢了一回我爸，当看见玻璃窗外那个逐渐远去的身影时，自己却怎么也笑不出来。

4 年后，我考上了某重点大学文学院的研究生，并写了几本书。而肆崽成了戏剧学院里那一类十分普通的学生，脱离父母后的他没再写些什么，毕业后到他父母单位待了一阵便出国了，从此杳无音信。

兜兜转转之后，自己还是与文学脱离不了干系，离轨的火车重新回到了轨道上。回过头想想，现在自己正走的路或许跟我爸当初为我规划的未来差不了多少，4 年前因叛逆做出的那个决定似乎可有可无。但是，如果青春没有弯路可走，哪能看见人生拐角的精彩，又怎么会学着去成长，去珍惜？

父亲，我不愿自己的人生被你设定，你所能陪伴我的只是一程，还有更多的明天、未来需要我自己去过、去活。所以，请您原谅我年少时做出的决定，我只想成为自己人生的主角。

摘自《读者》校园版 2015 年第 04 期

和自己赛跑的人

作者 顾南安

我至今记得，那天，阿童在前面飞快地骑着车，丢下我好远，我猫着单薄的身子用力踏脚蹬，也没能追上他。穿过树梢的阳光特别明亮，落在他刚洗过的头发上，微微折射出光芒，掠过脸颊的风里飘来他发丝上洗发香波的清香，让人心旷神怡。

当我们抵达位于邻镇的二中，才发现学校比我们想象的要漂亮许多。只是环境陌生，我和阿童不得不拿着报名材料四处奔走。阿童不时地在我前面轻快蹦跶，一副青春无敌的痞样。我在后面紧紧追随，心想：他怎么可以那么有活力？

阿童一直都让我羡慕，因为他的特别——性子急，做事麻利，还有超越了年龄界限看待事物发展的独特眼光。新学期开始后，我和一众同学在苦啃难度

明显增加的数学、英语等科目时，阿童却时常背着老师，捧着不知从何处搜罗来的杂志翻阅。看得尽兴了，还不忘捅捅作为同桌的我："这人也太牛了吧？！"

那语气里，是赞叹，是羡慕，当然，也带着追问。

我偶尔也翻看那些文章，不外是商人白手起家，通过艰辛打拼最终成功的故事。我对此不感兴趣，只好勉强笑笑，继续埋头看课本。看阿童仍没多少学习的积极性，我又不忘鼓励他："只要你敢做，你也能成功。"表情已有些木然的阿童终于又笑了起来，说："多谢，多谢！"眼神中闪耀着希冀的光芒。

高二时，体育1000米跑步达标测试，限时4分5秒跑完。第一次，阿童和我都未能通过，被通知下次补考。原本体育就差的我抱着"不达标又奈我何"

的态度，并不在意，阿童却专门跑去商店，花"巨款"买了一只跑表，说下次一定要过关。

每天放学，阿童都会拉我去操场。在起跑线前，他左手持表，右手施令，一副很专业的模样。看到他的手臂在空中一划下，我和他就开始飞跑。风迎面吹来，又从耳边"呼呼"吹过，像我们无处不在的青春。只是挥舞在身侧的双手怎么也握不住它。

双腿渐渐变得沉重，心跳也越来越剧烈，似乎一个不小心，心脏就会从喉咙里蹦出来。阿童总会在这时拉住准备放弃的我的胳膊，奋力向前。我挣扎过，可他的手就像一只铁箍，我越是挣扎手臂就越疼痛，最终只得悻悻作罢，继续跟跄着尾随着他。

那时，阿童在我眼中会渐渐变成坚毅、不轻易放弃的形象。我也终于有些明白，自己为何愿意和他那么要好了——大抵是因为，他总有自己的方向。

完成时间一点点地在缩短，甚至在后来，我们的补考成绩赶超了当时的全班第一名。阿童对此很有成就感，逢人便说。我却没太多感触——那时，我唯一的目标就是考上一所好大学，将来有一份好工作。所谓"好"，用丁老师的话说，就是："够稳定，风吹雨打都不怕。"

丁老师是二中的一名老师，我和阿童一起跑步时与之相识。起初，他见我跑步时不得要领，就上前热心地给我讲解步伐与呼吸的关系，还亲自示范。后来接触多了，才知道他是个才子，学识渊博，精通音律、书法和写作。

我曾特意去他家看过他的作品，书法刚劲有力，又不失洒脱飘逸，颇有柳公权之风。而他写的散文，柔和、清淡，读后犹如品明前新茶，唇齿留香，回味悠远。某个时刻，真心觉得文雅、恬淡如丁老师，也是一种境界。

钦佩之际，我也曾试图拿起笔杆，写几篇行云流水般的文章，却每每在落笔时，深感力不从心，纵使勉强开了头，后续也无以为继。于是，我又找来一些文学名著在课余饭后苦读，企图汲取一些养分，让笔头不再那么干涩，但进步极缓。

大概就是在那时，阿童郑重其事地跟我说，他准备辍学。

我在愣怔了好几秒钟后才反应过来。阿童接着对我说："学校里教的内容，并没有太多我想掌握的，所以还是有必要去闯一闯。你看，外面的世界多精彩啊！"

那天过后，阿童就再也没来学校。班主任让我去他家找他回学校读书，前几次他还在家，只是怎么都劝说不动，后来再去时，他已跟着亲戚去了广州。

我怀念和阿童在一起的日子，也不时会想起他。或许对于他来说，外面的世界才会让他焕发活力吧。只是令人遗憾的是，阿童临走时，连个联系方式都没留下，我之后的大多数时光，都是一个人学习，学习，再学习。

后来却发生了一件让我暗自欣喜的事儿——原来的语文老师调动到其他学校，接替他的是丁老师。看着戴着高度近视眼镜的丁老师在讲台上侃侃而谈，我对他愈加崇拜。

更令我惊讶的是，丁老师对英语、数学等课程的题目也毫不畏惧，每每有同学向他请教，他总是不会被难住。特别是在我们上晨读课的时候，他会从任何课桌上拿起一本书，大声朗诵，虽然他的声音和同学们的声音混杂在一起，但极具辨识度。

因为丁老师，我的语文成绩有了明显的提高，写作也长进了不少。有几次，他还把我的作文朗诵给全班同学听。我多少有些窘迫，觉得不好意思，他却对着全班同学声情并茂地分析哪些句子写得好，哪些句子不够完美、亟待改进。

我受益匪浅，也对他愈加感恩。临毕业时，我买了一套精装的《川端康成文集》送给他，他并不拒绝，又和我深深浅浅地聊了一下午。我临走时，他像记起什么似的冲回屋里，拿出一幅自己作的画给我，我欣然接受，心里却又涌起淡淡的惆怅——如果上了大学，或许以后就很难再见到他了。

他送我的画，被我用一个相框装裱了起来。画中，一个高瘦的人正用力迈动双腿向前奔跑，影子被他甩出好远。他看起来那么孤独，却又一脸的坚毅和不服输。画的名字很特别，叫《和自己赛跑的人》。

在无数个对大学生活满怀期待又难免焦灼的夜晚，我面对着桌上的画，久久不能入睡。丁老师、阿童和我，都算是和自己赛跑的人吧。虽然我们有这点类似，但我们在人生的岔路口还是选择了不同的方向。

后来，阿童主动打电话给我，恭喜我考取了教育部直属的师范院校。我责怪他不够兄弟，这么长时间音讯全无。他嬉笑道："在外打拼，很辛苦，只顾着自己向前冲了。"后来，又聊了各自的生活，直到手机发烫，仍觉得意犹未尽。

大学的课程并不多。闲暇时，我总会泡在图书馆，以神农氏尝百草的心态翻阅一本本书，为日后的工作和写作打基础。虽然那时我已在报纸上发表了一些文章，但仍觉得不够，还有更宽广的天空等我翱翔。

在大三时遇见丁老师，是让人极觉意外的喜事。我愣怔地盯着他从我眼前走过，不敢相信他会真的出现在我所就读的大学校园里，及至他走出好远，我才想起手机上一直存着他的电话号码，急匆匆拨过去询问，才确定是他。

他说，从我读高中时，他就开始为读研究生做准备了。我蓦地想起在无数次的晨读课上，他抓起一本书，就开始大声朗诵，专注到忘我，厚厚的眼镜片遮挡不住他眼中所闪烁的睿智。原来，他是厚积薄发。

时光倥偬流逝。大学毕业后，我回到家乡当了一名老师，却在街上巧遇了阿童。我们在他开的家纺店里畅聊了一下午，我脑海里浮现最多的两个字，是"敬佩"。

当年，阿童去广州后，日子并不好过，好在他一点也不怕吃苦。他从摆地摊卖手机套做起，一点点积累创业资金。其间，他住过地下室，也睡过马路，辛苦打拼了六七年，终于完成了资本积累，回到家乡，在县城最繁华的路段开了这家家纺店。

望着眼前商品琳琅满目、顾客如织的场景，我忍不住赞叹阿童真有商业头脑，他"嘿嘿"一笑，说："那些年拼死拼活，不就为了让今天好过一些吗？"

我笑笑，表示赞同。后来得空，也就常去他的店里转悠。直到有一天，我远远看见一个熟悉的身影——是丁老师。我和阿童争抢着向他走了过去。

亲切地聊了许久，关于我们的中学时代。只觉那些时光悠远又迫近，仿佛还在昨天。当我们将手中的酒杯碰响，祝贺丁老师到一所职校当老师，又出了几本书，还举办了个人书法展。丁老师又带着些许自豪，祝福我和阿童事业有成，明朝更辉煌。

那一刻，望着彼此眼中闪烁的亮光，我忽然想起了丁老师送我的那幅《和自己赛跑的人》，也想起那些年，我和阿童在操场上的一次次奔跑，只为超越当时不够优秀的自己。

或许，人这一生就是一场赛跑，陪跑的总是别人，对手却永远是自己。当我们奋发图强，超越了原来的自己，也就距离自己想要的生活愈近，而这也正是我们时刻不忘努力所追寻的生活的意义吧。至少对于丁老师、阿童和我来说，是这样的。

摘自《读者》校园版 2015 年第 21 期

那年冬天

作者 叶离

每当我对生活失去信心时，就会想想高三那年的冬天，然后总能鼓起勇气继续往前走。

我从小生活在南方的一座小城镇，初中毕业后我便离开小城镇，去距离家乡一小时车程的县城上高中。母亲放心不下，于是在我上高中期间，她在学校附近租了一间铺子卖杂货。店铺在大街的转角处，对面就是新建的菜市场，地理位置很好，但店铺面积实在小得可怜。长方形的房间，前半段货架上陈列着货物，中间用一面隔板挡住，留出一条窄窄的过道，后面就是我和母亲日常起居的"卧室"。"卧室"里的床是在墙壁上搭起的几块木板，旁边靠着一把扶梯，供我们爬上去，我和母亲晚上就睡在木板上。刚开始我总是久久不能入眠，感觉木板随时会塌下去。

对母亲陪读这件事，我不是很赞同。如果不是担心伤了她的心，我早就开口抱怨了。但这样的生活终于还是在上高二的时候结束了，店铺的租约到期，母亲的身体又不好，只能回家养病。而我终于梦想成真地搬进了学校宿舍，成了名副其实的住校生。

住在杂货铺里的时候，我天天盼着能早日离开，像同学那样自由自在地生活。但真的到了这一天，住校生的生活却与我想象的大相径庭。小小的一间宿舍，摆了4张上下铺，挤着8个人。每个人的生活习惯不同，加上又都是男生，整个宿舍乌烟瘴气、满地狼藉。学校生活设施有限，宿舍里没有空调，卫生间自然也没有热水，洗衣服必须去走廊尽头的水槽。夏天还好，一到冬天，我简直生不如死。以前最期待的事情，不过是和同学下课后围在一起吃饭，眼下排了半小时队，手里端着看了都没胃口的饭菜，我着实有点怀念母亲陪在身边的时光。与同学之间的矛盾时有发生，尽管没什么大不了的事，但住在同一个屋檐下，想避开对方也没地方躲。

在这样漫长而混乱的寄宿生活中，我爱上了读书和写作。先是每天在破败的图书馆里追看当月的杂志和报纸，有了喜欢的作者，便出校门去书店买他们的作品。尽管当时的生活费不过两三百元，但省出几十块用来买书，好像也没有很艰难。学校所在的地方偏远，往往在杂志上看见新书预告，需要等上一两个月才能在书店买到。时间一长，书店的老板就记住了我，每次结账都会给我一点优惠。

写作是在此之后的事情。自小就喜爱作文课的我，沉迷写作好像也是很自然的事，只是我没想到自己会热爱到那种程度。平日里，我把想到的东西写在纸上，写在精致的笔记本、粗糙的草稿纸上，甚至是每天都会用到的课本上。模仿着心爱作者的文笔，写的都是一些搬不上台面的心情日记。好友偶然间翻阅，总会不留情面地奚落我。后来，我花了一大笔钱从书店买下了那年最新的新概念作文大赛作品集。那可能是我当

时最珍惜的书了。我每天一篇地读，舍不得看完，边看边默默为自己鼓劲——明年我也参加。

我是在高二第二学期开始学习写小说的，时间、地点、人物，描写、修辞、形容，顺叙、倒叙、插叙……几乎将从课堂上学来的所有东西全用在这"不务正业"的事情上了。不久，我就利用所有的课余时间写了一篇小说，投给了常看的杂志。在等待回复的日子里，我的成绩直线下降，但我根本没有去关心，所有的心思都在收发室的信箱里。而我万万没想到，那封寄托了我所有热情和期盼的稿件，会因为我不小心写反了地址顺序被退了回来，最该死的是还落在了班主任手里。

我记得特别清楚，那是一个寻常的早晨，我们正在上早读课。班主任走到我的座位边，随手就把那封信丢在我面前，然后手指在桌面上敲了敲——这是他叫学生谈话的固定动作。我低着头，胆战心惊地来到走廊，余光里，班主任的脸阴云密布。

"我说你的成绩怎么掉得这么快！原来在做这个啊！"

"马上就上高三了，你知道自己在干什么吗？"

"你这是在毁自己的前程，你知

道吗？"

班主任严厉地训斥，好像我做了一件罪不可赦的坏事。当时，我始终认定自己没有错。我只是在追求自己的梦想，这有什么不对？听见我还在辩驳，班主任气得大手一挥，让我回去好好想想。但他肯定不知道，事后我什么都没去想，我的脑袋一片混乱。回到座位上，我把那篇费尽心力写出的小说揉成一团，趴在桌上哭了。

关于写作的梦想，好像就是在此之后突然被按下了休止符。我没能参加次年的新概念作文大赛，而那本作品集也被我丢在角落里，覆满了灰尘。

残酷的高三如期而至，那时我的成绩已经恢复到了班级的上游。为了能安心地学习，我从学校宿舍搬了出来，在校外的民居租了一个小房间。

学生在校外租房不是什么新鲜事，住在学校周围的居民为了挣钱，特意把房子隔成一间一间的。我租的房间在校门右侧的巷子里。巷子很窄，到了夜里，路灯又少又暗，很是吓人。校外的不良少年拉帮结派蹲守在黑暗里，围堵独自夜行的学生。因此，每天下了晚自习，我会迅速离开学校，混在人潮中回到出租房里。一旦落单了，那条路我总是走得心惊肉跳。

有一天，老师拖堂，我离开学校的时候，下课已过去半小时，校门外早就没什么人，就连便利店也都忙着打烊了。我小心翼翼地往巷子里走，走到一半，隐约听见黑暗中传来女生的哭声，然后是男生威胁的声音。我的心顿时提了起来，稍微往前走，看见拐角的地面凌乱散落着几个人影。我也不知哪儿来的胆量，故意大声地说："老师，你不用送我了，前面就到了。"

这一招起效了，那几个男生瞬间一溜烟跑了。我快步上前，女生缩在角落里，感激地望着我。这时我才发现，她原来就住在我的隔壁。那天以后我们总是一起回家，无聊的时候就在楼顶偷喝啤酒。她告诉我，她在宿舍受欺负，是瞒着家人搬出来的。

她问我："你有什么要告诉我的吗？"

我想了想，说："我学习遇到了瓶颈，退步不少，老师们都不把我看在眼里。"

本来这事我没打算告诉别人的，但她的眼睛很真诚。上了高三我才意识到，老师其实也是有私心的。为了工作业绩也好，着眼大局也罢，到了最后的冲刺阶段，老师们不知不觉会把精力和心思投注在那些名列前茅的学生身上，指望着他们将来进入名牌高等学府为自己争光。于是那些学习成绩一般的学生，就被遗忘在看不见的角落里。可分明大家都还坐在同一间教室里，我还坐在那些成绩优秀的同学旁边，只因为排名上的距离，我就被老师们视而不见。不是没有争取过，但一次次不如意的成绩，使得老师望向你的目光里，已经没了任何期待。

"你想多了，你这么好，会遇见看重你的人的。"这是她对我说的话。不知道从哪天起，我再也没有在晚自习后等到她。回来才发现她的房间空了，询问房东，他也不知道她的去向。那时我才反应过来，我们还没向对方介绍过自己。

但她说得没错，高考前一个月，我遇见了在乎我的人，她是我的地理老师，是在我们班任教的唯一一位女老师。她温柔亲和，我从没见过她对任何学生发脾气。直到有一天晚上，她出现在我房间的门口。在昏暗的光线下，她微笑着向我打招呼，并把一箱牛奶递给我，说："这段时间，很辛苦吧？要注意休息，这牛奶拿去补补身体。"

我感动得说不出话来，伸手接过沉甸甸的牛奶。临走前，她特意对我说："你在校刊上写的文章我看了哦，写得很不错。这么有才华的话，不妨先试试学知识，可能你会觉得对未来没什么用，但这是我们年轻时必须做的事哦。"

当时我一头雾水，如今回忆起来，才知意义非凡。人生不能没有梦想，但年少时所学的东西不是无用的，它会在往后的漫长岁月中让你恍然大悟：幸好没有留下遗憾。

我仍不知晓那年地理老师是怎么找到我的住处的。时隔多年，我依然感激不已，很想再说一声"谢谢"。

摘自《读者》校园版 2016 年第 09 期

别人的青春

作者　林深之

我的青春，跟别人的有些不一样。

记得在 6 岁时，我特别爱掏蚂蚁窝。那年，春天好像来得很早，蚂蚁纷纷出窝，寻找食物和嫩叶，我用小指头掏蚂蚁窝，愤怒的小蚂蚁爬到我的手背上撕咬，我被咬得"哇哇"大哭，一怒之下把蚂蚁洞用泥塞住。后来我又爱上了爬高坡，我以为自己是爬坡小能手，事后才发现自己是摔跤大王。那一天的风很热，我失足从坡上摔落，匆匆结束了自己的童年。

这场意外突如其来，又好像命中注定。少不更事的我，偏执地认为这是自己挖蚂蚁窝的报应，于是，在后来很长很长的时间里，我都没有再招惹蚂蚁。

可是，我的生命也并没有因此而远离那场意外带来的后果，此后我的青春，我的人生，都得在轮椅上度过。

所以，我的 16 岁，也跟别人的有些不一样。

关于同学之间的友谊，关于课本上的事，关于溽热的暑假和难熬的寒假，所有上学的烦恼与乐趣，16 岁的我好像统统都没有。所以，听到小伙伴们议论时，我本能地觉得，那都是别人的青春，与我无关；可是又觉得青春哪会分什么你我，青春本来就是任何一个独立的人都会有的，只是其中有个别差异而已。

即使青春跟别人不一样，但我还是有些值得一说的事，比如，我从那时开始爱上阅读和写作。

那个时期我是一个"十万个为什么宝宝"，常常把教我读书识字的老妈问得发毛。有几次差点被揪下耳朵，被揪之后我边揉耳朵边翻白眼，委屈得说不出话。我想知道的东西那么多，身为普通家庭妇女的老妈，除了照顾全家人的起居外，还得面对我这个磨人的小女儿，实在被折腾得够呛。于是，我学会了自己找答案。

时间再拉长一些，我开始读一些简单的读物，比如童话故事，比如《少年文艺》之类的杂志，少女的心事也渐渐发芽，那时候心中没有同龄人面临课业的压力，没有对考试的焦虑，也没有情窦初开时的惆怅和绵密的心思。相反，有的是大片大片的空白和慌张，那种至深的慌张与无力，就像发现了自己是一窝鸡蛋中的鹅蛋，自己的不同是那样显而易见。

一个失去行走能力的孩子，到了青春期都无法上学，那种心情，就好像被判处了无期徒刑一样。

于是，我常常想，我的人生就这样完了吗？

我在青春的路上，跟别人有了分岔口。也是从那时开始，我不再乱抱怨，也不再发脾气，我变得越来越沉默。那时我会写点儿东西，杂乱的、简单的、不规则的。我也是直到很久以后才知道，别人称赞我身上散发出的清丽气质，是我不知不觉累积起的阅读体验所带来的。而我那时大概唯一可以骄傲的，就是自己是同龄人里第一个拥有电脑的人。

那时有一个小名叫大胖妞的邻居会时不时来找我，她总是摇头晃脑地说："璐璐，我可不可以用你的电脑查一下我们班级群里的作业安排呢？"

每次当我从电脑前转过头，她无一例外地会看见我正打开的文档。她总是惊奇我用电脑来做这么闷的事，并一再可惜地摇头叹气，好像我是没救了的木头。然后坐在我的电脑前，开始玩空间游戏。

那时，我跟这个伙伴，就像处于两个平行空间的不同生物，她向我借电脑跟同学聊天，我埋头读书；她玩游戏跟别人比等级，我敲下一段段文字。我们互不干涉，又互相陪伴。

在我看来，她就是"别人的青春"该有的样子：有课业的烦恼，也有奔跑的欢乐；有迷茫和焦虑，也有可预见的未来；有讨厌的女同学，也有爱慕的男同学。

这正常人生的一切，我却在某个瞬间，羡慕得要死。

我抱着书坐在门口，阳光透过屋檐洒在面前的院落里，花坛里的花儿亮丽又好看。我喝下一大碗中药，心里苦得说不出话。那时我看到一个喜欢的作家说："我一直以为人是慢慢变老的，其实不是，人是在一瞬间变老的。"

我也一直以为人是慢慢长大的，但原来不是，人是在一瞬间长大的。

大胖妞进入高三之后，就很少来我家了。那年夏天，我们坐在院子里用凤仙花染了指甲，感受着指尖传来的刺痛感。夜风凉爽，树叶轻响，蝉声悠悠，她说："你今天没写东西吗？"

我摇摇头："想不出来要写什么。"

大胖妞笑了，露出自己的两个小酒窝，说："其实有时候我挺羡慕你的，你那么聪明……啊啊，不应该说聪明，我明明知道你有多努力。我是说……你不用背负那么多期待和压力，可以自由自在地活在自己的世界里，而我还没想明白自己想要什么样子的人生，就要去读大学了，真是不甘心啊。"

我目瞪口呆，摊了摊双手，不得不老实地说："其实我也很羡慕你，拥有一个正常的人生，可以畅快地奔跑、旅行

和上大学。"

我们两个无奈地笑笑，却又渐渐沉默。夏夜里的星星探头探脑，四周静得只能听见风声。那么年轻的我们，生命还没有多么丰富，就急着下定义。原来我们竟傻得以为，对方的人生才是最有意思的。

后来大胖妞进入高考冲刺阶段，整个人瘦了好几圈，也不常来跟我借电脑用了，我们便渐渐疏远了。再后来，听说她去了外地读书，选了自己不喜欢的专业，却爱上了播音，加入了播音社团。而我则熬着夜，下着狠心，让自己不荒废时光，将所有的时间都填得满满当当。我热爱阅读，也开始动手写点故事，后来我投稿又被退稿，时间一点一点地流逝，再后来我越写越顺，文章登上了自己喜欢的杂志，兑换成了稿费，家里的书柜渐渐堆满了样刊。

多年后，我出了书。奇特的是，我的书中竟有一半都是校园故事。经过时

间的沉淀和磨炼，我才慢慢发现，当初那个羡慕"别人的青春"的我，其实偏执而自卑，是大胖妞的话点醒了我。于是，我开始相信，不管是青春还是整个人生，其实每个人都有自己的怅然和苦恼，这么简单的道理，我却用了很长时间才明白。而这时我喜欢的作家说："有了残缺才能称作完美。"

不管是真是假，我相信了。

现在大胖妞早已毕业、工作，业余也会做一做客串主播，而我也要出新书了。我们依然是两个世界的人，她烦她的报告单，我忙我的新书，但我们是最好的对比。

那时我以为自己的人生就此完蛋了，然而事实是，非但没有完蛋，反而用另一种方式过得很充实。

而大胖妞觉得青春过得很不甘心，但她往后的人生也没有因此不如意。

我也不敢说自己不遗憾，但至少我已经不再纠结改变不了的事实，而这一切却又不是"认命"那么简单。因为，生命之路太多，通过自己的努力去实现，终于做着喜欢的事，其实也一样。

失去了双腿，也得用双手去走人生的每段路，我们的生命，哪能有机会把各种青春都去体验一下呢？总要去借一些现成的故事，给自己提个醒。

我们的青春无论好与坏，都是独有的，这样就好了。

摘自《读者》校园版 2016 年第 20 期

少年的你亦是曾经的我

作者　莲青漪

他们说的，自己想的，两者做何取舍。这是在中学时代颇为困扰我的一件事情。在花样年纪拥有坚定的心志和信念，不是一件特别容易的事情。毕竟那个时候梦想的蓝图才刚刚展开，人的世界观和价值观的构建也在初始阶段。但如今想来，那时实为最佳状态，即天地也不忍杀之的状态。

另外，今日回首特别感怀之处，即是幸运。浑然如白纸的少年，在时间的洪流里，在繁杂喧嚣的世界中，在千百万条线索迷乱的道路中，自我突破和选择，才走到了今天这一步。乐其所幸。时间的发条，历史的笔记，似乎并未将我抛弃，这也算是对我努力至今的犒赏。哲学家说，世界是由许多偶然组成的因果。不过在当下，我开始相信另外一句话：所有看似偶然的结果都有必然之因。

我的中学时代并不意气风发，也没有什么"春风得意马蹄疾，一日看尽长安花"的优雅。虽然在我的履历上可以看到名扬全国的重点高中的名头，但不得不说，我的中学时代其实是割裂的。如果一定要用一个词来概括的话，那应该是——动荡。

不过事物总是有两面性，因为中学时代的动荡和善变，反而让我如今可以用一个更加新鲜的词语对它来做一个正面的阐述——多元化。

之所以说动荡，主要是因为我的初中生涯是在不停地转学中度过的，一年一个学校。而高中时代则是由国内国外的学习经历组成的。这种感觉，就像不停地在打包，在一个地方还没有安顿下来，就急急忙忙收拾行李赶赴下一个学校学习。许多人听到这里，兴许会抱着同情的心情说上一句："真遗憾呢，刚刚熟悉起来，刚刚交到朋友就……"其实，三次转学，都是在我自己的认同下，甚至是提议下完成的。关于这一点，如今回想起来，自己也觉得很是诧异。这么看来，我在那时就拥有了一定的分析和总结能力，并且在得出结论后会付出努力以求改变现状。

转学的原因其实很简单：觉得学校不适合自己。人也好，事也好，像是做考卷，早就知道了最后的答案；也似看一本书，所有的情节我都可以在脑中写下大纲和备注。这样的人生，是不是有点无聊呢？不要因为我是一个未成年的孩子，而去否定我过早的睿智。当然这是内在的主因，外在的原因则是父母工作地点的调换。大概在外人眼中这才是主因，但对我来说，这兴许只是我起念后，上天给我的一阵东风而已。然后，我就毫不犹豫地坐上了东风推送的船只，驶向了命运的另一条河流。

大家会问，转学的结果好吗？你找到更有趣的人生和校园生活了吗？还是那一句话，生活是两面性的，甚至是多面性的，就像万花筒一般。怎么去看它，取决于你的心境和对自己的定位。转学让我有了许多第一次的体验和全新的尝

试。就我现在从事的工作而言，转学这一决定应该是举足轻重的选择，因为在这一年我收获了自己第一个关于作文的全县奖项。所以，如果没有转学的话，兴许不会在我的心间垫下这块颇为坚实的踏脚石。它就像基石一样，给予我最原始的信心乃至信念。它让我明白自己对文字有着一定的敏感性，在文学上有那么一点点天赋。这块定心的基石，是无比重要的。它就像最初的源头，让我可以饮水思源；也像是黑暗中的光，遇到再多的挫折和否定，我都可以退到这里，静坐一会儿，想想当年放榜之时的初心，然后对现实的艰难险阻一笑置之。是啊，大不了从这里重新开始，没有什么可怕的。

所以，这是我在此时，特别想要对你说的。在中学时代，要努力找到这样一块能为心理设置底线的基石，这对于你往后的人生都是举足轻重的心理基础建设，必要的时候，它甚至可以拯救你。因为在中学时代，会遇到很多事，而这些事情对于未成熟的我们来说，往往都会留下很深的烙印。就像我转学后，虽然收获了很多，也种下了对文学的些许期望；但另一方面，我也是从霸凌堆里爬出来的。社会是现实的，而学校其实也是这种残酷的写照。哪怕到今天，我

还是要面对无妄、自私、贪婪等人性中的恶。曾经的我，总会迷茫，也会想不通，为什么会这样？为什么要这样对我呢？为什么不可以互相理解呢？为什么总是得不到肯定？然后不停地在这些旋涡中沉沦和钻牛角尖。

而生活其实在这个时候也是最好的缓冲带，在改变中治愈自己，在坚持中寻找答案。所以那个时候的我，选择了再次转学，这是最简单直接的方式，是根除痛苦的良方，但也是一种逃避。其实关于这一点，我也只能以身说法，多去经历，多进行深入思考，找到属于自己的天地，然后努力构建它。另外还有一个相对简单的方法——阅读。阅读可以让你看到另一个世界、另一种解读，找到更多不同国籍、不同时代的知音。这样你就会觉得，你并不孤独。

当然，心灵的彻底释怀和治愈，对我们来说也许只是奢望，毕竟伤口永远都在。我最近在看一部叫《心灵捕手》的电影时，才得到了相应的释放，也一并解开了这些年在我脑中不停徘徊的疑问（如上文所述），在这里可以分享给大家。其实刚看完这部电影时我没有任何感觉，直到后来几天因为某些事情而导致了爆发式哭泣。而最终的救赎，只是一句话而已："这不是你的错。"很多时候，我

们之所以困在里面出不来，就是因为总在和自己较劲。如果可以早明白这一点，脸上是不是可以早一点出现云淡风轻的微笑。

这一句"这不是你的错"，再加上一句一年前一位文学院老师对我说的话，我终于找到这些年苦苦等待的答案。我清楚地记得，那时候那位老师对我说："你无法改变他们。"

"这不是你的错，你无法改变他们，你们不是同类人。做你自己吧，从现在开始。"也就是抛开凡及人所能，去及己所钟。

当我因为这一句话得到救赎，全身溢满的喜悦就像终于挖到了中学时代自己留给自己的时间胶囊。而此后纷至沓来的回忆，都如美好的交响乐一般。因为我似乎终于可以好好地面对当年那个被霸凌的自己了。不是我做得不够好，这不是我的错。

这些飞入脑间盘旋的中学时代的碎片，让我不得不放慢脚步，掏出本子想要一一记录下来。我想起了自己在奥克兰学校的管弦乐队门口贴门而听的模样。

"快听，这是什么曲子。"
"《月光爱人》吧！"
"北极星，带我走——"
也想起了高一在报刊亭买了一本《读

者》，我很喜欢那一期的《第八颗薄荷籽》。初三转学到杭州后吃到的第一顿新丰虾肉馄饨，让我觉得打开了新世界的大门。一位叔叔指了指路过的一个学校，说这是很有名的高中。一年后，我固执己见地填了志愿表，考上了这所学校。当然，在这所学校里我也没有多快乐，但是，至少我可以去选择自己想要的生活了。

音符飘在耳边很重，香槟落在舌尖却轻。拥有的是从容，无畏的是少年。长大成人，我才发现，如果有个快乐的中学时代该有多好。从往事里爬出来，

看似云淡风轻，其实似乎永远在等心中缺失的碎片。最后一块拼图在哪里？在哪里跌倒，就在哪里遗失。你可以在跌倒的时候埋下当时的碎片，然后淡化那无法承受之重。埋下后继续自己的人生，不要让其他人左右你。只要善良前行，坚持信念，多年以后，你会发现，时间的胶囊是你留给未来自己探索的绝佳宝藏。

因为最终，我们要及己所钟。

摘自《读者》校园版 2020 年第 04 期

千米花道

作者　莫小米

考试，又是考试，和梦境里一样。

疾走的笔停在一道5分的小题上，直到过去了很久才无奈放弃。看着大片尚空白的考卷，她手发抖，脸煞白，心跳加速，呼吸急促，大脑一片混沌……怎么和梦境里一样?

铃声响了，仿佛丧钟。同学们纷纷交卷，她坐着不动弹，直到老师催促，她才无奈地想起立。但是可怕的事情发生了，她无法转动膝盖，站不起来，腿和脚好像都不是自己的……一定是个噩梦吧，醒来就没事了，挣扎……

可惜，这次是真的，在高三的一次数学模拟考试中，噩梦上演了。过后，女孩被同学送回了家。

女孩是学校内定主攻清华或北大的优秀生，家长心急如焚，带她找遍专家，无果。最后，女孩坐着轮椅，来找心理老师。

心理老师是我的朋友，事后她向我描述当时的情景："我家门前有个小斜坡，女孩的轮椅怎么也上不来，脸色煞白，呼吸急促。见同学要帮她，我制止了，一定要让她自己上来，这个斜坡并不陡呀。"

"她上来了吗?"

"没有。这样我心里反倒有了底儿，莫非她的手也出问题了?"

心理老师没有说任何话，只是对两位陪同的女生说："来，扶起她，我们先散个步。"

出门，学校对面是个公园。阳光下，老人在健身；草地上，孩子在嬉闹，小童在学步；花丛里，情侣在酿蜜。一条路，彩色的石子镶出花纹，鸟在唱歌，路两旁开满迎春花、海棠花、玉兰花、樱花、桃花、郁金香……很多人认出心理老师，微笑着和她们打招呼。

"若不是亲眼所见，真难以置信，我还什么都没来得及说，奇迹就发生了，女孩下意识地松开了被搀扶的胳膊，不知不觉中，已经缓慢地独立行走了。这时，我才抚着她的肩，开始谈话。"

"奇迹是怎么发生的？"

朋友神秘地笑着说："这是我的一个秘方。你知道，那条路，叫千米花道，鲜花和微笑比任何言语和药物都能更自然、更快速地消除阴翳于无形。"

心理老师是幸运的，女孩也是幸运的，不是谁出门都能有一条千米花道。很多人出生、出门，即刻踏上你拥我挤、争先恐后的路，如果因此而惧怕走路，请找一找千米花道。

摘自《读者》校园版 2012 年第 2 期

每个人的青春都很相似

作者　高腾腾

站在即将告别的青春门槛上，咀嚼着那些过往的美好，似乎只能用回忆才能更好地留住它。每个人都觉得自己的青春是独一无二的，其实我们的过往总是会有很多相似的地方，只是坚持原创的我们并不知道。而相似并不代表谁抄袭了谁，仅仅是因为彼此都曾年轻过。

暗恋是青春时飘荡着的一只风筝，明明咫尺之间，却又像隔着天涯。我们能做的就是一个人扯着线在田野里不停地跑，直到有一天看到对方断线而去，只剩下依旧扯着空绳子前行的自己。明知道那是可望而不可即的梦，却还总是喜欢去空旷的田野，追忆着风筝曾在自己的视线里飞翔的情景。

自卑情结也是很多人成长中绕不过去的一个坎。因为学习不好，因为暗恋一个人，还有各种甚至是别人永远都不会明白的原因，却足以让自己卑微到尘埃里。当然，随着岁月的流逝，自己偶尔也许会若有所思，在某一天也许会意外释然。

谁年少时没有过虚荣。偷偷认识很多远方的笔友，经常写信，以证明自己并不孤独，精神世界还很丰富；悄悄减肥，抹姐姐的眼霜，哪怕是穿宽松的校服、梳平常的发型，那也是在镜子前磨蹭半天精心打扮过的；快过生日的时候给不在身边的同学、朋友一一打电话，让他们一定把礼物打包邮寄过来，于是在以后的日子里，就沉浸在那种被人关注的喜悦里，其实只有自己才明白那背后的落寞。

年轻的我们太容易把自己定义为失败者，于是便慢慢否定了最初的坚持，直至彻底放弃。这样就理所当然地把希望又寄托在了下一代身上，就像当年父辈们施加给我们的太多梦想，如此以往，反复寻常。但当得知有些人在五六十岁还在为自己最初的梦想而坚持的时候，我们扪心自问，谁还记得最初的梦想，而自己当年又曾为梦想付出了多少。

初恋在每个人的青春里都占有重要的位置，不管它曾留给我们的是酸涩还是忧伤，多年以后，我们对它却总是念念不忘。可是如果真的要你去见当年的那个人，我们可能会胆怯，经历了这么多年的岁月过往，不知对方已经变成了什么模样，更多的时候我们会坚持不见。怀念那段岁月或许只是因为那时年轻，与其说是怀念那份恋情，倒不如说是在怀念自己青春年少时最动人的时光。

因为有信仰、有成长，自己的青春才不至于困顿在那些迷惘得不能自拔的年少里。总之，每个人都能找到让自己心安的某种信仰，可能是一种精神世界里的坚持、一份爱情的守候、一种家庭责任心的驱使，当然，相对于曾经的年少，那已经是很多年之后的事情了。

每个人的青春都很相似，都有着暗恋、自卑、高傲、虚荣、不屑世俗和那不知所措的迷惘与忧伤。在和青春正式挥手道别之前，我们总是有一些或大或小的改变，多了些世俗，学会了察言观色，明白了言多必失，在一次次的生活磨砺中破茧成蝶。而我们那些独一无二却又很相似的青春，则永远停留在了曾经年少的春天里。

摘自《读者》校园版 2012 年第 13 期

适应后的感觉

作者 王 位

阿三最近愿意和爸爸讨论问题了，因为爸爸的观点往往被实践验证是对的。

阿三问爸爸："我总感到朝阳要比夕阳刺眼，事实是否真的如此呢？"

爸爸十分肯定地回答："事实上，如果清晨和傍晚的气象条件相同，日出和日落的阳光强度应该是一样的。"

"看来我又错了。"阿三十分沮丧。

"不，你的感觉可以理解，其实我的感觉也和你一样。"

"那是怎么回事呢？"

爸爸温和地问阿三："你有这样的体会吧。当白天进入电影院时，会感到漆黑一片，等过了一会儿，才能看清里面的座位；而当我们走出电影院的时候，却感到外面的阳光特别刺眼，也要过一会儿，才能适应外面的亮度。"

阿三欣喜地回答："是这样的。"

爸爸接着说道："朝阳比夕阳刺眼也是这个道理。清晨我们睁开眼睛，初升的太阳突然映入眼帘，就感到特别刺眼。相反，到了傍晚，由于眼睛已经适应了白天阳光的强度，反倒感觉不那么刺眼了。"

"看来，适应某种事物后的感觉，往往并不准确。"阿三的感悟让爸爸无比欣慰。

摘自《读者》校园版 2012 年第 20 期

理想到底有什么用

作者　周　航

我们从小就被赋予一个又一个目标，目不暇接又无比清晰，像是一颗颗鲜艳却廉价的玻璃珠子。但是，目标不等于理想。没有理想，就好像没有穿珠子的绳，玻璃珠那么耀眼，却无奈被装进社会的流水线，被快速批量生产为贪得无厌的空心人。没有理想，我们的人生只能是一颗颗"目标珠子"，不能用"理想绳子"串成"人生项链"。

小时候，大人教育我们常说这句话：现实点，不要那么理想化。其实，每听一次这句话，就意味着我们要放弃一个梦想。渐渐地，我们的梦想功能萎缩，直至完全不会梦想。

理想有什么用？我想说，没有理想的现实可能是安全的，但更可能是空洞无味的；光有理想的生活的确是脆弱的，也容易受伤和夭折。但无论如何，现实也不应该是用来浇灭梦想的，现实也不是用来和理想对立的。

恰恰相反，如果你觉得现实很痛苦，那么理想就是现实的止痛药。我已决定勇敢前行，不枉此生。此刻，不妨问问自己：除了欲望之外，我还有什么梦想？

摘自《读者》校园版 2012 年第 24 期

儿子的课堂文学

作者 王跃文

近日整理儿子的书籍，偶然看见他的课堂文学作品，写在他二年级的数学书上。读之捧腹，又五味杂陈。

抄录如下：

史老师身材魁梧，手握三角板，身披教科书，一看就知道是一个久经课堂、重课在身的四眼将军。

五（武）士史老师身高 0.1 毫米，身穿睡袍，披挂教科书，左足穿花花公子牌皮鞋，右足穿黑三角牌皮鞋，手握衣架，好像随时准备冲向食堂吃饭。

骑兵史老师头戴安全帽，身穿睡衣，足登皮鞋，左手持摩托车油门和把手，右手持弹弓，一声令下就会被疯人院带走。

陶俑史老师与真史老师一般大小，也那么站着，也那么鸡肉疯满（不知是错字还是故意的），好像一声令下就会撒开四蹄，腾空而起，从一百米的高空掉下来。

一天，史老师去买料酒，结果买了一瓶白色泻（此字原文是拼音）药。他把泻药当做料酒放进菜里，结果在厕所里待了一个星期。因为史老师一个星期不上班也不请假，就被学校开除了。

这些文字肯定是小东西上数学课时写的。文字有些费解，仔细琢磨有些像小说构思的提纲。我知道他的数学老师并不姓史，因而文中的形象纯属虚构，绝无攻击老师之嫌。

史老师一会儿身材魁梧，一会儿只有 0.1 毫米；同是史老师，一会儿叫武士，一会儿叫骑兵；一个史老师似乎是陶俑，一个却是真实的史老师。不知道小东西准备采用什么表现手法？

史老师的形象有些滑稽和荒诞，他

分明是看多了周星驰的电影，还有阿衰之类的漫画，《武林外传》好像也是这般风格；而史老师蹲在厕所里一个星期不出来，似乎又有些《百年孤独》式的魔幻与夸张。

幼小的孩子无论多么幸福，成人世界对他们来说仍是强权的。他们是弱势的，被迫仰视成人。他们也许确实快乐、欢笑、嬉戏，但很多时候也无奈、愤怒、伤心、困惑和压抑。这些在成人眼里不好的情绪，儿子不敢也不能公开发泄，于是他以充分的游戏精神，在幻想的荒诞中主宰了史老师的形象和命运。史老师成了他的芭比娃娃，滑稽可笑，既狼狈又悲惨。他在这种夸张和变形中得到了快意和满足，情绪得到了发泄。他成了自己命运的主宰，还能任意主宰别人的命运。他在这样的幻想中品尝了自主、自由、快乐的滋味。这无疑也是一种阿Q式的满足和快乐。对于孩子的身心健康来说，这是必需的，至少是无害的。

孩童在幻想的夸张中让人忽大忽小，这只不过是一种心理游戏。现实中掌握了权力的人，如果也视别人的命运如游戏，那就可怕了。遗憾的是，很多嗜权如命的人，偏是乐于玩弄别人人生的人。

摘自《读者》校园版 2013 年第 6 期

别人以你看待自己的方式看你

作者　町原

有一天，在馒头睡着的时候，我们偷偷地在他脸上画了一只乌龟。他醒了之后，并没有发觉，照常在寺庙里走动。刚好当天有很多信徒来寺庙里朝拜，大家看见馒头脸上的乌龟图案，都笑得合不上嘴。馒头本来就长得胖，人们都说他长得喜庆。他自己不知缘由，看见人们纷纷捧腹大笑，他也跟着笑了起来，然后继续在寺庙里到处行走。

馒头在路上遇见了老和尚，老和尚也不禁对着馒头笑。馒头挠挠头，自言自语地说："怎么今天大家看见我都那么开心呢？"老和尚于是把馒头带到池塘边的石头上，然后坐在上面，温和地问馒头："徒弟，你觉得自己长得如何呢？"馒头咧嘴笑道："嗯，我就像他们喊的那样，长得像一个馒头。"老和尚道："那你觉得是因为你长得喜庆而让人发笑呢，

还是因为你太胖而引起别人耻笑呢？"馒头吞吞口水，说："师父，大家跟我又没仇，干吗要耻笑我啊？再说馒头不是很好吗？看着还可以止饿呢！大家肯定是因为我长得喜庆，所以才快乐地笑！"老和尚微笑着点点头，然后掏出手帕，轻轻地把馒头脸上的乌龟图案擦去。馒头不明所以。老和尚柔声道："徒弟，你脸上有些汗，为师帮你擦掉了。"

我和山宁躲在门廊后，看着这师徒的一举一动，为师父的细腻和慈悲而感动，也为馒头的那种乐观、自信、豁达而开心。我也随之陷入了沉思。

我少年时特别胖，最害怕上体育课，因为要跑步。总觉得人们会在身后嘲笑我："你看，那胖子的屁股和大腿，真够肥啊！"后来到了初中，我快速长高，人也瘦了很多。我虽然不再肥胖，但依然

害怕上体育课，依然害怕听到"胖"和"肥"这些字眼，依然觉得整个世界的人都在用异样的眼神看着我。无论怎么照镜子，我都觉得自己依旧是小时候的那个"胖小鸭"。

长大后，我上过电视，做过模特，甚至还成了兼职健身教练，才慢慢认识到自己已不再是"胖子"了。但这么多年来，我仍承受着"胖子"带来的巨大阴影，如今想来，自己怎么就那么傻呢？

据说，如果我们的心足够虔诚，就可以在西藏纳木错湖的湖面上看到自己的前生后世。于是，无论天气有多冷，每年都会有很多人带着一颗不怎么纯洁但一定虔诚的心来到纳木错。人们踮起脚尖，俯身去望平静的纳木错湖的湖面，心挂前生，心念后世，心足够纯时，就可以看见自己"前生后世"的样子。有一天，我跟一个喇嘛好友聊起此事，他笑呵呵地说道："欲知前生，且看当下；欲知后世，还看当下。"我好奇地问："请问真的可以看到前生后世吗？"喇嘛依旧笑呵呵地说："你看自己是什么样子，湖面就倒映出什么样子。"

世界并没有我们想象的那么差。这缤纷红尘，对于一个淡然的人而言就是纯净的纳木错湖湖面，干净得可以吞下天上的万千云朵。所以，我们最不需要在乎的就是别人看我们的目光，但我们必须在乎的是自己看待自己的方式。你的心若凋零，他人自轻视；你的心若绽放，他人自赞叹。

人言不足畏，最怕妄自菲薄，就如一朵莲花一样，出淤泥而不染——你若看看水上倒影，便会明白，世人看到的是一朵骄傲而美丽的纯洁之花。所以当我们以自信的态度看待自己，在别人的眼里，当下的你就是最美的。我有一个朋友，虽然面容并非很美，甚至有雀斑等瑕疵，但她每日醒来时都会跟自己说："你看，你多美。"并且精心打扮自己，自信地面对同事和朋友。佛说，我们的心就像一面镜子。世间万象，都是镜子所幻化出来的。自己怎么幻想自己的样子，世间人在镜子里看到的自己就是什么样子。修行不是让自己幻化成"佛"，而是让自己认识到自己是一面"镜子"。世间万物、荣辱名利等无非只是过眼云烟，心不随境转，自己就能成为自己的"佛"。

山宁碰了碰我的肩膀，示意我馒头发现了我们。馒头笑呵呵地走过来，拍着我的肩膀说："走，喝茶去。"

摘自《读者》校园版 2013 年第 24 期

一朵一朵的花开

作者　雪小禅

十三四岁，我是一个笨拙的少年，喜欢去古老的城墙上数蚂蚁，书包丢过很多次，我的学习成绩是中等偏下，没人指望我能考上高中，大学更是遥不可及。

但那一年，我写了一篇好作文。没有想到这篇作文被当作范文在初二年级的 6 个班上轮流读。于是，我小小的虚荣心膨胀着，有人指着我："看，那个就是写那篇《秋天的风景》的女孩子。"

我忽然感到被崇拜与羡慕的好，于是开始发奋读书学习，这才发现，原来学习是如此有意思的事情。我不讨厌化学元素表了，不讨厌几何老师那张严肃的脸了。期中，我进入了前十五名；期末，我第三名；然后整个初三，我再也没有让别人得过第一。

还记得收到大学录取通知书的那天，我去给自己买了一本书，是席慕蓉的诗集《无怨的青春》。我收到的第一笔稿费，买的也是书——《张爱玲全集》……学习带给我无限的快乐，那快乐超越了红尘中太多东西，我的心里，好像有一朵一朵的花在开放，那么安静，又那么美丽。

还有比学习更有意思的事情吗？翻开一本书，这个世界就是你的了！你是它的主人，你主宰着这个世界！你可以在那里发现问题、解决问题，你可以在里面哭、在里面笑，可以养一盆小小的花，只属于你自己的花。春夏秋冬，雨雪风霜，这是你一个人的花儿，让它尽情地开吧。

摘自《读者》校园版 2014 年第 16 期

我们都是突然长大的

作者 马 良

有的人会失眠，有的人会喝醉，有的人要号哭整晚，有的人会去街上独自走一夜，有的人要在自己身上划一刀或用烟头烫个疤；还有的人必须自甘堕落，在一段时间里把自己当块抹布。有的打了无数通电话给一个永远不接电话的人，打通了却马上挂掉；也有人会独自旅行。不会游泳的人开始学潜水，有人会突然抄佛经吃斋；还有人会突然成为有保质期的诗人或者歌手。有的人会剪掉头发，穿没有穿过的衣服演另一个人；还有些人只是轻描淡写地努力笑了笑，自此把后半辈子所有真的笑容都消耗殆尽。

当然也有人只是呆坐床沿沉默很久，直到长长嘘出一口气，然后躺下马上就睡着了。

人突然长大的一瞬间是各种各样的，时间和时间之间有一层胎衣，我看见过无数的人在无数不同的位置穿透了这层薄膜，他们来自不同的母体，怀着不同的童年梦，带着愤怒和诧异，最终都降临到这个最现实的世界，成为差不多的大人。

摘自《读者》校园版2014年第24期

痛苦时，我们都爱怪别人

作者 林 琬

痛苦时，我们都爱怪别人。但如果不是自己内心已经有伤，别人的行为、语言、态度，其实难以让我们在意，更别说会烦恼了。

觉得自己丑的人，特别在意别人对自己容貌美丑的评价，并不是渴望别人赞美自己，而是内心恐惧自己长相丑的这个"真相"。然而别人的言语并不能伤害我们，是因为我们自觉丑陋，别人的言语才让我们痛苦。

最简单的方法，就是把自己内心的伤治好——面对恐惧，创立自信。否则，别人的言语就会不断让你受伤。

若他人的话语让你痛苦，请感谢他，他提醒了你内心的伤。然后学习如何停止责怪，责怪是没有用的。他不知道你的伤，只是无意间触动你的伤与恐惧。真正让我们痛苦的是内心的那个伤正在发酵，而不是那些言语的表象。

责怪无法治愈我们，只有认清自己的伤在哪里，我们才能治愈自己，让自己快乐。

摘自《读者》校园版 2015 年第 19 期

如果可以，我想抱抱曾经的自己

作者　张亚凌

突然生出一个很奇怪的念头：抱抱曾经的自己。

如果可以，我想回到 7 岁时的那个夏日。

我不想说天气有多热，连经常跟在我屁股后面蹦来跳去的虎子都趴在地上不停地吐着舌头，任我怎么拉怎么扯，就是装作赖皮般一动不动。7 岁的我拎着镰刀，跟着母亲去收麦子。

母亲的胳膊一划拉，就揽住了几行麦子，一镰刀下去，都放倒了，脚一挑，就是一堆，割得很快。我只割两行，也只能一行一行、一小把一小把地割。

很快，我就被母亲远远地甩在了后面。因为想赶上母亲，我心里一着急，手底下就出错了。

一镰刀下去，没割到麦子，倒割破了自己的鞋面，还有脚背，疼得我龇牙咧嘴。脱了鞋袜，一道血口子。我没有喊没有叫，像母亲平常处理伤口那样，抓了一点土，在手里捻得细细的，然后撒在流血不止的伤口上。看着母亲正忙着，我将袜子塞进兜里，忍着疼，继续往前赶，只是比刚进地时割得更慢了。

母亲性急，她似乎已经听到了"噼里啪啦"麦穗在炸裂时发出的声音，头也不回地催促着我："快点，手底下快点！"母亲打了个来回，到了我的跟前，见我绷着脸慢吞吞的，就踹了我一脚，说了句"没听见麦子都炸开了"，然后继续弯腰猛割。

母亲知道天气很热，热得人直流汗，却不晓得汗水流到伤口里的疼。

那天临近傍晚，母亲照例拉我到池塘边冲洗，我死活不下水，她这才瞅见了我那只没穿袜子的脚，还有脚背上的伤。"没事，都结痂了，两天就好了。"母亲的语气很轻松，就像受伤的是别人家的孩子。

她或许不知道，一个7岁的小孩子，自己受伤了很疼很想休息，却不忍心丢下母亲独自割麦子的矛盾心理吧。

如果可以，我想回到过去，抱抱那个小孩。我的脸颊会轻轻地贴在她的小脸蛋上，说："好样的，你真是个乖孩子。"

如果可以，我想回到10岁那年。

那时我上小学三年级，考试没考好，很伤心，老师在表扬别的孩子时，我感觉就像在批评我。母亲从没问过我的学习成绩——农活多得让她都没时间直起腰来，她哪会关心这些"闲事"？可我却不敢直视母亲的目光，似乎她什么都知道。

那时，如果没记错，应该是一块橡皮2分钱、一支铅笔5分钱、一个本子8分钱。家里是不会经常给我钱买学习用具的，可是我必须努力。也许是贫穷出智慧吧，我想到了电池里的碳棒。

那时电池也是稀罕的东西，家里带电的就只有一个手电筒，还舍不得经常用，怕费电。但我还是在亲戚家找到了一节废电池，砸开，取出碳棒，如此我便拥有了一支可以长久使用的"笔"。

学校的操场是我的"练习本"，碳棒是"笔"，反反复复地写，边写边背。起先，一些孩子像看怪物一样看着我：又学不好，干吗还"装模作样"地学习？我才不在乎别人的目光，只知道自己该好好写、好好背，边写边背。背了，会了，继续写，就当练字吧。后来就有人开始学我了，用瓦片、用木棒……谁在乎用什么呢，反正学习就是了。

就这样，脑子并不灵光的我，渐渐地向优秀生靠拢。

如果可以，我想回到过去，抱抱那个小姑娘。我会在她耳边轻声告诉她："自己想办法拉自己一把，谁都会像你一样变得优秀。"

如果可以，我想回到14岁那年。

那时我已经上初中二年级了，养成了写日记的习惯，作文写得挺不错。只是，我不是一个长得清爽且讨人喜欢的孩子，或者说，我总是绷着原本就很黑的脸，很少露出笑容。

那一年的语文老师很奇怪，每次讲评作文，都会先说一句"这次作文写得好的有某某、某某等"，然后把某某的作文当范文读，最后总说一句"时间有限，其他的就不读了"。我从来没被点名表扬过，作文自然也没被读过。而翻开作文本，评语、分数跟作文"写得好"的某某往往都差不多。我一直在"等"里面，这让我既欣慰又窝火。而在初一，我的作文总被前一任语文老师当范文读。

那一年，每次上作文课，对于我而言都是一场折磨，恨不得将头深深地埋进课桌斗里。而当握起笔时，我又告诉自己要认认真真写出最好的作文。

后来，全县举办了一次中学生作文比赛，我是全县唯一的一等奖，也是我们学校唯一获奖的人。领完奖回来，学校又召开了一次师生大会，让我在大会上读自己的获奖作文。读着读着，我的声音哽咽了。下面的掌声响了起来，他们一定认为我是声情并茂。那一刻，我终于将自己从作文讲评课上的那个沉重的"等"里面解救了出来。

如果可以，我想回到过去，抱抱那个女孩。我会揽着她的肩膀说："你真棒，走过了泥泞与黑暗！"

如果可以，我想回到 18 岁那年，抱抱那个在别人都已酣然入睡时，却依旧点着蜡烛勤奋学习的少女，没有那股拼劲，她怎么会在千军万马过独木桥的高考中，顺利地跨进大学的校门？

摘自《读者》校园版 2016 年第 1 期

你的奇异兽长什么模样

作者　沈奇岚

　　在玄幻小说中，奇异兽是主人公的标准配置。任何一个踏上漫漫征途的主角，都会有一只了不起的奇异兽相伴。奇异兽可不是宠物，对于宠物，人们只需要喂养，而奇异兽是了不起的小伙伴，是面对强大敌人时可以与主人并肩作战的战友。

　　在《西游记》中，陪伴唐僧的是一只神奇的猴子（孙悟空）和一只快乐的猪（猪八戒）。整部《西游记》基本上就是关于奇异兽的各种故事。西天取经路上的妖怪，如果有厉害一些的，也往往都是神仙们的宠物。在外国小说里，珍禽异兽也是主人公的重要装备。哈利·波特就有一只漂亮的猫头鹰做自己的小伙伴，让当年刚刚上中学的我羡慕了好久。

　　其实我们每个人都有一只奇异兽，它从小就跟着我们，它的模样是由我们自己来决定的。我们的奇异兽有一个共同的名字，叫作好奇心。

　　一开始的时候，它们长得都差不多，都是萌萌的小动物，然后不同的人就会培育出不同的奇异兽。有些人的奇异兽很温和，像小白兔，它们会和主人一起看花花草草；有些人的奇异兽有些调皮，就像小猎犬，它们会让主人玩水枪、踩蚯蚓；有些人的奇异兽非常凶猛，就像大狼狗，它们会带着主人到处乱跑。

　　这只奇异兽对其他人都是隐形的，只有我们自己看得见。当我们独处的时候，当我们感觉无聊的时候，当我们想对世界发表意见的时候，"叮咚"，这只奇异兽就会从我们心里跑出来，和我们对话。

　　当我们看见一个有趣的人时，奇异兽会悄悄地对我们说："那个人多可爱啊，去和他打个招呼！"当我们发现一个好玩的地方时，奇异兽会悄悄地对我们说："下午一起去玩吧！"

"为什么夜晚会有星星？""宇宙的尽头到底在哪里？""为什么一想到隔壁的小妹妹，我的心跳就会加快？""电影里的那个大侠好厉害，我也想学他的功夫！"……奇异兽的心思很奇妙，它一直在提问，从不疲倦，也不休息。它最喜欢的事情是探索未知，最讨厌的事物是重复和单调。

悄悄告诉你们，我的奇异兽是一只小鹿，它喜欢各种新奇有趣的故事。在我很小的时候，当我走到一个书架前，它就会跑出来，告诉我："这个书架里有一些特别有意思的东西，要不要跟我一起去看看？"于是，本来要拿《数学题大全》的我，取下了《基度山伯爵》。厚厚的一本，我看得不忍放手。那个精彩的世界里有冒险，有寻宝，还有人性的光芒，那是我喜欢的世界。后来小鹿长大了一些，它告诉我："你可以自己去找这样的故事啊！"于是，我就开始寻找自己感兴趣的人和事物，采访他们、写下他们，这成为我中学和大学时代最喜欢做的事情。我的奇异兽增加了我的好奇心，带领着我走上了我热爱的写作道路。我的小鹿热爱花草盛开的森林，那里是人的心灵世界。在那里，我阅读着，也书写着一个又一个故事。

如果你把你的奇异兽当作狼，它会带你冲锋陷阵；如果你把它当作兔子来养，它会为你找到最好的胡萝卜。

我有一位朋友，他的奇异兽是一只霸王龙。霸王龙凶悍无比，对所有的事物都必须有绝对的了解和控制。所以，这位朋友从小就爱拆东西、做实验，在物理、化学方面颇有建树，如今正在美国留学，研究隐形衣。在美国，可以做的疯狂实验太多了，他的霸王龙当然越来越开心，越来越生龙活虎。

我们总以为奇异兽会一直跟随着我们，直到天荒地老，就像武侠世界里的故事，一人一雕，纵横江湖。可惜现实世界比较残酷，它对奇异兽非常不友好。我们在平日的生活里，总有一些角色需要扮演，比如认真读书的学生、好好吃饭的小孩。我们的时间被作业和考卷占据，在伏案做题的时候，我们只能把奇异兽晾在一边。有时候它冒出头来问几句，我们就不耐烦地挥手说："去去去，回头再说。"

奇异兽也是有脾气的，当它们失望透顶时，它们就会离开主人。现实生活中的大多数人，失去了他们的奇异兽。他们顺利地读完了初中、高中和大学，做完了规定的作业，完成了规定的任务，成为标准化的人才。然后他们顺利地工作了。唯有当黑夜降临时，他们突然发现包围自己的是无尽的孤独，那只可爱的奇异兽早已离自己远去。没有好奇心的日子非常漫长和难熬，他们的生活中，只剩下他人布置的各种作业，自己心里所希望的生活却迟迟没有到来。

人若失去了可以带路的奇异兽，就永远无法抵达理想的彼岸。

当我们还小的时候，我们必须好好保护自己的好奇心——那些还没有长成的奇异兽，会被外面的世界排挤和训斥，甚至被放逐。可是，只要它们还在，只要它们重新获得了充裕的时间，总有一天，它们会带着我们去最奇妙的世界。

摘自《读者》校园版 2017 年第 23 期

你不用那么"有趣"

作者 那 夏

一夕之间,"有趣"似乎成了一个炙手可热的标签。

对一个人褒奖,除了那些关乎外在的溢美之词,更多的时候,你会看见一种千篇一律的含糊说法——"有趣"。

我是不知道这个"有趣"的范畴是如何界定的。但我能肯定的是,"有趣"绝对不是恋爱关系里的灵丹妙药,和"有趣"相比,真诚、理解、包容、协调、同步……这些朴素到丢进《辞海》里便找不着的词,才是我心目中维持稳定关系的秘诀。

我从来不认为我是一个"有趣"的人。

最近我的生活乏善可陈到什么地步呢?睁开眼就是洗漱,洗漱完准备吃饭,吃完饭之后,我会迅速规划好一天的工作,在下午 4 点 30 分之前结束上半段的工作,收拾好健身服,去健身房运动。

回到家后,下半场的工作又开始了。

一天工作结束的时间会由当天的工作效率来决定,运气好的话,10 点前能完成。然后我可能会看书,或者看一部电影。

并没有那么多姐妹们的聚会,每次看到朋友圈的年轻姑娘又去喝酒、蹦迪了,我连羡慕的感情都挤不出来。因为我根本吃不消那种玩法。在酒吧或者 KTV 里熬一宿,往后 3 天,我的精神会持续萎靡。

不用怀疑,我已经不会为了刺激而去透支我身体的幸福感了。

但哪怕是这样的生活,我也并没有觉得无趣。

因为我一直在做自己喜欢的事,注意力一旦集中在想做的某件事上,就很难抽出精力去思考我有没有花工夫变得"有趣"。

有趣对我而言，是创作的过程，而不是一句漂亮的恭维话，或一个时髦的标签。

还记得前两天趁着假期，我和几个朋友去参观一个朋友的新家。大家一进门就被吓坏了，墙是一整面的镜子——用来跳爵士的。客厅既没有沙发也没有电视机和茶几，只有一张巨型桌子，她解释是用来写毛笔字的。

我们观摩了一下她的书法，摸着良心说，那字写得真不怎么样。她因此被我们嘲笑了一番。

但怎么说呢，我觉得她活得挺有趣的。

不过与她充实的生活相比，她在社交网络里呈现出的自己，却是一个面目模糊到几乎让人记不住的人。她从不晒爱好，也不自拍，但其实她长得挺漂亮的。

"有趣"不应该是一种目的。不是因为我想变得"有趣"而去培养某种爱好，或是选择某种生活方式。而是因为我对某种爱好或者生活方式产生了兴趣，才决定选择它。

要知道，世上大部分的趣味都不是目的，而是刚刚好的结果。

摘自《读者》校园版 2019 年第 4 期

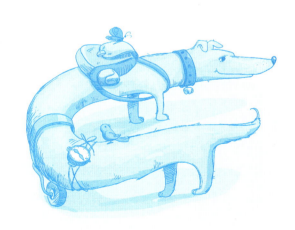

喜欢自己的不够漂亮

作者　艾　润

一

初中的时候，女生们的爱美之心好像一夜觉醒，大家都在追赶潮流的路上默默努力着。而班花的穿着打扮就成了时尚风向标。似乎是约定俗成的，每个班都要有个班花。

我们班的班花是个很时尚的女同学。有阵子，她突然在脖子上系一条薄丝巾，还要扎个蝴蝶结。班花很瘦，脖子修长，丝巾随风飘起来，衬得她一张脸分外舒展。没过几天，就发现班里好多女生都戴了丝巾，五颜六色，虽然每个人戴出来的效果不同，但挡不住大家兴致勃勃。

潮流虽然来势汹汹，但也很快就销声匿迹。记得某一天班主任站在讲台上俯视全班同学，突然笑着说："如果女同学们的丝巾都是红颜色的，我都要以为回到了小学课堂，大家都开始戴红领巾了呢。"男同学们一时之间哄笑起来，好多女生埋头趴在课桌上哧哧地笑。没多久，丝巾热潮就过去了。

只有班花还戴着，她有很多条丝巾，可以保证一周不重样。丝巾对她来说，只是个普通的配饰。

有一天，班花走过教室，有个女同学叹了口气，努努嘴说，要是像她那样漂亮就好了。好几个女同学都不自觉地冲着班花的方向望去，露出了羡慕的神情。

大家七嘴八舌讨论对自己身上哪点不满意。其中一个同学说她最讨厌自己脸上的雀斑，一边说着一边像为了找到"盟友"一样指着我说："哎，你的脸上也有啊，虽然不仔细看瞧不出来。"被她这么一指，我恨不得立刻拿着镜子端详我的脸，试图把不讨喜的雀斑挑出来。

在那之前，我虽然觉得自己不好看，但也拥有皮肤白这个优点，还被同学们夸赞过。一丝难言的忧伤不请自来，我这唯一的优点似乎也要丢掉了。待到把脸上很浅很小的雀斑挑出来，我真的忧伤了起来。两个小雀斑仿佛变成了魔咒，要把我往丑小鸭的路上带。

那个指出我脸上有雀斑的女同学，有一天神秘兮兮地告诉我，她要喝中药调理，几个疗程下来，保证能把脸上的雀斑去除干净，还问我要不要和她一起调理。

回家后，我把这件事告诉了我妈。

我妈觉得很不可思议，小小年纪，正是长身体的时候，怎么能为了几个雀斑就开始随便吃药呢，还让我劝阻那个女同学。我妈还拿出家长的威严告诫我，学习最重要，不要整天把心思放在这些乱七八糟的事情上。我蔫蔫的，一方面觉得我妈说得对，一方面又觉得我脸上的那两个小雀斑似乎变大了。

对外貌的在意，有时候就是在别人的眼光里被无限放大的。

二

我也发出了艳羡班花的喟叹，要是能像她那么好看，人生该多完美啊！

令我惊讶的是，班花告诉我，其实她对自己也不太满意。她觉得自己有两颗小虎牙，笑起来不太好看。

当时正在上体育课，我和班花一起做仰卧起坐。她和我一样穿着肥大的校服，头发被汗水打湿了，刘海黏在额头上，可这丝毫不影响她的美貌。再看看我自己，浑身上下冒着傻气。两相对比之下，我才发出了那样的喟叹。

她的回答让我一时不知该如何回应，只好讪讪地说："你已经很美了，太谦虚了。"

班花走到我的对面，张开嘴指着虎牙对我说："你看到了吧，这颗小虎牙实在太讨厌了，我打算去拔了，可又怕疼，唉……"

我也跟着她叹了口气。可她叹气是为了她的牙，而我叹气是觉得奇怪，为什么大家对容貌要斤斤计较到这个程度，明明很好看啊。

不过，和班花的对话，倒是激发了我的思考，长相好不好看这种事，是不是仁者见仁、智者见智的呢？我觉得班花很好看了，可她对自己不满意；我不觉得自己脸上的雀斑难看，却还是被女同学无情地指了出来。每个人似乎都对自己的容貌非常敏感。既然大家都一样，就随它去吧，不要在意了。

所幸，我就这样成功地开解了自己，但也意识到自己是不够漂亮的。

三

高中的时候，我们班的第一名是个不漂亮的女同学。"不漂亮"这个标签是女生在宿舍卧谈时总结出来的。班级光荣榜、年级光荣榜，她的名字都排在第一位，大家难免对她好奇。而对一个人最直观的印象，通常来自对方的外貌。

有个刻薄的男同学甚至在班上叫嚣，上天果然是公平的，给了"学霸"聪明的脑袋，就一定要赏赐给她丑陋的外貌。

第一名的女同学脸上也有雀斑，而且非常多，散布在脸颊上。但我不觉得她丑，她笑起来的时候眼睛眯成一条线，显得挺可爱。

两个月后，所有同学的想法都和我一样了。大家提起她，总是说那个学习好的女同学活泼可爱、热情大方、聪明善良……真是恨不得把所有的溢美之词都加在她身上。后来，她还被选举为我们班的班长。

在我长长的中学时代，她真的是唯一一个深受全班同学喜欢的人。不是因为她是班长，而是因为她真的可爱。她思维灵活，总是能快速想出解答问题的方法，且丝毫不吝分享给同学们。对待女同学，她真诚有爱，聊得来一切话题，做得来密友；对待男同学，她能称兄道弟，做得来伙伴。

更难得的是，没有人嫉妒她。大家都觉得有这样一个亲切的同学，真好啊。

也没有人再去在意她的外貌是否好看，因为我们每个人都觉得她很好看：上台领奖的时候闪闪发光，解答难度极高的数学题的时候自信飞扬，讲得了段子，打得好篮球。"光芒四射"这个成语，好像就是为她定制的。

我发挥了自己热爱思考的能力，得出了新的结论：女孩子的漂亮不一定是外貌带来的，更多的是一种从内到外的精气神，是气度，是风貌。

得出这样的结论后，我心头的阴霾好像散掉了一大片。

在这之前，我介意过脸上的雀斑不好看；介意过小腿太粗，不敢穿裙子；甚至介意过眼睛是内双，遮住了睫毛……

女同学们聚在一起讨论各自长相的缺点，却容易忽略掉优点；而被忽略的部分，让过分放大的缺点遮住了，亦变得灰暗。

只有我们的班长坦然地说："我就是不漂亮啊，那有什么关系，我又不是丑

小鸭。"

她后来考入了全国最好的大学，读硕士、读博士，毕业、结婚、创业。偶尔看到她在班级微信群里说话，发自己的近照，依旧是笑眼弯弯的一张脸，雀斑也在，生机勃勃的气息也在。

我一下子就理解了她说自己不是丑小鸭的意思。

当你喜欢上那个不够漂亮的自己时，你怎么可能不漂亮。漂亮和不漂亮不能成为一个标签，也没办法定义成固有的模样，但独属于自己的漂亮，一定是笑着活出自己希望的样子。

摘自《读者》校园版 2020 年第 13 期

青春纪事、成长论坛、成长讲义

假想中的完美自我

作者　陈海贤

感到安全时，人就会产生探索世界、接受挑战的冲动，这是我们做事的内在动机。但是，这种内在动机很容易被破坏。

我女儿 1 岁多的时候，我们给她买了个玩具。这个玩具需要她把大小不同的圆柱塞回架子上大小不一的孔里，她把这个游戏叫作"让圆柱宝宝回家"。那时候，她的协调性不好，很难把几个小的圆柱塞回去，她就一遍遍地试，还不许我帮忙。直到将所有圆柱都放回圆柱孔后，她会得意地自言自语："再来一遍吧！"

现在，假设这不是一个游戏，而是某种考试。为了让女儿做得更好，我经常跟她说以下这些话，会对她有什么样的影响？

（1）如果她做得不好，我不断批评她：连这点事都做不好，你真是太笨了。

（2）如果她做得很好，我不断表扬她：你是个天才，你比谁都聪明，将来肯定有大出息。

（3）如果我告诉她：我们家很穷，宝宝，你的奶粉钱都需要你通过玩这个玩具来挣。

（4）如果我告诉她：女儿，你好好做，这件事关系到你将来能不能上重点小学，会不会有出息。

（5）如果我经常跟她说：你比隔壁的思思做得好，但是跟王老师家的女儿比还差得挺远，要知道她还比你小两个月。

……

这样的事当然不会发生。但我们对这些评价性的语言并不陌生，它实实在在地发生在我们的成长过程中，把我们从荒野上撒腿狂奔的动物变成赛道上规规矩矩的选手。

无论批评还是表扬，评价都很容易带来不安，让人陷入防御心态和过度的自我关注。受害的，不仅是那些在比较中被认为"技不如人"的孩子，还有那些被拿来当作标杆的"别人家的孩子"。这些比较并不会让他们相信"我很优秀"，却会让他们相信"我必须很优秀，否则就会像隔壁那个耷拉着脑袋不如我的孩子一样"。这些孩子会比别人更焦虑，通常也更努力，但好像更不自信。他们对必经的挫折缺乏准备，也更难从挫折中复原。

我曾遇到一个学生，是文科生，学校要求他们修微积分这种高难度的数学课。他学了一段时间，便彻底放弃了。虽然他有勉强考及格的能力，但两次考试，他都弃考了。他宁可延期毕业，也不想开口向老师、同学求助。延期以后，他每天待在自己的房间里，不到万不得已不出门，就算出门，也会给自己戴上个冷冷的、没有表情的"面具"，小心地四处张望，避免跟以前的同学碰上。

他是典型的"别人家的孩子"。从小懂事听话、成绩出众，是县里的高考状元。校长觉得脸上有光，把他的照片挂在了学校的荣誉墙上——那里有一堆校史上出众的学生的照片。我问他当时的感受，他说很惶恐，像是收了别人的钱，如果交不出货，就会亏欠别人。

这种惶恐感是"别人家的孩子"共有的，因为他们拥有一个共同的秘密：也许，我并没有别人看起来那么好。

一些心理学家，像霍尼或罗杰斯，都曾提出这样的理论：当儿童担心自己不被父母或他人认可时，他们会产生强烈的焦虑和不安。于是，他们会在幻想中创造出一个他们认为的、父母喜爱的"自我"，来缓解这种焦虑。

这个假想的自我通常都是完美的——聪明、美丽、优秀，毫无瑕疵。当他们用幻想的自我来对照现实的自我时，他们会觉得自己像个冒牌货。他们努力维持幻想中的形象，害怕别人看到幻想背后真实的自己。

有时候，这会把他们推向一种奇怪的境地。他们中的有些人，在别人看来，确实已经足够优秀了，但他们觉得自己不够好，所以要假装自己很优秀。别人赞扬他们，并不会增加他们的信心，而只会让他们更心虚。他们觉得这个赞许是给那个假装的自己的——正是因为他们把真实的自己隐藏得很好，才会得到这些夸奖。

一个本来就很优秀的人，提心吊胆地假装自己很优秀，并把所有优秀的证据归于自己的假装，这真是一个残酷的玩笑。

他们经常陷入一种防御的心态，像个篡位的皇帝，担心自己的政权不稳，因此无心建设，随时保持警惕。

他们在防御什么呢？他们防御的，就是一些最基本的信念：我究竟能不能干？值不值得被爱？如果别人看到我的本来面目的话，会不会仍然尊重和接纳我？

我觉得，在心理结构中，自我像是一个调节器或维修包。当一切运转良好时，我们会把生命能量投射到与外部世界的互动中。世界向我们提问，我们努力解答，自我也在与世界的互动中逐渐变得丰富起来。但是如果我们感到不安，就会把注意力投射到自我本身，就像打开维修包里的探测器，去探索和发现自己的问题。

我是一个什么样的人？

别人会怎么看我？

我这么做是对的还是错的？

……

当我们把注意力放到自我修正上时，自我的发展却因为缺乏与真实世界的互动而逐渐停滞了。越停滞，我们越想修正自我，就越容易变得以自我为中心，从而形成了恶性循环。

不安全感也可能是一种动力，但它和自发的、通过挑战获得成就感的动力并不相同。很多心理学家以不同的术语区分了这两种动力：追求成功的动机和避免失败的动机（阿特金森），指向成长的动机和满足匮乏的动机（马斯洛）……而斯坦福大学心理学教授德韦克认为，这两种动力背后，是两种不同的心智模式：成长型思维和僵固型思维。

摘自《读者》校园版 2019 年第 19 期

教会孩子体面地"输"

作者　清清茶

孩子输不起，大多缘于家长输不起

年初，我家隔壁搬来了一家三口，夫妻俩热情好客，却太过强势，凡事都喜欢争第一。即便是孩子间的游戏，他们也不允许自己的孩子输。

我印象最深的一次，是几个年龄相当的孩子比赛骑自行车，他家孩子因为开小差，起步比其他孩子晚了点，落在了后面。孩子们都不以为意，女邻居却一脸的不高兴。

几天后，孩子们约着再战。这一次，他家孩子每一轮都铆足了劲儿往前冲，轮轮夺魁，随之而来的是邻居夫妇笑逐颜开的赞赏。

后来，他家孩子渐渐被孤立了，没有孩子再愿意跟他一起玩了。对此，孩子们说："他每次都要赢，从不愿意当'坏人'……"

就如作家刘震云所说，生活本没有输赢，一旦你有了胜负心，那便是输家。父母的胜负心理，实则藏着孩子对待输赢的态度：输不起的孩子，往往缘于输不起的家长。

小时候输不起的孩子，长大后也赢不起

武志红在《为何家会伤人》中分享过一个故事：他在北大读大二的一天夜里，从梦中惊醒，发现窗外有一个全身赤裸的男生，边跑边喊"我是北大的，我是北大的"。

原来，这个男生是数学系的，在上大学前一直都是学校里成绩最好的，但上了北大后，发现自己只能考中等成绩，

就变得越来越自卑。而在最近的一次考试中，因为有一门课成绩没及格，他就彻底崩溃了。

在北大就读，这是多少人一生都无法企及的高度，而他仅仅因为自己成绩中等，就自卑、抑郁、变疯，真是令人唏嘘不已。

还记得那个刷爆微信朋友圈的"杀了第一名，我就是第一名"的惨案吗？山东淄博某校的初三男生秦某，只因马同学一直考第一，而自己屈居第二，就在马同学家小区的楼道口伏击他，将其残忍杀害。渴望好成绩本是学生的正当心理，秦某却因自己不是第一名，而做出如此极端的行为，这难道不是输不起导致的恶果吗？

想让孩子学会输，家长要先学会输

经济学家蒂姆·哈福德说过，任何事情都不可能一蹴而就，人类的发展就像生物进化一样，是在不断适应、试错的过程中缓慢前进的。

无论是家长还是孩子，输的本质其实就是一个不断试错的过程。要想让孩子学会输，作为家长要先学会输。

吴尊曾发微博说，女儿一心想赢得亚洲芭蕾舞比赛，结果却输了。于是女儿伤心地哭了。随后，吴尊为了让女儿开心起来，不仅带她去游泳，还跟她分享了自己在篮球比赛中以 26 ： 128 输了的故事。很快，女儿就从失败的情绪中走了出来，愉快地吃了晚饭。

在孩子面对失败时，父母的共情与接纳显得尤为重要：与孩子一起伤心，既认可了他的努力，也体恤了他的情绪；与孩子分享自己失败的经历，不仅能够有效地减少孩子的负疚感，还能言传身教让孩子明白输不可怕，不站起来才可怕。

没有比较就没有伤害，没有比较也就无所谓输赢。不拿孩子与他人做比较，也不拿自己与他人做比较，这样才能以最漂亮的姿态面对输赢。教会孩子坦然地接受输，和教他去赢一样有意义。

陈默老师说，孩子一心求赢的表现，很可能都是家长教育出来的。比如，在孩子还上幼儿园时，妈妈与孩子的对话就是这样的："宝宝，你今天得了几个五角星？""一个。""那班上的小明得了几个？""两个。""那宝宝你明天就要得三个，超过他。"

类似的场景是何等熟悉。自孩子一出生，我们便倾其所有为孩子创造可以赢的环境，生怕一不小心他就会被时代所抛弃。遗憾的是，输赢乃人生常态，一如战场上没有常胜将军，人生路漫漫，我们不可能永远都是赢家。

告诉孩子，凡事尽最大的努力，无论输赢，他只需要去努力。无论成败，爸妈对他的爱，都不会少。

摘自《读者》校园版 2020 年第 3 期

心动，是少年的信号

作者　向天歌

不知何时，夸奖一个人喜欢用"少女感"和"少年感"这两个词。我很喜欢这两个词，但不认同如今舆论场上对它们的定义。

如果经常看微博，你会注意到，通常某个明星妆容、造型十分显年轻，人们就追捧他们说其少女感或少年感十足。但在我的定义里，少年感和少女感意味着心如活泉般流动，整个人充满鲜活的生命力。简而言之，当一个人的心时常容易被搅动时，无论年龄、容貌和体态如何，他都是不老的少年或少女。

心动，是一种与生俱来的东西。还记得新生儿的眼神吗？我们每个人自呱呱坠地开始，第一次睁开双眼打量这个世界，一切都是陌生、崭新的，充满未知与神秘的吸引力。我们慢慢学会爬行、走路、奔跑，一天天长大，认识不同的人；我们读书、考试、毕业、工作、结婚、生子，一点点探索生活的多样性。

在成长的道路上，我们永远是一个心动接着另一个心动。人生数不清的第一次令人感到惊奇：第一次与妈妈告别独自出远门，第一次多看了一眼白衣飘飘的少年，第一次听到有人朗诵一首诗，第一次触摸到月夜的微凉，第一次目睹在大草原上奔驰的羚羊，第一次体会人与人命运与共的连接感……

每次心动，我们的眼界被拓宽，思考的问题越来越多，渴望向这个世界表达自己独一无二的声音。我们变得爱说话了，或是张力十足的情绪，或是不偏不倚的观点。我们变得超脱，不局限于日常生活的小圈子，即使身处小镇，也一样关心社会时尚潮流，关注社会事件，表达自己的意见与心声。

然后呢？从什么时候开始，我们忽然变得沉默了。即使网速越来越快，手机更换得越来越频繁，社交平台越来越多，然而，我们的眼光却开始往回收缩。远方的东西，不管是远方的壮丽景色还是来自远方的呼唤，都无法打动我们。我们关注当下，关注自己生活的小圈子，难以抬起头来多看一眼与自己无关的世界。即使被动注意到，我们的心也波澜不惊，情绪不受影响，更无任何值得一说的观点。

我们一方面变得很难心动，一方面又变得比以往更容易心动。只不过，心动的对象不再一样。

我们不再因表面的浮华魅惑而心动，却偏偏被最淳朴的东西打动。民工在图书馆留下的一封告别信，医生摘下口罩跪地施救的一次人工呼吸，宿管阿姨的一个暖心举动，网约车司机退还乘客误打的一笔巨款……这些日常生活里微小的善，都是最让人心动的信号。

我们不再只惊叹诗与远方罕见的美，却被自己身边最熟悉的小事打动。爸妈"连麦"教做饭，"打工人"的崩溃痛哭，

喜欢的人的节日问候，老友们深夜的吃喝与卧谈，熊孩子的一次乖乖听话，家里宠物从不缺席的守候……

当我们将目光从外部投向内心，聚焦自己的时候，我们开始思考生命的意义、生活的答案。既然死亡是生命最后的归宿，如白驹过隙般的生命存在的意义是什么呢？我们如何支撑自己度过并享受既短暂又漫长的人生呢？

哲学家罗素向世人表白，他的一生有3种激情：对爱的炽热渴望，对知识不竭的好奇，对人类苦难的永恒同情。这3种激情驱动罗素度过丰富而有意义的一生。他的心，在停止跳动的最后一刻，一直被这3种激情来回搅动。正是这种广泛而有力的心动，为我们留下了难能可贵的智慧宝藏。

如初见的人生，是一种每天都在保持心动的人生，而心动背后，是旺盛的好奇心、求知欲与探索欲。如此，才能挖掘出人与物永远不为人知的一面。每一天，都是新的。

摘自《读者》校园版 2021 年第 10 期

不要学会一项叫"懂事"的技能

作者　张晓晗

据说二十五岁之后还能畅快大哭的人，一定是生活非常顺遂的家伙。

这句话本来我是不相信的，因为我的"特异功能"就是可以在任何时间、场合、人物面前哭，眼泪说来就来，哭完拉倒，站起来好好做人。可是一到二十五岁，我的这个功能突然失灵了。一夜之间，仿佛再也没有什么事能让我肆无忌惮地大哭了。无论感情还是工作，再困难的事，再难分别的人，也榨不出我的一滴眼泪。很多时候，我的情绪就像乌云压顶却始终不下雨的天气。

于是，我开始搜寻身边还能畅快大哭的朋友。我搜寻到了 Coco，她竟然在二十六岁"高龄"，还可以因为心情沮丧在办公室边打字边哭；因为输了牌，在牌桌上一眨眼，眼泪就掉下来。很多时候，我都想为她鼓掌，姑娘真是好身手啊！

观察了她一段时间，我发现她能有如此好身手的原因是，她没学会大多数成年人都学会了的一项技能——懂事。大一入学我认识 Coco，迄今七年，想想都可怕，七年，我们的生活在变，情感在变，忙的事情在变，唯独不变的就是 Coco 的任性。

大学的时候去春游，系里学生会的师姐联系酒店，后来不知道怎么回事，联系失败，只能临时换住的地方。师姐回到大巴上拿着喇叭跟大家说："今晚咱们就都睡大通铺吧，凑合一下。"

这种情况，你们懂的。总不能有人不懂事地来责怪为大家操碎了心的师姐吧！

不出所料，全车人鸦雀无声。意外发生在五秒后，Coco 站起来，说："我不要睡大通铺，我可以自己去找酒店。"最让我抓狂的是，她每次干这种事都得拉上我垫背，说完她看了一眼坐在旁边的我，接着说："张晓晗，我们走，找酒店去。"那场景叫一个酸爽，我看着 Coco，Coco 看着我，我看着 Coco，Coco 看着我。胆小的我既不敢不给师姐面子，作为 Coco 的朋友我也不敢反对她。于是在众目睽睽下，我半蹲了五分钟。最后师姐叹了口气，把喇叭一扔，瞪着 Coco，说："行吧，既然有同学不能吃苦，那我们再去找找酒店。"师姐说完，Coco 唰地坐下，继续听歌啃面包。本来受到讽刺应该是很尴尬的，Coco 倒无所谓，面对欲言又止的同学们，她说了句："干吗，你们明明都不想睡大通铺啊，我帮你们说出来不好吗？"

Coco 还有一点很"讨厌"，就是她对讨厌的人，没有半点隐忍。在学校的时候，有一次我们坐电梯，正好碰到她讨厌的人，那人跟我搭话："晓晗，你烫的头发真好看，像公主一样。"我刚笑着想回点儿什么，Coco 就在一边翻白眼说："明明像居委会大妈，你眼瞎啊。"空气突然安静，特别是在电梯里，那人和我完全没有办法继续对话，我们就这么沉默着从十五楼到了一楼。我一出电梯就吼她："你有病啊，你才像居委会大

妈！"Coco 说："你明明就不想跟她说话，我帮你呛回去正好省去令你煎熬的社交，不是很好吗？"

这就是我的好朋友 Coco，是那个永远能在一个集体中说出"老师，这个太难了，我做不完""领导，这个一天完成不了，我不能保证明天交""这个餐厅队伍太长了，别等了，我们换个地方吃""这儿打牌环境太差了，我帮你们订个别的地方"的人。

这么细细思量，我困惑！我迷茫！我吃错药了吗？她如此难对付和"公主病"，为什么我还可以常年和她做朋友？

因为我们实在太熟了，有一次在大家都不敢说她时，我直接呛她："Coco，你就不能忍耐一下吗？"她斩钉截铁地回答我："不能。"我把她拉到一边，在阴暗的小角落继续我们的斗嘴。她总是非常有理，跟我说："难道这种情况你开心吗？"我说："我不开心，但是为了顾全大局我可以忍耐一下。"她说："如果十个人中有九个都在想，自己为了顾全大局而忍耐，那么结果就是十个人全都委屈。所以就得我这种人站出来把大家的委屈扼杀在萌芽状态。再说，人活着不是为了追求顾全大局，是为了开心。人家是开心的一伙人，你们是顾全大局的一伙人，太苦大仇深了，我受不起，也

不想你们经受。"

她说完，我如梦初醒，姑娘果然好身手啊！

一个姑娘问我："我为什么总是忍不住考虑别人的感受，考虑了还没结果，到底怎么做才能成为受欢迎的女孩？"我想了挺久，最终想到的竟然是 Coco。她很难对付，可是朋友们都爱她。我出去应酬最喜欢叫的就是她，见到她就不自觉地巴结她，她穿什么我们都说美，做什么我们都支持。原因很简单，因为我们在一起不忍辱负重，可以有话直说，也可以直接"攻击"她，她会自嘲，会用幽默的方式回击。和她在一起，我们轻松又愉悦。

每个人在朋友圈里都扮演着固定的角色。因为有了难对付的 Coco，我们会把日常生活中的"屎盆子"都往她头上扣。去了不喜欢的餐厅，我们就会说，赶快换地方，不然 Coco 来会"弄死你"；遇到不喜欢的人，我们会说，早点分手，不然 Coco 来会"弄死他"。所以我们对 Coco 特别好，要一直和她做同仇敌忾的好朋友。

我回答那个姑娘："任何时候当你感到自己委屈，却还在委曲求全，就表明这是社交里的一种下下策。因为这种时候你已经开始期待了，你对回报的期待很高，结果往往都是落空的。我在很长时间里，就扮演着这种角色，我不知道是当时对自己不够自信还是怎么回事。可是经受长时间的委屈，总会有一个爆发的点。当你爆发，你所有的付出都会被别人瞬间忘记，大家只会记得你是一个脾气古怪、不知道为什么生气的家伙。后来我渐渐学会，稍微让自己难对付一点儿。比如我不会做饭，就不强求自己硬要学会，否则做出来的东西难吃，把自己也弄得乌烟瘴气。我会选择一开始就说：'我真的不会做饭。我也不会因为谁学会做饭，哪天我会做饭了，理由只可能是我想学，我开心学，我吃腻了外卖。但是在不会做饭的日子里，我可以穿着漂亮的衣服，准备五个笑话，坐在你对面，陪你开开心心吃这顿饭。'没有人记得我不会做饭，只会记得我是个快乐幽默的女孩。难对付一点，少一点委屈和退让，才能在社交关系里变成一个真正开心的人。你开心了，大家才能被你感染。"

懂事，是我们受尽挫折后的结果，不是必须学习的经验。我希望你们没有机会学会。

当然，难对付并不能让你的人生畅通无阻，难对付就要承担难对付的辛酸。Coco 上一次痛哭流涕，就是被自己的难对付逼疯了。她站在我家阳台上看着黑漆漆的天，哭得直抽抽，说："为什么我这么执拗，我多大了还在追求百分之百纯度的爱情，非得要你爱我，我爱你，一点儿也不分心的感情。我凑合凑合，将就将就不行吗？"如果是别人这么跟我说，我一定会回答她："别装了，快长大吧，成年人的感情都是复杂的，你就别活在童话故事里了。你光着脚跑遍十里长街，也没人会捡到你的水晶鞋。"

可是我看着 Coco，想到前几天在书里读到的一段话："她把日子过得野火燎原，寸草不生，就是为了让路人闻风丧胆地躲着她，让爱她的人毫无障碍地遇到她。"

又想想，认识 Coco 这七年，每个朋友对她都真诚，那些无论结果如何的爱情，男孩子们对她也都深爱过，她的痛苦和快乐都是 24K 纯金的。我们用青春学经验，而她用青春换真诚。值了！

于是，我拍拍她的肩膀，说："你哭吧，可是哭完了也别放弃啊。虽然你期待的那种感情世界上几乎没有，因为吾辈凡人不配，但是难对付的你却值得拥有。因为你难对付到上帝都怕你，想让着你，就给你了。"

月朗星稀，我们一同看着窗外，微风拂面，发丝过耳，桌上的西瓜她只吃了最中间的一口。想到世界上总有她这样，坚持着自己的原则，寻找着自己的理想爱情和生活，直到撞塌南墙仍无悔的人，依旧用洪荒之力对抗着成人世界神秘又世俗的规则，我就觉得真好。

摘自《读者》校园版 2021 年第 8 期

吃与爱

作者 吴晓乐

在一档谈话节目中，知性温柔的精神科医师以一种非常悦耳的节奏徐徐述说，吃与爱是很容易混淆的，两者带来的感受很像。当我们自认为得不到爱的时候，我们就寄望于吃，想要召唤那种情感上的深沉抚慰。这很有道理，我们与食物的关系或深或浅都是人际关系的隐喻。

曾有一段时日，我等待着一段感情的回声，饥饿地等待。

上大学后，我认识了阿康，我们同修一门历史课。阿康不是历史相关科系的，对历史的经纬辐辏却掌握得很好。我很喜欢历史，也容易不知不觉喜欢上对历史充满感情的人。待我发现时，早已习惯在每一堂课结束后，留下来跟阿康讨论教授方才讲述的内容。一日，话题从《吉尔伽美什史诗》顺流而下，一个急转弯，竟聊到了感情话题。阿康像想起什么似的，凝视着我，过了好一阵子，突兀地开口："其实你瘦一点儿会好看很多。"

与阿康分开后，我把几个男性朋友叫来，请他们如实回答，在他们眼中，我是一个胖子吗？之所以找男生，无非因为我深谙女生待我是比较仁慈的。这些男生给我的答案并不一致，阿仪是少数待我宽容之人。阿仪说："我觉得你这样很好，看起来很健康，好多女生都太骨感了。"其他的男生则给出了一个中庸得让我忍不住想提名他们获得诺贝尔和平奖的答案："不是胖，只是不够瘦。"

我听懂了：我还是得减肥。我那时懵懂又紧张，以为这理所当然，为了嫁给王子，切掉脚跟、脚趾的蠢事，都有人争先恐后做了，我为什么不能？不幸的是，我又是一个容易钻牛角尖的人，一旦下定决心，常忘了给自己留些余地。

就读于外文系的朋友邦子，跟牡丹住在同一个寝室，我因而认识牡丹。牡丹宣称，为了学期末的表演，她正在进行苦行僧一般的节食。早餐正常吃，午餐只吃蔬菜，晚餐则是一颗芭乐。这样自我约束，自然是难以跟朋友聚餐的。我去邦子的宿舍找她时，几乎每一次，牡丹都在。牡丹坐在椅子上，以慢到不可思议的速度削着她的芭乐。我跟邦子肆无忌惮地吞食着卤味、鸡排、麻辣鸭血、拌面或烩饭，配着甜腻的黑糖珍珠鲜奶，一边看剧，一边瞎扯。我时常能够感受到牡丹在注视着我们，看我们吊儿郎当地戳选着鸡胗、米血还有甜不辣，牡丹把芭乐片得薄可透光，送进口中的频率也很低。我跟邦子时常不忍心，端着食物走到她面前，问她是否想来一些。牡丹每每像受到惊吓似的，正襟危坐，一再强调她很饱、很饱，谢谢我们的好意。牡丹那种煎熬的拒绝，至今我历历在目。我跟邦子都看得出来，她注视着我们进食，仿佛也在用眼神舔过我们手上那些高脂肪、高盐分、高快乐的食品。她甚至做不到不看着我们吃东西。我有规律地造访邦子的寝室，眼见着牡丹越来越瘦，双腿如签，面颊凹陷。我们劝

她该停止了。她摇头："不，我还是很胖。我身上还是有好多赘肉。"牡丹很坚持，为了取信我们，她使劲从大腿上掐出一小撮肉，说："看，好胖。"奇妙的是，理应显得孱弱的牡丹，目光却熠熠有神，散发着奇异的神采。我后来才从凯特·摩丝的名言中理解，是什么撑起了牡丹的精神，这位超模说："没有食物的滋味尝起来比骨瘦如柴更美味。"

我很渴望变成牡丹，我认为阿康就喜欢牡丹这种女生。

我大幅地缩减进食量，晚上则在校园的操场里，包裹着厚重的外套，一圈又一圈地跑，我的体重降得很快，许多朋友赞叹于我外形上的改变。一晚，阿康约我吃晚餐，我刻意穿上短裤。阿康飞快地打量我的全身，我注意到，他露出的微笑不无赞赏的意味。那份套餐我只吃了二分之一，便放下筷子，阿康殷切地问："你吃饱了吗？"我点头，做出一副撑得很难受的模样。阿康笑得更诚挚了，他果然在期待着像牡丹一样的女孩，纤细却让人联想到健康，仿佛一个女人的腿，天生该这么细。他抱怨起他之前的对象，交往后胖了好多，我问："几公斤？"阿康说了一个数字，我呢喃："那还是很瘦。"阿康很坚定地说，他姐姐的体重始终没有超过 45 公斤。阿康说

起他那瘦瘦的姐姐时，我听到的不只是对于身材的评判，也包括对于节制、秩序和自我要求的恋慕。阿康后来常找我出门，也会似有若无地说我变得很好看，这样很理想；我则得貌似无心地拨弄盘中的食物，装出一副毫无胃口的病态。其实我好饿，非常饿，我的饥饿从身体深处啃咬起我的一切，包括我的自信心，连同我的尊严。

阿康待我越来越好了，我们相处时，他怕我忘记似的，反复叮咛，千万不要回到以前的模样。多可爱的祝福！后来我去找邦子时，她跟以前一样，在我面前摇着食物，我说我不能吃，会变胖。偶尔吞了一小包饼干，都要自责许久。我变得跟牡丹没什么两样，迷恋看人进食，幻想自己也一匙匙地把那淋上卤汁的米粒，或冰激凌般的慕斯送进嘴里。但在别人关切时，则坚称自己很饱了。邦子担忧地问："你何时变得这样厌恶自己的身体了？"她看得出来我在惩罚自己，但她想不出来我犯了什么错。她劝我不要再跟阿康见面了。我反问邦子："为什么不？我已经那么靠近了，再踮一下脚，我就要够到了。"

我羞耻于告诉别人，由于过度节食，我大量掉发；在阿康认为我变得更像一个女人的同时，我的月经停止了。

我该如何避免日子变得更糟？听从邦子的建议，我疏远了阿康。阿康问了我好几次原因，我讷讷无言，我总不好告诉他，在你面前的这个人，连我都感到生疏。我恢复得很慢，好几年之后才可以正常地饮食，而不再把这视为一种失控。我上网捞寻跟我一样饮食失调的病友，既交换记忆和经验，也比较我们憎恶自己身体的程度。多数病友都跟我一样，背后有个故事，家人、恋人、朋友，说服他们变得更好，但在阴差阳错之下，他们开始变坏。我也查找资料，想弄明白自己崩坏到哪一个阶段了。资料显示，饮食疾患很多时候源于一个残酷的理想，我完全支持这种说法。问题在于，我们如何能够辨识出一个理想背后的残忍，并选择放弃实践？这才是艰难之处。

放弃节食之后的几个月，一个平凡的日子，月经造访，我站在厕所内，开心了好一会儿。邦子不止一次地奉劝我：对于我们要使用一辈子的身体，怎能不爱啊？

我后来跟人约会，格外看重一件事：在这个人面前，我能否无忧无虑地饮食。得到教训的我，相当明白，这即将映射出我在日后的岁月里，能否享用一份容易的爱。

摘自《读者》校园版 2021 年第 17 期

我曾路过一个太阳

作者　黎饭饭

我常常做一个梦，四周嘈杂混乱，我跟在一个男生身后，问他什么时候考虑喜欢一下我，他却从不回答。

那个夏天，我从一本杂志上读到什么是喜欢，突然之间，他的脸庞就出现在我的脑海里。

于是，那天晚上，我梦到自己和他走在一起，微风和煦，空气中是甜蜜的芳香。走了很久，我拉住他的衣服，问道："你喜欢我吗？"他笑着回头看我，如阳光洒入我的世界，这时梦却戛然而止。

他说他喜欢太阳，我笨拙地做了太阳形状的巧克力，却不敢拿给他，于是那个巧克力在炎热的夏天渐渐融化。同桌发现后，问我："这是你做的巧克力吗，你怎么不吃啊？"于是我急忙塞给同桌，说："我不想吃，送给你吧。"我的心意总是无法坦诚地向他表达。

有时，梦见他是一种希望。课间的教室里，我穿越人山人海来到他面前。"你喜欢我吗？"我问。他不说话，只是向前走。我跟着他，教学楼的楼梯却怎么也走不到尽头。那时，我和他在不同的班级，让他看见我，是我唯一的愿望。他自信、张扬，在足球场上如同鸟儿振翅飞翔。我胆小、怯懦，手缩在校服口袋里，圆圆的脸上带着雀斑和婴儿肥，冬天时又会被寒风吹出两抹酡红，因此我从不敢和他对视。最幸福的时光是下午到操场上跑步，因为他也会去，我竭尽全力想要跟上他的脚步，却被他落下整整一圈。

我开始偷偷涂抹妈妈的护肤品，试图使脸上的雀斑消失；我开始调整饮食结构，想要变高变瘦，成为他喜欢的样子；我开始疯狂做题，让自己的名字出现在年级布告栏上。即便如此，他的眼神也从未在我身上有过半刻停留。

后来，我考上了理想的大学，而他不在。很多事情好像忽然失去了意义，比如跑步，比如努力学习。我每次打开电脑，第一件事就是看他的QQ空间。终于有一天，我点开了他的头像，表白道："其实我喜欢你好多年了。"他说："谢谢你！"

我们有一搭没一搭地聊着往事，这是我和他聊得最久的一次，也是最后一次。他还像我第一天喜欢上他时一样温柔幽默。"你喜欢我吗？"这次我没敢再问，因为我怕听到他的答案。

上次梦见他，是在一个月前。我走在家乡的大街上，迎面看到的是熟悉的脸庞。我说："嗨，你还记得我吗？"他说："当然记得，我们是老同学。"我的下句话还未来得及说出口，就停在了嘴边，因为他说："你叫王凡，对吗？"

刹那间，我有一种天旋地转的感觉。他脱口而出的，不是我的名字。醒来后我才发现，也许我们所经历的，早就是不一样的时空。我想象中浪漫的邂逅，只是他凑巧在那时经过我的世界。对我来说意义非凡的眼神碰撞，只是他不经意的一次回眸。就像他在跑步，而我在追他的影子。

到如今，我还是会悄悄翻看他的微博，只是他的生活不再与我有关。对我来说，他到底是一种怎样的存在？我问自己。最初，他是一个人，后来是一种向往；到最后，他已经变成一个符号、一种概念，游离在记忆中，无法触及却也无法泯灭。

有时它叫疯狂，有时它叫单恋。

摘自《读者》校园版 2021 年第 19 期

少年，少年，青梅树下

作者　蓝　风

一截粉墙，墙头有一簇半伸过来的褐枝青叶，枝叶间是一颗颗几乎隐身的青梅。

粉墙的影子里站着一对小儿女。男孩儿蓝衫黑裤，仰首，手握竹竿儿，去打枝头的青梅。女孩儿短发，淡红袍子，双手把袍子前摆撩起，成为一个兜儿，露出黑裤来，脸也仰起，目光在竹竿儿的梢头与青梅间盯紧又游移。

那是一个浅浅的江南的午后，他们是兄妹，抑或是巷弄里的小邻里？梅子未熟，可心里的渴望已经熟透，等不及要采摘那枝头的果子，而且，那是别人家的青梅。这样冒着被逮到的危险，去采摘尚且青涩的果实，其实是没有意义的，但那份快乐，似乎正来自这份没意义。

少年的快乐，还是接近童年的，有些清晰了，但仍然模糊。他们依靠直觉，也坚信直觉。所以，快乐来得相对还算容易。

不过是一颗颗青梅，不过是个浅浅的、如同一张废纸般的午后。但，快乐来得特别真实，特别丰厚，也特别像快乐。

大人们都睡午觉了，昏昏沉沉待在梦里，让白日梦轻轻抚慰着他们的疲惫和乏味。他们的离场，让这世界暂时卸去了妆容。原来，它并不苍老，它还那样纯真。这对少年，幸运地站在这个短暂的纯净世界里。

这个世界，纯净得似乎只有这一截粉墙，这一簇枝叶，这几颗青梅，这一根竹竿儿，这一对小儿女。还有，竹竿儿梢头与青梅间母鸡啄食般轻巧的触击声。那是江南悠长午后的琳琅。

他们生怕隔墙的人家发现，想要尽快采下青梅，但又生怕那个午后一晃而过，那份紧张的喜悦，如朝露般消散。地上粉墙和枝叶的影子，悄无声息却从不停息地挪动着。

光阴贼贼地匍匐着。青梅般的少年，在缓慢地变得稀薄，终归是越来越稀薄了。总有一天，有一刻，最后那缕烟雾，也会飘散的。青梅的味道并不好，但青梅般的少年，却是很好很好的。而很好很好的东西，往往是，很想很想挽留，却总是很难很难挽留。

那个午后，青涩得使人想要哭泣，哭到声音嘶哑。

摘自《读者》校园版 2022 年第 10 期

不是"我爱你",而是"就凭你"

作者　汪星宇

我曾去请教一些出过书的朋友,问他们我该如何把文章写得漂亮,让人感动。他们说写作就像告白,要在文章里多用"我爱你"。只有当读者感受到了你的爱意,你的文字才可以进入他们的内心,让他们产生共鸣。

我觉得这很有道理,却悲伤地发现,在我过去的故事里,最能打动人的3个字,不是"我爱你",而是"就凭你"。

幼儿园的时候,我是个弱不禁风却热情似火的孩子。那个时候,坐车还不用买票的我每天早上五点半就催着我妈起床,早早把我送去离家半个小时路程的幼儿园,就为了争做第一个到班里的小朋友。总觉得只有这样,一天才算完整。

因为我的积极,印象里,幼儿园的老师们还挺喜欢我的,多出来的点心总会拿给我吃,想让我补充营养快点长个

儿。难得有个什么活动也会特别关照我,鼓励我去锻炼锻炼。于是,大概在中班的时候,我有幸参加了人生第一场语言类"选秀"——"小青蛙讲故事比赛"。

那个时候,对于参加比赛,我是很上心的,一口气买了三四盒《黑猫警长》的磁带在家里反复听,认真准备,一心盘算着要赢得冠军。

可惜,当时在我和奖状之间横着一个小小的阻碍——我有点儿口吃。

比赛那天,我出奇地紧张,从额头到手心都冒着冷汗,练习的时候只需讲3分钟的故事,结果我足足讲了6分钟。我把每个词都重复了一遍,可重复一遍别人还是听不懂。

台下的小伙伴听得迷迷糊糊,忍不住开始窃窃私语。我顿时羞愧难耐,仿佛被人从后面突然扒下了裤子,恨不得找个地

洞钻进去。就在这时，我隐约听到了小伙伴口中传来不屑的 3 个字——"就凭你"。那是我人生中听到的第一个"就凭你"。

短短 3 个字燃起了我小小的身体里所有的倔强，点燃了我誓与讲故事死磕到底的决心。接下来，我竟在台上表现得出奇的好，算是我第一次"超常发挥"了。

后来，我在高中加入了校广播站，在大学获得了主持人大赛的冠军。回想起来，这都要感谢当年的那句"就凭你"，它就如刺股的锥，束发的绳，让我一刻都不敢松懈。

回忆一下，你上一次听到或者感觉到"就凭你"是在什么时候？

大概是在你高考前的夏天，你考砸了区里的"二模"，但在填志愿的时候，你依然一笔一画地写上了"北京大学"，全然不顾班主任在一旁摇头叹气。

大概是在你毕业前的冬天，你满怀期待地投了近百封简历，不料它们全都石沉大海、杳无音信。过年回家给亲戚们敬酒的时候，你仍自信满满地说"我一定会留在上海"，虽然转身就瞥见爸妈眼里满满的怀疑。

大概是在你组乐队、打球赛、写小说、拍电影、开公司，使劲儿折腾的第一个月里，你听到了许多"关心"，他们说"省省吧，别不务正业了"。当然，也有好多类似的"鼓励"："你先试试，不行就算了""放弃吧，这不丢人"……

被千姿百态的"就凭你"一再冲击的东西，我们就管它叫"理想"吧！

"我爱你"从来都不是一句会让人成长的话。在感受到他人的喜爱时，我们免不了沾沾自喜、得意扬扬，于是有恃无恐，于是安于现状，于是驻足不前。

"我爱你"更像一张贴在荣誉榜上的奖状，它能肯定你的过去、充实你的现在，却不能指引你的未来。而"就凭你"3 个字则全然不同，它轻描淡写地否定你所拥有的过去和现在，它轻而易举就能激起你的愤怒，甚至让你感到孤独，让你怀疑自己。

年老的时候，人们常常会被"就凭你"打败，因为过去的已经无能为力，太多的事虽然不甘心，可剩下的岁月不多，最后只得妥协。

年少的时候，人们总是没那么容易服气，每一句"就凭你"似乎都是往燃烧着的青春里添加的一把柴。有时候，这把柴压得太厚太重，会扑灭心底的火苗。可更多的时候，它让少年心中的小小理想烧得更旺。

更重要的是，"就凭你"往往是每一个好故事的开始。

摘自《读者》校园版 2022 年第 6 期

英雄

作者 晦 明

从高一开学起，我就决意要成为隔壁班那个扎着高马尾的女生的英雄，原因很简单——像普通同学那样相处进展太慢，而且敌不过跟她同班的。若能拯救她于水火，她定会对我印象深刻。

1

这一切的起因是我错过了一次当英雄的好机会。

开课前，军训第二天，我被晒得蔫头耷脑，几近中暑，因而获准在树下歇息。她——当时我还不认识她——与我隔着半米，同样坐在树荫里，另有两个女生在不远处叽叽喳喳，嘀咕声与蝉鸣聒噪地混在一起。

她文静地望着自己班队列的方向，目光似水，细密的汗珠为她白皙的面庞添了一分晶莹。我偏过视线，看到她乌黑浓密的头发整齐地扎在脑后，发尾弧度优雅……

一只虫子忽然停在她的衣领上，闪着幽幽的绿光。

我的睡意骤然烟消云散。虫子耀武扬威地抖动着前肢，我猛地直起身子，虫子即将扑上她的后颈。我探手向前，企图把虫子拍飞，她却忽然站起身来。

虫子"嗡嗡"地扇着翅膀扬长而去，她单手按着腹部，不紧不慢地往厕所走。我因重心不稳摔在地上，伸出的胳膊挤弯了眼镜腿。

"哈哈哈哈……"另外两个女生的笑声传了过来。

她听见笑声，好奇地回头看了一眼，神色茫然，似乎没注意到我的狼狈。她扭过头时，辫子左右摇荡，荡开了蒸腾的热浪，有如清泉潺潺，扫去我眼前和心间的混沌。

但一汪细小的泉水如何在烈日下长存？看着她纤瘦的背影，我下定决心，以后定要在考试、昆虫以及或许存在的强盗和巨龙的威胁下护她周全。

发课本时，我主动请缨，与班上另外五六个男生下楼搬书，心中存着一丝期待——万一碰上她们班的人也在搬书，万一她就是其中之一，我便可以替她接过沉重的课本抱上楼去。这固然较之真正的英雄有些差距，但到底是个不错的开端。

可惜文印室前尽是膀大腰圆的汉子。想想也是，谁会忍心指派她那样柔弱的少女来干此等粗活儿？

开学第二周地震演习，我们班比他们班靠近楼道，自然要先撤离。我有意落在队尾，想着如若她走在她们班队伍前头，就恰好跟在我身后。万一撤离途中教学楼崩塌，我便可以为她挡住下落的水泥块。万一我们被困于黑暗的墙角，可以通过聊天战胜恐惧，等待救援队的到来……

可惜——不，万幸只是演习。我鼓起勇气回头看，她压根儿就没在我身后。

2

秋去冬来，转眼入春。

我在梦里从巨龙爪下救了她无数次。

上学途中，看到低头玩手机结果撞在树干上的同学，我便假想她也这样迷糊，而我在千钧一发之际拦住她向前的脚步，使她免于撞额之灾。

体育课上，同班的男生摔破了腿，踉踉跄跄地往医务室走。我又想到，如若她放学后来操场跑步摔了跤，彼时彼刻我恰巧在近旁，不就正好可以扶她去医务室？为此，我每天放学都在操场边"守株待兔"，可惜她似乎没有跑步的习惯。

课堂上，同时教我们两个班的数学老师隐晦地提了一句隔壁班某女生关于某道题的错误解答，引得班上同学捧腹大笑，我则自然而然地将这个女生当成了她。若说她数学不好，也不是很难想象，我拿个平均分绰绰有余，是不是可以成为带她实现成绩飞跃的英雄？不过，期末考试后返校，我在楼下看到年级前五名的照片被张榜贴出，才意识到她全科都很好。

之后，我偶尔会做一个梦，还是她被恶龙捉走，我挥着长剑策马疾驰。但当我抵达巨龙盘踞的城堡时，映入眼帘的只有巨龙那山一样雄伟的尸身。我攀到城堡顶楼，她正无助地坐在窗边，发现我后，她又欣喜地朝我奔来。窗口的桌面上支着一口小钵，"咕噜噜"地煮着冒泡的毒药。

3

天气逐渐炎热，夏季的到来昭示着高一临近终结。

当英雄的机会或许千载难逢，总之没被我撞见。我与她的距离并无寸进。

于是那阵子，我时常恍惚——虽然曾经立志，倘若没有十足的信心给她留下良好而深刻的第一印象，不如就这样隐于她日常生活的背景之中；可如果蹉跎到了毕业，她却连我的名字都不知道，未免遗憾。我也时常懊悔——如果初见那天她没有起身，或者我动作再快一秒，就能将那只虫子拍飞，说不定从此和她建立起深厚的友谊。为此，我魂不守舍，忘写作业有过三四回，还有一次忘记已吃过饭，又吃了一顿。至于暴雨天没带伞，就更是寻常了。

闪电撕裂远方的天空，数秒之后，"轰隆隆——"震天撼地的雷声传来。

我站在教学楼的屋檐下，手足无措地望着砸向地面的瓢泼大雨。平时也就罢了，跑回宿舍没几步路，但今天是周五，我得走出校门，徒步五分钟，再搭地铁回家度周末。正在我纠结要不要索性一口气冲出去时，擦肩而过的自行车溅起喷泉般的水花。

"哎哟，抱歉——"渐行渐远的声音被雨声冲散，我从头到脚被浇成了落汤鸡。

"阿嚏！"我不由自主地打了个喷嚏。

她此时应该已经回去了吧，心思细腻的少女大概不论晴雨都备着伞，送伞英雄是当不成了，但好在她不必面临我眼下的处境。我摘下眼镜，用衣角擦掉镜片上的雨水，准备一鼓作气跑到地铁站。这时，一道女声绕过杂音钻入耳际。

"呀，是你！"

模糊的视线里，人影有些熟悉。我急忙把眼镜架回鼻梁——她正站在几步开外的楼梯口，好奇地打量着我。

我张了几次嘴，却挤出这么一句话："我知道你……"

"嗯，我也知道你，咱们军训的时候还在一棵树下休息过。"

她点点头，走到我身旁，微微蹙眉打量着漫天散落的雨珠，而后瞥了我一眼。

"你等我一下。"她的马尾辫利落地晃了晃，随后消失在楼梯拐角处。

4

就算她不叫我等，我也只有在原地愣怔的份儿。我没想到她仍记得我，更没想到我们的第一次对话竟是这样的情景。

我曾在心中反复描摹她的形象——是烈日下沙漠里仅有的一汪泉，是狂风吹拂中青翠又易折的一棵树，或是不放入冰箱就会融化的一捧雪。柔弱、易碎，需要被捧在手心；腼腆、文静，在人前只会掩面而笑。

可方才那个开朗地与我搭讪、走起路来蹦蹦跳跳的少女才是她。

"久等啦！"

她一巴掌轻拍在我肩头，有什么东西顺势盖了上来。我侧过脸，看到一件宽大的白色外套披在我的背上。

"你都被淋透了，这么下去肯定要感冒，我去化学实验室取了一件新的白大褂，你先将就着。"她自然地说道，仿佛看不得谁受委屈一样，又举了举手里的长柄伞，"伞够大，去地铁站？我们顺路。"

我头晕目眩地盯着足尖。她一路上喋喋不休，我迟钝的大脑却没理解多少，只有踏在水洼中的步伐听得真切。走在她的身边我才意识到，原来她看似瘦小，其实我也不比她高。

我该如何拯救这样的少女于水火之中？如果做不到，又该如何让她深刻地记得我？

我脚下一滑，摔了个"狗啃泥"。

"哎哟，哎哟！"她的声音凑近，她拉着胳膊把我拽起来，"早听说你稀里糊涂的，数学老师还在课上说，隔壁班有个同学把语文作业交上来了，周记里全是拯救公主的童话……难不成你一个男子汉代入的角色是公主？好歹看着点路呀。"

她的脸近在咫尺，睫毛上挂着水珠，眸子灵动地转了转。

"好吧。"我长出了一口气。

由她来当这个英雄也不赖。

摘自《读者》校园版 2023 年第 3 期